王水照文集

北宋三大文人集团

图书在版编目(CIP)数据

北宋三大文人集团 / 王水照著. —上海：上海古籍出版社，2024.3
（王水照文集）
ISBN 978-7-5732-1027-2

Ⅰ.①北… Ⅱ.①王… Ⅲ.①知识分子－研究－中国－北宋 Ⅳ.①D691.71

中国国家版本馆 CIP 数据核字（2024）第 048764 号

王水照文集

北宋三大文人集团

王水照　著

上海古籍出版社出版发行

（上海市闵行区号景路 159 弄 1-5 号 A 座 5F　邮政编码 201101）
（1）网址：www.guji.com.cn
（2）E-mail：guji1@guji.com.cn
（3）易文网网址：www.ewen.co

江阴市机关印刷服务有限公司印刷

开本 890×1240　1/32　印张 11.5　插页 5　字数 291,000
2024 年 3 月第 1 版　2024 年 3 月第 1 次印刷
印数：1—1,100

ISBN 978-7-5732-1027-2
Ⅰ·3794　定价：98.00 元

如有质量问题，请与承印公司联系

2012 年 6 月摄于扬州

2011 年 9 月摄于开封龙亭北宋皇宫旧址

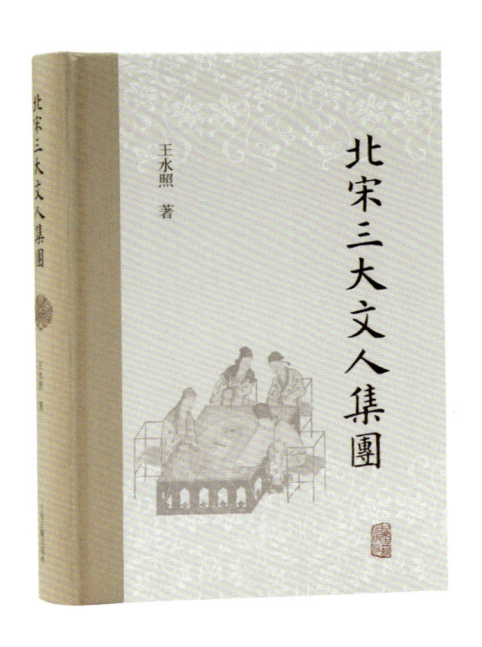

《北宋三大文人集团》书影

上海古籍出版社,2021年

北宋三大文人集团示意图

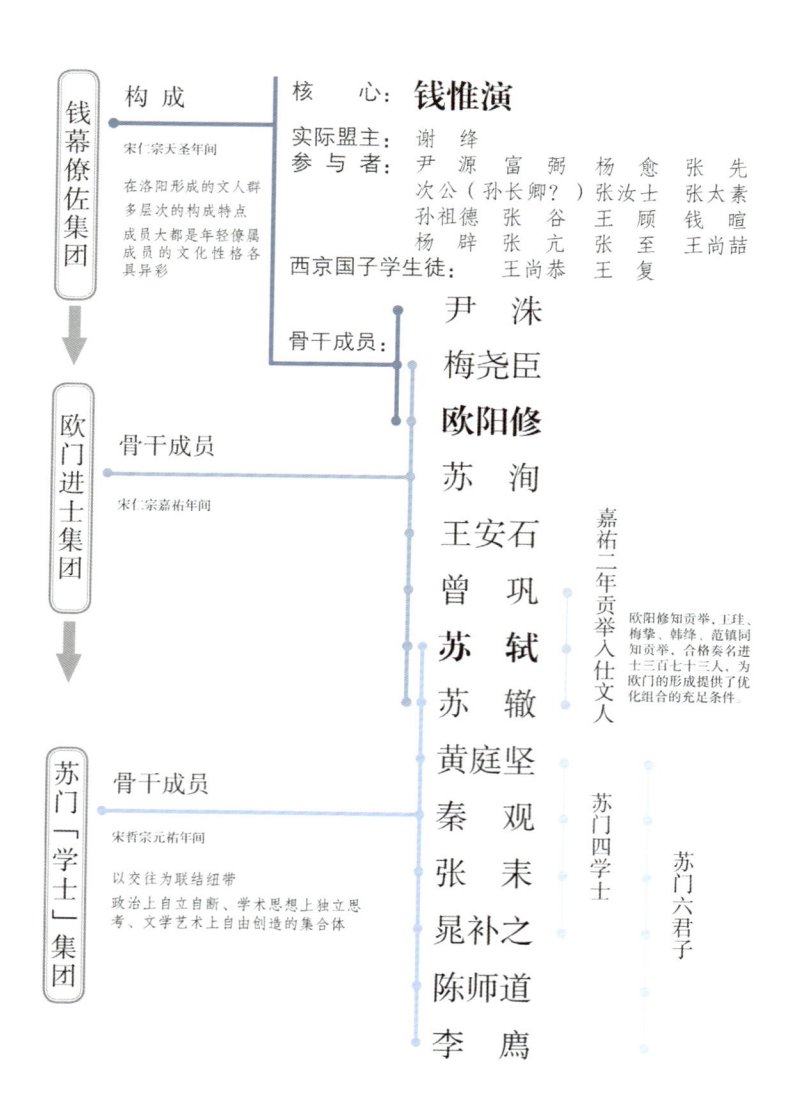

钱幕僚佐集团
宋仁宗天圣年间
在洛阳形成的文人群
多层次的构成特点
成员大都是年轻像属
成员的文化性格各具异彩

构成
核　心：**钱惟演**
实际盟主：谢绛
参与者：尹源　富弼　杨愈　张先
　　　　次公（孙长卿？）张汝士　张太素
　　　　孙祖德　张谷　王顾　钱暄
　　　　杨辟　张亢　张至　王尚喆
西京国子学生徒：王尚恭　王复
骨干成员：

↓

欧门进士集团
骨干成员
宋仁宗嘉祐年间

尹洙
梅尧臣
欧阳修
苏洵
王安石
曾巩
苏轼
苏辙
黄庭坚
秦观
张耒
晁补之
陈师道
李廌

嘉祐二年贡举入仕文人

欧阳修知贡举，王珪、梅挚、韩绛、范镇同知贡举，合格奏名进士三百七十三人，为欧门的形成提供了优化组合的充足条件。

苏门四学士

苏门六君子

↓

苏门「学士」集团
骨干成员
宋哲宗元祐年间
以交往为联结纽带
政治上自立自断、学术思想上独立思考、文学艺术上自由创造的集合体

出版说明

王水照,1934年生,浙江馀姚人。1955年考入北京大学中文系学习,1960年毕业后进入中国科学院哲学社会科学部(今中国社会科学院)文学研究所工作。1978年春,调入复旦大学中文系任教。先后担任复旦大学中文系教授、复旦大学首席教授、复旦大学文科资深教授,博士生导师。长期兼任复旦大学中文系学术委员会主任,中国宋代文学学会会长、名誉会长等。王水照先生从事古典文学研究六十馀年,在宋代文学、古代文章学、词学、钱锺书学术研究诸领域建树卓著,着力阐明或构建的"宋型文化"、"文化性格"、"破体为文"、"中唐——北宋枢纽论"、"古代文章学体系"等命题,产生了广泛的学术影响。他的苏轼研究,广博、深刻而富有文化情怀,尤为一般读书人所熟知。他是当代宋代文学研究的拓荒人和奠基者之一,也是古代文章学研究领域的一面旗帜,2012年获上海市哲学社会科学学术贡献奖。

《王水照文集》共十卷,收入作者主要的学术著作和文章。

第一卷《宋代文学论丛》和第二卷《北宋三大文人集团》主要集中于两宋文学的整体性研究,反映出作者对宋代文学与文化的宏观关照。

第三卷《苏轼研究》、第四卷《苏轼选集》、第五卷《苏轼传稿》和《王水照说苏东坡》以及第六卷的《宋人所撰三苏年谱汇刊》,汇集了作者深研"苏海"的各类著述,以专著、选集、传记、年谱以及讲演稿等不同形式呈现,是当代"苏学"研究的重要成果。

第六卷的《历代文话提要选刊》、第七卷《唐宋散文举要》、第八卷的《中国古代文章学研究》是作者有关古代文章学的系列研究论著,以文话提要、散文选注和专题研究等形式,考察了中国古代文章学的诸多重要问题,在侧重唐宋散文的同时,亦展现出对我国古代文章学史的整体考量。

第八卷的《半肖居文史杂论》纂辑了作者其他专书未收录的学术论文十四篇和为《中国大百科全书》撰写的若干词条,主要集中于唐代文学、词学和文学史编撰等论题;第九卷《鳞爪文辑》则是作者的随笔札记。两书体现了作者较为广泛而深邃的学术思考和文化使命感。

第十卷《钱锺书的学术人生》是有关钱锺书学术研究的论文结集,以钱锺书其人、其事、其学为核心,凝聚了作者"钱学"研究的重要心得。同卷《王水照访谈录》收录十二篇访谈,可一窥作者的学术成长经历和治学理念。

全书所收发表过的文章,都尽量列出最初出处,以备查核。书末附有作者著述年表,略供参考。

文集的编纂体例和总目由王水照先生亲自拟订,侯体健教授协助整理、统筹;文集出版得到复旦大学中文系、复旦大学中国古代文学研究中心的鼎力支持,谨此致谢。

上海古籍出版社

总 目

第一卷　宋代文学论丛
第二卷　北宋三大文人集团
第三卷　苏轼研究
第四卷　苏轼选集
第五卷　苏轼传稿
　　　　王水照说苏东坡
第六卷　宋人所撰三苏年谱汇刊
　　　　历代文话提要选刊
第七卷　唐宋散文举要
第八卷　中国古代文章学研究
　　　　半肖居文史杂论
第九卷　鳞爪文辑
第十卷　钱锺书的学术人生
　　　　王水照访谈录
　　　　王水照主要著述年表

第二卷　整理说明

　　《北宋三大文人集团》原是一部授课的讲稿,起撰于1987年,至2021年由上海古籍出版社出版。其中大部分篇章已在报刊上陆续发表,只有一篇为本书首次刊载,结束语也是成书时新写的。多年前的文字基本保持历史原貌,未作过多改订。

第二卷目次

北宋三大文人集团

序　论 ·· 3
　第一节　北宋三大文人集团的特征 ·· 3
　第二节　文学结盟思想的文化背景：崇尚"统"的社会思潮 ·············· 10

第一章　钱(惟演)幕僚佐集团 ··· 31
　第一节　集团构成 ·· 31
　第二节　地域环境 ·· 54
　第三节　效能一：古文写作的发轫 ·· 74
　第四节　效能二：宋诗新貌的孕育 ·· 78
　第五节　效能三：一代文宗的初露头角 ······································· 103

第二章　欧(阳修)门进士集团 ·· 122
　第一节　嘉祐二年贡举事件的文学史意义 ··································· 122
　第二节　"欧公文章，独步当世"：对尹洙的超越 ························· 169
　第三节　"言由公诲，行由公率"："欧曾"真脉相传 ······················ 183
　第四节　"修辞立其诚"：写作原则的坚持 ··································· 205
　第五节　"精金美玉"：写作态度的示范 ······································ 221

1

第三章　苏(轼)门"学士"集团 …………………………… 227
第一节　苏门的形成过程与人才网络结构 …………………… 227
第二节　苏门的性质和特征 …………………………………… 245
第三节　苏门的词评和词作 …………………………………… 275
第四节　从苏轼、秦观词看词与诗的分合趋向
　　　　——兼论苏词革新和传统的关系 ………………… 290
第五节　元祐党人贬谪心态的缩影
　　　　——论秦观《千秋岁》及苏轼等苏门成员的和韵词
　　　　………………………………………………………… 315

结束语：后苏东坡时代 ……………………………………… 332

引用书目 ……………………………………………………… 340
各章节首发一览表 …………………………………………… 354
后记 …………………………………………………………… 357

北宋三大文人集团

序　论

第一节　北宋三大文人集团的特征

　　以交往为联结纽带的文学群体,在我国从魏晋时代起,开始大量涌现,文人们文酒诗会的雅集也成为一时的社会风尚①。汉魏之际,曹操父子广招文士,"设天网以该之,顿八纮以掩之"②,并有邺宫西园之会,史有"建安七子"之称。西晋时,"权过人主"的贾谧门下有"二十四友"③,石崇有"金谷之会"④,东晋时王羲之等人的兰亭雅集⑤,晋末谢家子弟的乌衣之游⑥,以及宋谢灵运"四友"的会稽之游⑦,齐萧子良幕下的所谓"竟陵八友"与鸡笼山西邸之会等等⑧,为当时的文学创作增添了活力和色彩。降及隋唐,仍承响接流,从未

---

① 楚辞作家实乃假设群体,彼此并无实际交往;稷下学派之类以讨论哲学为主旨,不属文学群体。
② (三国魏)曹植《与杨德祖书》,《曹子建集》卷九,《四部丛刊》初编本。
③ (唐)房玄龄等撰:《晋书》,中华书局1974年版,卷四○《贾充传》附《贾谧传》第1173页。
④ 参见《晋书》卷三三《石苞传》附《石崇传》,第1006—1007页。
⑤ 参见《晋书》卷八○《王羲之传》,第2098—2099页。
⑥ 参见(梁)沈约撰:《宋书》,中华书局1974年版,卷五八《谢弘微传》,第1590—1591页。
⑦ 参见《宋书》卷六七《谢灵运传》,第1774—1775页。
⑧ 参见(唐)姚思廉撰:《梁书》,中华书局1973年版,卷一《武帝纪》,第2页。

间断。

北宋时期,在文化繁荣和成熟的整个背景下,文学领域内也产生了许多不同层次和类别的文人群体。曾巩、王安石等江西籍文人是以地缘关系而组成的作家群,孙复、石介、张绩等则以师弟递相传承的学缘关系为中心,二宋(庠、祁)、二尹(源、洙)、二苏(舜元、舜钦)兄弟则以血缘关系而并称于世,西昆体乃是源于馆阁诸臣一时唱和而构成友伴关系的群体,等等。这些文学群体都是以成员之间的文学交往为基础的。至于肇端于北宋、发展于南宋的江西诗派,则是以共同的诗歌风格和诗歌主张为集合点的,成员之间并不都存在交游过从的关系。

在北宋的文学群体中,以天圣时钱惟演的洛阳幕府僚佐集团、嘉祐时欧阳修汴京礼部举子集团、元祐时苏轼汴京"学士"集团的发展层次最高,已带有某种文学社团的性质,对整个北宋文学的发展具有举足轻重的作用。其特点有:

一是系列性。以钱惟演、欧阳修、苏轼为领袖或盟主的文学群体,代代相沿,成一系列:前一集团都为后一集团培养了盟主,后一集团的领袖都是前一集团的骨干成员。因而在群体的文学观念、旨趣、风格、习尚等方面均有一脉相承的关系。钱惟演幕府僚佐集团中,以谢绛、尹洙、梅尧臣、欧阳修等人为骨干,谢绛较为年长,俨然是实际上的文学引路人;尹洙的古文写作,梅尧臣的诗歌创作皆早负盛名;然而欧阳修作为"新秀"脱颖而出,终于成为第二代文人集团的领袖。"欧门"中的曾巩、王安石,原是欧阳修"付托斯文"的既定人选,但当苏轼从万山环抱的西蜀来到汴京时,一鸣惊人,使欧阳修欣喜地疾呼:"老夫当避路,放他出一头地。"[1]第三代文坛盟主的重任便落

---

[1] 欧阳修《与梅圣俞(三十)》,李逸安点校:《欧阳修全集》卷一四九,中华书局2001年版,第 2459 页。

在苏轼的肩上。盟主的产生主要是由才能的优化选择的自然结果，甚至前一代盟主的个人亲疏厚薄的意向也不能完全左右，这是文人集团稳固性的一个重要条件。北宋这种具有连续性、系列性的主盟形式，使文学的发展不断获得延续的力量，同时也不断获得新的属性。这在以前是罕见的。比如在唐代，我们也发现过从李华、萧颖士一传梁肃，再传韩愈，又传至李翱、皇甫湜等这一系列，但却是师弟单线的传承关系，犹如一个个圆点的延续成串，并未形成像北宋这种辐射裂变式的、扇形相衔的演化，因而在规模、作用和影响等方面就不可同日而语了。

二是文学性。魏晋以来的文人群体带有较强的政治性质和文化性质。以曹氏父子为中心的邺中文人集团的成员，大都以幕僚身份而麇集于曹氏门下，聚居邺下时，他们的创作高峰时期已经过去。贾谧的"二十四友"更是他为修纂晋史而罗致的文士，并借以博取时誉，也与这些文士的文学创作并无多少关联[1]。当然，南朝时期的文人集团，随着文学自觉时代的降临、文学在社会生活中地位的普遍提高，其文学色彩也日趋浓厚，对当时的文学创作发生过显著的作用，但如宋临川王刘义庆、齐文惠太子萧长懋、竟陵王萧子良、梁昭明太子萧统、简文帝萧纲、元帝萧绎、陈后主陈叔宝等文人群体，其领袖人物大都是皇族贵胄（一般是皇子），文人们不仅依恃他们的政治和经济实力作为活动的凭借，而且其创作也自然不能脱离皇族文化的氛围和规范，具有一望可知的依附性。至于唐初李世民的"十八学士"集团，更是"凡分三番递宿于阁下，悉给珍膳，每暇日，访以政事"[2]，优待有加，时人羡称为"登瀛洲"，其政治上网罗人才、参谋咨询的作用也大于文学的爱好和愉悦。中唐时李华、萧颖士直到韩愈的师弟

---

[1] 参看张国星《关于〈晋书·贾谧传〉中的"二十四友"》，《文史》第 27 辑。
[2] 《新唐书》卷一〇二《褚亮传》，中华书局 1975 年版，第 3977 页。

传承系统,实际上也是传道又传文,儒学统序要比文学统序显得更为重要。宋初的古文运动先驱者如柳开、孙复、石介一系,也是传道传文并重,甚或前者压倒后者;但从穆修、苏舜钦兄弟、尹洙兄弟到欧阳修一系开始,却更倾心于文学的独立审美价值的追求,在某些方面,是南朝文人集团比较浓厚的文采风流的复苏或延续。自然,与以往大多数文人集团相类,北宋三大文人集团也具有一定的政治、文化内涵。钱惟演作为幕府文士之主,就是依仗其西京留守的政治地位和政府机构来维持其文学群体的,以满足文士们共同文学活动的物质需要,提供必要的社会闲暇,颇像西方的"寄食制"或"文学沙龙";"欧门"与当时政治革新运动的内在关联,"苏门"与王氏新学、洛蜀党争的纠葛,亦自不待言。但是,文学性质的日趋加强,毕竟成为三大文人集团越来越突出的特点,尤其在"苏门"中更是闪耀出璀璨绚丽的文学之光。三大文人集团作为北宋诗文革新运动的中心和坛坫,其依次发展的趋势,不仅跟北宋诗文革新运动同步行进,而且获得了群体文学的充分成熟,足以成为北宋文学最高成就的集中体现和杰出代表。

三是自觉性。北宋文人的文学结盟意识,比起前人来显得更为强烈和自觉,已演成与文人们价值取向稳固相连的、普遍的社会心理。钱惟演之所以对幕府文士礼待优渥,"不撄以吏事"[1],是出于培养传人的自觉期望。他曾对谢绛、尹洙、欧阳修等人说:"君辈台阁禁从之选也,当用意史学,以所闻见拟之。"[2]这位馆阁学士出身的西昆体代表作家,正以自己的模式企待于后辈,尽管他还没有主要着眼于文学事业的后续承嗣,但"台阁禁从之选"也是广义的"文学"侍从之臣。而欧阳修、苏轼就更明确了。在欧阳修主盟文坛期间,他经常有

---

[1] 《四朝国史本传》,《欧阳修全集》附录卷二,第 2677 页。
[2] (宋)邵伯温撰,李剑雄、刘德权点校:《邵氏闻见录》卷八,中华书局 1983 年版,第 81—82 页。

意识地挑选后继者。当他初读苏轼的文章时,惊喜地说:"不觉汗出。快哉,快哉!老夫当避路,放他出一头地也。可喜,可喜!"①他还以衣钵相授的口吻告诉苏轼:"我老将休,付子斯文。"②后还预言:"三十年后,世上人更不道着我也。"③未来的文坛将属于苏轼。苏轼则对苏门中人宣称:"方今太平之盛,文士辈出,要使一时之文有所宗主。昔欧阳文忠常以是任付与某,故不敢不勉;异时文章盟主,责在诸君,亦如文忠之付授也。"④他完全认识到文学结盟对文学整个发展的引导和统率的作用,并期待代代相传,后继有人,保持文学发展的连续性和后续力。结盟思想在苏轼已是一种根深蒂固的观念,他在观察其他艺术领域时也常注意及此。如他在《记与君谟论书》中说:"自苏子美死,遂觉笔法中绝。近年蔡君谟独步当世,往往谦让不肯主盟。"⑤书坛应有蔡襄那样的大家来主盟,才能成就事业。可以说,凡"坛"皆应有盟主,在宋人的意识中已是顺理成章的一种必然了。

文学结盟思想已成为当时知识分子的共识,我们还可用石介的言行作为生动的例证。这位激烈抨击西昆体的健将、欧阳修的同年友好,几乎一刻也没有停止过对结盟的追求。他首先将前辈学人奉为盟主:或是已逝者,如柳开,在《与君贶学士书》中,他指出"崇仪

---

① 欧阳修《与梅圣俞(三十)》,《欧阳修全集》,第 2459 页。
② 苏轼《祭欧阳文忠公夫人文(颍州)》,孔凡礼点校:《苏轼文集》,中华书局 1986 年版,卷六三,第 1956 页。
③ (宋)朱弁《风月堂诗话》卷上,陈新点校:《冷斋夜话·风月堂诗话·环溪诗话》,中华书局 1988 年版,第 106 页;又见朱弁《曲洧旧闻》卷八,孔凡礼点校:《师友谈记·曲洧旧闻·西塘集耆旧续闻》,中华书局 2002 年版,第 205 页。
④ (宋)李廌《师友谈记》"东坡以异时文章盟主勉门下诸君"条,孔凡礼点校:《师友谈记·曲洧旧闻·西塘集耆旧续闻》,第 44 页。
⑤ 《苏轼文集》卷六九,第 2193 页。按,此语又见欧阳修《试笔》,《欧阳修全集》第 1979 页。据交游关系,为欧公语可能性更大。

（柳开）克嗣吏部（韩愈）声烈"，"推为宗主，使主盟于上，以恢张斯文"①；在《过魏东郊》诗中凭吊柳开："死来三十载，荒草盖坟墓。四海无英雄，斯文失宗主。"②或是并世健在者，如他的老师孙复以及赵先生。他的《泰山书院记》说："吏部后三百年，贤人之穷者，又有泰山先生（孙复）。……先生述作，上宗周、孔，下拟韩、孟。"③在《上孙先生书》中，他更明确声言："然主斯文，明斯道，宗师固在先生与熙道。"④"先生"即孙复，熙道则是石介的同辈士建中。他还热情地描绘过结盟以摧颓风的情景："使先生（孙复）与熙道为元帅，介与至之（姜潜）、明远（张洞）被甲执锐，摧坚阵，破强敌，佐元戎周旋焉。曹二、任三坐于樽俎之间，介知必克捷矣。然后枭竖子辈首，致于麾下。使斯文也，真如三代、两汉，跨逾李唐万万。使斯道也，廓然直趋于尧、舜、禹、汤、文、武、周公、孔子。"⑤他的《上赵先生书》几乎重新幻现这一情景，只是把"主帅"让给了赵先生："今淫文害雅，世教隳坏，扶颠持危，当在有道，先生岂得不为乎？……先生如果欲有为，则请先生为吏部，介愿率士建中之徒为李翱、李观。先生唱于上，介等和于下；先生击其左，介等攻其右；先生掎之，介等角之；又岂知不能胜兹万百千人之众，革兹百数十年之弊，使有宋之文，赫然为盛，与大汉相视、钜唐同风哉！"⑥但这种笔下的情景似乎没有变成现实，他又到处找寻同辈充任盟主，除了士建中，还有王拱辰等人。王拱辰是他的

---

① （宋）石介著，陈植锷点校：《徂徕石先生文集》，中华书局1984年版，卷一五，第180页。
② 《徂徕石先生文集》卷二，第21页。
③ 《徂徕石先生文集》卷一九，第222—224页；又可参看石介《与祖择之书》，《徂徕石先生文集》卷一五，第178—179页。
④ 《徂徕石先生文集》卷一五，第182页。
⑤ 《徂徕石先生文集》卷一五，第182页。
⑥ 《徂徕石先生文集》卷一二，第138—139页。

同榜状元,他写信给王说:"主盟斯文,非状元而谁?"①

找来找去,最后找到自己,甚至是自己的弟子张绩。他在《赠张绩禹功》诗中,列举了三代相继的盟主:唐元和时,"卒能霸斯文,昌黎韩夫子";宋初,则是"卒能霸斯文,河东柳开氏";宋景祐以后,就是他自己了:"容貌不动人,心胆无有比。不度蹄涔微,直欲触鲸鲤。有慕韩愈节,有肩柳开志。"这不是以韩愈、柳开以后第三代盟主自许吗?但他似乎信心不足,"我惭年老大,才力渐衰矣",于是"卒能霸斯文,吾恐不在己。禹功(张绩)幸勉旃,当仁勿让尔"②。把希望放在张绩身上,其实他当时年仅三十六岁,算不得"老大",也未到"渐衰"之境,只是反映他时不我待的焦躁和急切心理而已。石介梦寐以求"一人主盟、从者云集"的文坛构建的出现,他的《上孙少傅书》、《泰山书院记》等文不厌其烦地描述师弟呼应高居坛坫的盛况,几乎到了忘情的地步。他的《寄弟会等》,更直接夸说自己门人之众:"吾门何所喜?子衿青青多。豹、常志古道,佩服卿与轲。平、淑号能赋,其气典以和。枢从吾日久,道德能切磋。泽也齿最少,已有亭亭柯。彰颇通典籍,所立不幺么。淳乎性源浊,今亦为清波。……会汝少俊异,美若玉山禾。……合亦稍纯茂,知不随身矬。……视汝器磊磊,淳、沆皆蚌螺。我有堇山锡,欲铸子太阿。诚能来就学,颖利加铦磨。翘翘数子间,可与肩相摩。"③这里,他开列了一个大名单:张豹、李常、刘君平、卢淑、高枢、赵泽、孔彰及其两位侄子孔淳、孔沆,再加上他自己的两位弟弟石会、石合,共十一人。这位倔强劲直的古文家颇有喜偏执、好空想的特点,他的卫道热情和孤单感的交织也使他不免言过其甚,但作为一个典型,却确切而鲜明地反映出当时结盟思想的自觉和

---

① 《与君贶学士书》,《徂徕石先生文集》卷一五,第181页。
② 《徂徕石先生文集》卷二,第17页。
③ 《徂徕石先生文集》卷三,第32页。

9

强烈,或许还可以当作一面放大镜,便能更清晰地照见欧阳修、苏轼等文坛盟主的同类思想的底蕴。

第二节　文学结盟思想的文化背景：崇尚"统"的社会思潮

欧阳修、苏轼等人文学结盟思想的自觉和强烈,不是偶然的,反映了宋代知识分子崇尚"统序"的文化思潮。在当时许多文化领域内,几乎都发生过关于"统"的大论战:史学领域中的"正统"之争,政治哲学领域中的"道统"之争,散文领域中的"文统"之争,佛学领域中的"佛统"之争,乃至政治斗争领域中的朋党之争,趋群化和集团性的意识,深深地渗透进宋代知识分子的内心,成为他们一种根深蒂固的观念。而这一切,只不过是宋代专制主义中央集权高度发展的折射或外化。

宋代在中国统一时期的王朝中是政权、军权、财权最为集中的朝代,也是政治体制大转型的时代。一方面吸取唐末五代强镇悍将割据叛乱的教训,一方面又迫于辽和西夏的边陲威胁,在社会经济发展的内在需要和可能的基础上,宋朝统治者采取了一系列削弱相权、强干弱枝、守内驭外、重文轻武、财赋独揽等措施,把所有主要权力统归中央朝廷,并进一步由皇帝一人掌管。宋王朝号称"海内混一",但其实际疆域不及汉、唐,甚至不如晋、隋,石晋割让给契丹的燕云十六州始终未能归入版图。这一恒久的遗憾恰恰也促成其专制集权的强化、皇权的过度膨胀以及意识形态领域中对"统"的普遍追求,以树立政治权威和思想权威。

先论史学中的"正统"。什么是"正统"？清姚范《援鹑堂笔记》卷一三云:"正统之论,或谓本于《春秋公羊传》隐三年'君子大居正'

及'大一统'也。"①他把正统论溯源到《春秋》公羊学是正确的。这里的"正",主要指儒家的政治伦理,即所谓王道、王德;"统",主要指地域上的统一,这是从地理空间上着眼的。战国末期的邹衍又提出"五德终始"说,则从历史时间上着眼,用"五行相胜"来解释从黄帝到夏、商、周的朝代更替。他认为每一个朝代都体现了五行中的一德,依土(黄帝)、木(夏)、金(商)、火(周)、水的次序更迭嬗变。②他把历史看成一种整体的发展,一种内在的必然,但又陷入循环论和命定论。邹衍的"德",与《公羊传》的"正"是一致的,这样,"正统"也就包括横向和纵向的两个内容:"一统和传统。换句话说,天下只此一家,古今相传一脉。"③(钱锺书先生语)史学上的正统论实质上是政治上的权威论,目的是使本王朝的存在神圣化。然而,这一思想的系统化和理论化,正是在北宋时期的一场论战中才开始成熟的。

北宋时最先提出正统论问题的是真宗朝官修的《册府元龟》。这部巨著开宗明义说:"昔雒出书九章,圣人则之,以为世大法。其初一曰五行:一曰水,二曰火,三曰木,四曰金,五曰土,帝王之起,必承其王气。……盖五精之运,以相生为德,木生火,火生土,土生金,金生水,水生木,乘时迭王以昭统绪。故创业受命之主,必推本乎历数,参考乎徵应,稽其行次,上承天统,《春秋》之'大居正',贵其体元而建极也。前志之论闰位,谓其非次而不当也。"④显然,它以"五德终始"说

---

① (清)姚范撰:《援鹑堂笔记》,《续修四库全书》影印清姚莹道光间刻本,第1148册,卷一三,第524页。
② 见《文选·魏都赋》"察五德之所莅"句注引《七略》曰:"邹子有终始五德,从所不胜,木德继之,金德次之,火德次之,水德次之。"又见《吕氏春秋·应同篇》。
③ 钱锺书先生语,见中国科学院文学研究所"中国文学史编写组"编写:《中国文学史》(二),人民文学出版社1962年版,第542页。
④ (宋)王钦若等编:《册府元龟》,中华书局1960年影印本,卷一《帝王部·总序》,第1页。

11

为理论根据,严别正闰,还进而论证秦和朱梁为非正统。这可以看作宋初官方的观点。于是,张方平的《南北正闰论》、尹洙的《河南府请解投贽南北正统论》等,都沿承其说再加申发。张方平说:"夫帝王之作也,必膺箓受图,改正易号,定制度以大一统,推历数以叙五运,所以应天休命,与民更始。"①尹洙说:"天地有常位,运历有常数,社稷有常主,民人有常奉。故夫王者位配于天地,数协于运历,主其社稷,庇其民人,示天下无如之尊也,无二其称也。"②他们二人都以"五行相胜"来肯定西晋、北魏、北周、隋、唐为正统,而推断东晋及宋、齐、梁、陈为非正统。

欧阳修以极大的热情和精力投入这场论战。他最初写了《正统论》七首,包括《原正统论》、《明正统论》、《秦论》、《魏论》、《东晋论》、《后魏论》、《梁论》,后又把这七篇删改成三篇:《序论》、《正统论》上、下。此外,《或问》、《魏梁解》、《正统辨》二篇以及《新五代史》传论等都有所阐发。他首先给"正统"一个明确的界说:"《传》曰:'君子大居正。'又曰:'王者大一统。'正者,所以正天下之不正也。统者,所以合天下之不一也。由不正与不一,然后正统之论作。"③并反复强调这一问题的崇高意义:"夫所谓正统者,万世大公之器也","夫正与统之为名,甚尊而重也"④,最后达到"王者所以一民而临天下"的目的⑤。他又提出以"德"和"迹"作为判断是否"正统"的具体标准。"德"应包括"至公"、"大义"等原则,"迹"指封疆实况;但在具体评判上,他似更偏重于"迹"。因而他肯定秦、曹魏、朱梁为正统,而反对张方平把北

---

① (宋)张方平《南北正闰论》,《乐全先生文集》卷一七,《宋集珍本丛刊》影印宋刻本,线装书局 2004 年版,第 5 册,第 455 页。
② (宋)尹洙《河南府请解投贽南北正统论》,《河南先生文集》,《宋集珍本丛刊》影印明抄本,第 3 册,卷三,第 353 页。
③ 欧阳修《正统论上》,《欧阳修全集》卷一六,第 267 页。
④ 欧阳修《明正统论》,《欧阳修全集》卷一六,第 279 页。
⑤ 欧阳修《正统论序》,《欧阳修全集》卷一六,第 266 页。

魏列为正统的观点。他并非不知道秦始皇之"不德"和曹魏、朱梁之"皆负篡弑之恶",但认为"夫欲著其罪于后世,在乎不没其实。其实尝为君矣,书其为君;其实篡也,书其篡。各传其实,而使后世信之"①。在他的正统论思想中,具有独创性的还有两点:一是创立"绝统"之说。他说:"正统有时而绝也,故正统之序,上自尧、舜,历夏、商、周、秦、汉而绝,晋得之而又绝,隋、唐得之而又绝。自尧、舜以来,三绝而复续。惟有绝而有续,然后是非公,予夺当,而正统明。"②二是他尖锐地驳斥"五行相胜"说,认为是"昧者之论"。他说:"自古王者之兴,必有盛德以受天命,或其功泽被于生民,或累世积渐而成王业,岂偏名于一德哉?至于汤、武之起,所以救弊拯民,盖有不得已者,而曰五行之运有休王,一以彼衰,一以此胜,此历官、术家之事,而谓帝王之兴必乘五运者,缪妄之说也。"③这两个观点,前者对编制历代统序提供了较为合理的灵活性,后者则坚决摈弃了迷信虚妄的命定论。

欧阳修的正统论思想,受到同时一些人的反对。如章望之作《明统论》三篇,提出秦、晋、隋、五代皆为"霸统",以"霸"易"闰"④;郭纯作《会统稽元图》,并提出"馀位"说,认为"蒙先世之烈者谓之馀",如五代即是⑤。于是又引出司马光、苏轼等人的不同看法。他们两人都赞成欧阳修的"绝统"说,反对"霸统"或"馀位"说。苏轼对于一些

---

① 欧阳修《魏梁解》,《欧阳修全集》卷一七,第 299 页;又参见欧阳修《新五代史》卷二"梁本纪·太祖下",中华书局 1974 年版,第 21 页。
② 欧阳修《正统论下》,《欧阳修全集》卷一六,第 269—270 页。
③ 欧阳修《正统论上》,《欧阳修全集》卷一六,第 268 页。
④ 原文不见。郎晔《经进东坡文集事略》卷一一《正统论》注文有详细引录;又见司马光《答郭长官(纯)书》(《传家集》卷六一)、苏轼《正统论三首》(《苏轼文集》卷四)两文所引。
⑤ 司马光《答郭长官(纯)书》,《传家集》卷六一,文渊阁《四库全书》本,台湾商务印书馆 1986 年版,第 1094 册,第 547 页。

存在争议的朝代,其是否正统,完全与欧阳修的意见一致①;而司马光作为《资治通鉴》的主编,对于分裂时期的朝代,提出"不别正闰"的主张。他说:"臣愚诚不足以识前代之正闰,窃以为苟不能使九州合为一统,皆有天子之名而无其实者也。虽华夏仁暴,大小强弱,或时不同,要皆与古之列国无异,岂得独尊奖一国谓之正统,而其馀皆为僭伪哉!"②因而他在《资治通鉴》中采取"借其年以记事尔,亦非有所取舍抑扬也"的办法③,也就是说,他以某朝的年号来纪年,只是当作一个记时的标号,而不含有奉为正朝的意义。从我们今天看来,这种历史编纂原则是可取的。

此外,宋庠有《纪年通谱》,曾为仁宗采纳"诏送史馆"④,陈师道作《正统论》主张秦、曹魏、东晋、后魏为正统⑤,毕仲游的《正统议》则辩秦、萧梁为非正统,却承认曹魏是正统⑥。各抒己见,诸说纷纭。

但是,尽管具体朝代的判别各有不同,而崇奉正统却是他们的共识。欧阳修如此,与他观点相左的张方平等也是如此。张方平说:"夫国之大事,莫大于继统。"⑦陈师道也说:"统者,一也,一天下而君之,王事也,君子之所贵也。""夫正者,以有贰也。……天下有贰,君

---

① 苏轼《正统论三首》,《苏轼文集》卷四,第 120—125 页。
② 司马光编著,(宋)胡三省音注,"标点资治通鉴小组"校点:《资治通鉴》,中华书局 1956 年版,卷六九《魏纪一》黄初二年案语,第 2187 页。
③ 司马光《答郭长官(纯)书》,《传家集》卷六一,文渊阁《四库全书》本,第 1094 册,第 546 页。
④ (宋)李焘撰,上海师范大学古籍整理研究所、华东师范大学古籍整理研究所点校:《续资治通鉴长编》,中华书局 2004 年第 2 版,卷一五九"仁宗庆历六年",第 3840 页。
⑤ 陈师道撰:《后山居士文集》,上海古籍出版社 1984 年影印北京图书馆(今国家图书馆)藏宋刻本,卷七,第 437—447 页。
⑥ 毕仲游《正统论》,《西台集》卷四,文渊阁《四库全书》本,第 1122 册,第 37—38 页。
⑦ 张方平《君子大居正论》,《乐全先生文集》卷一七,《宋集珍本丛刊》影印宋刻本,第 5 册,第 455 页。

子择而与之，所以致一也。不一，则无君；无君，则人道尽矣。"①这是因为他们具有共同的政治立场，即为本朝的专制主义中央集权的政权，寻找神圣莫渎的根据。以"五德终始"说为理论依据的《册府元龟》，其《帝王部·总序》最后说："自伏羲氏以木王，终始之传，循环五周，至于皇朝，以炎灵受命，赤精应谶，乘火德而王，混一区夏，宅土中而临万国，得天统之正序矣。"②目的是为了论证自己"皇朝"的神圣性。反对"五德终始"说的欧阳修，坚持以五代为统系，尽管他在《新五代史》中对五代诸帝訾诋不遗馀力（除唐庄宗、周世宗外），实际上也因从唐至宋一脉相承，不能不承认五代。承认五代为正统是承认本朝正统的必要前提。即使像司马光那样，一再解释他"不别正闰"，但其《资治通鉴》对三国以曹魏纪年，这是因为晋接魏统和宋接后周之统有着十分相近的历史类似；对南北朝则全用南朝纪年，一反隋唐以来以北族为正统的史学观念，也多少含有华夷之防的意义，这又与北宋跟辽、西夏少数民族政权并峙的情况息息相关。

我们不惮辞繁描述这场论争，并不是表示我们对在几个政权并存时期崇奉何者为正朔有什么兴趣；从现代历史编纂原则来看，都应如实地加以叙述和反映，或许可以分别主次，但毋须先验地从正闰、华夷之辨出发加以褒贬③。我们有兴趣的是，从这场论争中可以看

---

① 陈师道《正统论》，《后山居士文集》，卷七，第 437—438 页。
② 王钦若等编：《册府元龟》，卷一《帝王部·总序》，第 2 页。
③ 连明末清初的启蒙思想家王夫之在《读通鉴论》卷末《叙论一》中，也特地倡言"不及正统"。因为在他看来，"夫统者，合而不离、续而不绝之谓也"，而事实上有"离"和"绝"的混乱时代，"离矣，而恶乎统之？绝矣，而固不相承以为统。崛起以一中夏者，奚用承彼不连之系乎？"否认古今一脉的统序的存在。主张君主立宪的梁启超在 1902 年所作《论正统》中则认为，"中国史家之谬，未有过于言正统者也"，公开鼓吹"民有统而君无统"，"统也者，在国非在君也，在众人非在一人也"，从根本上否定封建君主有什么"正统"可言。他们的论"正统"，实质上也是针对现实的政论。

到,宋代知识分子(我们特意选择三大文学集团中的人物如欧、苏、尹、陈,以及和他们有交往的人物如张、司马、章、毕等)的政治伦理思想如何深深地烙印上《春秋》"大一统"的传统教言,以致成为一种稳固的习惯思维;又如何深刻地折射着高度发展而又颇受威胁的中央集权的现实政治建构,并产生维护和巩固中央集权的作用。日本学者加藤繁在《中国史学对于日本史学的影响》一文中说得好:在几个政权并存时期,事实上不存在判断"正闰"的标准,然而在中国却长期研讨不休,原因何在?"盖本于超越王朝之革命兴亡,欲维持中国国家之统一存续,主张己王朝之正当性,(及适应)国家民族之欲求。"[1]可谓发微探本之论。

"大一统"是中国传统的基本文化精神之一,因而正统论在中国政治思想史和史学史中成了长久的论题,北宋以后仍然聚讼纷纭[2];但北宋时期却是其理论化和系统化的重要阶段,显示出理论思维的初步成熟。其时文学结盟思想的自觉和强烈,正是同一政治格局大转型时代的精神产物。北宋各个文学集团的具体形成过程各异,或是一时偶然的会合,或由单线的个别交游扩大到网状的群体组合,然而一拍即合、相互凝聚,其最根本的原因就是这种趋群求众的尚"统"思想已成为时代的共识。这是偶然中的必然,是构成文学集团的思想基础。

在政治哲学和散文领域中的"道统"和"文统",也有着十分相类的情况。"道统"和"文统"也是我国文化史中两个绵延不绝的论题。《孟子·尽心下》最后列述"由尧、舜至于汤"、"由汤至于文王"、"由文

---

[1] 中译本见梁容若《中国文化东渐研究》,台北中国文化出版委员会1956年版,第206—234页。
[2] 参看《管锥编》,中华书局1979年版,第4册,第1240—1243页。

王至于孔子"的"道"的传承关系①,并慨叹孔子以后百馀年来后继乏人,这大概是第一次明确提出由尧、舜到汤、文王、孔子的道统谱系。《论衡·超奇篇》说:"文王之文在孔子,孔子之文在仲舒,仲舒既死,岂在长生(周树,东汉人,著《洞历》十篇)之徒与?何言之卓殊、文之美丽也。"②这可以看作制订"文统"谱系的最早尝试。但其实际内涵似与"道统"紧密相关。到了唐代韩愈,为了深入阐发他的文道合一、以道为主的文论思想,才以精致的形式编制一个"道统"谱系,更趋严整化。他在名文《原道》中说:"尧以是传之舜,舜以是传之禹,禹以是传之汤,汤以是传之文、武、周公,文、武、周公传之孔子,孔子传之孟轲,轲之死,不得其传焉。"③这似乎是欧阳修所谓的"绝统",但续绝存亡,自有后人,正是韩愈,隐然以孟轲的传人自居。这一手法,直承孟子,而又启迪宋人。也说明他们津津乐道的"道统"并不仅仅是对昔日传统光荣的歆羡,而是有着明确的现实追求。韩愈也有"文统"谱系的设计,如《送孟东野序》中讲庄周、屈原、司马迁、司马相如、扬雄到陈子昂的统绪④,《答李翊书》所谓"非三代、两汉之书不敢观"⑤,言外之意,他的古文乃直承先秦、两汉的散文传统。但他还来不及作出明确的系统排列。后来孙樵在《与友人论文书》中自称:他"尝得为文之道于来公无择,来公无择得之皇甫公持正,皇甫持正得之韩先

---

① (清)焦循撰,沈文倬点校:《孟子正义》,中华书局1987年版,卷二九,第1034、1035、1036页。
② 黄晖撰:《论衡校释》,中华书局1990年版,卷三九,第614页。
③ (唐)韩愈著,马其昶校注,马茂元整理:《韩昌黎文集校注》,上海古籍出版社1986年版,卷一,第18页。又韩愈在《送浮屠文畅师序》(卷四,第253页)中说:"尧以是传之舜,舜以是传之禹,禹以是传之汤,汤以是传之文、武,文、武以是传之周公、孔子。"名字序列,稍有不同。
④ 《韩昌黎文集校注》卷四,第233—234页。
⑤ 《韩昌黎文集校注》卷三,第170页。

生退之。"①就公开标举起唐代从韩愈、皇甫湜、来无择到孙樵的文统,并以唐文的正宗自居。实际上这仅仅反映韩愈门下散文风格中尚奇矜丽的一派,并不能包括平易自然的一派。但他为"文统"编排名单序列,建立自我权威,对宋文有直接影响。应该说明,韩愈论道统和文统,尚未合二为一,没有把文统完全消融在道统之中,表明了韩愈古文运动向文学性质倾斜的趋向。

宋初热衷于讨论和争议道统、文统的,正是欧、苏古文运动的一些前驱者,也是宋代理学的先行者,如柳开、孙何、孙复、孔道辅、石介等人。他们为了拯救世道人心,摒斥淫靡浮艳的"五代文弊"和西昆体,揭橥道统、文统两面大旗,观点鲜明,气势逼人。他们的思想渊源即来自韩愈,但卫道的热情比韩更甚。第一,他们更强调以"道"为本位的文统观,甚至把道统、文统合二为一。柳开《应责》说:"吾之道,孔子、孟轲、扬雄、韩愈之道;吾之文,孔子、孟轲、扬雄、韩愈之文。"②就是有影响力的言论。

第二,他们在讨论统序时,令人瞩目地加进了隋末大儒王通。柳开在《应责》中提出孔、孟、扬、韩的统序,后来他在《东郊野夫传》中进一步说他"迨年几冠","深得其韩文之要妙,下笔将学其为文","惟谈孔、孟、荀、扬、王、韩以为企迹"③。韩愈《原道》认为,荀、扬二人"择焉而不精,语焉而不详"④,因而还够不上进入道统之列,柳开却与之不同;特别是王通,韩愈更是弃置不顾的。王通号文中子,字仲淹,以明王道为己任,自居道统,师弟相互标榜,比之孔、颜。他的《中说》,模仿《论语》,重道轻艺,强调文章必须"上明三纲,下达五常","征存

---

① (唐)孙樵撰:《孙可之集》,文渊阁《四库全书》本,第1083册,卷二,第71页。又见孙樵《与王霖秀才书》,《孙可之集》卷二。
② 柳开撰:《河东先生集》,《四部丛刊》本,卷一,第11b页。
③ 《河东先生集》卷二,《四部丛刊》本,第3b页。
④ 《韩昌黎文集校注》卷一,第18页。

亡,辩得失",为封建政治服务。又说:"学者博诵云乎哉!必也贯乎道。文者苟作云乎哉!必也济乎义。"①是一种严格而又褊狭的道统文学观。他也是"正统论"的鼓吹者。他作《元经》,以"王道政治"为标准来"正帝名",确认晋、宋、北魏、西魏、北周和隋等六代为正统。诚如陈叔达《答王绩书》所说:"乃兴《元经》,以定真统。"②

然而,从隋唐以降,这位纯儒并未引起人们的重视。直至唐中叶始为刘禹锡、李翱等所注意,至唐末才受到皮日休、司空图等的推崇(他二人各作有《文中子碑》),而到宋初突然声价百倍。司马光特作《文中子补传》,其中说道:"宋兴,柳开、孙何振而张之,遂大行于世,至有真以为圣人可继孔子者。"③王通在宋代的由晦而显,由不入"统"而入"统",正是适应了宋人的思想要求和心态企向。孙何推崇王通的文章,题为《辨文中子》,今已不见;但孙复、孔道辅、祖无择、石介等人的言行,均可覆按。孙复几乎依样画葫芦地重复柳开的声音:"吾之所为道者,尧、舜、禹、汤、文、武、周公、孔子之道也,孟轲、荀卿、扬雄、王通、韩愈之道也。"④孔道辅在兖州夫子庙特绘制孟轲、荀卿、扬雄、王通、韩愈"五贤像"⑤,孙复激动万分,即致信孔道辅大加夸奖:"近得友人石介书,盛称执事于圣祖家庙中构五贤之堂,象而祠之","复闻之跃然而起,大呼张洞、李蕰(一作张洞、李缊,孙复的两位弟子)曰:'昔夫子之道,得五贤而益尊;今五贤之烈,由龙图(孔道辅)

---

① (隋)王通撰,张沛校注:《中说校注》,中华书局2013年版,卷二,第45页。
② (宋)姚铉编:《唐文粹》,文渊阁《四库全书》本,第1344册,卷八二,第255页。
③ 司马光《文中子补传》,见(宋)邵博撰,刘德权、李剑雄点校:《邵氏闻见后录》,中华书局1983年版,卷四,第32页。
④ 孙复《信道堂记》,《孙明复先生小集》,《宋集珍本丛刊》影印清抄徐坊校跋本,第3册,第169页。
⑤ 见(宋)王应麟撰:《小学绀珠》,《津逮秘书》本,卷五,第17a页。

而愈明'"，欢呼"斯文岂有不兴乎！"①这封信中还再次列出从伏羲、神农、黄帝直至王通、韩愈的统序。他还在《董仲舒论》、《答张洞书》等文中多次重申。祖无择《李泰伯退居类稿序》也列出孔子、孟轲、荀卿、贾谊、董仲舒、扬雄、王通的统序，认为他们"苟得位以行其志，则三代之风，吾知其必复"②。至于石介，他更是一位"道统"的不倦宣扬者，王通的狂热崇拜者。他在《尊韩》(《徂徕石先生文集》卷七)、《救说》(卷八)、《上张兵部书》(卷一二)、《上蔡副枢书》(卷一三)、《上孔中丞书》(卷一三)、《上范思远书》(卷一三)、《与士建中秀才书》(卷一四)、《上孙少傅书》(卷一五)、《答欧阳永叔书》(卷一五)、《与祖择之书》(卷一五)、《与君贶学士书》(卷一五)等一系列文章中，连篇累牍地述说这一点。这些古文运动先驱者们把王通列入"道统"名单，表明了古文运动中儒学成分的加重，也表明"统"的意识的膨胀。以后理学家们纷纷推崇王通，也就不奇怪了。如邵雍说王通"虽未至圣"，但毕竟是"圣人之徒"；程颐认为王通的地位应高于荀子、扬雄③。程颐甚至说他平生学问，不过是孟子、董仲舒、王通的"三子之道"④。

　　第三，他们讨论道统、文统的落脚点在于为自身确立一个历史位置，即为他们以继统自命、建立自我权威谋求天经地义的神圣性。宋初不少人讲道统、文统，跟孟子、韩愈一样，都隐寓自继道统之意，只是不曾直截了当明言而已。第一个把宋人直继往昔圣贤的又是石介。他的《与君贶学士书》说："孔子下千有余年，能举之者孟轲氏、荀

---

① 孙复《上孔给事书》，《孙明复先生小集》，《宋集珍本丛刊》影印清抄徐坊校跋本，第3册，第166—167页。
② 祖无择撰：《龙学文集》，文渊阁《四库全书》本，第1098册，卷八，第828页。
③ 见《邵氏闻见后录》卷四，第32、33页。
④ 程颐《上仁宗皇帝书》，《河南程氏文集》卷五，(宋) 程颢、程颐著，王孝鱼点校：《二程集》，中华书局1981年版，第515页。

卿氏、扬雄氏、文中子、吏部、崇仪(柳开)而已。"又说:"唐去今百馀年,独崇仪克嗣吏部声烈,张景(柳开弟子)仅传崇仪模象。"①即以柳开近宗韩愈而远祧孔孟。石介的推崇柳开,实际上是把他们这批崇柳者统统纳入"道统"之列,崇柳为了扬己。而柳开之所以在宋代最早列王通于道、文二统,也含有自誉自夸之意。他自述:"补亡先生,旧号东郊野夫者,既著野史,后大探六经之旨,已而有包括扬、孟之心,乐为文中子王仲淹,齐其述作,遂易名曰开,字曰仲途,其意谓将开古圣贤之道于时也。"②这位古文家擅长把自己的名字弄得像口号或宣言(他原名"肩愈",字"绍元"),这里的"开"、"仲途"又成了昭示他心曲的窗口:他要作王通第二,"开"与"通"并,"仲途"与"仲淹"齐。

道统、文统问题成为宋初一些士人注意的热点,它与文学结盟思潮,显然属于同一类文化理想的追求,同一种思维定式和习惯:中国传统士大夫一贯崇尚典范,仰服权威以及趋群合众的文化性格。最能说明两者联系的是石介。上面引述的他反复论说道统、文统的十多篇文章,都与结盟问题有着直接的联系:赓续两"统",非结盟不可,不结盟则无法挽狂澜于既倒,统序必然失坠。如《与君贶学士书》在慨叹"本朝文章视于唐差劣,复自翰林杨公(亿)唱淫辞哇声,变天下正音四十年,眩迷盲惑,天下瞆瞆晦晦,不闻有雅声"以后,就推出孟、荀、扬、王、韩、柳(开)的道统、文统,认为只有借助这种"非常之力"才能振兴。接着又说:"故常思得如孟轲、荀、扬、文中子、吏部、崇仪者,推为宗主,使主盟于上,以恢张斯文。"为此,他"乃汲汲焉狂奔浪走数千里外,以访、以寻之未得,且临餐忘食,中夜泣下"③,活画出

---

① 《徂徕石先生文集》卷一五,第180页。
② 柳开《补亡先生传》,《河东柳仲途先生文集》,《宋集珍本丛刊》影印清曙戒轩抄本,第1册,卷二,第447页。
③ 《徂徕石先生文集》卷一五,第180—181页。

一副为寻求盟主、集聚群英的栖栖惶惶、急不可待的情状。

　　这里还需辨明一个问题：欧阳修、苏轼等的文集中，很少有关于道统、文统的言论，他们的文学结盟思想与之有否具体联系呢？宋初倡导古文运动的士人中，实际存在两个不同的谱系。一是柳开、孙复、石介等人，一是穆修、苏舜钦兄弟、尹洙兄弟、欧阳修等人。《邵氏闻见录》卷一五云："本朝古文，柳开仲途、穆修伯长首为之唱。"①这是正确的，可惜没有指出两位首倡者的异点。《四库全书总目》卷一五二说：穆修"盖天资高迈，沿溯于韩、柳而自得之。宋之古文，实柳开与（穆）修为倡。然开之学，及身而止；（穆）修则一传为尹洙，再传为欧阳修。而宋之文章于斯极盛，则其功亦不鲜矣"②。这里指出柳、穆具有不同的后续特点和历史地位，是有一定识力的。但柳开有学生张景等人，又有孙复、石介等私淑踵迹，不能说他"及身而止"，只是不及穆修一系之盛而已。穆修"一传为尹洙，再传为欧阳修"，是符合实际的。范仲淹《尹师鲁河南集序》说："洛阳尹师鲁，少有高识，不逐时辈。从穆伯长游，力为古文。""大见风采，士林方耸慕焉。遽得欧阳永叔，从而大振之，由是天下之文一变而古，其深有功于道欤！"③这大概是《四库全书总目》所本。但还应补充"苏舜钦兄弟多从之（穆修）游"④。这一派是宋初古文运动中的重文派。穆修也指斥当时的世风，他在著名的《答乔适书》中说："古道息绝，不行于时已久。今世士子习尚浅近，非章句声偶之辞，不置耳目，浮轨滥辙，相迹

---

① （宋）邵伯温撰，李剑雄、刘德权点校：《邵氏闻见录》，中华书局1983年版，卷一五，第166页。
② （清）永瑢等撰：《四库全书总目》，中华书局1965年版，卷一五二《穆参军集提要》，第1308页。
③ 范仲淹撰：《范文正公文集》，《续修四库全书》据《古逸丛书三编》影印北宋刻本，第1313册，卷八，第298页。
④ （元）脱脱等撰：《宋史》，中华书局1985年版，卷四四二《穆修传》，第13070页。

而奔,靡有异途焉。其间独敢以古文语者,则与语怪者同也。众又排诟之,罪毁之,不目以为迂,则指以为惑,谓之背时远名,阔于富贵。"①虽然以"古道息绝"为论题,却就文论文,着重于对空泛浮浅、沉湎于章句声偶的文辞进行抨击,比之石介的《怪说》等文来,显然汰洗掉不少儒学成分。他们之所以不接受文道一元论的文学观,是不难理解了。耐人寻味的是欧阳修。他在为石介所作的《墓志铭》中,曾称引石介所崇奉的从尧、舜直至韩愈的道统名单,却偏偏漏掉了王通②,这也不是一时的疏忽。宋袁文《瓮牖闲评》卷五明确说:"欧阳文忠公不喜《中说》,以为无所取。"③后来"苏门四学士"之一的张耒就更直白了:"如王通死,门人私谥'文中'。……然后世读通所著书续经,其狂诞野陋,乃可为学者发笑。"④一褒一贬,两个谱系,判然有别。

欧、苏等人虽然没有复述柳开等一再宣扬的道统名单,而且对文道关系作出了新的规定,对道的内涵也有所改造,突破了道统文学观的樊篱,但他们并不否认继承和恢复道统和文统的必要。苏轼的《六一居士文集叙》说:"……五百馀年而后得韩愈,学者以愈配孟子,盖庶几焉。愈之后二百有馀年而后得欧阳子,其学推韩愈、孟子以达于孔氏,著礼乐仁义之实,以合于大道。……士无贤不肖不谋而同曰:'欧阳子,今之韩愈也。'"⑤也认为欧阳修直承韩愈、上继孔孟之道。他在《祭欧阳文忠公文》中以"斯文有传,学者有师"称许欧氏⑥,"斯文有传"即典出《论语·子罕》,言孔子以传承文王"斯文"自誓。斯

---

① 穆修撰:《穆参军集》,文渊阁《四库全书》本,第1087册,卷中,第12页。
② 《欧阳修全集》卷三四,第505—508页。
③ 袁文撰,李伟国点校:《瓮牖闲评》,中华书局2007年版,第81页。
④ 张耒《答李文叔为兄立谥简》,李逸安、孙通海、傅信点校:《张耒集》,中华书局1990年版,卷五五,第838页。
⑤ 《苏轼文集》卷一〇,第316页。
⑥ 《苏轼文集》卷六三,第1937页。

文,原指礼乐制度,苏轼这里实指儒道和古文。而欧阳修本人更经常强调文学集团对于摈斥颓风淫哇的集体作用,"久而众胜之"。在《隋太平寺碑跋尾》中,他认为唐太宗虽为治世之主却不能改革文风,"岂其积习之势,其来也远,非久而众胜之,则不可以骤革也",必有赖于"群贤奋力,垦辟芟除"之功①。依靠文学结盟的持久和群体的声威以恢复文统,欧阳修的看法与石介的言论又颇多同道默契之处。

在考察尚"统"的社会思潮时,我们不妨放宽视角,把北宋佛教内部争统的情况作为某种参照物。佛教东渐之初,大都是小乘经典;从前秦鸠摩罗什翻译大乘经典起,中国佛教内部遂产生派别。各派自有名僧大德和佛学宗旨,派内衣钵相传,争夺激烈,禅宗五祖弘忍座下的神秀、慧能相争,就是清净佛门中演出的一场刀光剑影的险剧。到了北宋时期,各派界限逐渐趋于泯灭,但禅宗的临济、曹洞二宗和天台宗仍有所发展,爆发过争统的冲突。

作为禅僧的契嵩,出于正名分、定宗谱的目的,作《传法正宗记》九卷、《传法正宗定祖图》一卷和《传法正宗论》二卷(三书合称《嘉祐集》十二卷),立二十八祖之说,破天台宗的二十四祖之说。陈舜俞在《明教大师行业记》中说:"……复著《禅宗定祖图》、《传法正宗记》。仲灵(契嵩字仲灵)之作是书也,慨然悯禅门之陵迟,因大考经典,以佛后摩诃迦叶独得大法眼藏为初祖,推而下之,至于达磨,为二十八祖。"②从此,从迦叶至达磨西天二十八祖就成为禅宗祖系的定论。天台宗先据《付法藏传》,立二十四祖之说,其中没有二十八祖说的后四人(包括达磨),引起契嵩的不满:"佛子不善属书,妄谓其祖绝于二

---

① 《欧阳修全集》卷一三八,第 2179 页。
② 陈舜俞撰:《都官集》,文渊阁《四库全书》本,第 1096 册,卷八,第 500 页。

十四世,乃生后世者之疑……余尝慨之!"①他还于嘉祐六年(1061)把这三部书进献朝廷,在《再书上仁宗皇帝》中说明他的初衷:"祖者乃其教之大范,宗者乃其教之大统。大统不明,则天下学佛者,不得一其所诣。大范不正,则不得质其所证。""臣自不知量,平生窃欲推一其宗祖,与天下学佛辈息诤释疑,使百世知其学有所统也。"②于是得到仁宗的称许,敕准其书编入大藏,并赐号明教大师。"朝中自韩丞相(韩琦)而下,莫不延见而尊重之。"虽然如此,佛门中仍有反对契嵩之说者。契嵩"闻之,攘袂切齿,又益著书",辩难至"数万言",并广为宣讲,"久之,虽平生厚于仲灵者,犹恨其不能与众人相忘于是非之间"。唇枪舌剑,寸步不让。更可笑的是他死后火化,"三寸之舌,所以论议是是非非者,卒与数物不坏以明之"③,至死都要保存他的一条舌头以维护佛统正传,恐怕连纵横家张仪被辱后"舌在""足矣"之叹,也相形失色了。

发生在以慈悲为怀的僧徒们中间的这场争统冲突,其激烈和尖锐的程度,与世俗社会的正统、道统、文统之辨,何其相似乃尔。而另一方面,文坛传承也似模仿佛门行径。欧阳修的"我老将休,付子(苏轼)斯文"④,活脱脱地一副禅门中衣钵相授的腔吻;难怪南宋晁公武说:"欧公门下士,多为世显人。议者独以子固(曾巩)为得其传,犹学浮屠者所谓嫡嗣云。"⑤真谛俗谛,融浑一气。

---

① 释契嵩《宗证略传序》,(宋)释契嵩编修:《传法正宗记》,《大正新修大藏经》第 51 册,卷九,第 766 页。
② 释契嵩撰:《镡津文集》,文渊阁《四库全书》本,第 1091 册,卷九,第 498—499 页。
③ 陈舜俞《明教大师行业记》,《都官集》,文渊阁《四库全书》本,第 1096 册,卷八,第 501 页。
④ 苏轼《祭欧阳文忠公夫人文(颍州)》,《苏轼文集》卷六三,第 1956 页。
⑤ 晁公武撰,孙猛校证:《郡斋读书志校证》,上海古籍出版社 1990 年版,卷一九《曾子固元丰类稿五十卷》,第 995 页。

25

禅宗"灯录"在宋代的出现和大量刊行,也使禅门递相传授的谱系得到进一步巩固和宣扬。如道原的《景德传灯录》三十卷、李遵勖的《天圣广灯录》三十卷、惟白的《建中靖国续灯录》三十卷[①]。这些《灯录》的编纂,其中不少得到世俗士人的协助。如《景德传灯录》就由翰林学士杨亿等人参与"刊削"、"裁定",而编纂《天圣广灯录》的李遵勖却是宋太宗的驸马,宋仁宗还特为此书"御制"序文:"载念薄伽之旨,谅有庇于生灵;近戚之家,又不婴于我慢。良可嘉尚,因赐之题。"[②]说明自皇帝、贵戚、名臣以下的官僚士大夫社会对此的浓厚兴趣和深切关注。

北宋佛儒之间的交融吸取日益成为一种历史趋势,在"统"的问题上,两家也有十分相类的思路。与契嵩并称于世的另一位儒僧智圆,在《对友人问》中也宣扬周公、孔子、孟轲、扬雄、王通、韩愈、柳宗元的儒家道统[③]。在《叙传神》中,他又说:"仲尼得唐、虞、禹、汤、文、武、姬公之道……仲尼既没,千百年间能嗣仲尼之道者,惟孟轲、荀卿、扬子云、王仲淹、韩退之、柳子厚而已。"[④]尤为令人注目的是他对王通的推崇,在北宋初年实属始作俑者之列。在《让李习之文》、《读中说篇》、《读王通中说诗》中,他一再替王通制造声誉,对轻视王通的李翱表示不满。他说:"仲淹之书,辞淳理真,不在《法言》下。……其《中说》与《家教》同科……何品藻之无当至是乎!既蔽往贤,又误后学。"[⑤]他还赞扬孙何等人对王通的肯定之功:"……由是后学耻不读

---

① 南宋又有悟明的《联灯会要》和正受的《嘉泰普灯录》。后由普济把这五部灯录简编为《五灯会元》。
② (元)释念常集:《佛祖历代通载》,《大正新修大藏经》第49册,卷一八,第663页。
③ 释智圆著:《闲居编》,《卍续藏经》本,新文丰出版社1993年版,第101册,卷一六,第102页。
④ 释智圆著:《闲居编》,《卍续藏经》本,第101册,卷二七,第134页。
⑤ 释智圆著:《闲居编》,《卍续藏经》本,第101册,卷二六,第130页。

仲淹之书,耻不知仲淹之道,使百世胥附于王通者,汉公(孙何)之力也。"①与柳开、孙何、孙复、石介等人几乎同一声口,佛与儒终于同归一途了。事实上,释子、文士的思想和行动在宋代已日益接近、互融,诚如苏洵所说:"自唐以来,天下士大夫争以排释老为言,故其徒之欲求知于吾士大夫之间者,往往自叛其师,以求容于吾,而吾士大夫亦喜其来而接之以礼。"②这是站在儒者立场而说的;而从释子们眼中看来,互融的情景却是这样:"当是时,天下之士学为古文,慕韩退之排佛而尊孔子,东南有章表民、黄聱隅、李泰伯,尤为雄杰,学者宗之。仲灵(契嵩)独居作《原教》、《孝论》十馀篇,明儒释之道一贯,以抗其说。诸君读之,既爱其文,又畏其理之胜,而莫之能夺也,因与之游",竟至出现"排者浸止而后有好之甚者"的局面③。儒者说释子叛师说而从儒,佛门中认为儒士变初衷而归佛,角度不同,然而佛儒交融则是确然的事实了。据有关记载来看,欧、苏跟契嵩亦有交往④。争论佛统是契嵩平生大事,惊动朝野丛林,欧、苏等人当亦有所闻。佛门与士大夫之间千丝万缕的精神联系,帮助我们从更宽阔的视角范围内,了解"统"的思想作为一种社会意识的普遍和深入。

从某种意义上说,北宋文学结盟思潮是政治上"朋党论"的文学版,文学结盟是政治结盟的逻辑延伸。北宋的古文运动原是作为政

---

① 释智圆著:《闲居编》,《卍续藏经》本,第101册,卷二六,第131页。
② 苏洵《彭州圆觉禅院记》,曾枣庄、金成礼笺注:《嘉祐集笺注》,上海古籍出版社1993年版,卷一五,第399页。
③ 陈舜俞《明教大师行业记》,《都官集》,文渊阁《四库全书》本,第1096册,卷八,第500页。
④ 宋昙秀《人天宝鉴·明教嵩禅师》记述欧阳修对契嵩古文的倾倒:"不意僧中有此郎,黎明当一识之",次日"文忠与语终日,遂大喜"。苏轼《东坡志林》卷三《异事下》说:"契嵩禅师常瞋,人未尝见其笑;海月慧辨师常喜,人未尝见其怒。予在钱塘,亲见二人皆跌坐而化……乃知二人以瞋喜作佛事也。"

治革新运动的一翼而兴起、发展的。说它是文学革新运动,毋宁说是政治革新的有机组成部分,不良文风是被当作一种政治时弊来排斥的。从景祐三年(1036)吕夷简弹劾范仲淹"荐引朋党,离间君臣"①,范遂贬知饶州开始,有关"朋党"之争演成朝野舆论的注意中心。这场大论争在我国政治思想史上有着重要的意义:第一,它一反传统所谓"君子""群而不党"②,"无偏无党,王道荡荡;无党无偏,王道平平"③等古训,公开亮明"君子有党,小人无党"的观点,竭力维护结党的正当性和必要性④。中国历代王朝政治,多以党祸为戒,东汉有"党锢",唐文宗对牛李党争也有"去河北贼易,去朝廷朋党难"⑤之叹。这种情况到了宋代才开始有了完全相反的认识。王禹偁《朋党论》批驳唐文宗的慨叹,认为只要能分清"君子之党"和"小人之党"的界线,"则朋党辨矣,又何难于破贼哉?"⑥从欧阳修《朋党论》始,更理直气壮地认为"君子"执政,必集志同道合者协力推行,不以"朋党"为讳。在贬范事件中,竟然引起不少朝臣以身列范党为无上荣光:"希文贤者,得为朋党幸矣。"⑦撰文呼应者更不绝于时,如尹洙《答河北都转运欧阳永叔龙图书》(《河南先生文集》卷一〇)、苏轼《续欧阳子朋党论》(《苏轼文集》卷四)、秦观《朋党》上、下(《淮海集》卷一三)等。连秉性老成的司马光,在嘉祐三年(1058)的《朋党论》中,虽囿于传统观念,以朋党为非,但已指出"兴亡不在朋党而在昏明",把责任归结

---

① 《续资治通鉴长编》卷一一八,第2784页。
② (清)刘宝楠撰,高流水点校:《论语正义》,中华书局1990年版,卷一八《卫灵公》,第630页。
③ (清)孙星衍撰,陈抗、盛冬铃点校:《尚书今古文注疏》,中华书局2004年第2版,卷一二《洪范》,第305页。
④ 欧阳修《朋党论》,《欧阳修全集》卷一七,第297—298页。
⑤ 《资治通鉴》卷二四五《唐纪六十一》,第7899页。
⑥ 王禹偁撰:《小畜集》,《四部丛刊》本,卷一五,第6a页。
⑦ 《续资治通鉴长编》卷一一八"仁宗景祐三年"引王质语,第2784页。

为皇帝的"不明"①;而早在嘉祐元年(1056)的《张共字大成序》中,更透辟地发挥了君子趋群结党的必要性:"天下之事,未尝不败于专而成于共。……共则博,博则通,通则成。故君子修身治心,则与人共其道;兴事立业,则与人共其功;道隆功著,则与人共其名;志得欲从,则与人共其利。是以道无不明,功无不成,名无不荣,利无不长。小人则不然……"②认为"共"才能"大成",即集团主义才能获致"道"、"功"、"名"、"利"的全面成功。其"君子小人之大分"一段,恰与欧阳修《朋党论》如出一辙。司马光似乎身不由己地认同了君子有党的思想,正好说明这种思想的深刻影响。

第二,"朋党论"的讨论和争论,有着明确的政治目的,服从于现实政治斗争的需要,也与三大文人集团的形成有着或明或暗的关联。以欧阳修《朋党论》为标志的第一阶段讨论热潮,实为范仲淹庆历新政从组织上奠定了思想基石。尔后秦观的进策《朋党》上、下篇,直承欧氏馀绪,则为维护"苏门"而发。他说,庆历时任用范仲淹等人,"小人不胜其愤,遂以朋党之议陷之",最终真相大白,"今所谓元老大儒、社稷之臣,想望风采而不可见者,皆当时所谓党人者也",然后笔锋一转,"今日之势,盖亦无异于此","则今之所谓党人者,后世必为元老大儒、社稷之臣矣"③。对照当时攻击"蜀党"、"苏门"的言论,秦观此论不啻为宗门护法的辩词。

总之,正统、道统、文统、佛统、朋党论、文学结盟思想等等,实际上构成一个相互维系、彼此加固的观念体系,构成为时代的精神氛围。它之所以在北宋得到普遍强调,并在秦汉以来思想资料基础上

---

① 《传家集》卷六四,文渊阁《四库全书》本,第 1094 册,第 591 页。
② 《传家集》卷六九,文渊阁《四库全书》本,第 1094 册,第 638 页。
③ 秦观撰,徐培均笺注:《淮海集笺注》,上海古籍出版社 1994 年版,卷一三,第546—547 页。

日趋系统化、理论化甚至神圣化,乃是政治体制大转型时期的产物,也是被内外交困的现实危机感所诱导、激发而成的。从此,以维护自尊感、权威感、集团性为目的统续意识,成为我们民族的重要价值观念。它具有极大的传承性,深深地烙印在我们民族文化心理和性格之中,增强了民族的凝聚力和向心力,保持了中国文化的稳定性和延续性,使我们民族经受了无数的风云变幻而仍维系着一种共同的文化意识,不像世界上有些文明古国走向式微甚或解体。这种民族的共同价值观念对我们历史发展的不可估量的积极作用,是必须肯定的,正如我们也应正视它的负面因素。然而,归根结蒂,它具有不容反驳、无法摆脱的特性,在它面前,我们只能认真地加以研究和反思。

第一章　钱(惟演)幕僚佐集团

第一节　集团构成

  幕府足文士,相公方好贤。希深好风骨,迥出风尘间。师鲁心磊落,高谈义与轩。子渐口若讷,诵书坐千言。彦国善饮酒,百盏颜未丹。几道事闲远,风流如谢安。子聪作参军,常跨破虎鞯。子野乃秃翁,戏弄时脱冠。次公才旷奇,王霸驰笔端。圣俞善吟哦,共嘲为阆仙。惟予号达老,醉必如张颠。……
        ——欧阳修《书怀感事寄梅圣俞》[①]

  欧阳修这首五古长诗作于宋仁宗景祐元年(1034),时任西京(洛阳)留守推官,即将秩满离去。他在诗中满怀依恋之情回顾了三年来在洛阳的文酒诗会生活,对钱惟演(即相公)、谢绛(希深)以下共十一位人物,即尹洙(师鲁)、尹源(子渐)、富弼(彦国)、王复(几道)、杨愈(子聪)、张先(子野)、次公(疑为孙长卿)、梅尧臣(圣俞)及他自己(达老)的胸襟、性格和爱好,作了简洁而生动的刻画,成为这个文人集团的一幅形象缩影。

---

① 欧阳修著,洪本健校笺:《欧阳修诗文集校笺》,上海古籍出版社 2009 年版,《外集》卷二,第 1288—1289 页。

然而，身历其境遇未必深明其意蕴。欧阳修当时还看不出他们这个偶然聚合的群体的全部文化意义，它与社会、文坛的声息相通的密切关联，对宋代文学发展的重大影响，更未意识到对他自己一生、特别是他文学事业的"一锤定音"式的作用。连同他在诗中来不及透露的文学交游、师承、切磋、竞争等种种事实细节，留待我们后人探讨、分析和研究①。

宋仁宗天圣九年（1031）三月，二十五岁的新科进士欧阳修以将仕郎、试秘书省校书郎的名义，到洛阳充任西京留守推官，这位四岁丧父、孤贫力学成才的未来文坛领袖，正式走上仕途。初到洛阳还未谒见留守，就在伊水之畔遇见了时任河南县主簿的梅尧臣，意气相投，遂尔定交。河南县是西京洛阳的首县，他俩算是西京留守属下的同僚，而时间的推移，却把他俩推上了宋代文坛、特别是诗坛的领袖地位。其时，西京留守为李迪，但这年正月，改派钱惟演继任西京留守的任命已经发出，李迪不久移镇河阳三城节度使，钱惟演也随后到任。

钱惟演的到任直接促成了文人集团的形成。钱惟演（977—1034）②原是吴越王钱俶之子，跟从钱俶归顺宋朝。这是一位充满政治权势欲望和艺术审美追求的矛盾复杂的人物。在宋真宗时代的高层政治风波中，他瞅准真宗妻刘皇后的政治能量，积极攀附联姻，以妹嫁刘后之兄刘美，依仗刘后之门，颇为识者所不齿。他初附和丁谓

---

① 参阅本书第一章"钱幕僚佐集团"第二节"地域环境"、第四节"效能二：宋诗新貌的孕育"及第二章"欧门进士集团"第二节"'欧公文章，独步当世'：对尹洙的超越"。

② 钱惟演卒于景祐元年（1034），见《续资治通鉴长编》卷一一五；享年58岁，见《东都事略》卷二四本传，则应生于太平兴国二年（977）。《中国历史大辞典·宋史卷》作962年，似误。

排摈寇准,及至情势逆转,摇身一变挤斥丁谓以自解。仁宗时官至枢密使,但还不满足:"钱思公(钱惟演谥号"思")官兼将相,阶、勋、品皆第一。自云:'平生不足者,不得于黄纸书名。'每以为恨也。"①枢密使可称"使相",尚非真正宰相,不能在黄色的诰书上署名,这使他抱恨终身。然而他又是位博学能文、精于鉴赏和钟情典籍的才士。欧阳修曾生动地记叙他嗜书如命的情况:"钱思公虽生长富贵,而少所嗜好。在西洛时,尝语僚属言:'平生惟好读书,坐则读经史,卧则读小说,上厕则阅小辞,盖未尝顷刻释卷也。'"钱氏的"三上"读书法演化成欧阳修的"三上"作文法:"余因谓希深曰:'余平生所作文章,多在三上,乃马上、枕上、厕上也。'盖惟此尤可以属思尔。"②不同类型和品位的书籍需要不同的读书环境,不少作家也常会有自己独特的写作习惯,以求易于激发文思,这些,非深于读书者、写作者恐不能有此体会。钱惟演爱读书还爱藏书。《宋史》卷三一七本传说他"家储文籍侔秘府"③,《春明退朝录》卷下还具体指明"钱文僖家书画最多,有《大令黄庭经》、李邕《杂迹》"④。他还是位有多方面生活情趣的品鉴家。欧阳修曾说:"余居府中时,尝谒钱思公于双桂楼下,见一小屏立坐后,细书字满其上,思公指之曰:'欲作《花品》,此是牡丹名,凡九十馀种。'余时不暇读之,然余所经见而今人多称者,才三十许种,不知思公何从而得之多也。"⑤爱赏花卉,陶冶情趣,表现出高雅的艺术素质。

　　钱惟演的诗歌创作也颇引人注目。他是西昆体的重要作家。真

---

① 欧阳修撰,李伟国点校:《归田录》,中华书局1997年版,卷二,第25页。
② 《归田录》卷二,第24—25页。
③ 《宋史》卷三一七,第10342页。
④ (宋)宋敏求撰,诚刚点校:《春明退朝录》,中华书局1997年版,卷下,第34—35页。
⑤ 《欧阳修诗文集校笺·外集》卷二二,第1892页。

宗时,他以太仆少卿直秘阁,参加大型政书《册府元龟》的编纂,并受诏与杨亿各撰一序,倍受荣宠。其间在秘阁中与同僚唱和,结集成《西昆酬唱集》传世。杨亿在《西昆酬唱集序》中称赞他与刘筠"并负懿文,尤精雅道,雕章丽句,脍炙人口"[1],杨、钱、刘三人并称为西昆体之魁。西昆体以精丽繁缛、堆砌典实为特点,素为文学史家所诟病,但也体现出对形式美的追求和较高的艺术技巧修养。如钱惟演的《泪》:"家在河阳路入秦,楼头相望只酸辛。江南满目新亭宴,旗鼓伤心故园春。仙掌倚天频滴露,方诸待月自涵津。荆王未辨连城价,肠断南州抱璧人。"[2]用事纯熟,属对工巧,也隐隐地透露出一分莫名的惆怅。

然而,西昆体的影响是有限度的。它对诗坛的实际作用,很大程度上被它的反对者们(如石介)所夸大;而对每个作家而言,离开往返唱酬的具体写作环境,其作品也并未一贯保持西昆风格。钱惟演在洛阳时期的诗歌作品虽然现在遗存不多,但也可看出已向清雅朴实的方向转化。如《对竹思鹤(留守西洛日作)》:"瘦玉萧萧伊水头,风宜清夜露宜秋。更教仙骥傍边立,尽是人间第一流。"[3]前两句写清风凉露秋夜之中的伊水之竹,亭亭如玉,后两句设想如能伴以仙鹤,则更显清夐高绝。竹为实写,鹤为虚拟,虚实相映,倍见"第一流"之雅。陈衍《宋诗精华录》卷一评云:"有身分,是第一流人语。"[4]揭示出钱氏性格的另一侧面。他的《西洛怀古》说:"日上故陵烟漠漠,春归空苑水潺潺。"[5]名为"怀古",实亦包括对安葬其父陵地的凭吊,低

---

[1] 杨亿编,王仲荦注:《西昆酬唱集注》,中华书局1980年版,第1页。
[2] 《西昆酬唱集注》卷上,第142—143页。
[3] (宋)吴曾撰:《能改斋漫录》,上海古籍出版社1979年版,卷一一,第328页。又见(清)厉鹗辑撰:《宋诗纪事》,上海古籍出版社1983年版,卷六,第144页。
[4] 陈衍评点,曹中孚校注:《宋诗精华录》,巴蜀书社1992年版,卷一,第4页。
[5] 《宋诗纪事》卷六引《杨文公谈苑》,第144页。

徊悠长,已与西昆体的雕绘浮靡拉开了距离。欧阳修曾说:"西洛故都,荒台废沼,遗迹依然,见于诗者多矣。惟钱文僖公(钱惟演改谥"文僖")一联,最为警绝。"即举此联,且云"钱诗好句尤多"①。

理解了钱惟演本人的文人气质和创作情况,才能更确切地把握他在洛阳文人集团中的地位和作用。首先是依靠他的权力,为文学群体提供了必要的"社会闲暇",这是文士们进行文学创作和展开文化活动的前提条件。北宋并建四京,除东京开封府外,还以西京河南府(今洛阳)、南京应天府(今商丘)、北京大名府(今河北大名)作为陪都。西京留守一职是河南府的最高行政长官,下辖 11 县,拥有相当大的实权。钱惟演爱惜人才,与后进平等相处,"当朝廷无事,郡府多暇,钱相与诸公行乐无虚日"②。共同沉浸于文酒诗会的游乐生活之中。我们试看以下一则具体的记载:

> 谢希深、欧阳永叔官洛阳时,同游嵩山。自颍阳归,暮抵龙门香山。雪作,登石楼望都城,各有所怀。忽于烟霭中有策马渡伊水来者,既至,乃钱相遣厨传歌妓至。吏传公(钱惟演)言曰:"山行良劳,当少留龙门赏雪,府事简,无遽归也。"钱相遇诸公之厚类此。后钱相谪汉东(随州),诸公送别至彭婆镇,钱相置酒作长短句,俾妓歌之,甚悲。钱相泣下,诸公皆泣下。③

僚佐们游山阻雪,钱惟演却能送食物、歌妓去助乐,又以"府事简,无遽归"相慰,善解人意,添其雅兴,主宾相契之深如此,宜其临别缱绻难舍。这种文酒诗会的游乐生活并不是宋时郡府中的常例。在钱惟

---

① 欧阳修著,郑文校点:《六一诗话》,人民文学出版社 1962 年版,第 13—14 页。
② 《邵氏闻见录》卷八,第 82 页。
③ 《邵氏闻见录》卷八,第 82 页。

演的前任李迪主洛时期就没有出现过,景祐元年(1034)钱惟演离洛、王曙继任,情况也立刻起了变化:"王沂公(曙)代为留守,御吏如束湿,诸公俱不堪其忧。日讶其多出游,责曰:'公等自比寇莱公何如?寇莱公尚坐奢纵,取祸贬死,况其下者!'希深而下不敢对,永叔取手板起立曰:'以修论之,莱公之祸不在杯酒,在老不知退尔。'时沂公年已高,若为之动。诸公伟之。"①"束湿",指政令苛急。《汉书》卷九〇《宁成传》云:"为人上,操下急如束湿。"颜师古注:"束湿,言其急之甚也,湿物则易束。"②文学的历史表明,文学的成熟和繁荣是与社会分工的发展,即一部分专门制作精神产品的社会阶层的形成直接有关,而"社会闲暇"是促使艺术创作专门化和精细化的必要条件。《四朝国史本传》说,由于钱惟演"器其(欧阳修)材,不撄以吏事,修以故益得尽力于学"③,正是体现了这个道理。我们今天检阅欧阳修自订的《居士集》和梅尧臣的诗集,都是从天圣时期开始才正式著录作品的。洛阳时期是他们创作的共同发轫阶段。十分明显,如果欧阳修们一开始就遇上王曙一类对部下约束严明的长官,也就不可能出现洛阳文人集团,不可能造成欧、梅等人创作的初步丰收。

钱惟演的另一特点是文学上的宽容和奖掖后进的精神。他作为西昆体作家,并不强制推行西昆体诗文。他曾"因府第起双桂楼西城,建阁临圜驿,命永叔、师鲁作记。永叔文先成,凡千馀言。师鲁曰:'某止用五百字可记。'及成,永叔服其简古。永叔自此始为古文"④。他所组织的这一次"作文竞赛",用的是简朴的"古文",而不是骈四俪六、藻饰精丽的西昆体"时文"。尽管他当时自己所作,仍是

---

① 《邵氏闻见录》卷八,第82—83页。
② (汉)班固撰,(唐)颜师古注:《汉书》,中华书局2002年版,卷九〇,第3649页。
③ 《欧阳修全集》,《附录》卷二,第2677页。
④ 《邵氏闻见录》卷八,第81页。

骈体，如天圣二年(1024)的《梦草集序》、《通惠大师影堂记》、景祐元年(1034)的《宁海县新建衙楼记》等①。他还"谓希深曰：'君辈台阁禁从之选也，当用意史学，以所闻见拟之。'故有一书，谓之《都厅闲话》者，诸公之所著也。一时幕府之盛，天下称之"②。《都厅闲话》这部带有练笔性质的同仁著作，今已不复可见，但也可以看出他对后辈文史才能的重视、培养和勉励。总之，他在这一文人集团中所起的核心作用是别人无法代替的。

谢绛(994或995—1039)③，时以祠部员外郎、直集贤院的名义，任河南府通判。不仅其官位仅次于钱惟演，而且在文人集团中的重要性也差可与钱氏比肩。钱氏对集团成员们具体的文学创作实践的指导、影响似不显著，谢绛就以其文学才能和声誉成为这个集团的主盟人物。《宋史》卷二九五《谢绛传》说他"以文学知名一时，为人修洁酝藉"④。他受到过杨亿的特别推崇："谢希深为奉礼郎，大年(杨亿)尤喜其文，每见则欣然延接，既去则叹息不已。……希深初以奉礼郎锁厅应进士举，以启事谒见大年，有云：'曳铃其空，上念无君子者；解组不顾，公其如苍生何！'大年自书此四句于扇，曰：'此文中虎也。'由是知名。"⑤因杨亿的推荐，"召试，擢秘阁校理、同判太常礼院"⑥。他

---

① 曾枣庄、刘琳主编：《全宋文》，上海辞书出版社、安徽教育出版社2006年版，第9册，卷一九四，第391、393、394页。
② 《邵氏闻见录》卷八，第81—82页。
③ 欧阳修《尚书兵部员外郎知制诰谢公墓志铭》(《欧阳修诗文集校笺》卷二六，第714页)云谢绛死于宝元二年(1039)，"享年四十有五"，则应生于至道元年(995)；而王安石《尚书兵部员外郎知制诰谢公行状》(《临川先生文集》卷九〇，王水照主编《王安石全集》本，复旦大学出版社2016年版，第7册，第1555页)记卒年同，而云"年四十六"，则生于淳化五年(994)。
④ 《宋史》卷二九五，第9847页。
⑤ 《归田录》卷一，第3页。
⑥ 《宋史》卷二九五本传，第9843页。

又以"好风骨,迥出风尘间"①的个性魅力为同辈所钦服,于是跃居这一集团事实上的文学盟主。梅尧臣《依韵和答王安之因石榴诗见赠》诗回忆说:"是时交朋最为盛,连值三相(指李迪、钱惟演、王曙)更保釐(治理安定之意)。谢公主盟文变古,欧阳才大何可涯,我于其间不量力,岂异鹏抟蒿鷃随。"②在《依韵和王平甫见寄》中又说:"谢公唱西都,予预欧尹观,乃复元和盛,一变将为难。"③都明确指明谢绛的主盟地位:由于他的首倡"文变古",梅、尹、欧的追随响应,遂使其时文坛可与韩、柳、元、白的元和时代先后辉映,蔚成文学史上的大观。

谢绛是梅尧臣的妻兄,时年三十七岁,长欧阳修十二岁、梅尧臣七岁、尹洙六岁,因而他以文学先辈的身份口讲指划,循循善诱,施惠诸友。欧阳修在嘉祐八年(1063)所作的《集古录目序》自跋中说:"昔在洛阳,与余游者,皆一时豪隽之士也。而陈郡谢希深善评文章,河南尹师鲁辨论精博,余每有所作,二人者必伸纸疾读,便得余深意;以示他人,亦或时有所称,皆非余所自得者也。……此叙之作,既无谢、尹之知音。"④时间过了三十多个春秋,欧阳修犹在追怀当年切磋指点之益,可见铭心刻骨之深,难怪他最后发出"知音"顿失的"悲夫"之叹了。谢绛的指导作用可见一斑。

以钱惟演为核心、谢绛为实际盟主的洛阳文人集团,今可考知姓名者共约二十二人。前引欧阳修《书怀感事寄梅圣俞》一诗已列名十一人。他作于天圣九年(1031)的《七交七首》更详细地刻画了张汝士等七人的形象,我们先据以逐一予以评述。

---

① 《欧阳修诗文集校笺·外集》卷二,第1289页。
② 梅尧臣著,朱东润编年校注:《梅尧臣集编年校注》,上海古籍出版社1980年版,卷二八,第1049页。
③ 《梅尧臣集编年校注》卷二六,第833页。
④ 《欧阳修全集》卷一三四,第2061页。

(1) 张汝士(997—1033),字尧夫,时任河南府推官、司录。

> 尧夫大雅哲,禀德实温粹。
> 霜筠秀含润,玉海湛无际。
> 平明坐大府,官事盈案几。
> 高谈遣放纷,外物不能累。
> 非惟席上珍,乃是青云器。
>
> ——《河南府张推官》①

从欧阳修的这首诗中,我们认识到张汝士的儒雅温粹,高洁旷远,而又有较强的处理公务的吏才。他是位最早谢世的成员,明道二年卒,葬于洛阳北邙山,年仅三十七岁,友朋们同声悲悼。当时由尹洙作《河南府司录张君墓志》,欧阳修增作《铭》。尹洙说他"内淳固,外旷简,不妄与人交。……予与之游,几五年,出处多共之。其饬身临事,予尝愧尧夫,尧夫不予愧也"②。二十五年以后改葬时,欧阳修又作《河南府司录张君墓表》说他"为人静默修洁,常坐府治事,省文书,尤尽心于狱讼。……君亦工书,喜为诗,间则从余游。其语言简而有意,饮酒终日不乱,虽醉,未尝颓堕,与之居者莫不服其德。故师鲁志之曰:'饬身临事,余尝愧尧夫,尧夫不余愧也。'"③梅尧臣亦作《张尧夫寺丞改葬挽词三首》,其二云:"当时嗟遽殁,二子未能言,频岁折丹桂,买茔迁陆浑。重铭太史笔,不替故人恩,为善有终庆,此焉天意存。"④前四句谓张汝士之两子张吉甫、山甫成年中举,改葬乃父于伊阙之教忠乡积庆里;五、六两句即指欧阳修重撰墓表事;结以"为善有终"之意,既庆

---

① 《欧阳修诗文集校笺·外集》卷一,第1259页。
② 《欧阳修诗文集校笺·外集》卷一二,第1647页。
③ 《欧阳修诗文集校笺·居士集》卷二四,第684页。
④ 《梅尧臣集编年校注》卷二七,第953页。

故友有后,复志旧谊长存。

(2) 尹洙(1001—1047),字师鲁,时任山南东道掌书记、知伊阳县。

> 师鲁天下才,神锋凛豪俊。
> 逸骥卧秋枥,意在骙骙迅。
> 平居弄翰墨,挥洒不停瞬。
> 谈笑帝王略,驱驰古今论。
> 良工正求玉,片石胡为韫?
>
> ——《尹书记》①

欧诗中突出地赞扬他经世济时的宏伟胸襟和政治韬略,以及他写作的杰出才能。《宋史》卷二九五本传称他"内刚外和,博学有识度,尤深于《春秋》。自唐末历五代,文格卑弱。至宋初,柳开始为古文,洙与穆修复振起之"②。可与欧诗合读。他是洛阳文人集团中除钱、谢以外的三个骨干成员之一(其他两人为梅尧臣、欧阳修),交游活动频繁。梅尧臣道及尹洙之诗凡十一首,天圣九年有《尹师鲁治第伐樗》、明道元年有《希深惠书言与师鲁、永叔、子聪、几道游嵩,因诵而韵之》、《依韵和永叔雪后见寄,兼云自尹家兄弟及几道散后,子聪下县久不得归,颇有离索之叹》、明道二年有《忆洛中旧居寄永叔兼简师鲁、彦国》等③。欧阳修从他学习古文,《欧集》中与之有关诗文亦多,如洛阳时期有《代书寄尹十一兄、杨十六、王三》等④。尹洙死后,欧氏作《尹师鲁墓志铭》、《祭尹师鲁文》⑤,梅尧臣亦作《哭尹师鲁》、《五

---

① 《欧阳修诗文集校笺·外集》卷一,第 1259 页。
② 《宋史》卷二九五本传,第 9838 页。
③ 分见《梅尧臣集编年校注》卷一第 7 页、卷二第 36、40 页、卷三第 55 页。
④ 《欧阳修诗文集校笺·外集》卷一,第 1281 页。
⑤ 分见《欧阳修诗文集校笺·居士集》卷二八第 767 页、卷四九第 1223 页。

月二十夜梦尹师鲁》①,于往日交谊,反复致意。

（3）杨愈,字子聪,时任户曹参军。

> 子聪江山禀,弱岁擅奇誉。
> 盱衡恣文辩,落笔妙言语。
> 胡为冉冉趋,三十滞公府。
> 美璞思善价,浮云有夷路。
> 大雅恶速成,俟命宜希古。
>
> ——《杨户曹》②

杨愈生卒不详,据"三十滞公府"句,时约三十岁。欧诗赞其秉性高洁,早岁知名,文思迅捷。欧氏于明道二年作《送杨子聪户曹序》云:"子聪,南人,乐其土风,今秩满,调于吏部,必吏于南也。"③说明他是早离洛阳者。至于"户曹参军杨子聪居府中,常衣青衫,骑破虎鞯,出入府门下,人固辈视而慨易之"的描述,可为欧氏《书怀感事寄梅圣俞》诗的"子聪作参军,常跨破虎鞯"作注解,他的不修边幅使人们以常人视之,欧氏却断定他必能"出其头角"而"杰然以独立"。欧氏此时还有《和杨子聪答圣俞月夜见寄》、《代书寄尹十一、杨十六、王三》④等诗与他有关。梅尧臣与他唱和之诗有九首,天圣九年有《和杨子聪会董尉家》、《依韵和子聪夜雨》、《白云和子聪》、《子聪惠书备言行路及游王屋物趣因以答》⑤,明道元年有《希深惠书与师鲁、永叔、子聪、几道游嵩,因诵而韵之》、《依韵和永叔雪后见寄,兼云自尹

---

① 分见《梅尧臣集编年校注》卷一七第394页、卷一八第456页。
② 《欧阳修诗文集校笺·外集》卷一,第1259—1260页。
③ 《欧阳修诗文集校笺·外集》卷一四,第1712页。
④ 分见《欧阳修诗文集校笺·外集》卷一,第1271、1281页。
⑤ 分见《梅尧臣集编年校注》卷一,第8、12、19、22页。

家兄弟及几道散后、子聪下县久不得归,颇有离索之叹》、《同永叔、子聪游嵩山赋十二题》等①。

(4)梅尧臣(1002—1060),字圣俞,时任河南县主簿。天圣九年秋,因妻兄谢绛为河南府通判,当避亲嫌,改任河阳县主簿,但仍因事常来往于洛阳、河阳间。

> 圣俞翘楚才,乃是东南秀。
> 玉山高岑岑,映我觉形陋。
> 《离骚》喻草香,诗人识鸟兽。
> 城中争拥鼻,欲学不能就。
> 平日礼文贤,宁久滞奔走?
> ——《梅主簿》②

梅氏乃宣州宣城人,欧诗赞其为东南人杰,状貌魁伟,以诗名世,兼擅《诗》《骚》,学者如云,却自叹弗如梅诗。"拥鼻",拥鼻吟,典出谢安。他"能作洛下书生咏,而少有鼻疾,语音浊。后名流多学其咏,弗能及,手掩鼻而吟焉。"③这里以谢安喻梅尧臣,兼切洛阳本地故实。梅尧臣是洛阳文人集团的骨干成员,尤以诗歌创作独占鳌头,欧氏在《书怀感事寄梅圣俞》诗中,也说:"圣俞善吟哦,共嘲为阆仙。"以贾岛为喻,同样抓住了他善诗的特点。《宋史》卷四四三有传。

(5)张太素,生平不详,时任河南府判官。

> 洛城车隆隆,晓门争道入。

---

① 分见《梅尧臣集编年校注》卷二,第36、40、42页。
② 《欧阳修诗文集校笺·外集》卷一,第1260页。
③ (南朝宋)刘义庆撰,徐震堮校笺:《世说新语校笺》,中华书局1998年版,卷中《雅量》注引宋明帝《文章志》,第206页。又见《晋书》卷七九《谢安传》,第2076—2077页。

> 连袂纷如帷,文者岂无十。
> 壮矣张太素,拂羽择其集。
> 远慕邺才子,一笑欢相挹。
> 虽有轩与冕,攀翔莫能及。
> 人将孰君子,盍视其游执?
>
> ——《张判官》①

衡量一个人品格的高下,可以从其所择之友为标准。欧诗即以"游执"为题,突出张太素气质器局的不同流俗。梅尧臣在天圣九年秋冬之际有《张太素之邠幕》②诗,则张太素居洛相聚时间不长,不到一年即赴邠州(治所在今陕西彬县)任幕职。

(6)王复(?—1057),字几道,时为西京国子学秀才。

> 几道颜之徒,沉深务覃圣。
> 采藻荐良璧,文润相辉映。
> 入市羊驾车,谈道犀为柄。
> 时时一文出,往往纸价盛。
> 无为恋丘樊,遂滞蒲轮聘。
>
> ——《王秀才》③

欧氏笔下的王复,有时是胸怀韬略、不忘闲旷的谢安式人物④,这里则是谈道慕圣、不求荣利的颜回之徒,总之对他刮目相看。诗中还赞

---

① 《欧阳修诗文集校笺·外集》卷一,第1260页。
② 《梅尧臣集编年校注》卷一,第23页。
③ 《欧阳修诗文集校笺·外集》卷一,第1260页。
④ 《书怀感事寄梅圣俞》:"几道事闲远,风流如谢安。"

其文名籍甚,盼其早日出山。苏舜钦有《寄王几道同年》诗①,知两人同于景祐元年(1034)考中进士;梅尧臣有《几道隰州判官》诗②,欧阳修有《与王几道》函③,均作于景祐元年,当能反映其中举后的行止。在洛阳时期,欧有《代书寄尹十一兄、杨十六、王三》④等诗,"王三"即王复。梅有与他相关的诗十首,洛阳时有《同尹子渐、王几道访郭生别墅不遇》、《依韵和王几道途次杏花有感》、《希深惠书言与师鲁、永叔、子聪、几道游嵩,因诵而韵之》、《依韵和永叔雪后见寄,兼云自尹家兄弟及几道散后、子聪下县久不得归,颇有离索之叹》⑤。嘉祐二年(1057)梅有《哭王几道职方三首》云:"既没无儿女,元贫只帐帏,平生洛阳友,从此更应稀。"⑥可知晚境颇为凄凉。

(7) 欧阳修(1007—1072),字永叔。《宋史》卷三一九有传。

> 余本漫浪者,兹亦漫为官。
> 胡然类鸱夷,托载随车辕?
> 时士不俯眉,默默谁与言!
> 赖有洛中俊,日许相跻攀。
> 饮德醉醇酎,袭馨佩春兰。
> 平时罢军檄,文酒聊相欢。
>
> ——《自叙》⑦

关于"洛中七友",王辟之《渑水燕谈录》卷四"才识"亦有记载:"府尹

---

① 苏舜钦撰,沈文倬校点:《苏舜钦集》,上海古籍出版社1981年版,卷五,第52页。
② 《梅尧臣集编年校注》卷四,第76页。
③ 《欧阳修全集》卷一五〇,第2483页。
④ 《欧阳修诗文集校笺·外集》卷一,第1281页。
⑤ 分见《梅尧臣集编年校注》,卷一第20页,卷二第29、36、40页。
⑥ 《梅尧臣集编年校注》卷二七,第973页。
⑦ 《欧阳修诗文集校笺·外集》卷一,第1260页。

钱思公、通判谢希深皆当世伟人，待公（欧阳修）优异。公与尹师鲁、梅圣俞、杨子聪、张太素、张尧夫、王几道为'七友'，以文章道义相切劘。率尝赋诗饮酒，闲以谈戏，相得尤乐。凡洛中山水园庭，塔庙佳处，莫不游览。"①"文章道义"和文化娱乐是联系七人的纽带，这与《自叙》诗中的"日许相跻攀"、"文酒聊相欢"，正可相互发明。《自叙》诗还传达出一个消息：群体活动的参与如何为作家的社会化创造着优越的条件，欧阳修正是因与洛中俊杰精英们的交游，才迅速扫除了孤独感和自卑感，在一个较高文化品位的群体之中，得以发展和丰富自己的文化性格和艺术修养。以上七人中，尹洙、王复、杨愈、梅尧臣、欧阳修五人，均见欧阳修《书怀感事寄梅圣俞》所咏。除此五人和钱、谢外，该诗还提到四人，即尹源、富弼、张先、次公。今作评述。

（8）尹源（996—1045），字子渐，尹洙之兄，与欧阳修同榜进士。时知芮城、河阳、新郑三县。《宋史》卷四四二有传，称其"少博学强记，与弟洙皆以文学知名。洙议论明辨，果于有为。源自晦，不矜饰，有所发即过人"②。与欧诗中描写的"子渐口若讷，诵书坐千言"的个性，亦相吻合。洛阳时期梅尧臣有《同尹子渐、王几道访郭生别墅不遇》、《尹子渐归华产茯苓若人形者赋以赠行》③等诗，欧阳修有《尹源字子渐字序》④。庆历五年（1045）尹源卒，欧作《祭子渐文》，后又作《太常博士尹君墓志铭》⑤，梅亦作《哭尹子渐》、《永叔寄诗八首并祭子渐文一首因采八诗之意警以为答》⑥等诗。

（9）富弼（1004—1083），字彦国，时任签书河阳判官。《宋史》卷

---

① （宋）王辟之撰，吕友仁点校：《渑水燕谈录》，中华书局1997年版，卷四，第40页。
② 《宋史》卷四四二，第13081页。
③ 分见《梅尧臣集编年校注》卷一，第20、25页。
④ 《欧阳修诗文集校笺·外集》卷一四，第1718页。
⑤ 《欧阳修诗文集校笺·居士集》卷三一，第829页。
⑥ 《梅尧臣集编年校注》卷一五，第282、287页。

三一三有传。欧诗中只说他"彦国善饮酒,百盏颜未丹",没想到这位海量的新交后来成为宋朝的一代名相。其时欧氏有《与富文忠公》函一通,叙富弼离洛后盼其来信之情甚殷①。梅尧臣诗集中提及他的有八首,洛阳时期有《寄河阳签判富彦国》、《忆洛中旧居寄永叔兼简师鲁、彦国》、《彦国通判绛州》②等。

（10）张先（992—1039）,字子野,开封人（与词人张先为另一人）。时任河南府法曹参军。欧诗中仅说:"子野乃秃翁,戏弄时脱冠。"而欧氏所作《张子野墓志铭》中描述更详:"子野为人,外虽愉怡,中自刻苦,遇人浑浑,不见圭角,而志守端直,临事敢决,平居酒半,脱冠垂头,童然秃且白矣。予固已悲其早衰而遂止于此,岂其中亦有不自得者邪?"③则从外貌的早衰写到内心的不平。景祐元年（1034）三月,欧氏离洛后有《寄西京张法曹》诗,同年秋欧氏有《送子野》诗④,梅尧臣亦有《张子野赴官郑州》诗⑤,则知他后于欧阳修离洛,改任监郑州酒税。

（11）次公,疑为孙长卿（1004—1069）,字次公,扬州人。据《宋史》卷三三一本传,他曾"通判河南府",熙宁二年卒,年六十六岁。《宋史》记他在通判河南府任上,曾宣谕欲叛之卒,"推首恶一人诛之"⑥,稳定了局势;还制止过聚众骚乱的守陵士卒,颇合欧诗中所说"次公才旷奇"的评论。但《宋史》又说他"无文学,而长于政事,为能臣",则与欧诗所说之"王霸驰笔端",不甚吻合,且其时谢绛、孙祖德

---

① 《欧阳修全集》卷一四四,第2349页。
② 分见《梅尧臣集编年校注》,卷一第18页、卷三第55页、卷四第60页。
③ 《欧阳修诗文集校笺·居士集》卷二七,第744页。
④ 分见《欧阳修诗文集校笺·居士集》卷一〇第289页、《外集》卷二第1300页。
⑤ 《梅尧臣集编年校注》卷四,第68页。
⑥ 《宋史》卷三三一,第10642页。

为河南府通判,或为谢、孙之前任或后任耶?①

又,欧阳修有《翰林侍读学士右谏议大夫杨公(偕)墓志铭》一文。杨偕(980—1049),亦字次公,欧氏说他"长于议论,好读兵书,知古兵法,以谓士不兼文武,不足任大事",临终以"《兵论》一篇"上奏,恰与欧诗"次公才旷奇,王霸驰笔端"相合,但他虽是洛阳人,却无任职洛阳之记载;且欧氏说他自己"为谏官时,尝与公(杨偕)争议于朝者,而且未尝识公也"②,则似早年尚未相交,附记备考。

以上从欧阳修《七交七首》和《书怀感事寄梅圣俞》两诗共得十一人(钱、谢除外)。此外,从有关材料尚可考知九人。

(12)孙祖德,字延仲。《宋史》卷二九九有传,谓其"以尚书屯田员外郎通判西京留守司"③。梅尧臣有《中伏日陪二通判妙觉寺避暑》诗④,"二通判",即指谢绛、孙祖德。后他离洛赴京任殿中侍御史,欧、梅各有诗、文相赠。欧作《送孙屯田序》云:"故今兹屯田孙公,始以尚书郎来贰洛政,未逾岁,则复乘两马之传东上,将冠惠文以肃台宪。"⑤梅作《孙屯田召为御史》诗云:"气郁翔龙阙,风清振鹭行,今朝洛民思,东陌盛壶浆。"⑥惜别、颂赞、企待,交融并出。他在洛阳时间不长,不到一年,但与洛中友人仍保持联系。如欧阳修皇祐元年(1049)在颍州所作《酬孙延仲龙图》诗云:"洛社当年盛莫加,洛阳耆老至今夸。(自注:梅圣俞、张尧夫、张子野、延仲与予皆在洛中。)死生零落馀无几,齿发衰残各可嗟。"⑦抒写了他们对洛社盛游的温馨而凄怆的共同回忆。

---

① 谢绛明道二年冬离任,欧氏尚在洛阳任职。
② 《欧阳修诗文集校笺·居士集》卷二九,第781—783页。
③ 《宋史》卷二九九,第9928页。
④ 《梅尧臣集编年校注》卷一,第17页。
⑤ 《欧阳修诗文集校笺·外集》卷一四,第1724页。
⑥ 《梅尧臣集编年校注》卷一,第24页。
⑦ 《欧阳修诗文集校笺·外集》卷六,第1467页。

（13）张谷，原字仲容，欧阳修为之改字为"应之"，见欧所作《张应之字序》①。与欧氏同年进士。时替代梅尧臣任河南县主簿。欧阳修于明道二年（1033）作《东斋记》，说他"素病羸"，却有治病奇方："然每体之不康，则或取六经、百氏，若古人述作之文章诵之，爱其深博闳达、雄富伟丽之说，则必茫乎以思，畅乎以平，释然不知疾之在体。"他还好客，"饮酒言笑，终日不倦，而某（欧阳修）尝从应之于此"②。看来也是位嗜书若命、豁达豪爽之人。欧氏的《和应之同年兄秋日雨中登广爱寺阁寄梅圣俞》诗中云："经年都洛与君交，共许诗中思最豪。"③反映出张与欧、梅的诗歌交往以及欧、张对梅诗的共同推许。欧氏还作《春晚同应之偶至普明寺小饮作》、《张主簿东斋》、《题张应之县斋》、《罢官西京回寄河南张主簿》等④。梅尧臣有关于他的诗五首，此时有《河南张应之东斋》诗⑤，他的东斋是洛阳社友们经常聚饮的处所。

（14）王顾，字公慥，时任判官。景祐元年（1034）他离任时，欧阳修、梅尧臣皆有赠诗。欧作《送王公慥判官》："久客倦京国，言归岁已冬。独过伊水渡，犹听洛城钟。"⑥梅作《王公慥东归》："行色上东陌，秋槐叶乱飞。囊无一钱用，箧有古书归。"⑦活现出一位踽踽独行、贫寒苦读的下层官吏形象。当时梅尧臣倡有"八老"之说，王顾被称为"慧老"⑧。庆历八年（1048），梅氏又有《逢王公慥太博》诗："泥中逢

---

① 《欧阳修诗文集校笺·外集》卷一四，第1716页。
② 《欧阳修诗文集校笺·外集》卷一三，第1676—1677页。
③ 《欧阳修诗文集校笺·居士集》卷一〇，第287页。
④ 分见《欧阳修诗文集校笺·居士集》卷一〇第285、282页，《外集》卷六第1432页，《居士集》卷一〇第288页。
⑤ 《梅尧臣集编年校注》卷三，第54页。
⑥ 《欧阳修诗文集校笺·外集》卷六，第1440页。
⑦ 《梅尧臣集编年校注》卷四，第76页。
⑧ 《与梅圣俞》其二、其三，《欧阳修全集》卷一四九，第2444—2445页。

故友,十载相乖睽。"①知其曾任太常博士。欧氏于嘉祐元年(1049)作《永州万石亭》诗,题下自注云:"寄知永州王顾。"②梅氏于次年亦有《永州守王公慥寄〈九岩亭记〉云"此地疑是柳子厚所说万石亭也",因为二百言以答,愿当留咏》③,则知王顾即公慥,且曾任永州知州。欧氏作于嘉祐二年(1057)的《河南府司录张君墓表》云:"王顾者死亦六七年矣。"④可知他约于皇祐三四年(1051—1052)去世。

(15) 钱暄(1018—1085),字载阳,钱惟演之子,时侍父居洛,亦好学能诗。《宋史》卷三一七有传。梅尧臣时有《依韵和载阳登广福寺阁》诗⑤,欧阳修有《答钱寺丞忆伊川》诗⑥,均为酬和之作。

(16) 杨辟,字子静,杨愈之弟。时亦居洛阳,欧阳修有《答杨辟喜雨长句》⑦,是欧氏早年抨击时弊、表达节用爱农思想的一首重要政治诗,杨辟当亦留意民瘼。庆历三年(1043)欧又有《送杨辟秀才》诗⑧,把他与曾巩并视为太学中的佼佼者,但中举蹉跌,欧氏深表同情和不平。

(17) 张亢,字公寿。据《宋史》卷三二四本传,他自进士及第后,"改大理寺丞、签书西京判官事"⑨,时居洛阳。后通判镇戎军,又起为如京使、知安肃军⑩。梅尧臣作《环州通判张殿丞》,原注"亢",即其人⑪。镇戎军宋属秦凤路,环州属永兴军路,地相邻而非一处。但

---

① 《梅尧臣集编年校注》卷一八,第449页。
② 《欧阳修诗文集校笺·居士集》卷四,第127页。
③ 《梅尧臣集编年校注》卷二〇,第547页。
④ 《欧阳修诗文集校笺·居士集》卷二四,第684页。
⑤ 《梅尧臣集编年校注》卷二,第27页。
⑥ 《欧阳修诗文集校笺·外集》卷二,第1288页。
⑦ 《欧阳修诗文集校笺·外集》卷一,第1263页。
⑧ 《欧阳修诗文集校笺·居士集》卷二,第34页。
⑨ 《宋史》卷三二四,第10482页。
⑩ 事在景祐元年十一月,见《续资治通鉴长编》卷一一五,第2708页。
⑪ 《梅尧臣集编年校注》卷一,第23页。

本传不记其通判环州事，疑是失载。欧阳修又有《送张如京知安肃军》云："相逢旧从事，新命忽临戎。界上山河壮，军中鼓角雄。朔风驰骏马，塞雪射惊鸿。试取封侯印，何如笔砚功！"①宛如唐代边塞诗风。

（18）张至，生平不详。时任秘书省校书郎，亦在洛阳，与洛中文士时有交往。如欧阳修有《过张至秘校庄》、《寄张至秘校》等诗②，前者以张至所居洛阳田庄的宁静风光以陪衬主人的高雅襟抱，后者因张至出游离洛、寄诗以示怀想之意，具见两人交谊匪浅。

（19）（20）王尚恭、王尚喆兄弟。王尚恭（1007—1084），字安之。时为西京国子学秀才。在谢绛、欧阳修的训诱下，于景祐元年（1034）考中进士。后为司马光洛中耆英会的一员，官至朝议大夫。有诗千首。其弟王尚喆亦同年举进士及第，也身受谢、欧等人之亲炙。欧氏《太子中舍王君墓志铭》记墓主王汲有子三人：尚恭、尚喆、尚辞。"初，天圣、明道之间，予为西京留守推官，时王君寓家河南，其二子（尚恭、尚喆）始习业国子学，日从诸生请学于予。"③梅尧臣天圣九年有《王氏昆仲归宁》诗④，欧阳修景祐元年有《送王尚恭隰州幕》、《送王尚喆三原尉》诗⑤，当是送兄弟俩中举后"初仕"、"初游宦"之作。梅尧臣嘉祐三年有《阳武王安之寄石榴》、《依韵和答王安之因石榴诗见赠》、《阳武王安之寄兔鱼》、嘉祐四年有《寄题阳武宰王安之庆丰亭》等诗⑥，诗歌唱酬不辍。

还应说明，围绕这一洛阳文人集团周围有一群西京国子学的生

---

① 《欧阳修诗文集校笺·居士集》卷一〇，第293页。
② 《欧阳修诗文集校笺·外集》，卷二第1306页、卷五第1401页。
③ 《欧阳修诗文集校笺·居士集》卷二九，第790页。
④ 《梅尧臣集编年校注》卷一，第21页。
⑤ 《欧阳修诗文集校笺·居士集》卷一〇，第299、300页。
⑥ 分见《梅尧臣集编年校注》，卷二八第1039、1049、1049页，卷二九第1114页。

徒们，人数达"百馀人"，为首者即王复、王尚恭等十人。邵伯温《邵氏闻见录》卷八云：西京"一时幕府之盛，天下称之。又有知名进士十人，游希深、永叔之门，王复、王尚恭为称首。时科举法宽，秋试府园醮厅，希深监试，永叔、圣俞为试官。王复欲往请怀州解，永叔曰：'王尚恭作解元矣。'王复不行，则又曰：'解元非王复不可。'盖诸生文赋，平日已次第之矣，其公如此。"①宋代贡举程序中有所谓"解试"，即由各州府、转运司或太学将初试合格者按解额解送朝廷礼部，以参加省试。各类解试第一名者称"解元"。由于各类解试的解额多寡不同，举子们常选择去他州或京师参加考试，以争取更多的录取机会。这里说的故事反映出谢、梅、欧等人与生徒们平日交游甚稔，对其学殖修养了解甚谛，故能对王复、王尚恭两位优秀生作此事先安排，不单纯以临场一试来决定等次，邵伯温以公平合理相许。欧阳修还特别提到谢绛主持河南府国子学的成绩："（谢绛）修国子学，教诸生，自远而至者百馀人，举而中第者十八九。河南人闻公丧，皆出涕，诸生画像于学而祠之。"②这都表明河南府的学子举士与谢绛等人的亲密关系。

从天圣九年（1031）至景祐元年（1034）活动在洛阳地区的这一文人集团，在结构组织上可作如下几点分析：

一、这个文人群体呈现出多层次的构成特点：有类似"文艺沙龙"主人的钱惟演和实际主盟者谢绛，又有梅尧臣、尹洙、欧阳修等骨干成员；既以僚佐幕士为主，又有大批国子学秀才们作为羽翼。这就便于在各种层面上进行交流和接触，使每个成员获得多方面的体验和感受。

---

① 《邵氏闻见录》卷八，第 82 页。
② 《尚书兵部员外郎知制诰谢公墓志铭》，《欧阳修诗文集校笺·居士集》卷二六，第 716 页。

对文学和文化的共同爱好和热衷是这一文人群体聚合的基础，特别是钱、谢等核心人物，他们对人才的钟情和爱护，其本身又形成为人才顺利成长发展的有利环境。当张先中进士后、受命赴河南法曹参军任时，议者惜其屈才，他的同年宋庠作《送河南法掾张子野序》加以慰谕说："今相国彭城公（钱惟演）躬寅亮之姿，保釐西郊，翘材开馆，延天下士。又余友人集仙陈留谢希深负渊云之藻，田曹外郎乐安孙君（孙祖德）贯流略之学，并肃给温裕，为时吏师。方左右台仪协赞留务，爱贤乐善，求之如不及，则子就署之日，虽欲埋照自晦，群公其舍诸？"①西京留守司的三位主要长官钱、谢、孙，不仅自己才具出众，"躬寅亮之姿"、"负渊云之藻"、"贯流略之学"，而且性喜奖掖后进，求才若渴，又声誉远播，为其僚属的脱颖超拔乃至仕途进身拓展门径。这是一个充满机遇和希望的成才环境。

再从集团成员的文学特长看，谢绛在诗词文各方面都有作品遗存，是位兼擅各体的作家（尽管绝大多数作品已佚）。尹洙以古文名家，梅尧臣则以诗歌独出侪辈。他俩各有偏胜，属于偏至之才的类型。而欧阳修却是多种文化学术范围内的全才，几乎涉及经学、史学、金石考古、诗、词、文、诗歌评论等各个领域，这在洛阳三年生活中均已渐次初露端倪，展示出他日后文化创造事业的恢宏格局。因而，这是一个颇具互补互动功能、优化选择的文学群体，也便于取得文学整体上的优势和影响力。

二、集团成员大都是年轻的僚属。直属西京留守府（即河南府）的有：欧阳修，推官，天圣九年时二十五岁；杨愈，户曹参军，三十岁左右；张汝士，推官，三十五岁；张先，法曹参军，四十岁；张太素，判官，孙祖德，通判，二人年龄未详。河南府属县的有梅尧臣，河南县主簿，三十岁；尹源，知河阳县，三十六岁；尹洙，山南东道掌书记、知伊

---

① 宋庠撰：《元宪集》，文渊阁《四库全书》本，第1087册，卷三五，第678页。

阳县,三十一岁;富弼,签书河阳判官,二十八岁;张谷,河南县主簿,年龄未详。"僚属"的社会身份使他们能充分享用钱惟演所提供的"社会闲暇",经常参与诗酒酬酢、游园登山、访僧谈道、品茗赏花等文化活动,增加人际交往的密度,使大量的文学创作和文学交流成为可能;"年轻"则精力旺盛,充满着创作欲望和艺术想象,敏锐地感受着时代氛围和文坛风会,使这一集团的创作在宋初文学的因革嬗变进程中,发挥着首开风气的作用。

三、这群年轻文人的文化性格各具异彩,个性突出鲜明,形成一个相反相成、相得益彰的共同体。当时他们以"八老"相互品题。尹洙为辩老,杨愈为俊老,王顾为慧老,王复为循老,张汝士为晦老,张先为默老,梅尧臣为懿老。欧阳修初评为逸老,经他争辩后,改为达老。欧阳修作于明道元年的《与梅圣俞》中说:

> 前承以"逸"名之,自量素行少岸检,直欲使当此称。然伏内思,平日脱冠散发,傲卧笑谈,乃是交情已照,外遗形骸而然尔,诸君便以轻逸待我,故不能无言。今若以才辩不窘为"逸",又不足以当之也。师鲁之"辩",亦仲尼、孟子之功也;子聪之"俊",《诗》所谓"誉髦之士"乎;公慥之"慧",亦《大雅》之明哲;几道之"循",有颜子之中庸;尧夫之"晦"、子野之"默",得《易》之君子晦明、语默之道;圣俞之"懿",是尤为全德之称矣。必欲不遗"达"字,敢不闻命?①

一字之品,确能概括每人的主要文化性格。欧阳修《张子野墓志铭》云:"初,天圣九年,予为西京留守推官,是时陈郡谢希深、南阳张尧夫与吾子野,尚皆无恙。于时一府之士,皆魁杰贤豪,日相往来,饮酒歌

---

① 《欧阳修全集》卷一四九,第2445页。

呼,上下角逐,争相先后,以为笑乐。而尧夫、子野,退然其间,不动声气,众皆指为长者。"①二张在众人的"歌呼"、"笑乐"、放浪形骸之中,独能"退然其间,不动声气",足证秉性沉静慎言,把他们分别称为"晦老"、"默老",是颇费斟酌的。欧阳修对"逸"、"达"之争,也说明他对此事的珍重。集团的整体功能大于个体之和。文化性格各异的个体,从各自相对封闭的文化环境中走出,集合成一个性格色彩绚丽的共同体,必然带来异质性格的相互碰撞、吸引和融合,从而造成开放性的心态,使自己性格的发展更趋合理。如欧阳修从早年狂傲豪健的性格到中年以后中和之性的形成,也与接触和整合异质性格因子有关。另一方面,"八老"的品题也使每位当事人意识到一种入品的荣誉感,对被社会某种承认的喜悦,这无疑会刺激他们对于集团活动的全力投入;而相互标举,交通声气,又使共同体更具有号召力和影响力。总之,洛阳钱幕僚佐集团在当时是一个最富活力和吸引力的文人群体。

第二节　地　域　环　境

一、洛阳地域文化的深厚积淀

人类的生存和发展有赖于地理环境所提供的空间,地理环境对于该地区人们的生产方式、行为方式和精神状态、性格好尚等起着一定的制约作用。在人们的文化创造和文学活动中,环境的作用更为显著。刘勰《文心雕龙·物色篇》早已指出:"若乃山林皋壤,实文思之奥府。……然屈平所以能洞监《风》《骚》之情者,抑亦江山之助乎!"②山林原野是启发文思之源,作家创作离不开"江山之助"。在西

---

① 《欧阳修诗文集校笺·居士集》卷二七,第743页。
② (南朝)刘勰著,范文澜注:《文心雕龙注》,人民文学出版社1962年版,卷一〇,第694—695页。

方,丹纳《艺术哲学》提出过"种族、环境、时代"是决定物质文明和精神文明性质面貌的"三大因素",在我国,章太炎则提出古代学术派别林立的成因乃是"地齐、政俗、材性"三项①,"地齐"就是环境。环境对于学术文化、文学创作的影响,乃是不争的事实。而在构成环境的人文的、自然的或两种交融的诸要素中,区域的人文性文化对文学活动的影响常是最直接、最显著的,正如鲁迅所说:"籍贯之都鄙,固不能定本人之功罪,居处的文陋,却也影响于作家的神情,孟子曰:'居移气,养移体。'此之谓也。"②这里所强调的"居处的文陋",即指地区历史文化积淀的深浅厚薄。洛阳钱幕僚佐文人集团的形成、集团成员的创作心态、风格和审美趣尚乃至文学活动的方式等,都与洛阳这一特定地区环境息息相关。

洛阳是北宋的三大陪都之一。位居我国中原伊洛盆地,南临伊阙,北负邙山,伊水、洛水、涧水、瀍水流经其地,是华夏文明的一个重要发祥地。在我国"六大古都"中,洛阳是建都最早、建都朝代最多、建都时间最长的历史文化名城。从近年地下发掘的偃师二里头夏代宫殿遗址、偃师城西尸乡沟商都"西亳"遗址来看,表明早从夏商起即已在洛阳地区建都。洛阳古以为地处"天下之中",西周时因于此营建"王城"和"成周"两城。周公旦赞其"此天下之中,四方入贡道里均"③。《尚书·召诰》亦云:"王来绍上帝,自服于土中"。孔安国传云:"言王(周成王)今来居洛邑……地势正中。"④至东周则正式建

---

① 章炳麟著:《章太炎全集》,上海人民出版社1982年版,第3册,《訄书·原学第一》,第133页。
② 鲁迅著:《鲁迅全集》,人民文学出版社2005年版,第五卷《花边文学·"京派"与"海派"》,第453页。
③ (汉)司马迁撰,(南朝宋)裴骃集解,(唐)司马贞索隐,(唐)张守节正义:《史记》,中华书局1982年版,卷四《周本纪》,第133页。
④ (清)王先谦撰,何晋点校:《尚书孔传参正》,中华书局2011年版,卷二一,第714页。

都。洛阳旧有"九朝名都"之称,即指东周、东汉、曹魏、西晋、北魏(孝文帝以后)、隋(炀帝)、唐(武后)、后梁、后唐等九个朝代。如果加上夏、商,则应是"十一朝名都"了。西周、新莽、隋、唐、后晋、后周还曾并为陪都。

宋张琰在《洛阳名园记序》中说:"夫洛阳,帝王东西宅为天下之中,土圭日影得阴阳之和①,嵩少瀍涧钟山水之秀,名公大人为冠冕之望,天匠地孕为花卉之奇。加以富贵利达、优游闲暇之士,配造物而相妩媚,争妍竞巧于鼎新革故之际,馆榭池台,风俗之习,岁时嬉游,声诗之播扬,图画之传写,古今华夏莫比。"②这段话比较全面地概括了洛阳一地华夏文化的历史积淀之深厚,人文景观和自然景观之卓异特出,从而为钱惟演洛阳文人集团提供了一个理想的活动舞台,演出了宋代文学历史的新场面。

洛阳自古至宋是钟灵毓秀、群英荟萃的一大人才渊薮。司马光《仵瞻堂记》云:"西都缙绅之渊薮,贤而有文者,肩随踵接。"③从而保证了该地区文化积累的连续性,形成丰厚的文化土壤。班固作《汉书》,张衡作天文三仪,左思作《三都赋》"洛阳纸贵",熹平石经即由蔡邕刻于太学,均为发生在洛阳的文史盛事,馀不备举。

在这种文化背景和氛围中,洛阳地区形成了文人宴集交游的悠久传统。西晋时贾谧门下的"二十四友",石崇的"金谷之会"等,就是活动在洛阳的文士集团;特别是唐代白居易等人的"九老会",对宋代洛阳士人产生了直接的影响:"昔白乐天在洛,与高年者八人游,时人慕之,为《九老图》传于世。宋兴,洛中诸公继而为之者

---

① 东汉郑玄指出,置于洛阳(实指登封)的土圭,在夏至日中午,"圭影正等,天当中也",圭长和日影相等,证明洛阳正当天中。见《文选·东京赋》"土圭测景,不缩不盈"句引薛综注。
② 李格非撰:《洛阳名园记》,《丛书集成初编》本,序第1—2页。
③ 《传家集》卷七一,文渊阁《四库全书》本,第1094册,第651页。

凡再矣"①。

　　这里所说的"洛中诸公"中,是包括梅尧臣、欧阳修等人的文人集团的。他们曾积极组织过"洛中七友",更以"八老"相互品题:尹洙为辩老,杨愈为俊老,王顾为慧老,王复为循老,张汝士为晦老,张先为默老,梅尧臣为懿老。欧阳修初评为逸老,经他争辩后,改为达老②。这正是直沿白居易"九老会"的馀波。如果不从历史传承因素着眼,这批二三十岁的年少才子竟以"老"相称,就不可理解了。《邵氏闻见录》卷八记述他们"一日,会于普明院,白乐天故宅也,有唐九老画像,钱相(钱惟演)与希深(谢绛)而下,亦画其旁"③。可见本地区前辈的流风遗韵,对这个集团成员深刻的心理影响。"八老"的品题,使得每位当事人意识到一种入品的荣誉感,对被社会某种承认的喜悦,这无疑会刺激他们对于集团活动的全力投入;而相互标举,交通声气,又使这个文化性格各显异彩的共同体更具有号召力和影响力。其后司马光等人的"耆英会"、"真率会",更被誉为"都人随观"、"洛中夸以为胜"的一代大观,也是远承白居易"九老会"馀绪,近慕钱、谢、梅、欧等人仪范的。

　　洛阳地区文人宴集传统,不仅直接启导钱、谢、梅、欧集团的形成,而且提供一条作家社会化的有效途径,进而影响其文学活动方式和创作面貌。作家的创作在通常情况下乃是个人的精神劳动,但又不可能在完全封闭自足的心理结构中进行,必然接受社会环境、时代思潮、文坛风气的深刻影响。如果说,盛唐作家主要通过科举求仕、边塞从幕、隐居买名、仗策漫游等方式完成个体社会化的历程,从而创造出恢宏壮阔、奋发豪健的盛唐之音,那么,宋代的更大规模的科

---

① 司马光《洛阳耆英会序》,《传家集》卷六八,文渊阁《四库全书》本,第1094册,第632页。
② 《与梅圣俞》其三,《欧阳修全集》卷一四九,第2445页。
③ 《邵氏闻见录》卷八,第81页。

举活动所造成的全国性人才大流动(每次省试聚集汴京的士人达六七千人)、经常性的游宦、频繁的贬谪以及以文酒诗会为中心的文人间的交往过从,就成为宋代作家们的主要生存方式了。从钱幕到"欧门"到"苏门",这一依次相承的三个文人集团(前一集团又为后一集团培养了领袖),就是以交游为联结纽带而展开其文学活动和创作的。这是宋代比之以往更普遍的文学现象,因而应该充分估计洛阳宴集交游传统的深远作用。还应看到洛阳这一传统的发展变化:在西晋时代,文人们总是依附于如贾谧、石崇之类的势家豪门,偶有创作也带有贵游文学的色彩;唐代白居易"九老会"鲜明地提出了"尚齿不尚官"的交游原则,表现了一定的平等性;而在梅、欧等人"七友"、"八老"的组成形式中,则包含了更丰富的文化内容,结合洛阳的环境条件,对创作发生更有力的良好影响。

二、洛阳园林与文人交游、创作活动

从东汉至北宋千年间,洛阳园林一直为全国之最。邵雍《春游》诗说:"天下名园重洛阳。"①苏辙说:"洛阳古帝都,其人习于汉唐衣冠之遗俗,居家治园池,筑台榭,植草木,以为岁时游观之好。……而其贵家巨室,园囿亭观之盛,实甲天下。"②邵博也说:"洛阳名公卿园林,为天下第一。"③李格非并有《洛阳名园记》专著行世,著录名园十九处之多。事实上,洛阳地区除"贵家巨室"、"名公卿"的园林外,还有皇家园林和寺庙园林。钱惟演《西洛怀古》的"春归空苑水潺潺",所怀者即是"荒台废沼"的皇家"空苑"。欧阳修《河南府重修净垢院记》云:"河南自古天子之都,王公戚里、富商大姓处其地,喜于事佛

---

① 邵雍《伊川击壤集》卷二,郭彧整理:《邵雍集》,中华书局 2010 年版,第 196 页。
② 苏辙《洛阳李氏园池诗记》,曾枣庄、马德富校点:《栾城集》,上海古籍出版社 1987 年版,卷二四,第 515—516 页。
③ 《邵氏闻见后录》卷二四,第 191 页。

第一章　钱(惟演)幕僚佐集团

者,往往割脂田、沐邑、货布之赢,奉祠宇为庄严,故浮图氏之居,与侯家主第之楼台屋瓦,高下相望于洛水之南北,若弈棋然。"①则记述了寺庙园林的盛况。

洛阳园林的营建是一种具有历史传承性的文化活动,并常成为历代文士集团活动的场所。石崇的金谷园就名闻遐迩,不仅是文人雅集的胜地,而且是诗人们不断吟咏的对象。唐代宰相裴度在洛阳集贤里宅第有"南园",在午桥庄有"绿野堂",与白居易、刘禹锡等在此流连忘返,诗歌唱酬。《旧唐书》卷一七〇《裴度传》云:裴度在"东都立第于集贤里,筑山穿池,竹木丛萃,有风亭水榭,梯桥架阁,岛屿回环,极都城之胜概。又于午桥创别墅,花木万株,中起凉台暑馆,名曰'绿野堂'。引甘水贯其中,酾引脉分,映带左右。度视事之隙,与诗人白居易、刘禹锡酣宴终日,高歌放言,以诗酒琴书自乐。当时名士,皆从之游"②。白居易组织"九老会",也是以他履道里宅第的苑囿为活动中心的③。园林建筑与文士雅集结下不解之缘,这已成为我国园林文化的一种传统。宋代洛阳园林,又"多因隋唐之旧"④,往往在唐园基础上改筑而成,如湖园之于裴度旧园,会隐园之于白乐天旧园。景观命名也常渗入历史文化涵义。由此可见,作为环境体系中的园林、山水等自然物,已不复作为原生态的纯自然物而出现,而是经过人类长期的改造、加工和征服,因而无不烙上人类自身本质的印记;对于闻名于世的洛阳园林而言,本身就是一种高度人文化的景观。宋代钱惟演文人集团的频繁的游园活动,也自然地成为高品位的文化活动了。他们徜徉其间,自然与人生冥然相契,历史与现实悠然相融,耳目所及的自然景观中,其蕴藏的各种历史的、文学的轶事、

---

① 《欧阳修诗文集校笺·外集》卷一三,第 1658 页。
② (后晋)刘昫等撰:《旧唐书》,中华书局 2002 年版,卷一七〇,第 4432 页。
③ 司马光的"耆英会"聚于普明寺,即白氏故第,见其所作《洛阳耆英会序》。
④ 《富郑公园》,《洛阳名园记》,第 1 页。

故实不免油然浮现脑际,仿佛置身于前贤时流所共同营造的文化氛围之中,于是逗引起种种感受、情怀和思绪,激活创作机制。

天圣九年(1031)六月,欧阳修即记述过一次他们在普明寺后园大字院避暑吟诗的情况:

> 六月之庚,金伏火见,往往暑虹昼明,惊雷破柱,郁云蒸雨,斜风酷热,非有清胜不可以消烦炎,故与诸君子有普明后园之游。春笋解箨,夏潦涨渠,引流穿林,命席当水,红薇始开,影照波上,折花弄流,衔觞对弈,非有清吟啸歌,不足以开欢情,故与诸君子有避暑之咏。太素最少饮,诗独先成,坐者欣然继之。日斜酒欢,不能遍以诗写,独留名于壁而去。他日语且道之,拂尘视壁,某人题也。同共索旧句,揭之于版,以致一时之胜,而为后会之寻云。①

先写因酷热寻找胜地避暑,再写因胜地而引发作诗,末记后会有期,"欢情"不断。这充分说明游园活动是"诸君子"诗歌创作的触媒剂,加强了彼此的感情交流和诗歌艺术的相互影响和提高。这次游宴的诗作,今尚存欧阳修《普明院避暑》五律一首,末句云:"归鞍微带雨,不惜角巾斜"②;梅尧臣《与诸友普明院亭纳凉分题》一律,亦有"竹阴过晚雨,林表见残虹"之句③。王复《题洛阳大字院》云:"早秋蝉有信,多雨暑无权"④,也可能是这次会饮的作品。可知此次系"分题"赋诗,皆为五律,且从诗意来看,是日有雨。还应提及,诗文中虽未点明"普明后园"即系白居易故园,但白氏记诸老会饮于"白家履道宅"

---

① 《游大字院记》,《欧阳修诗文集校笺·外集》卷一三,第1668—1669页。
② 《欧阳修诗文集校笺·外集》卷六,第1442页。
③ 《梅尧臣集编年校注》卷一,第24页。
④ 《宋诗纪事》卷二九引《明道杂志》,第748页。

诗云："诗吟两句神还王，酒饮三杯气尚粗。"①《序洛诗》亦云："文之以觞咏弦歌，饰之以山水风月，此而不适，何往而适哉！"②两者文酒诗会的情景惟妙惟肖，可谓异代接武，旧事重演。对于熟习洛地习俗、深受白氏风仪陶冶的梅、欧等人来说，这一切似已不言而喻，因而也无须特别点明了。

园林的建造固然要充分利用古迹遗址等人文因素，以唤起人们的历史意识和思古情怀，但园林的主要目的在于游赏。一般实用性的建筑物，目的是遮风避雨，抵御自然力的威胁，但同时也使人与自然阻隔不融；而园林建筑却以游赏为主，表现了人类回归自然的审美要求，追求生活环境的艺术化，这是促使现实人生转化为艺术人生的重要一环。在这一意义上，园林是人类对自然空间的艺术加工，是人化的自然，因而常着力于依据本地区气候、土壤等条件，创造出自己的景物特点，特别是通过一个或数个典型物象来突出人们对该环境的感受和印象。洛阳园林中的牡丹和绿竹景观就充分满足了这个要求，并成为洛阳文人集团游赏活动和创作活动的重要内容。

（一）牡丹：洛阳特定的诗歌意象

洛阳园林大多分布于东南靠近伊洛水网的地区，建筑风格重水不重山，尤以花卉竹木为胜。牡丹更是冠绝古今，独步天下，洛阳文人们无不为之倾倒。

钱惟演独钟牡丹，欲作《花品》一书而未果，欧阳修却于其时写出《洛阳牡丹记》一文，践偿了钱惟演的心愿。此文分《花品序》、《花释名》、《风俗记》三篇，是我国现存最早的有关牡丹的专文。欧氏认为，

---

① 白居易著，朱金城笺校：《白居易集笺校》，上海古籍出版社1988年版，卷三七《胡、吉、郑、刘、卢、张等六贤皆多年寿，予亦次焉，偶于弊居合成尚齿之会，七老相顾，既醉甚欢，静而思之，此会稀有，因成七言六韵以纪之传好事者》，第2563页。
② 《白居易集笺校》卷七〇，第3757—3758页。

洛阳牡丹"今为天下第一",洛人称呼牡丹"直曰花,其意谓天下真花独牡丹,其名之著,不假曰牡丹而可知也,其爱重之如此"。他还记载了当地赏花风俗的盛况:"洛阳之俗,大抵好花。春时,城中无贵贱,皆插花,虽负担者亦然。花开时,士庶竞为游遨,往往于古寺废宅有池台处为市井,张幄帟,笙歌之声相闻。最盛于月陂堤、张家园、棠棣坊、长寿寺东街与郭令宅(郭子仪旧宅),至花落乃罢。"①其盛迈越唐代,举世称艳。这里提到的"月陂堤",系洛水的月牙形堤岸,即指"天王院花园子",是洛阳最大的牡丹园。李格非《洛阳名园记·天王院花园子》云:"洛中花甚多种,而独名牡丹曰花王。凡园皆植牡丹,而独名此曰'花园子',盖无他池亭,独有牡丹数十万本。凡城中赖花以生者,毕家于此。至花时,张幕幄,列市肆,管弦其中,城中士女绝烟火游之;过花时则复为丘墟,破垣遗灶相望矣。"②这段记载似源自欧阳修之文。司马光《又和(君贶)安国寺及诸园赏牡丹》诗云:"一城奇品推安国,四面名园接月陂。"③"月陂"即"月陂堤",则"天王院花园子",殆即属安国寺的寺庙园林,与欧氏所谓"古寺废宅"相吻合,也使"城中赖花以生者毕家于此"成为可能,无主古寺自能接纳众庶自由居住。

"洛阳花"成了欧阳修创作的一种意象符号,与充满欢乐、青春、生机、理想的洛中生活熔铸一片,时时成为他歌咏的题材。《送张屯田归洛歌》云:"昔年洛浦见花落,曾作悲歌歌落花。愁来欲遣何可奈,时向金河寻杜家。杜家花虽非绝品,犹可开颜为之饮。少年意气易成欢,醉不还家伴花寝。一来京国两伤春,憔悴穷愁九陌尘。红房紫萼处处有,骑马欲寻无故人。"④往昔在洛阳杜家的一次醉伴牡丹

---

① 《洛阳牡丹记》,《欧阳修诗文集校笺·外集》卷二二,第 1891、1900 页。
② 《洛阳名园记》,第 7 页。
③ 《传家集》卷六一,文渊阁《四库全书》本,第 1094 册,第 546 页。
④ 《欧阳修诗文集校笺·外集》卷二,第 1298 页。

的经历,如此深刻地烙印在他的心灵,原因在于洛阳花已是他青春岁月的象征,同时凝聚着他韶华易逝不复、世事盛衰变幻的人生体验。因而,这种回忆随着时间的推移,犹如刻在幼树上的刀痕,历久而更大、更深和更新。我们试读他的名作《戏答元珍》:

> 春风疑不到天涯,二月山城未见花。
> 残雪压枝犹有橘,冻雷惊笋欲抽芽。
> 夜闻归雁生乡思,病入新年感物华。
> 曾是洛阳花下客,野芳虽晚不须嗟。①

这是他在景祐四年(1037)贬谪夷陵时所作。通篇借"花"以对比夷陵和洛阳两地生活的荣枯顺逆,沟通现时和往昔的时间距离。"曾经沧海难为水",观赏过洛阳牡丹之人,对夷陵野花的迟开,自然毫不介意。同时所作的《夷陵书事寄谢三舍人》中也说:"曾是洛阳花下客,欲夸风物向君羞。"②羞于在人前夸说洛阳牡丹等风物,欲夸而不敢夸,与前诗的欲"嗟"而不必嗟,流露了同一矛盾的感怀之情。毫无疑问,洛阳赏花是他的一分自豪的回忆,是他一生中最珍重的人生留影,并成为他诗词创作中的一种富有生命力的意象,倾注了他的关注和眷爱。如庆历二年(1042)他作《洛阳牡丹图》诗说:"我昔所记数十种,于今十年半忘之。开图若见故人面,其间数种昔未窥。"③追忆本身成了一种审美活动。

在欧阳修的词作中,"洛阳花"则更经常地作为离别词的一种特定意象出现。他的四首《玉楼春》分别写于离洛前、离洛时、离洛后的三种场合,构成一个完整的时间流程:

---

① 《欧阳修诗文集校笺·居士集》卷一一,第 317—318 页。
② 《欧阳修诗文集校笺·居士集》卷一一,第 321 页。
③ 《欧阳修诗文集校笺·居士集》卷二,第 54—55 页。

> 洛城春色待君来，莫到落花飞似霞。
>
> ——《玉楼春》（春山敛黛低歌扇）
>
> 直须看尽洛城花，始共春风容易别。
>
> ——《玉楼春》（尊前拟把归期说）
>
> 洛阳正值芳菲节，秾艳清香相间发。
> 游丝有意苦相萦，垂柳无端争赠别。
>
> ——《玉楼春》（洛阳正值芳菲节）
>
> 常忆洛阳风景媚……关心只为牡丹红。
>
> ——《玉楼春》（常忆洛阳风景媚）①

第一首写在洛阳送友人，嘱其在花期前返回，莫要痛失良辰美景；第二、三首写他于景祐元年（1034）春离任之时，对牡丹的依恋倾吐了他的全部离愁别恨；第四首写别后思洛，径以牡丹作为洛阳的象征之物。牡丹和洛阳，已经牢固地合而为一，这在梅尧臣也是如此。他于庆历六年（1046）在许昌任签判时所作《和王待制清凉院观牡丹赋诗》、《和王待制牡丹咏》、《洛阳牡丹》诸诗②，也借牡丹抒写"华发我何感，洛阳年少时"的追怀。

唐人笔下的牡丹，或突出其"国色天香"的雍容华贵品貌，如李正封《咏牡丹花》，或以名花喻倾国美人，如李白《清平调》，或借以揭露社会贫富的不平，如白居易《买花》，都已获得不小的艺术成就。而欧、梅等人的此类诗词作品，却把牡丹和洛阳牢牢地铸为一体以寄慨抒怀，使牡丹不仅径称为洛阳花，并成为洛阳的象征物，大大丰富和扩展了牡丹这一诗歌意象的内涵。如以后洛阳人陈与义在历经靖康之难、流落江南时，以《牡丹》为题，就发为如此深沉的故国之叹："一

---

① 欧阳修著，胡可先、徐迈校注：《欧阳修词校注》，上海古籍出版社 2015 年版，卷二，第 220、223、226、229 页。
② 《梅尧臣集编年校注》卷一六，第 339、339、340 页。

自胡尘入汉关,十年伊洛路漫漫。青墩溪畔龙钟客,独立东风看牡丹。"①正是牡丹贯通了故乡洛阳昔日的繁华和今日异地的孤寂,强烈的反差反射着感情的巨大起伏跌宕,使之成为一首有关洛阳牡丹的名作。他的成功与前辈的吟咏洛花有着内在的联系。这样,牡丹和洛阳,从欧、梅等人反复抒写、大力开掘始,在以后的创作长河中不断地得到应和,终于结合成具有某种固定指向性的意象,丰富了我国诗歌的艺术宝库。

(二)绿竹景观与诗文写作

绿竹景观也是洛阳园林的一大特色。据李格非《洛阳名园记》载,富郑公园有大竹林,归仁园"有竹百亩",苗帅园"竹万馀竿,皆大满二三围,疏筠琅玕如碧玉椽",松岛园虽以松名世,但"亭榭池沼,植竹木其旁"。说明竹的普遍。在造园艺术中,竹的作用甚大。有的与洞、亭相配,如富郑公园"凡谓之洞者,皆斩竹丈许,引流穿之,而径其上。横为洞一,曰土筠;纵为洞三:曰水筠,曰石筠,曰榭筠。历四洞之北,有亭五,错列竹中,曰丛玉,曰披风,曰漪岚,曰夹竹,曰兼山",洞、亭的命名皆取自竹,竹叶掩抑,更富清谧高雅之趣。有的用竹布置堂、轩,如董氏西园,"又西一堂,竹环之",独乐园有"弄水种竹轩"等②。因而,竹也进入洛阳文士们的艺术视野,产生了不少有关诗文。

尹洙的散文《张氏会隐园记》即为洛阳最大的竹园作记:"河南张君清臣创园于某坊,其兄上党使君名曰'会隐'。……始得民家园,治而新之,水竹树石,亭阁桥径,屈曲回护,高敞荫蔚,邃极乎奥,旷极乎远,无一不称者。"③这座张氏会隐园,原是白居易旧园。《洛阳名园

---

① 陈与义著,吴书荫、金德厚点校:《陈与义集》,中华书局2007年版,卷三〇,第473页。
② 《洛阳名园记》,第8、8—8、11、1—2、3、15页。
③ 《河南先生文集》,《宋集珍本丛刊》影印明抄本,第3册,卷四,第361页。

记·大字寺园》云:"大字寺园,唐白乐天园也。乐天云:'吾有第在履道坊,五亩之宅,十亩之园,有水一池,有竹千竿'是也。今张氏得其半,为会隐园,水竹尚甲洛阳。"①尹洙在这篇记中,提出了我国园林艺术的两种主要风格即奥邃和旷远,并以两者结合为极诣。这是对我国造园艺术的较早的理论总结,也概括了洛地人们的审美观念。柳宗元也在《永州龙兴寺东丘记》中指出:"游之适,大率有二:旷如也,奥如也,如斯而已。"②主要从自然地形、地貌的游赏着眼,尹洙则用以概括造园艺术风格。《洛阳名园记·湖园》云:"洛人云:园圃之胜,不能相兼者六:务宏大者少幽邃,人力胜者少苍古,多水泉者艰眺望。兼此六者,唯湖园而已。"③后世的造园理论,实无能跳出宏大与幽邃、人力与闲古、近赏水泉与远眺山峦这六大美学原则,而尤以旷奥结合为关键。我国一般建筑物重直线重对称,园林建筑却以曲折多变见称,以曲折性扩展空间的深度,延长游园审美享受的时间。而水竹对造成邃奥和旷远的对比交错,无疑发挥重要的作用。

明道元年(1032)梅尧臣由河南县主簿改赴河阳县主簿任,欧阳修等人曾在洛阳最大的竹园会隐园竹林饯别。梅尧臣写过一篇《新秋普明院竹林小饮诗序》。普明院即"白乐天故宅也"④,亦即大字寺园、会隐园。梅氏在这篇诗序中说:"余将北归河阳,友人欧阳永叔与二三君具觞豆,选胜绝,欲极一日之欢以为别。于是得普明精庐,酾酒竹林间,少长环席,去献酬之礼,而上不失容,下不及乱,和然啸歌,趣逸天外。酒既酣,永叔曰:'今日之乐,无愧于古昔,乘美景,远尘俗,开口道心胸间,达则达矣,于文则未也。'命取纸写昔贤佳句,置坐上,各探一句,字字为韵,以志兹会之美。咸曰:'永叔言是。不尔,后

---

① 《洛阳名园记》,第14页。
② 柳宗元著:《柳河东集》,上海人民出版社1974年版,卷二八,第462页。
③ 《洛阳名园记》,第15页。
④ 《邵氏闻见录》卷八,第81页。

人将以我辈为酒肉狂人乎!'顷刻,众诗皆就,乃索大白,尽醉而去,明日第其篇请余为叙云"①。这篇诗序说明,文士们饮美酒,赏佳景,道别情,往往伴之于诗歌创作活动。没有文学创作,便沦为酒肉之徒,文学创作是提高自我品位和情操的必要手段。这次会饮咏诗,今存欧氏的一组五首五绝,分别以"亭皋木叶下"为韵;梅氏的五首五绝,则以"高树早凉归"为韵。欧诗有云:"野水竹间清,秋山酒中绿。送子此酬歌,淮南应落木"②;梅诗有云:"池上暑风收,竹间秋气早,回塘莫苦留,已变王孙草"③。"竹"即是贯穿两诗的关联性意象。

欧阳修不仅将其居室命名为"绿竹堂",写过缠绵悱恻、悼念亡妻的《绿竹堂独饮》诗④,而且以竹为题,写下针砭时弊的《戕竹记》。他说:"洛最多竹,樊圃棋错。包箨榯笋之赢,岁尚十数万缗,坐安侯利,宁肯为渭川下?然其治水庸,任土物,简历芟养,率须谨严。家必有小斋闲馆在亏蔽间,宾欲赏,辄腰舆以入,不问辟疆,恬无怪让也。以是名其俗为好事。"⑤洛阳竹园出产,每年不下十馀万缗钱(每缗一千文),此从经济效益讲;竹林深处,小斋闲馆,任人游赏,不加限制,此从民风好客讲。然后笔锋一转,写到为供应朝廷修葺之需,竟把洛阳竹林砍伐一空,弄得"地榛园秃",一片荒芜,欧阳修对此痛加斥责。结尾冷冷地宕开一笔:"推类而广之,则竹事犹末。"把注意力引向比"戕竹"一类更严重的政治弊端,加深了批判的深度和广度。梅尧臣对洛竹也保持长久的记忆。直至嘉祐三年(1058),在《张仲通追赋洛中杂题和尝历览者六章》中,写到他曾"历览"过的大字寺和袁氏坞的

---

① 《梅尧臣集编年校注》卷二,第32—33页。
② 《初秋普明寺竹林小饮饯梅圣俞,分韵得"亭皋木叶下"绝句五首》,《欧阳修诗文集校笺·外集》卷一,第1268页。
③ 《新秋普明院竹林小饮》,《梅尧臣集编年校注》卷二,第33页。
④ 《欧阳修诗文集校笺·外集》卷一,第1273页。
⑤ 《欧阳修诗文集校笺·外集》卷一三,第1679页。

竹林印象："池上千竿竹"(《大字寺》)，"腮肥节脑瘦，蕲水长笛材，洛阳袁氏坞，此竹旧移来"(《蕲竹》)①。

但是，欧阳修的《绿竹堂独饮》主要写悼念亡妻，《戕竹记》则是针砭时弊，普明院会饮诗的主旨是惜别，绿竹仅仅置于背景地位，不是正面吟咏的对象，因此，从绿竹意象的开掘来说，进展不大。至于尹洙的《张氏会隐园记》对洛阳园林奥邃和旷远两种美学风格的精辟阐述，其主要价值也在治园史上。对绿竹描绘颇堪注意的倒是钱惟演。这位西昆体著名作家写于洛阳的作品遗存不多，但已看出向清雅朴实的方向转变。他的《对竹思鹤·留守西洛日作》："瘦玉萧萧伊水头，风宜清夜露宜秋。更教仙骥傍边立，尽是人间第一流。"②竹为实写，鹤为虚拟，虚实相映，倍见"第一流"之雅，已透露出竹的意象日趋喻象化、道德化的倾向。经过以后多方面的发展和丰富，绿竹成为宋人理想人格最高型范的象征，也是体现宋诗理性化特征的一大题材。以后梅尧臣的"爱此孤生竹，碧叶琅玕柯"③，欧阳修的"虚心高自擢，劲节晚愈瘦"④等，都是吟咏洛竹的延伸。

钱惟演另有一首写竹笋的《玉楼春》词，与其诗对读，甚有启迪。词云："锦箨参差朱槛曲，露濯文犀和粉绿。未容浓翠伴桃红，已许纤枝留凤宿。"⑤用语华美，着力于外形的藻饰，固然与词体风格要求有关，但在美学好尚上却与西昆体相通。《对竹思鹤》诗与之迥然异趣。钱惟演洛阳诗风的转变，正是文人群体中声气交应、相互推毂的结果。有的学者认为梅尧臣此时诗受钱惟演影响，而有西昆体之风，这与现存《梅集》情况不符；实际上或许正相反。一个文人集团经过频

---

① 《梅尧臣集编年校注》卷二八，第1031、1032页。
② 《能改斋漫录》卷一一，第328页。
③ 《和王景彝省中咏孤竹》，《梅尧臣集编年校注》卷二七，第958页。
④ 《欧阳修诗文集校笺·外集》卷四，第1361页。
⑤ 唐圭璋编：《全宋词》，中华书局1999年版，第1册，第5—6页。

繁的交往唱酬,不管自觉不自觉,常会形成大致相同的美学追求,而成员中最有成就者往往最具吸引力和影响力。梅尧臣在这一集团中即以诗歌创作独占鳌头,欧阳修叹为"欲学不能就"[1],钱惟演"留守西京,特嗟赏之,为忘年交,引与酬唱,一府尽倾"[2]。梅氏其时清丽闲雅、委婉精细的诗风为群体所认同,连作为盟主的钱氏也多少受其影响,这是不奇怪的。

三、龙门之游和两登嵩山的文化内蕴

以上主要从洛阳园林与文人集团之间的关系,作了简要的论述,而洛阳的名山大川也为文人集团提供了优越的活动天地。龙门之游和两登嵩山就是其中的重要活动。

龙门之游。洛阳城南的龙门石窟,是我国三大石窟之一(其他两处是敦煌、云冈)。始凿于北魏,历经东魏、西魏、北齐、北周、隋、唐、北宋的不断增凿,成为一座举世闻名的艺术宝库。龙门也称"伊阙",因东西两山(东名香山,西名龙门山)夹伊水对峙如门而得名。因而兼擅山水之妙,是文化旅游的胜地。

明道元年(1032)春,欧阳修、杨愈和秀才陈经同游龙门,分题赋诗,并送陈经西归。今尚存欧阳修《送陈经秀才序》一文和《游龙门分题十五首》诗,《序》中叙明这次游程:"夜宿西峰,步月松林间,登山上方,路穷而返。明日,上香山石楼,听八节滩,晚泛舟,傍山足夷犹而下,赋诗饮酒,暮已归。"[3]在这些诗文中,表现出自然山水对诗人们所具有的多方面的文化意义。他们全身心地陶醉在旖旎秀美的自然景色之中。如《上山》诗:"蹞蹐上高山,探险慕幽赏。初惊涧芳早,忽望岩扉敞。林穷路已迷,但逐樵歌响。"[4]登山探幽,近见涧草繁茂,

---

[1] 《七交七首·梅主簿》,《欧阳修诗文集校笺·外集》卷一,第1260页。
[2] 《宋史》卷四四三《梅尧臣传》,第13091页。
[3] 《欧阳修诗文集校笺·外集》卷一四,第1709页。
[4] 《欧阳修诗文集校笺·居士集》卷一,第4页。

远眺伊阙开阔,林尽路失,惟闻樵歌声声,一派清幽闲远之趣。《自菩提步月归广化寺》云:"春岩瀑泉响,夜久山已寂。明月净松林,千峰同一色。"①则凸现一幅静谧净洁的月夜山行图。但是,山水对人们的意义不仅仅提供自然美、陶冶情操,还逗引起人们复杂的人生感慨。人们观赏自然景物,往往融入诗情和哲思,使自然景物在具体景观之外又表现出一种景外之意。欧氏的《送陈经秀才序》先以简洁而精妙的笔墨,渲染出伊水之游的恬适愉悦:"然伊之流最清浅,水溅溅鸣石间。刺舟(撑船)随波,可为浮泛;钓鲂掷鳖,可供膳羞。山两麓浸流中,无岩崭颓怪盘绝之险,而可以登高顾望。自长夏而往,才十八里,可以朝游而暮归。故人之游此者,欣然得山水之乐,而未尝有筋骸之劳,虽数至不厌也。"然后,文意陡转:"然洛阳西都,来此者多达官尊重,不可辄轻出。幸时一往,则驺奴从骑,吏属遮道,唱呵后先,前偯旁扶,登览未周,意已怠矣。故非有激流上下、与鱼鸟相傲然徙倚之适也。然能得此者,惟卑且闲者宜之。"②只有"卑且闲者"才能真正欣赏自然的大千世界,才能获得"欣然之乐"、"徙倚之适"。他们体会到自然景物并不都能成为审美对象,还与审美主体的情况有关。这种在游赏中才能得到的体会,是意味深长的。自然山水又往往融合着历史文化的积淀,易使人们获得广泛的人生思考。石楼、八节滩原是白居易构筑和开凿的。《新唐书》卷一一九《白居易传》云:"构石楼香山,凿八节滩,自号醉吟先生。"③前者为了休憩,后者为了行船的安全,避免碰触峭石。欧阳修的《石楼》诗云:"高滩复下滩,风急刺舟难。不及楼中客,徘徊川上山。夕阳洲渚远,唯见白鸥翻。"④即景寄慨,发抒人生劳闲苦乐的不均。《八节滩》云:"乱石泻

---

① 《欧阳修诗文集校笺·居士集》卷一,第5页。
② 《欧阳修诗文集校笺·外集》卷一四,第1709页。
③ 欧阳修、宋祁撰:《新唐书》,中华书局2003年版,卷一一九,第4304页。
④ 《欧阳修诗文集校笺·居士集》卷一,第4页。

溪流,跳波溅如雪。往来川上人,朝暮愁滩阔。更待浮云散,孤舟弄明月。"①眼前的八节滩,虽经白居易疏凿,险情有所缓解,但仍有馀险。待到晚上,沿着山麓,则情势迥然不同,"晚泛舟,傍山足夷犹(从容)而下",才有"孤舟弄明月"的乐趣。这些诗句蕴含人生哲理,耐人思索。

两次嵩山的结伴之游,更集中体现了自然景物的赏会和传统文化积累、诗文创作及其他社会思想因素的交叉渗透。一次在明道元年(1032)春末,同游者有梅尧臣、欧阳修、杨愈等人。欧氏有《嵩山十二首》,分别题为《公路涧》、《拜马涧》、《二室道》、《自峻极中院步登太室中峰》、《玉女窗》、《玉女捣衣石》、《天门》、《天门泉》、《天池》、《三醉石》、《峻极寺》、《中峰》②;梅氏有《同永叔、子聪游嵩山赋十二题》予以唱和③;当时任陈州通判的范仲淹也有《和人游嵩山十二题》④。梅尧臣后在嘉祐三年(1058)回忆这次游历云:"又忆游嵩山,胜趣无不索,各具一壶酒,各蜡一双屐,登危相扶牵,遇平相笑噱。石捣云衣轻,岩裂天窗窄,上饮醒心泉,高巅溜寒液,下看峰半雨,广甸飞甘泽。夜宿岳顶寺,明月入户白,分吟露气冷,猛酌面易赤。"白天游山,夜晚吟咏,如此氛围,自是最佳创作环境。梅诗又云:"誓将新咏章,灯前互诋摘,杨生(杨愈)护己短,一字不肯易。"⑤使我们仿佛看到热烈争辩、切磋诗艺的场面,增添了此行的文学性质。

另一次在当年秋天。同游者有谢绛、欧阳修、杨愈、尹洙、王复五人。这次登嵩,原为受命奉御香告庙而去,他们便乘机作数日"山水

---

① 《欧阳修诗文集校笺·居士集》卷一,第5页。
② 《欧阳修诗文集校笺·外集》卷一,第1265—1267页。
③ 《梅尧臣集编年校注》卷二,第42—45页。
④ 《范文正公集》卷二,《续修四库全书》据《古逸丛书三编》影印北宋刻本,第1313册,第240—241页。
⑤ 《永叔内翰见索谢公游嵩书,感叹希深、师鲁、子聪、几道皆为异物,独公与余二人在,因作五言以叙之》,《梅尧臣集编年校注》卷二八,第1018、1019页。

游"。谢绛写过《游嵩山寄梅殿丞书》长信,详细记叙这次游历,梅氏复有《希深惠书,言与师鲁、永叔、子聪、几道游嵩,因诵而韵之》长诗①,是宋代诗文交涉中的一组名作,梅氏这"诵而韵之"的五百字古诗,是他"以文为诗"的重要试验和探索。在这次游山中,他们访僧问道,寻古觅碑,谈诗论文,文化内涵十分丰富。如谢绛信中提到他们在山顶访问汪僧之事:"既而与诸君议,欲见诵《法华经》汪僧。永叔进,以为不可,且言圣俞往时尝云:'斯人之鄙,恐不足损大雅一顾。'仆(谢绛)强诸君往焉。……叩厥真旨,则软语善答,神色睟正,法道谛实,至论多矣,不可具道。所切当云:'古之人念念在定,慧何由杂;今之人念念在散,乱何由定。'师鲁、永叔扶道贬异,最为辩士,不觉心醉色怍,钦叹忘返,共恨圣俞闻缪而丧真甚矣。"②尹洙、欧阳修、梅尧臣坚不信佛,痛斥僧人之"鄙",但他们的排佛,仅从儒家封建伦常、实际人生为立足点,实未涉及形而上之学。儒家罕言怪力乱神的理性态度,未能解答命运的神秘性和无常性,未能最终摆脱人生空漠之感。因而他们一旦接触佛理的玄妙思辨,就容易被解除儒学武装,成为佛学俘虏。这次汪僧的说道,可能是他们最早接受的佛学洗礼,以后尹洙受到更深刻的佛学熏陶,主动附和三教合流的社会思潮③;欧阳修也从壮年的排佛健将,变成了晚年的"六一居士"。在两次游嵩中,欧阳修还对古碑石刻产生了浓厚兴趣。第一次与梅尧臣同游时,他发现了韩愈题名石刻两处,立即予以著录;这次又获得唐韩覃《幽林思》诗碑,从而萌发了他广搜金石的宏愿,终于成就了我国最早的一部金石学巨著《集古录》一千卷(今存《集古录跋尾》十卷)。《集古录跋尾》卷八《唐韩退之题名》条云:"右韩退之题名二,皆在洛阳。

---

① 《梅尧臣集编年校注》卷二,第 36 页。
② 《欧阳修全集·附录》卷四,第 2717 页。
③ 《送李侍禁序》,《河南先生文集》卷五,《宋集珍本丛刊》影印明抄本,第 3 册,第 366 页。

其一在嵩山天封宫石柱上刻之,记龙潭遇雷事。天圣中,余为西京留守推官,与梅圣俞游嵩山,入天封宫,裴回柱下而去。"①而同书卷六《唐韩覃〈幽林思〉》,更是一则寓情于事的精妙小品:

> 右《幽林思》,庐山林薮人韩覃撰。余为西京留守推官时,因游嵩山得此诗,爱其辞翰皆不俗。后十馀年,始集古金石之文,发箧得之,不胜其喜。余在洛阳,凡再登嵩岳,其始往也,与梅圣俞、杨子聪俱;其再往也,与谢希深、尹师鲁、王几道、杨子聪俱。当发箧见此诗以入集时,谢希深、杨子聪已死,其后师鲁、几道、圣俞相继皆死。盖游嵩在天圣十年,是岁改元明道,余时年二十六,距今嘉祐八年,盖三十一年矣。游嵩六人,独余在尔。感物追往,不胜怆然。六月旬休日书。②

这则简朴无华的跋文写于嘉祐八年(1063)六月,时欧阳修任参知政事。回首往事,朋辈星殒,俯仰呜咽。同时可以得知,他正式开始搜集金石资料,约在此次游嵩以后"十馀年"③,而此次游嵩的收获,无疑是他编纂《集古录》的一个契机。

文人之游又免不了"赋诗谈道,间以谑剧","马上粗苦疲厌,则有师鲁语怪,永叔、子聪歌俚调,几道吹洞箫,往往一笑绝倒,岂知道路之短长也"④。寥寥数语,勾勒出一个舒心惬意、放浪形骸、摆落羁绊、生气勃勃的文人群体。对于文学创作来说,这种自由自在的心态

---

① 《欧阳修全集》卷一四一,第2269页。
② 《欧阳修全集》卷一三九,第2208页。
③ 欧阳修《与蔡君谟求书集古录序书》(《欧阳修诗文集校笺·外集》卷一九,第1847页)中说:"盖自庆历乙酉,逮嘉祐壬寅(七年,1062),十有八年,而得千卷,顾其勤至矣,然亦可谓富哉!"则正式动手编纂始于庆历乙酉,即庆历五年(1045),离明道元年(1032)十三年。
④ 谢绛《游嵩山寄梅殿丞书》,见《欧阳修全集·附录》卷四,第2718页。

是最为重要的。此行的尾声更富情味,令人称羡。《邵氏闻见录》卷八云:"谢希深、欧阳永叔官洛阳时,同游嵩山。自颍阳归,暮抵龙门香山。雪作,登石楼望都城,各有所怀。忽于烟霭中有策马渡伊水来者,既至,乃钱相(钱惟演时以使相为西京留守)遣厨传歌妓至。吏传公言曰:'山行良劳,当少留龙门赏雪,府事简,无遽归也。'钱相遇诸公之厚类此。"①钱惟演的宽容、爱才,善解人意,为下属僚佐们提供充分的"社会闲暇","不撄以吏事",他在文人集团中的这一特殊作用是别人无法代替的。

总之,洛阳一地的地域文化、自然景观和人文景观,构成了统一的文化环境,为钱幕僚佐洛阳文人集团的文学活动提供了广阔的舞台,而其颇富魅力的文化氛围,又塑造着文人们的艺术气质、文化性格和审美心理,从而对其文学创作发生更深刻的潜移默化的影响。

第三节 效能一:古文写作的发轫

唐代韩愈的古文运动,是在儒学复古旗帜下所开展的文体、文风和文学语言的改革运动,成就突出却后继乏人,不久骈文重又抬头。到了五代乃至宋初,浮泛靡丽的骈偶文占据了文坛的统治地位,一切官场应用文字,上起诏敕,下至判辞书牍以及科举程文,皆用骈文。范仲淹《尹师鲁〈河南集〉序》云:"懿、僖以降,寖及五代,其体薄弱。"②《宋史·欧阳修传》云:"宋兴且百年,而文章体裁犹仍五季馀习,锼刻骈偶,浅涩弗振。士因陋守旧,论卑气弱。"③此即流行于宋初的所谓"五代文弊"。柳开、王禹偁等人首先对这"其体薄弱"、"论

---

① 《邵氏闻见录》卷八,第82页。
② 《范文正公集》,《续修四库全书》据《古逸丛书三编》影印北宋刻本,第1313册,卷八,第298页。
③ 《宋史》卷三一九,第10375页。

卑气弱"的五代体发起攻击,发出了复兴"古文"的呼声。王禹偁《送孙何序》云:"咸通(唐懿宗年号)以来,斯文不竞,革弊复古,宜其有闻。"①他们的努力曾发生过一定的社会影响。然而,以宋真宗大中祥符元年(1008)《西昆酬唱集》结集为标志,西昆体时文又逐渐取代宋初早期古文的地位。这又引起孙复、石介、穆修、苏舜钦等人的反对,西昆体时文的影响日趋减弱。早在大中祥符二年,真宗即下《诫约属辞浮艳令欲雕印文集转运使选文士看详诏》,对"近代已来,属辞之弊,侈靡滋甚,浮艳相高",痛加申斥,要求"冀斯文之复古,期末俗之还淳。"②仁宗天圣六年(1028)朝廷提升陈从易为左司郎中、杨大雅为知制诰,这是"朝廷欲矫文章之弊"的又一个信号。"自景德后,文字以雕靡相尚,一时学者向之,而从易独自守不变,与大雅特相厚,皆好古笃行,无所阿附。……朝廷欲矫文章之弊,故并进从易及大雅,以风天下。"③试图首先在朝廷诏敕文字方面进行改革。随后,天圣七年仁宗又下《贡举诏》戒除文弊:"比来流风之弊,至于会萃小说,磔裂前言,竞为浮夸靡曼之文,无益治道。"提出了"学者务明先圣之道"的要求④。以后明道二年(1033)、庆历四年(1044)又下诏重申。这一行政措施跟文坛发展的要求完全吻合,因而产生了重大的作用。正如欧阳修一再所指出的,皇帝下诏后,"由是其风渐息,而学者稍趋于古焉"⑤;"其后风俗大变,今时之士大夫所为,彬彬有两汉之风矣"⑥。至此,经过反"五代文弊"、反"西昆体"的两个回合的反复,宋代古文运动已获得顺利开展的有利条件,比起韩愈面临的"挽狂澜于

---

① 《小畜集》卷一九,《四部丛编》本,第10a页。
② 司义祖整理:《宋大诏令集》,中华书局2009年版,卷一九一,第701页。
③ 《续资治通鉴长编》卷一○六,第2482页。
④ 《续资治通鉴长编》卷一○八,第2512页。
⑤ 《苏氏文集序》,《欧阳修诗文集校笺》卷四一,第1064页。
⑥ 《与荆南乐秀才书》,《欧阳修诗文集校笺》卷四七,第1174页。

既倒"、"摧陷廓清"的严重势态来,其困难和阻力要小得多了。这是洛阳文人集团形成前的文坛大势。

尹洙是洛阳文人集团中专擅古文写作的重要作家。他早年从穆修游,打下了古文写作的深厚基础。在洛阳时期,他的古文作品流布遐迩,声名突过侪辈。今存他这时期及稍后的作品有《巩县孔子庙记》、《志古堂记》、《张氏会隐园记》、《伊阙县筑堤记》、《书禹庙碑阴》、《题杨少师书后》等①,大都简洁明快,章法谨严,吐属饶有新意,实比穆修所作高出一头。

史传欧阳修学古文于尹洙:"调西京推官,始从尹洙游,为古文。"②我们在本章第一节中已叙述过尹、欧同作《双桂楼临圜驿记》的故事,也反映出欧学于尹的情况。此事在释文莹《湘山野录》卷中也有记载:

> 钱思公镇洛,所辟僚属尽一时俊彦,时河南以陪都之要,驿舍常阙,公大创一馆,榜曰"临辕"。既成,命谢希深、尹师鲁、欧阳公三人者各撰一记,曰:"奉诸君三日期,后日攀请水榭小饮,希示及!"三子相掎角以成其文。文就,出之相较。希深之文仅五百字,欧公之文五百馀字,独师鲁止用三百八十馀字而成,语简事备,复典重有法。欧、谢二公缩袖曰:"止以师鲁之作纳丞相可也,吾二人者当匿之。"丞相果召,独师鲁献文,二公辞以他事。思公曰:"何见忽之深,已酱三石奉候。"不得已俱纳之。然欧公终未伏在师鲁之下,独载酒往之,通夕讲摩。师鲁曰:"大抵文字所忌者,格弱字冗,诸君文格诚高,然少未至者,格弱字冗尔。"永

---

① 《河南先生文集》卷四,《宋集珍本丛刊》影印明抄本,第 3 册,第 359、361、361、360、363、364 页。

② 《宋史》卷三一九《欧阳修传》,第 10375 页。按:此语盖取于苏辙《欧阳文忠公神道碑》(《栾城集·后集》卷二三,第 1425 页)。

叔奋然持此说，别作一记，更减师鲁文廿字而成之，尤完粹有法。师鲁谓人曰："欧九真一日千里也。"①

这则记载比《邵氏闻见录》卷八所记稍详，并互有异同。文莹曾因苏舜钦书荐而结识欧阳修，而且"蒙诗见送"②，其所记应属大致可信。这里说明欧阳修初学古文是以尹洙为师的，"通夕讲摩"，还接受了尹洙的写作主张：崇尚"简古"、"完粹有法"，力忌"格弱字冗"。这也确实成为欧阳修日后文论思想的一个要点，也是他散文风格的特点之一。如他在洛阳时期所作的三十多篇文章，大都篇幅较短，文字洗练简洁，要言不烦。《戕竹记》结尾云："推类而广之，则竹事犹末。"③由小引大，从戕竹之祸推向更大的政治弊端，笔意颇深；《养鱼记》结尾云："感之而作《养鱼记》。"④所"感"为何，不明言而妙在不言之中，具见格高字简之趣。

然而，文人之间的切磋交流，往往具有多方面的效能：既有相互学习、取长补短的一面，又常不可避免地引入竞争的因子。这两个方面都有利于各自文学创作、文学思想的发展。如果只有单向的施受而没有双向的质疑、诘难和批评，文学的交流关系就不是全面的。这一点在宋代士子中间已逐渐养成一种风气。就连秉性诚笃宽和的司马光也一再强调：不同意见的论争正是"朋友之道"。他在《答韩秉国书》中说："示喻见与景仁（范镇）书，似怪论议有所不同，此何言哉！朋友道废久矣。光述《中和论》，所以必欲呈秉国者，正为求切磋琢磨，庶几近是耳，岂欲秉国雷同而已。雅闻秉国有论，光不胜其喜，故

---

① 文莹撰，郑世刚、杨立扬点校：《湘山野录》，中华书局1997年版，卷中，第38页。
② 《湘山野录》卷上，第15页。
③ 《欧阳修诗文集校笺·外集》卷一三，第1680页。
④ 《欧阳修诗文集校笺·外集》卷一三，第1682页。

因景仁请见之,何谓怪也。"①现保存在司马光集子中的三人(司马光、范镇、韩秉国)讨论"中和"的来往信函共二十二通,就是一份往复论难、充分发抒己见的珍贵史料,也是士风的生动写照。在古文写作和古文理论问题上,欧阳修之于尹洙,实经历了由"未伏"至"伏"而又"不伏"的过程。这实际上反映出宋代古文运动中两种不同的"古文观",两种不同的散文风格的追求。至于欧阳修如何超越尹洙而自创文风的情况,将在本书后面论析。

第四节 效能二:宋诗新貌的孕育

宋初七十多年的诗歌处在前代诗歌发展惯力的延长线上。李昉、李至的《二李唱和集》,即以白居易为楷模,而王禹偁的推崇杜甫和白居易,实际上也受白氏的影响为多;魏野、潘阆等隐士和"九僧"则以晚唐为圭臬,特别瓣香于贾岛、姚合;杨亿、钱惟演、刘筠的西昆体则从李商隐身上"掉撏",更发生较大的社会影响。白体、晚唐体、西昆体都以尊奉唐代诗人为典范,这可称为"宗唐时期"。

天圣九年(1031),梅尧臣、欧阳修的首次会见和洛阳文人集团的形成,这应该算是一个重要的文学年代。梅、欧的文学作品大都从这年开始收入集子②,标志着他们文学事业的真正起点;以诗歌来说,从此进入了变唐时期,逐渐展现出宋诗的时代风貌和特殊个性,取得了与唐诗先后辉映的历史地位。而梅尧臣尤被推为宋诗的"开山祖师"③。

---

① 《传家集》卷六三,文渊阁《四库全书》本,第 1094 册,第 573 页。
② 仅周必大所编之《居士外集》以及《表奏书启四六集》中收入欧阳修少许天圣九年以前之作。
③ 刘克庄撰,王秀梅点校:《后村诗话》,中华书局 1983 年版,《前集》卷二,第 22 页。

梅尧臣在洛阳时期即以诗歌才能称誉遐迩。《宋史·文苑五·梅尧臣传》云:"钱惟演留守西京,特嗟赏之,为忘年交,引与酬唱,一府尽倾。欧阳修与为诗友,自以为不及。尧臣益刻厉,精思苦学,由是知名于时。宋兴,以诗名家,为世所传如尧臣者,盖少也。"①描述了钱惟演以下对他卓异诗才的倾倒。钱离洛后,继任者王曙对梅亦予青睐,"礼貌有加":"王文康公晦叔(曙),性严毅,见僚属未尝解颜。知河南日,梅圣俞时为县主簿,一日,袖所为诗文呈公。公览毕,次日,对坐客谓圣俞曰:'子之诗,有晋、宋遗风,自杜子美没后,二百馀年不见此作。'由是礼貌有加,不以寻常待圣俞矣。"②诗名隆盛,其诗作亦流传甚广,欧阳修说:"圣俞久在洛中,其诗亦往往人皆有之。今(明道元年)将告归,余因求其稿而写之。"③编集了最早的梅诗稿本。毫无疑问,他是洛阳文人集团中最重要的诗人。

今存《宛陵先生文集》中,前三卷注为"西京诗"(四卷以后注为"池州后诗"等),收诗约共170多首;但其中不少诗显系误收,实约120多首。

这些诗歌大都以文人集团游赏为主要内容,游宴和酬唱为两大题材,又常两者合而为一。诗风清丽闲雅,抒情委婉,状物精细,透露出他平淡风格的早期信息,也反映出宋诗的群体风格。如《依韵和子聪夜雨》:

窗灯光更迥,宿雾晦层檐。
寒气微生席,轻风欲度帘。
湿萤依草没,暗溜想池添。

---

① 《宋史》卷四四三,第13091页。
② (宋)曾敏行撰:《独醒杂志》,知不足斋丛书本,卷一,第9a页。
③ 《书梅圣俞稿后》,《欧阳修诗文集校笺·外集》卷二二,第1907页。

> 况值相如渴,无嫌鲁酒甜。①

又如《新秋雨夜西斋文会》:

> 夜色际阴霾,灯青谢客斋。
> 梧桐生静思,络纬动秋怀。
> 小酌宁辞醉,清言不厌谐。
> 谁怜何水部,吟苦怨空阶。②

两诗皆写"夜""雨",一和杨愈,一在谢绛西斋,温润工细,前诗"寒气"一联,后诗"梧桐"一联,均刻画精微,白描速写而不使事运典,却能"状难写之景如在目前"。方回《瀛奎律髓》卷一七评云:"此皆圣俞西京诗,妙笔细密,初学者不可不知。"③但前诗末两句用典,由"雨"至"饮",把"鲁酒薄而邯郸围"④的成语生造出"鲁酒甜"来;后诗以"谢客"喻谢绛,而结用"何水部"(逊),不知所指,只是牵合何逊"夜雨滴空阶"⑤诗句而已,趁韵凑泊,颇伤赘重。也见出他的才悭思窄、笔力稚嫩。这两诗可以代表他其时诗作的一般水平和特点。

但梅尧臣这种清淡闲雅的诗风可以冲淡、吹散西昆体浓艳雕琢的气味。我们随便从《西昆酬唱集》里看一首同样写秋夜宴会的五律:

---

① 《梅尧臣集编年校注》卷一,第12页。
② 《梅尧臣集编年校注》卷二,第34页。
③ (元)方回选评,李庆甲集评校点:《瀛奎律髓汇评》,上海古籍出版社1986年版,卷一七,第659页。
④ (清)王先谦撰,沈啸寰点校:《庄子集解》,中华书局1987年版,卷三《胠箧》,第86页。
⑤ 何逊《临行与故游夜别》,李伯齐校注:《何逊集校注》,中华书局2010年版,卷二,第170页。

> 清谧夜何其？南亭露欲晞。
> 蹁跹霞袖舞，潋滟羽觞飞。
> 镂檠摇花落，金珰照月辉。
> 瑶光未西落，休赋醉言归。
>
> ——钱惟济《夜谧》①

说是"清谧"，但"蹁跹"、"潋滟"、"镂檠"、"金珰"等等，色泽秾艳、藻饰繁丽，金玉堆垛，雕绘满眼。张衡《南都赋》云："客赋醉言归，主称露未晞。"②钱诗拆开装镶于第二、八两句，花样翻新。把钱惟济此诗与梅尧臣上述两诗对读，不难品尝出不同的风味。龚啸评梅诗云："去浮靡之习，超然于昆体极弊之际；存古淡之道，卓然于诸大家未起之先，此所以为梅都官诗也。"③恰当地估定了他的历史地位。

梅尧臣的诗歌创作，往往在文人集团的交游、酬答之中得到启发、刺激和成熟。文学创作主要是作家自身内心情感世界和创作个性的表现，但也必然受制于接受和欣赏的一方。梅尧臣诗歌的特点，正是在接受朋辈们的赞许、商榷、碰撞和反馈中日趋鲜明和强化，并从而扩大影响，衍为宋诗的群体风格。这时期和他诗歌交流最密切的是谢绛和欧阳修，从而也对他的诗风产生重大影响。

梅尧臣集中与谢绛相互酬答及其他有关诗篇共近 50 首，其中洛阳时期达 20 首。值得提出讨论的是谢绛《游嵩山寄梅殿丞书》和梅尧臣《希深惠书言与师鲁、永叔、子聪、几道游嵩因诵而韵之》。明道元年（1032）的第二次游嵩，梅尧臣没有参加，谢绛便作此书详告，梅

---

① 《西昆酬唱集注》卷上，第 58—59 页。
② （梁）萧统编，（唐）李善注：《文选》，上海古籍出版 1986 年版，卷四，第 157 页。
③ 梅尧臣撰：《宛陵集》，文渊阁《四库全书》本，第 1099 册，附录，第 438 页。

得书后，又作诗为复。谢书被收入《宋文鉴》卷一一三，为北宋的一篇散文名作，长达 1 248 字[①]；梅诗共 100 句，500 字，是他的第一首长诗[②]。这是一种颇堪玩索的创作现象。

梅诗完全逐段演绎谢书，是谢书的改写和移植，这是宋诗散文化的一个契机。诗歌本是精练的语言艺术，比之散文，更追求形象性，故有不少地方梅加进自己的想象。如谢书云："上缑岭，寻子晋祠，陟辚辕道，入登封。"梅诗云："初经缑氏岭，古柏尚郁茂；却过辚辕关，巨石相撑斗。"谢书云："窥玉女窗、捣衣石、石诚异，窗则亡有。"梅诗云："上窥玉女窗，崭绝非可构；下玩捣衣砧，焜耀金纹透。"这些具体的写景句子，融入了梅尧臣自己早先游嵩的观感。谢书在写开始登嵩时有"是时秋清日阴，天未甚寒，晚花幽草，亏蔽岩壁。正当人力清壮之际……"一段，梅诗在"是时天清阴，力气勇奔骤，云岩杳亏蔽，花草藏涧窦"后，插入"傍林有珍禽，惊眂若避彀"两句，这也是他的想象。以想象穿缀全篇，使诗完整酣畅，间架开阔。

当然，此诗也有损害原意或缚于韵脚之处。谢书写众人夜宿峰顶，"会几望，天无纤翳，万里在目。子聪疑去月差近，令人浩然绝世间虑"。写出了一个祛尘去烦的清净世界；梅诗却云："或疑桂宫近，斯语岂狂瞽。"风致顿失。倒不如后来欧阳修的"子聪疑日近，谓若手可攀"[③]来得平实真切。梅的"吾侪色先愀"句自注云"叶韵"，也自知"愀"字不佳，才悭思窄，无可奈何。

尽管有如此缺憾，但此诗仍不失为好诗，并在当时即获得巨大的声誉，为友朋们普遍接受和认同。

首先是"惠书"人谢绛。他得诗后，欣喜地复信道："忽得五百言

[①] （宋）吕祖谦编，齐治平点校：《宋文鉴》，中华书局 1992 年版，卷一一三，第 1578—1580 页。
[②] 《梅尧臣集编年校注》卷一，第 36—37 页。
[③] 《欧阳修诗文集校笺·外集》卷二，第 1289 页。

诗,自始及末,诵次游观之美,如指诸掌,而又语重韵险,亡有一字近浮靡而涉缪异,则知足下于雅颂为深。刘宾客有言:'人之神妙,其在于诗'。以明诗之难能,于文笔百倍矣。今足下以文示人为略,以诗晓人为精,吾徒将不足游其藩,况敢与奥阼也?叹感叹感。"①这里除了亲友间客套因素外,谢绛赞叹梅诗"语重韵险",不涉"浮靡"、"缪异";同时认为诗之作难于文,而梅诗却难而能"精",可谓推崇备至。这首诗也引起欧阳修等人的重视,欧氏在《与梅圣俞》中,提及"五百言诗,频于学士(谢绛)处见手迹,每一睹之,便如相对"②。还受到后世人们的赞赏,如清人光聪谐(律元)也认为,将诗文"两两相对勘,始觉其(梅诗)因而韵之之妙。盖五百言皆随书之曲折,韵不困(因)书,书如就韵,诚绝作也。惟'草草具觞豆'一语,与书中'具丰馔醇醴'不合,岂以探胜之时,不应侈言口腹耶?"③认为梅诗像原作,谢书反而像是"改写",由此称"绝",并为"草草具觞豆"句之不合原意,设辞辩解。这一辩解也不无道理,因谢绛书信中说他们登山时,"轻赍遂行",似不能在山顶大摆盛宴,梅诗算得是合乎情理的纠正。可以说,这首长诗是为梅尧臣博取诗名、奠定诗坛地位的一首早期最重要的作品。

一般说来,用不同文体将同一内容进行改写、移植,最初常出于具体目的。如佛经经文兼备长行和偈颂两种体制,长行多系改诗为文,而偈颂也可看作以文为诗,显系适应向善男信女们布道宣教的需要;词中有所谓"檃括"体,则是为了付之歌喉,加以演唱。唐代的传奇也常与歌行相配,如白居易的《长恨歌》与陈鸿的《长恨歌传》、元稹的《莺莺传》与李绅的《莺莺歌》、白行简的《李娃传》和

---

① 《欧阳修全集》,附录四谢绛《又答梅圣俞书》,第2720页。
② 《欧阳修全集》卷一四九,第2443页。
③ (清)光聪谐撰:《有不为斋随笔》,清光绪十四年(1888)刻本,卷壬,第6b—7a页。

元稹的《李娃行》、蒋防的《霍小玉传》和无名氏的《霍小玉歌》等(除《长恨歌》保存外,其他歌行今仅存佚句),也颇具韵散结合、相得益彰之效。然而,改写移植要取得良好的艺术效果,首先必须充分发挥各自文体的特点和长处,即原作文体和改写文体应保持自己文体的独立性;但另一方面,两种文体之间也必然会发生交融混合的现象,常把原作文体的特点带进改写文体之中。就"以诗代书"一体而言,早在唐诗中已有。但如白居易的《问刘十九》:"绿蚁新醅酒,红泥小火炉。晚来天欲雪,能饮一杯无?"①则仍保持含蕴隽永的诗美特质。此体到宋时大为流行,并逐渐书信化、散文化。如欧阳修洛阳时所作《代书寄尹十一兄、杨十六、王三》②等就是如此。而梅尧臣早在《子聪惠书备言行路及游王屋物趣因以答》中,"尺书忽见遗,经由皆可记"以下十六句③,即是对杨愈来信内容的改写,是本篇五百言长诗的先导。这种改写已不带有其他的具体目的,纯以散文的精神和手法入诗,以此扩展诗体的功能和内涵,成为对诗体的一种改革和改造的尝试。

　　大概由于这次改写的成功,梅尧臣在以后乐此不疲。有的偏重于铺张记叙,如《寄题滁州醉翁亭》:"日暮使君归,野老纷纷至,但留山鸟啼,与伴松间吹。借问结庐何,使君游息地;借问醉者何,使君闲适意;借问镌者何,使君自为记。"④模写欧氏《醉翁亭记》"已而,夕阳在山,人影散乱,太守归而宾客从也"⑤一段,稍作点染而已,却收到了推重《醉翁亭记》的效果。《韵语阳秋》卷一三评此诗云:"全体欧公《醉翁亭记》而作。余谓滁之山水,得欧文而愈光;欧公之文,得梅拟

---

① 《白居易集笺校》卷一七,第1075页。
② 《欧阳修诗文集校笺·外集》卷一,第1821页。
③ 《梅尧臣集编年校注》卷一,第22页。
④ 《梅尧臣集编年校注》卷一八,第428页。
⑤ 《欧阳修诗文集校笺·居士集》卷三九,第1021页。

而愈重。"①有的改写则偏重于议论,如欧阳修在《笔说·世人作肥字说》中云:"世之人有喜作肥字者,正如厚皮馒头,食之未必不佳,而视其为状,已可知其俗物"②等。梅又将其改写成诗:"世人作肥字,正如论馒头,厚皮虽然佳,俗物已可羞。……"字比句拟,殆成直译。最后云:"大尹欧阳公,昨日喜疾瘳,信笔写此语,谓可忘病忧。黄昏走小校,寄我东郭陬。缀之辄成篇,聊以助吟讴。"③赠之以"信笔"之文,答之以"聊""缀"之诗,在你来我往的文字游戏中,却包含着超越社会功利目的、纯以自娱娱人的创作意识,酝酿着宋诗散文化的时代特点。

　　诗歌的散文化,在形式上主要指以散文的笔法、句法、字法运用入诗,在内容上则表现为叙事成分和议论成分的加重。如果说,与谢绛的文字交涉即以诗代书,是促成梅诗叙事性发展的一个契机,那么,与欧阳修的交流则加强了梅诗的议论性。如梅尧臣的《尹师鲁治第伐樗》④几乎是欧阳修同时所作《伐树记》⑤一文的翻版,都借樗树因无用而被砍伐为由,反驳庄周"材者死,不材者生"、崇尚"以无用处无用"的避世思想:"周也昔骋辩,得以不材论,工今诚匪度,苟害安可存。"他的《伤白鸡》取譬于鸡,虽得人主之宠爱,却为阴物所害,最后推论道:"斯事义虽小,得以深推理:邓生赐山铸,未免终馁而。人道尚乃尔,怆焉聊俛眉。"⑥邓通以佞幸希旨得富贵,然终不免于祸,与"白鸡"同一命运。这诗也颇与欧阳修其时所作的大量寓言式的杂说(如《杂说三首》、《养鱼记》等)同轨共辙,连"以小推大"的手法也是一

---

① (清)何文焕辑:《历代诗话》,中华书局 2004 年版,《韵语阳秋》卷一三,第588 页。
② 《欧阳修全集》卷一二九,第 1970 页。
③ 《韵语答永叔内翰》,《梅尧臣集编年校注》卷二九,第 1071—1072 页。
④ 《梅尧臣集编年校注》卷一,第 7 页。
⑤ 《欧阳修诗文集校笺·外集》卷一三,第 1677 页。
⑥ 《梅尧臣集编年校注》卷一,第 6 页。

脉相承的。诗和散文一样，被当作直接进行人生思考和指斥世态的工具，显露出宋代诗人吸取哲理和时论以开拓诗境的努力。

这种努力，尽管为古今崇尚唐诗艺术的论者所诟病，尽管也造成为数不少的寡情乏味的"押韵之文"，但在中国诗歌史上，于重情韵、重兴象的唐诗标准之外，确立了重气格、重理趣的宋诗新标准，而艺术标准的多元化，正是艺术繁荣和丰富的必要前提和自然结果。对梅尧臣和其他宋代诗人的这份努力，应从历史的、美学的角度给予适当的评价。

梅尧臣和欧阳修是长达三十年的诗友知己。从天圣九年（1031）两人定交直至梅尧臣于嘉祐五年（1060）谢世，诗歌唱和，文章酬应，从未间断，不受彼此名位高下的影响，也不因时间推移而冷淡，经变愈诚，历久弥笃。今梅尧臣集中，存他与欧阳修酬答诗达150首左右（欧与他酬答者亦有140多首），其中洛阳时期有10首，数量稍逊于他与谢绛酬答之诗，但其意义不下于梅、谢关系。

洛阳时期梅、欧的诗歌交往，主要是欧向梅学习。欧阳修在其时所作的《书梅圣俞稿后》中说："余尝问诗于圣俞，其声律之高下，文语之疵病，可以指而告余也；至其心之得者，不可以言而告也，余亦将以心得意会，而未能至之者也。"[①]可以看出，他不仅从音律、语言等浅层次上向梅请益，而且涉及"心得意会"的深层次的艺术奥秘的探讨。下面一则《六一诗话》是他们艺术探讨的生动记录：

圣俞尝语余曰："诗家虽率意，而造语亦难。若意新语工，得前人所未道者，斯为善也。必能状难写之景，如在目前；含不尽之意，见于言外，然后为至矣。贾岛云'竹笼拾山果，瓦瓶担石

---

① 《欧阳修诗文集校笺·外集》卷二三，第1907页。

泉',姚合云'马随山鹿放,鸡逐野禽栖',等是山邑荒僻,官况萧条,不如'县古槐根出,官清马骨高'为工也。"①

值得注意的是,梅尧臣在举例时所赞扬的"县古"一联,实已为谢绛所称赏。欧阳修在《试笔·谢希深论诗》中也记载谢绛常吟诵此联,称为"清苦之意在言外,而见于言中"②。古有"树槐而听讼其下"③的习俗,故于县署多植槐树,老树露根,以见"县古";坐骑嶙岣,则证"官清",此联诚如谢绛所言,不明言清苦而道尽清苦。从欧阳修的这两则记载中可以获知,梅尧臣有名的"含不尽之意,见于言外"的见解,原来是得益于谢绛;而欧氏自己在洛阳时所作的《题张应之县斋》诗中,又有"县古仍无柳,池清尚有蛙"句④,显从谢、梅所赏的"县古"一联化出,必是聆听谢、梅论诗的启发⑤。在我们面前,似乎重现出文人集团成员之间理论探索、创作实践相互影响、彼此促成的活的文学图景。

然而,欧阳修毕竟不是一般的初学者,他是一位早有创作准备的作家。他国子监试、国学解试和省试均为第一,连中三元:监元、解元、省元,表明他非同一般的文化学养。年轻的欧阳修性格磊落豪宕,富有艺术感受的禀赋。因此,他对梅诗的品赏、选择以及自己的诗歌创作,也会影响到他的诗歌启蒙者梅尧臣。也就是说,梅、欧的

---

① 《六一诗话》,第 9 页。
② 《欧阳修全集》卷一三〇,第 1982 页。
③ (唐)徐坚等著:《初学记》,中华书局 2004 年版,卷二八"槐第十五"引《元命苞》,第 689 页。
④ 《欧阳修诗文集校笺·外集》卷六,第 1432 页。
⑤ "县古"一联,明李东阳谓系"宋九僧诗",其《麓堂诗话》云:"僧最宜诗,然僧诗故鲜佳句。宋九僧诗,有曰:'县古槐根出,官清马骨高。'差强人意。"然今存九僧诗,并无此联。(丁福保辑《历代诗话续编》,中华书局 2006 年版,第 1391 页。)

诗歌交往关系不是单向性的施受,而是双向性的交互影响。

如上所述,梅尧臣此时的诗风以细润工密见长。但也偶有雄健浑涵之作。天圣九年(1031)秋,梅尧臣调任河阳县主簿,初见黄河汹涌澎湃之势,不禁发为高吟:

> 积石导渊源,沄沄泻昆阆。
> 龙门自吞险,鲸海终涵量。
> 怒浟生万涡,惊流非一状。
> 浅深殊可测,激射无时壮。
> 常苦事堤防,何曾息波浪。
> 川气迷远山,沙痕落秋涨。
> 槎沫夜浮光,舟人朝发唱。
> 洪梁画鹢连,古戍苍崖向。
> 浴鸟不知清,夕阳空在望。
> 谁当大雪天,走马坚冰上。
> ——《黄河》[①]

诗以劲健挺拔的语句,凸现黄河奔腾咆哮的险状。"浅深"两句为紧缩句,实谓浅深殊不可测,激射无时不壮。而整首诗却放笔挥洒,舒展自如,在梅诗中是颇为少见的。

欧阳修遂于次年明道元年(1032)作《黄河八韵寄呈圣俞》无疑是对梅诗这种不占主导的雄健风格的认同,也是一种挑战:

> 河水激箭险,谁言航苇游。
> 坚冰驰马渡,伏浪卷沙流。

---

① 《梅尧臣集编年校注》卷一,第21页。

> 树落新摧岸,湍惊忽改洲。
> 凿龙时退鲤,涨潦不分牛。
> 万里通槎汉,千帆下漕舟。
> 怨歌今罢筑,故道失难求。
> 滩急风逾响,川寒雾不收。
> 讵能穷禹迹,空欲问张侯。①

梅诗云"沙痕落秋涨",约写于秋末冬初,故有结尾"谁当大雪天,走马坚冰上"的预测;欧诗以"坚冰驰马渡"两句分写黄河冬、夏之景,说明欧诗明显沿承梅诗,只是把"走马坚冰"化为泛指概写而已。梅诗云"常苦事堤防,何曾息波浪",欧诗却以"树落新摧岸,湍惊忽改洲"等句,具体写到天圣六年(1028)黄河澶州的决口。两诗在描摹水势的汹涌上可说是旗鼓相当,都不失为佳作。但欧阳修其时并未亲见黄河,只是凭借梅诗的启迪想象得之,并把诗的重点转向"河患"上。由此可知,正是在相互感发、激烈竞争中,成就了宋诗改革先行者的业绩。

梅尧臣即作《依韵和欧阳永叔黄河八韵》诗②,转又沿承欧诗述说"河患"的主旨,发挥"岁时忧漾溢,日夕见奔流"的忧患意识。此诗虽也有"目极高鸟飞,身轻不及舟"等健朴之句,但整体水平却不及欧诗,恐是被"依韵"所拘,不能放手落笔。

到了明道二年(1034),欧阳修因公事赴开封,过巩县,作《巩县初见黄河》:

> 河决三门合四水,径流万里东输海。

---

① 《欧阳修诗文集校笺·居士集》卷一〇,第286页。
② 《梅尧臣集编年校注》卷二,第40页。

> 巩洛之山夹而峙,河来啮山作沙觜。
> 山形迤逦若奔避,河益汹汹怒而詈。
> 舟师弭檝不以帆,顷刻奔过不及视。
> 舞波渊旋投沙渚,聚沫倏忽为平地。
> 下窥莫测浊且深,痴龙怪鱼肆凭恃。
> 我生居南不识河,但见《禹贡》书之记,
> 其言河状钜且猛,验河质书信皆是。……①

这首七古共70句,达490字,是欧集中少见的长篇。诗从状景发端,继而引进远古黄河的历史传说,又回到现实"河患"的深重,援经据典,纵横捭阖,吸取了更多的散文精神和手法、句法,一副韩诗的笔墨。欧此行又作《代书寄尹十一兄、杨十六、王三》,其中也有一大段关于黄河的描绘:

> 行行过任村,遂历黄河隩。
> 登高望河流,汹汹若怒闹。
> 予生平居南,但闻河浩渺。
> 停鞍暂游目,茫洋肆惊眺。
> 并河行数曲,山坡亦萦绕。
> 罂子与山口,呀险乃天灶。
> 秤钧真如钩,上下欲颠倒。②

从"怒闹"的黄河到"呀险"的绕河山峦,其叙述风格也逼近韩愈《山石》、《南山》之类的记游之作。

---

① 《欧阳修诗文集校笺·外集》卷一,第1278—1279页。
② 《欧阳修诗文集校笺·外集》卷一,第1281页。

以上我们较为详细地评述了梅、欧二人所作的五首黄河诗,从他们对此的特别热衷和倾注全力中,传达出一个共同学韩的信息。欧阳修是宋代诗人中学韩较为突出的作者,因而当他一读到梅的《黄河》诗时,自然会被梅诗中这种不同其往常的异质因素所吸引,并积极作诗寄呈,其意义不啻是对梅诗新风格的鼓励和肯定,由此又刺激梅的创作欲望,两人遂似乎不能自已。梅尧臣诗的基本风格是平淡隽永,但日后也逐渐发展古硬奇瑰、琢剥怪巧的一面,论者已指出这是受了欧阳修的影响,这组黄河诗正可以窥见其间传递的轨迹。

欧阳修对梅尧臣的影响还通过他对梅诗的评赏表现出来。欧阳修在第一篇评梅文章《书梅圣俞稿后》中说:"然夫前所谓心之所得者,如伯牙鼓琴、子期听之,不相语而意相知也。余今得圣俞之稿,犹伯牙之琴弦乎!"[①]他以钟子期自喻,表达了对梅诗艺术的相契之深。尔后的事实表明,他果然成了永不疲倦的评梅专家,是梅尧臣平生第一位诗歌知音。其亲密契合的程度,远远超过了梅和谢绛的关系。欧对梅诗的沉浸陶醉和全身心的投入,不仅为梅尧臣带来巨大的声誉,所谓"圣俞诗佳处固多,然非欧公标榜之重,诗名亦安能至如此之重哉!"[②]而且也必然换来梅诗创作的热情反应。这种互动互补的效应促成了梅诗艺术的完成。

《韵语阳秋》卷一云:"欧公一世文宗,其集中美梅圣俞诗者,十几四五。"[③]"十几四五",可能有失夸张,但有关诗文材料确很丰富,俯拾皆是。其中最重要的是:

(1) 明道元年(1032)《书梅圣俞稿后》
(2) 庆历四年(1044)《水谷夜行寄子美、圣俞》

[①] 《欧阳修诗文集校笺·外集》卷二三,第 1907—1908 页。
[②][③] 《韵语阳秋》卷一,《历代诗话》,第 491 页。

（3）庆历六年（1046）《梅圣俞诗集序》①
（4）嘉祐六年（1061）《梅圣俞墓志铭》②

欧阳修在《书梅圣俞稿后》中，对梅诗的正式评论是："本人情，状风物，英华雅正，变态百出，哆兮其似春，凄兮其似秋；使人读之，可以喜，可以悲，陶畅酣适，不知手足之将鼓舞也。"主要着眼点是从思想内容方面肯定其感染力。"本人情，状风物"是优秀诗歌的一般特征，欧氏后来在《六一诗话》中也用同样的话来赞扬韩愈的诗，说韩"叙人情，状物态，一寓以诗，而曲尽其妙"③；而"英华雅正，变态百出"云云，似也未能确切概括梅诗的风格特征。大概只是把当时西昆体"缀风月、弄花草"的浮艳诗风作为对照，才显出梅诗的"雅正"。此文作于明道元年，两人交往为时未久，因此对梅诗的艺术个性还来不及作出确切的概括。这当然也与梅诗本

---

① 此文最后"其后十五年，圣俞以疾卒于京师。余既哭而铭之，因索于其家，得其遗稿千馀篇，并旧所藏，掇其尤者六百七十七篇为一十五卷。呜呼！吾于圣俞诗，论之详矣，故不复云"一段，乃嘉祐六年所增写。"其后十五年"即嘉祐五年，梅死；次年欧作《梅圣俞墓志铭》，即"余既哭而铭之"。故知增写于嘉祐六年。而序文作于庆历六年。文中说梅"年今五十"，时梅45岁，"今"，近也。欧阳修在庆历六年给梅尧臣的信中，提及送阅此序之事："诗序谨如命附去，盖述大手作者之美，难为言，不知称意否？"（《欧阳修全集》卷一四九《与梅圣俞》之十七，第2452页）由此可知，梅集在北宋经欧阳修之手有三种：明道元年欧氏所辑的稿本；庆历六年谢景初所编的十卷本，欧氏为作序；嘉祐六年欧氏所编的十五卷选本。（欧所作《梅圣俞墓志铭》称"其文集四十卷"。欧氏此书[十五卷本]是从"千馀篇"遗稿和"旧藏"中"掇其尤者"六百多篇编辑而成，故是选本。）这都说明欧氏对梅诗的熟稔，为他评梅提供坚实的基础。附带提及，欧的另一重要诗友苏舜钦的文集亦系他所编，见皇祐三年（1051）欧氏所作的《苏氏文集序》（《欧阳修诗文集校笺》卷四一，第1063页）。

② 以上四例分见《欧阳修诗文集校笺·外集》卷二三1906页，《居士集》卷二第45页、卷四二1092页、卷三三第881页。

③ 《六一诗话》，第16页。

身尚处在初期阶段有关,即数量还不很丰富,个性特点正在形成之中。

十几年以后,欧阳修才对梅诗的艺术个性和思想特点作出了精辟的评价。《水谷夜行寄子美、圣俞》、《梅圣俞诗集序》就是代表性作品。在诗中,欧氏以苏舜钦的雄豪为对比说:"梅翁事清切,石齿漱寒濑,作诗三十年,视我犹后辈;文词愈清新,心意虽老大,譬如妖韶女,老自有馀态;近诗尤古硬,咀嚼苦难嘬,初如食橄榄,真味久愈在。"后来欧氏在《六一诗话》中论及自己此诗,并云:"圣俞、子美齐名于一时,而二家诗体特异:子美笔力豪俊,以超迈横绝为奇;圣俞覃思精微,以深远闲淡为意。"①仍以苏诗对举,对梅诗风格作了更明确简练的概括。

欧阳修这首评梅、苏诗风的名作,立刻得到梅尧臣肯定性的反响。他在同年所作的《偶书寄苏舜钦》中说:"吾交有永叔,劲正语多要,尝评吾二人,放检不同调。其于文字间,苦硬与恶少。虽然趣尚殊,握手幸相笑。"②对欧以"苦硬"、"检"(收敛)相许,表示赞同;关于橄榄之喻,他尤为感激,认为被世人所忽视和轻视的特点却由欧氏独具慧眼,抉剔昭示于世。如嘉祐元年(1056)《答宣瓀司理》云:"欧阳最知我,初时且尚室,比以为橄榄,回甘始称述。老于文学人,尚不即究悉,宜乎与世士,横尔遭诟唧。……复为古硬句,酬报强把笔。"③"平淡"、"闲淡"是容易被人感知的,但要体认出"平淡"里面的"真味",就需要很高的艺术鉴赏能力,更何况梅诗中确有不少"淡而无味"之作。欧阳修在梅尧臣优秀的平淡诗篇中,发现其醇醇醉人的诗意,经得起人们反复咀嚼寻味。这一发现,体现了表里相异而和谐、形神对立而统一的辩证的审美思维。这种由表及里的鉴赏,已不

---

① 《六一诗话》,第10页。
② 《梅尧臣集编年校注》卷一四,第251页。
③ 《梅尧臣集编年校注》卷二六,第826页。

是一般地强调不停留于表层的品味,而是要求超越外部、深入把握其与表象迥异的内蕴。这对丰富我国古代诗歌美学理论无疑是一大贡献。如苏轼评论陶渊明的"外枯而中膏,似淡而实美"①,"质而实绮,癯而实腴"②,在评陶史也是一种独特的发现。就审美思维而言,两者如出一辙。

欧阳修之所以能对梅诗平淡隽永的诗风有如此深切的把握,原因之一恰恰来自他相对于梅的异质性的艺术个性。诗风相异或对立的作家之间,有时反而能彼此倾倒,互相赏识,这是艺术领域中常见的现象。苏轼也指出过这一点。他说:"欧公喜古人'竹径通幽处,禅房花木深'(按,见常建《题破山寺后禅院》),'柳塘春水漫,花坞夕阳迟'(按,见严维《酬刘员外见寄》),自言终身学不能到。此固佳句,特凤凰一毛耳。公之才若垂天之云,彼何足道?岂厌八珍乃喜螺蛤耶?"③熟厌"八珍"或许更能品尝"螺蛤"的佳处,事情的辩证法就是这样。周密《浩然斋雅谈》卷上也说:"水心翁(叶适)以抉云汉、分天章之才,未尝轻可一世,乃于四灵若自以为不及者,何耶?此即昌黎之于东野、六一之于宛陵也。惟其富赡雄伟,欲为清空而不可得,一旦见之,若厌膏粱而甘藜藿,故不觉有契于心耳。"④对异质艺术因素的倾心和吸引,不仅符合一般求新求异的艺术心理趋向,而且也有助于作家素养的丰富和审美触觉的敏感。

这种异质性能刺激彼此的吸引和沟通,但也会造成评赏的距离。

---

① 《评韩柳诗》,《苏轼文集》卷六七,第 2110 页。
② 见《子瞻和陶渊明诗集引》,《栾城集·后集》卷二一,第 1402 页。
③ 见(宋)蔡絛《西清诗话》卷中引,《宋诗话全编》本,江苏古籍出版社 1998 年版,第 3 册,第 2499 页。
④ (宋)周密撰,孔凡礼点校:《浩然斋雅谈》,中华书局 2010 年版,卷上,第 10 页。

欧阳修曾经有过这样的经验：晏殊所激赏的两联梅诗，"寒鱼犹着底，白鹭已飞前"，"絮暖鮆鱼繁，豉添莼菜紫"，却并不是作者自以为的"极致"，"乃知自古文士，不独知己难得，而知人亦难也"①。他自述评梅甘苦说："得者各以其意，披图所赏，未必是秉笔之意也。昔梅圣俞作诗，独以吾为知音，吾亦自谓举世之人知梅诗者，莫吾若也。吾尝问渠最得意处，渠诵数句，皆非吾赏者。"②《中山诗话》也记载："永叔云：'知圣俞诗者莫如某。然圣俞平生所自负者，皆某所不好；圣俞所卑下者，皆某所称赏。'"③惜对欧氏原意有所夸大。这种作者和读者之间评赏和理解的距离，已经成为当今接受美学研究的出发点；但对欧阳修来说，他的这一经验却增强了他对梅诗艺术继续探索的自觉性。如皇祐二年(1050)作《再和圣俞见答》云："嗟哉我岂敢知子，论诗赖子初指迷。子言古淡有真味，大羹岂须调以齑。"④嘉祐时作《读书》云："纷华暂时好，俯仰浮云散。淡泊味愈长，始终殊不变。"⑤从对平淡诗风的钟爱到对淡泊人生态度的崇奉，他的认识是有发展的。

梅尧臣曾有数次论到"平淡"，都在欧诗《水谷夜行寄子美、圣俞》之后。平淡隽永风格是梅尧臣创造的，但他本人似乎还未能对此作出美学理论上的概括，欧阳修的评论帮助他提高了创作的自觉性，并且引发他对平淡风格的成因进行了别有会心的探索。早在欧氏写作此诗的第二年庆历五年(1045)，梅尧臣作《答中道小疾见寄》云："诗本道情性，不须大厥声。方闻理平淡，昏晓在渊明。"⑥《寄宋次道、中

---

① 《六一诗话》，第13页。
② 《集古录跋尾》卷五《唐薛稷书》，《欧阳修全集》卷一三八，第2196页。
③ 《历代诗话》，第286页。
④ 《欧阳修诗文集校笺·居士集》卷五，第139页。
⑤ 《欧阳修诗文集校笺·居士集》卷九，第248页。
⑥ 《梅尧臣集编年校注》卷一五，第293页。

道》云:"中作渊明诗,平淡可拟伦。"①同年又作《拟陶体三首》②,模拟陶诗《形影神》三首的写法和风格,说明他对平淡之宗的陶诗的瞩目和仰慕。嗣后,他对"平淡"进一步作美学上的探原。他一在庆历六年(1046)所作的《依韵和晏相公》中说:"因吟适情性,稍欲到平淡。苦辞未圆熟,刺口剧菱芡。"③一在至和三年(1056)《读邵不疑学士诗卷,杜挺之忽来,因出示之,且伏高致,辄书一时之语以奉呈》中说:"作诗无古今,唯造平淡难","既观坐长叹,复想李杜韩。"④欧氏着力于揭示"平淡"的"隽永"内蕴,梅氏则指出造于"平淡"的历程。他认为要达到平淡而具隽永之味的境界,必须经历奇峭苦硬的锤炼和过滤。"苦辞"的圭角琢磨成"圆",生硬而"造"于"熟",此虽称"难",但唯有如此,才能化奇崛为平易,变苦硬为自然,"淡"而有味,达于艺术的极诣。梅尧臣的这一论点影响深巨,以后欧门、苏门中人论"平淡"大都导源于此。

欧阳修《水谷夜行寄子美、圣俞》这首诗最后说到梅尧臣的"羽翮一摧铩",对他的沉沦下僚深表同情;而在《梅圣俞诗集序》中更进一步提出诗"穷而后工"的著名见解。他说:"凡士之蕴其所有而不得施于世者,多喜自放于山巅水涯,外见虫鱼草木风云鸟兽之状类,往往探其奇怪;内有忧思感愤之郁积,其兴于怨刺,以道羁臣、寡妇之所叹,而写人情之难言,盖愈穷则愈工。"然后他指出梅尧臣诗正是"穷者之诗",内容大都为"虫鱼物类、羁愁感叹之言"。从理论渊源上说,这个见解继承了司马迁《报任少卿书》中"发愤著书"之说,"马迁始以此专论文词之才,遂成惯论。撰述每出于侘傺困穷,抒情言志尤甚,

---

① 《梅尧臣集编年校注》卷一五,第304页。
② 《梅尧臣集编年校注》卷一五,第284—285页。三首分别为《手问足》、《足答手》、《目释》。
③ 《梅尧臣集编年校注》卷一六,第368页。
④ 《梅尧臣集编年校注》卷二六,第845页。

汉以来之所共谈"①,特别是韩愈《荆潭唱和诗序》"夫和平之音淡薄,而愁思之声要眇;欢愉之辞难工,而穷苦之言易好"②,更从诗多穷苦之言的泛论,进而推断为"穷苦之言易好",直接开启了欧阳修"愈穷则愈工"的见解。但欧氏从强调诗歌必然反映作者生平遭际、强调诗歌必须反映真情实感的角度,比之韩愈作了更为透辟的发挥;尤可注意的,欧氏此文实际上具有深刻的社会批判性质,对一切困顿偃蹇的寒士一掬同情之泪,也反映出欧、梅之间真挚的友情。

欧阳修评梅诗的两个主要论点即平淡隽永的风格和穷者之诗的内容,在他于梅尧臣死后一年所作的《梅圣俞墓志铭》中,或发展,或重申,为他的评梅作了自我总结。他写道:梅尧臣"其初喜为清丽闲肆平淡,久则涵演深远,间亦琢刻以出怪巧,然气完力馀,益老以劲。"这里把梅诗风格分作三个阶段:早期"清丽闲肆平淡",即是他在《水谷夜行寄子美、圣俞》诗的观点的重申;中期"涵演深远,间亦琢刻以出怪巧",即是吸取韩、孟求奇求险的某些特点,庆历七年(1047)的《依韵和欧阳永叔秋怀拟孟郊体见寄二首》、嘉祐二年(1057)的《刑部厅看竹效孟郊体和永叔》③,表现了学孟的祈向;晚期"气完力馀,益老以劲",从间有奇峭复又走向自然、老健、有力。可以看出,欧阳修仍是紧紧抓住"平淡"的基本风格来统观梅尧臣一生诗风的演变的,也是对自己"平淡"诗论的补充和丰富。

欧阳修这篇墓志铭最后说:"余尝论其诗曰:'世谓诗人少达而多穷,盖非诗能穷人,殆穷者而后工也。'圣俞以为知言。"再次肯定《梅圣俞诗集序》中"穷者之诗"的论点,并明示已得到梅氏的认可。其实,早在庆历六年(1046)《梅圣俞诗集序》以前,这个论点的最初形

---

① 《管锥编》,第3册,第936页。
② 《韩昌黎文集校注》卷四,第262页。
③ 分见《梅尧臣集编年校注》,卷一七第410页、卷二七第930页。

态——"古今诗人多穷"(以后进一步发展为"穷而后工"),已在欧、梅之间有过交流和思考。梅尧臣在康定元年(1040)的《依韵和永叔子履冬夕小斋联句见寄》中自注云:"永叔尝见嘲,谓自古诗人率多寒饿颠困:屈原行吟于泽畔,苏武啖雪于海上,杜甫冻馁于耒阳,李白穷溺于宣城,孟郊、卢仝栖栖道路。以子之才,必类数子。"①这里欧阳修提出了"自古诗人率多寒饿颠困"的通例,并认为梅尧臣亦类此例,戏嘲复寓酸楚,梅实引为知音。尔后,梅尧臣在庆历六年(1046)《答韩三子华、韩五持国、韩六玉汝见赠述诗》中云:"屈原作《离骚》,自哀其志穷,愤世嫉邪意,寄在草木虫。"②至和元年(1054)《依韵和王介甫兄弟舟次芜江怀寄吴正仲》中又云:"少陵失意诗偏老,子厚因迁笔更雄。"③都可算是对欧氏《梅圣俞诗集序》"穷而后工"之说的响应了。而欧阳修后在熙宁四年(1071)作的《薛简肃公文集序》中又云:"至于失志之人,穷居隐约,苦心危虑,而极于精思,与其有所感激发愤,惟无所施于世者,皆一寓于文辞,故曰穷者之言易工也。"④表明他直到晚年仍坚持并发挥这一见解。

由此可见,欧氏对梅诗风格和内容的两点主要见解,实际上无异是欧、梅两人的共同的诗歌理论创造,而这正标示着宋诗发展中的一种新的走向。宋代社会、政治、伦理制度的转型以及汉唐故地的未能全部恢复、外族侵凌威胁的从不稍懈,造成了民族心理结构的变化。比起盛唐诗人的壮怀宏图、勃勃生气来,宋代诗人无疑走向内心的反省、思致的沉静。大喜大悲的歌哭无端可能被视作孩子气的发作,时代度过了丽日中天的青春期,"屏除丝竹入中年"了。"平淡"也就成为普遍追求的一种审美时尚。即如以豪隽超迈著称的苏舜钦,论诗

---

① 《梅尧臣集编年校注》卷一〇,第171页。
② 《梅尧臣集编年校注》卷一六,第336页。
③ 《梅尧臣集编年校注》卷二四,第725页。
④ 《欧阳修诗文集校笺·居士集》卷四四,第1129页。

亦主张浮华剥尽,始出"古淡"之境:"会将趋古淡,先可镇浮嚣。"①他还常以绝去雕饰的古淡赞人:"不肯低心事镌凿,直欲淡泊趋杳冥。"②"扶疏珊瑚枝,本不自雕巧。"③都与欧、梅同一见解。以后欧门、苏门中人如王安石、苏轼、黄庭坚等诗歌大家的风格各异,但似乎都经历过从早期的豪健清雄到晚期的清旷简远、自然平淡的转变。他们在理论认识上,也一再发挥梅尧臣苦硬出平淡的见解。如王安石《题张司业诗》:"看似寻常最奇崛,成如容易却艰辛。"④苏轼晚年所作的《与二郎侄》,一方面指出"凡文字,少小时须令气象峥嵘,采色绚烂,渐老渐熟,乃造平淡",一方面又指出"其实不是平淡,绚烂之极也",叮嘱侄辈不要只见他"而今平淡",而要先去学他以前"高下抑扬、如龙蛇捉不住"的文字⑤。黄庭坚《与洪驹父书六首》其三也说"学功夫已多,读书贯穿,自当造平淡"等⑥,都论及平淡与绚烂、寻常与奇崛、自然与学力之间相反相成的关系,意见的一致正反映一时诗歌审美的共同趋向。至于"穷者之诗",固然在中国诗史中承响接流,不绝如缕,但在宋代则更趋普遍化,确能概括大部分宋诗内容的总特征,各种类型和层次的忧患意识成为宋诗的一大主题。

欧阳修《水谷夜行寄子美、圣俞》中说梅、苏二人"篇章富纵横,声价相磨盖"。相磨相盖,即彼此磨砺而又相互争雄,道出了诗友之间既学习又竞争的复杂关系。那么,如何看待欧、梅关系呢?欧、梅之

---

① 《诗僧则晖求诗》,《苏舜钦集》卷八,第91页。
② 《赠释秘演》,《苏舜钦集》卷二,第15页。
③ 《答章傅》,《苏舜钦集》卷四,第41页。
④ (宋)王安石著,(宋)李壁笺注,高克勤点校:《王荆文公诗笺注》,上海古籍出版社2010年版,卷四五《题张司业诗》,第1189页。
⑤ 《苏轼文集》,《佚文汇编》卷四,第2523页。
⑥ 黄庭坚撰:《山谷集》,摛藻堂《四库全书荟要》本,第385册,《外集》卷一〇,第56页。

间关于韩、孟之喻的疑案,也是值得一辩的文坛趣事。

欧阳修经常以谦抑的口吻称美梅诗:"嗟哉吾岂能知子,论诗赖子初指迷","怜我区区欲强学,破鳖曾不离污泥","有时争胜不量力,何异弱鲁攻强齐"①。"少低笔力容我和,无使难追韵高绝"②。"我年最少力方优,明珠白璧相报投。诗成希深拥鼻讴,师鲁卷舌藏戈矛"③。"作诗三十年,视我犹后辈"④。欧阳修对这位诗歌引路人,始终怀抱敬重仰佩的态度。

然而,《邵氏闻见后录》卷一八引曾仲成语:"欧阳公有'韩孟于文词,两雄力相当','孟穷苦累累,韩富浩穰穰','郊死不为岛,圣俞发其藏'等句,圣俞谓苏子美曰:'永叔自要作韩退之,强差我作孟郊',虽戏语,亦似不平也。"⑤由此发生韩、孟之喻的疑窦。这里提到的欧诗,指《读蟠桃诗寄子美》⑥,作于庆历五年(1045),时欧氏任河北都转运按察使。他读到梅尧臣的《蟠桃诗》,意欲唱和而怯场退避,作此诗寄苏舜钦,望其能予唱和与梅争胜。从诗意来看,用韩、孟"两雄"开端,目的是以韩陪孟,进而引出以孟喻梅:"梅穷"即似"孟穷",并无以韩自喻之意。否则就不会有"引吭和其音,力尽犹勉强","不战先自却,虽奔未甘降"的才力不侔的自谦,转而求救于苏舜钦了;更不会

---

① 《再和圣俞见答》,《欧阳修诗文集校笺·居士集》卷五,第139—140页。
② 《病中代书奉寄圣俞二十五兄》,《欧阳修诗文集校笺·居士集》卷二,第48页。
③ 《哭圣俞》,《欧阳修诗文集校笺·居士集》卷八,第236页。
④ 《水谷夜行寄子美、圣俞》,《欧阳修诗文集校笺·居士集》卷二,第46页。
⑤ 《邵氏闻见后录》卷一八,第145页。
⑥ 《欧阳修诗文集校笺·居士集》卷二,第59页。这首诗又误入《宛陵集》卷二四,题作《读蟠桃诗寄子美永叔》。但《宛陵集》于此诗前一首,为《郭之美忽过,云往河北谒欧阳永叔、沈子山》诗,其中云:"忽闻人扣门,手把蟠桃枝,问我此蟠桃,缘何结子迟。"殆即欧氏此诗中所谓的"近者蟠桃诗,有传来北方"。故欧氏诗所说的《蟠桃诗》,实即梅氏《郭之美忽过,云往河北谒欧阳永叔、沈子山》一诗。《读蟠桃诗寄子美永叔》在《宛陵集》中实为附录,但因"永叔"两字署名与诗题连刻,误入诗题,以致造成混乱。

明确表示"嗟我于韩徒,足未及其墙。而子得孟骨,英灵空北邙"①了。皇祐元年(1049)欧氏在《读梅氏诗有感示徐生》中说:"子美忽已死,圣俞舍吾南。嗟吾譬驰车,而失左右骖。勍敌尝压垒,赢兵当戒严。"②虽以左右骖喻梅、苏,以中骖自居,占却地步,但又以"赢兵"自比,把梅氏来诗要求唱和,看作强敌压境,必严阵以待。谦抑之态,仍未稍变。

及至至和二年(1055),梅尧臣在《依韵和永叔澄心堂纸答刘原甫》中说:"退之昔负天下才,扫掩众说犹除埃,张籍卢仝斗新怪,最称东野为奇瑰,当时辞人固不少,漫费纸札磨松煤。欧阳今与韩相似,海水浩浩山巍巍,石君苏君比卢籍,以我拟郊嗟困摧。公之此心实扶助,更后有力谁论哉!"③这里必须辩明两点:第一,以韩、孟喻欧、梅,以卢仝、张籍喻石曼卿、苏舜钦的,原来是梅尧臣自己。"以我拟郊嗟困摧",这正是欧氏在《读蟠桃诗寄子美》的"郊死不为岛,圣俞发其藏","玉山禾难熟,终岁苦饥肠",前二句为"拟郊",后二句为"嗟困摧"。而如前所述,欧氏此诗仅以孟郊喻梅,而无意以韩自比。第二,梅氏以韩、孟喻欧、梅,主要不指两人的诗歌成就的高下或风格的相似(欧学韩,但梅与孟诗风不类),而是指政治地位的隆替:欧时任翰林学士兼史馆修撰,又差勾当三班院,而梅仍沉沦困顿,丁母忧居宣城。这点在欧氏的原唱《和刘原父澄心纸》中也说得分明:澄心堂纸原来应由石曼卿、苏舜钦等高手才配使用,但两人已亡,而"宣州诗翁饿欲死,黄鹄折翼鸣声哀","二子虽死此翁在,老手尚能工剪裁;奈何不寄反示我,如弃正论求俳诙"④,也看不出欧氏"自要作韩退之"的自傲之意。直到嘉祐二年(1057)欧氏知贡举,声名显赫,梅氏为参详

---

① 《读蟠桃诗寄子美》原校,《欧阳修诗文集校笺·居士集》卷二,第60页。
② 《欧阳修诗文集校笺·外集》卷四,第1359页。
③ 《梅尧臣集编年校注》卷二五,第800—801页。
④ 《欧阳修诗文集校笺·居士集》卷五,第154页。

官,作《和永叔内翰》诗,有"犹喜共量天下士,亦胜东野亦胜韩"之句①,重新确认以韩、孟比喻欧氏和自己的关系。由此看来,这一比喻始终是梅尧臣使用的。

再从欧阳修方面看。翻检其全集,他从不以韩愈自居。而他的以孟郊喻梅,仅从贫困境遇和诗才卓异这两点上相比。这也得到梅尧臣的认同。庆历八年(1048)梅的《别后寄永叔》云:"荷公知我诗,数数形美述,兹道日未堙,可与古为匹。孟卢张贾流,其言不相昵,或多穷苦语,或特事豪逸,而于韩公门,取之不一律。乃欲存此心,欲使名誉溢。窃比于老郊,深愧言过实,然于世道中,固且异谤嫉。交情有若此,始可论胶漆。"②他深知欧氏此喻的用心在于扬誉标名,因而引为知己。在他嘉祐三年(1058)所作的最长一首诗《次韵答黄介夫七十韵》中,就径直以孟郊自寓了:"韩愈尝有言,百物皆能鸣。特称孟东野,贫箧文字盈。到死只冻馁,何异埋秦坑。今我已过甚,日醉希步兵。"③自称比之孟郊的贫困,有过之而无不及。

两位元代人又对欧阳修汲引梅尧臣不力颇有微词。袁桷《书梅圣俞诗后》云:"都官公(梅尧臣)与欧阳公由河南幕府缔交最久,至嘉祐元年始一荐为直讲,距都官之死仅五年耳。故王荆公挽诗有云:'贵人怜公青两眸,吹嘘可使高岑楼。坐令隐约不见收,空能乞钱助(馈)〔馈〕馏。'此盖为欧公发也。"④贡奎《题干越亭送君石秘校诗后》云:"诗还二百年来作,身死三千里外官。知己若论欧永叔,退之犹自愧郊寒。"⑤均对梅氏病贫潦倒,客死京都,而欧氏援引不力,颇致不

---

① 《梅尧臣集编年校注》卷二七,第926页。
② 《梅尧臣集编年校注》卷一八,第468页。
③ 《梅尧臣集编年校注》卷二八,第1017页。
④ (宋)袁桷撰:《清容居士集》,文渊阁《四库全书》本,第1203册,卷四六,第607页。
⑤ 《宛陵集》,文渊阁《四库全书》本,第1099册,附录,第437页。

平。这也似不确。欧氏曾荐梅于范仲淹,却被范拒绝;后又与赵概同荐于朝,梅遂任国子监直讲;欧氏知贡举,又荐梅为参详官。欧氏对梅诗的不遗馀力的推颂,自然也有借以提高其社会地位的用意;至于生活等其他方面的照拂和关怀,梅诗中多有称述。欧阳修的《哭圣俞》说:"荐贤转石古所尤,此事有职非吾羞,命也难知理莫求,名声赫赫掩诸幽。"①似对时人和后人的可能怀疑,准备了自辩之词。

钱锺书先生说:"尝试论之。二公(欧、梅)交情之笃,名位之差,略似韩孟。若以诗言,欧公苦学昌黎,参以太白、香山,而圣俞之于东野,则未尝句摹字拟也。"②对于欧、梅关系,我们今天如采用韩、孟这个类比,钱先生这段话是个简明扼要、恰如其分的论断。

第五节 效能三:一代文宗的初露头角

在北宋涌现的一批具有百科全书式的文化名人中,欧阳修是较早出现的一位文备众体、手出多面的巨擘。宋无名氏《瑞桂堂暇录》云:"文章各有体。六一公为一代文章冠冕,亦以其事事合体。如作诗即几及李杜,碑铭记序即不减韩退之,作《五代史》即与司马子长并驾,作四六一洗昆体,作奏议庶几陆宣公,游戏小词亦无愧唐人,《花间集》:盖得文章之全者。"③对欧阳修的"全才"推崇备至。概而言之,他作为当时文坛盟主,领导了宋代的古文运动,奠定了宋代散文平易自然、流畅婉转的群体风格。他又和梅尧臣、苏舜钦一起,开创了有宋一代诗歌的新面貌。在宋初的词坛上,他和晏殊所组成的晏欧词派居于主导地位。他又主持《新唐书》的编撰,并独立完成《新五

---

① 《欧阳修诗文集校笺·居士集》卷八,第 236 页。
② 钱锺书著:《谈艺录》,中华书局 1984 年版,第 166 页。
③ 《说郛三种》,上海古籍出版社 1988 年版,第 4 册,宛委山堂藏明刻本《说郛》,第 1304 页。

代史》,在我国众多的史学家中,成就卓著。他的《易童子问》、《诗本义》等经学著作,开启了以务明大义、疑古辨伪为特征的"宋学",与传统的神化经典、恪守传注的"汉学"相抗衡。他又是金石考古学的开拓者,目录学著作《崇文总目》的主要编纂者之一,我国第一部诗话著作《六一诗话》的作者。他当之无愧地荣膺散文家、诗人、词人、历史学家、经学家、考古学家、目录学家、诗歌评论家等多种称号,是我国文化史的长空中永远闪烁着夺目光彩的巨星。

洛中三年的生活实践,对他一生所建树的多方面的文化业绩,起了"一锤定音"式的重大作用。得益于洛阳文人集团的集体性优势,与诗朋文友的相互推毂、激励,欧阳修的文学创作、文学思想和其他学术文化方面都获得了全面的发展,成为他文化创造道路上的光辉起点。

一、散文方面

第一,编校韩集,写作古文。最早引导欧阳修走上古文写作之途的是韩愈。他四岁丧父,投靠叔父客居于随州,在城南李尧辅家,第一次得见韩愈的文集:"见有弊筐贮故书在壁间,发而视之,得唐《昌黎先生文集》六卷,脱落颠倒无次序。因乞李氏以归,读之,见其言深厚而雄博。然予犹少,未能悉究其义,徒见其浩然无涯若可爱。"①韩文在他孤贫力学的生活中不啻展现了一个崭新的世界。原来,他当时为了准备应举,只能"姑随世俗作所谓'时文'者,皆穿蠹经传,移此俪彼,以为浮薄,惟恐不悦于时人"②。这种以"顺时取誉"为目的骈文,变成耗费他心力才智的日课。正是以当时流行的卑弱僵死的骈文为参照物,韩文"深厚而雄博"、"浩然无涯"的美学风貌才对他产生了巨大的吸引力和感染力。后来随州应试蹉跌,他又重读韩集,"唶

---

① 《记旧本韩文后》,《欧阳修诗文集校笺·外集》卷二三,第 1927 页。
② 《与荆南乐秀才书》,《欧阳修诗文集校笺·居士集》卷四七,第 1174 页。

然叹曰：学者当至于是而止尔。……以谓方从进士干禄以养亲,苟得禄矣,当尽力于斯文以偿其素志"①,立下了尽早摒弃骈文这块敲门砖,潜心研治韩文的志愿。

这一学韩的志愿,只有到了洛阳时期才得以践偿。他自述道："举进士及第,官于洛阳,而尹师鲁之徒皆在,遂相与作为古文。因出所藏《昌黎集》而补缀之,求人家所有旧本而校定之。其后天下学者亦渐趋于古,而韩文遂行于世。"②在《唐田弘正家庙碑》中,他也颇为自豪地写道："自天圣以来,古学渐盛,学者多读韩文,而患集本讹舛。惟余家本屡更校正,时人共传,号为善本。"③是他为读书界提供了一个韩愈文集的精校本。宋初不少古文家也提倡过"尊韩",但大都从重道方面推崇韩氏；柳开年十六七时曾从老儒赵先生处获得韩文,虽也"酷而学之",毕竟只停留在个人的行动上④。穆修也搜刻过韩、柳集,但他在汴京大相国寺出售柳集时竟大遭冷遇,"经年不售一部"⑤。洛阳文人集团则充分发挥文化传递的集体作用,经过他们的努力,欧阳修所手校的韩集定本,虽未镂板,却"时人共传",流布较前为广。由于欧阳修和其他宋人的不断校辑整理,韩愈文集从此成为中国士人学习写作的稳定性的范本,历久不再衰微。

在编校、传布韩集的同时,欧阳修又在尹洙的指点并与之切磋、"讲摩"之中,真正开始了古文的写作。他自述其古文写作的经过说："今世人所谓四六者,非修所好。少为进士时,不免作之。自及第,遂

---

①② 《记旧本韩文后》,《欧阳修诗文集校笺·外集》卷二三,第 1927 页。
③ 《集古录跋尾》卷八,《欧阳修全集》卷一四一,第 2270 页。
④ 《答梁拾遗改名书》,《河东柳仲途先生文集》卷五,《宋集珍本丛刊》影印清曙戒轩抄本,第 1 册,第 466—467 页。
⑤ (宋)魏泰撰,李裕民点校：《东轩笔录》,中华书局 1997 年版,卷三,第 31 页。

弃不复作。在西京佐三相幕府,于职当作,亦不为作。"①这里以中举及其前后为界,划分出写作骈文的三个阶段。欧阳修是天圣八年(1030)中进士甲科的。在此前天圣七八年间,他至京师应试时,始与苏舜钦相交,接触到苏氏的古文写作。他在《苏氏文集序》中说:"子美之齿少于予,而予学古文反在其后。天圣之间,予举进士于有司,见时学者务以言语声偶摘裂,号为时文,以相夸尚。而子美独与其兄才翁及穆参军伯长,作为古歌诗杂文。"②这是影响欧阳修"自及第"弃而不作"时文"的重要因素。而苏舜钦和尹洙两人大约在天圣初尹洙至京师举进士时开始定交的。苏舜钦《哭师鲁》诗云:"忆初定交时,后前穆与欧。君颜白如霜,君语清如流。予年又甚少,学古众所羞。……今逾二十年,迹远心甚稠。"③尹洙卒于庆历六年(1046),上溯"二十年",正在天圣初,时苏舜钦十七八岁,与"年甚少"亦合。苏舜钦说他与尹定交,在与穆修之后、与欧阳修之前,而尹洙也是跟从穆修学古文的,"洛阳尹师鲁,少有高识,不逐时辈,从穆伯长游,力为古文"④。从这个师承交游渊源上不难理解欧阳修一到洛阳,便与尹洙同气相应,旨趣相投了。他决意投身于古文写作之途,对于"于职当作"的骈文,也拒而"不为作"。从此,古文成为他抒情述志、驰骋才华的理想领域,终生未渝。

洛中三年是欧阳修古文创作的初步丰收时期。现存这时期各类文章三十多篇,其中有不少富于文学性的散文。这些作品的显著特点之一是学韩,如《杂说三首》、《伐树记》、《戒竹记》、《非非堂记》、《养

---

① 《答陕西安抚使范龙图辞辟命书》,《欧阳修诗文集校笺·居士集》卷四七,第1165页。
② 《欧阳修诗文集校笺·居士集》卷四一,第1064页。
③ 《苏舜钦集》卷四,第39页。
④ 《尹师鲁〈河南集〉序》,《范文正公集》卷八,《续修四库全书》据《古逸丛书三编》影印北宋刻本,第1313册,第298页。

鱼记》等①,不仅《杂说三首》沿袭韩愈《杂说四首》②的题目和手法,而且其他几篇"记"实质上也属特殊的"杂说",即借用具体事例阐发某种哲理或人生思想,其中又多受了《庄子》的思想熏陶。试看《杂说三首》其二:

> 星殒于地,腥矿顽丑,化为恶石。其昭然在上而万物仰之者,精气之聚尔;及其毙也,瓦砾之不若也。人之死,骨肉臭腐,蝼蚁之食尔。其贵乎万物者,亦精气也。其精气不夺于物,则蕴而为思虑,发而为事业,著而为文章,昭乎百世之上而仰乎百世之下,非如星之精气随其毙而灭也。可不贵哉!而生也利欲以昏耗之,死也臭腐而弃之。而惑者方曰:"足乎利欲,所以厚吾身。"吾于是乎有感。

与韩愈《杂说四首》一样,采用了托物抒感、借喻论证的手法。韩以龙、马等物为说,欧以蚓鸣、星殒、天体运行为喻。它不同于一般议论文中作为修辞手段的片断比喻,也不同于具有一定故事或情节的寓言,而是用比喻来建构通篇的论说结构,从喻体引发到本论。欧氏此篇即从星殒引出作为人的生命动力和精神力量的"精气"概念,指出人们依靠"精气"才能建树业绩,而追求一己私欲则将使"精气"耗尽泯灭,表现了青年欧阳修迈往奋进的人生志趣。从总的艺术水平来看,这时期的散文还处于练笔阶段,所以这些文章大都被后人编入《居士外集》,而没有收入他亲自审定的《居士集》之中。但已初步显露出构思运笔的较高才能,尤如《上范司谏书》一文③,敦促走马上任

---

① 分见《欧阳修诗文集校笺·居士集》卷一五第 490—491 页,《外集》卷一三第 1677—1678、1679—1680、1667—1668、1682 页。
② 《韩昌黎文集校注》卷一,第 32 页。
③ 《欧阳修诗文集校笺·外集》卷一六,第 1751—1753 页。

的右司谏范仲淹,应该不失时机地勇于建言,负起谏官的重责,责切之中充满鼓励,文情俯仰犹夷,与他成熟时期的政论文,水平已十分接近。

第二,孕育了他独特散文风格的胚芽。文学创作是洛阳文人集团活动的中心内容,是联结群体成员之间的纽带,在互相切磋、激励、竞争中,往往培养出一种新的欣赏习惯,使之成为较为稳定的审美爱好。如前所述,在欧阳修和尹洙的古文交涉中,他们曾培养起对散文艺术"简古"、"完粹有法"的共同美学旨趣,成为欧氏古文风格中的一个构成因素。但更为重要的,对洛阳文人集团的不尽追念,变成了欧阳修巨大的精神财富,对形成他散文的主体风格即"六一风神"产生了不容忽视的作用。"六一风神"的审美核心,就是抚追今昔、俯仰盛衰、沉吟哀乐的情韵意趣,这在欧氏为洛阳友人所作的大量墓志、祭文中,就有着集中的体现。他是洛阳文人集团中最后谢世的,因而他为许多友人写过此类文字,从明道二年(1033)最早去世的张汝士,到嘉祐五年(1060)最后去世的梅尧臣,断断续续写了三十年之久。他写张汝士,在尽情地描述了洛阳相聚之乐以后,笔锋逆转:

> 自君卒后,文僖公得罪,贬死汉东,吏属亦各引去。今师鲁死且十馀年,王顾者死亦六七年矣。其送君而临穴者,及与君同府而游者,十盖八九死矣。其幸而在者,不老则病且衰,如予是也。呜呼!盛衰生死之际,未始不如是,是岂足道哉?
> ——《河南府司录张君墓表》[①]

此文作于嘉祐二年(1057),离张汝士死已达二十五年,其吞吐呜咽、悲绪绵邈,感人肺腑,亦足见他本人刻骨铭心之深。他写张先:

---

① 《欧阳修诗文集校笺·居士集》卷二四,第684页。

> 初，天圣九年，予为西京留守推官……于时一府之士，皆魁杰贤豪……予时尚少，心壮志得，以为洛阳东西之冲，贤豪所聚者多，为适然耳。其后去洛，来京师，南走夷陵，并江、汉，其行万三四千里，山砠水厓，穷居独游，思从曩人，邈不可得。然虽洛人至今皆以谓无如向时之盛，然后知世之贤豪不常聚，而交游之难得，为可惜也。初在洛时，已哭尧夫而铭之；其后六年，又哭希深而铭之；今又哭吾子野而铭。于是又知非徒相得之难，而善人君子欲使幸而久在于世，亦不可得。呜呼，可哀也已！
> ——《张子野墓志铭》①

墓志铭原是埋入圹中、以备他年陵谷变迁仍可查知墓主的文体，原极简略，粗记墓主姓氏、爵里、生卒而已。欧阳修此文却变成夹叙夹议、哀感淋漓的叙情散文。对于相交三十年的梅尧臣之死，他更是声泪俱下，哀痛无以自抑：

> 昔始见子，伊川之上。余仕方初，子年亦壮。读书饮酒，握手相欢。谈辩锋出，贤豪满前。……念昔河南，同时一辈，零落之馀，惟予子在。子又去我，余存兀然。
> ——《祭梅圣俞文》②

二十多位"洛中俊"先后谢世，欧阳修终于成了仅存者！如果不是以存亡离合感慨成文，不是把作者自身纳入其中，就不可能把实用性的墓志、祭文写成如此情辞并茂、扣人心弦的绝妙文字。林纾说："欧文之多神韵，盖得一'追'字诀。追者，追怀前事也。"又说："欧公一生本

---

① 《欧阳修诗文集校笺·居士集》卷二七，第 743 页。
② 《欧阳修诗文集校笺·居士集》卷五〇，第 1236 页。

领,无论何等文字,皆寓抚今追昔之感。"[1]堪称一语中的。对洛阳盛游的追思,对今昔盛衰的悲剧性人生的体验,已成为形成他主体风格的切入口和契合点。

第三,文论思想的初露端倪。与古文写作实践的发展相联系,欧阳修在洛阳时期的文论思想也初露端倪。特别是崇尚"道"的实践性的思想尤堪注意。文道合一、以道为主是唐代古文运动的理论基石。韩愈论"道",主要指儒家的礼治秩序、伦理关系等,高言宏论,神圣莫犯。欧阳修却强调"切于事实",突出"道"的实践性性格,大大缩短了"道"和人们的心理距离。如明道二年(1033)写给求教者张棐的《与张秀才第二书》指出:"君子之于学也务为道,为道必求知古。知古明道,而后履之以身,施之于事,而又见于文章而发之,以信后世。"又说:"孔子之后,惟孟轲最知道,然其言不过于教人树桑麻、畜鸡豚,以谓养生送死为王道之本。……而其事乃世人之甚易知而近者,盖切于事实而已。"[2]这里已反映出欧氏学术思想中崇尚实际的倾向,表示了对空谈性理或放言圣道的厌弃,表达了贴近现实政治和实际生活的追求。这一思想是贯穿他一生的。如以后《答吴充秀才书》继续强调"道"必须和实际生活中的"百事"相联系,反对"弃百事不关心"的倾向[3]。他还进一步提出"圣人之言,在人情不远"的见解[4],对"圣人之言",其着眼点不在它所规定的人伦关系中尊卑名分的等级性,而是突出其中的感情联系和交流,不使感情因素被强制性的行为规范所吞噬。这就把抽象的、理念性的"道",转换成具体的、实在的、充满情性内涵的"道",与他散文中所表现出的"信实性"和"抒情性"的

---

[1] 与上引分见慕容真点校:《林纾选评古文辞类纂》,浙江古籍出版社1986年版,卷八《河南府司录张君墓表》、《张子野墓志铭》评语,第345、355页。
[2] 《欧阳修诗文集校笺·外集》卷一六,第1759—1760页。
[3] 《欧阳修诗文集校笺·居士集》卷四七,第1177页。
[4] 《答宋咸书》,《欧阳修诗文集校笺·外集》卷一九,第1828页。

特点,正复一致。

二、诗歌方面

欧阳修在洛阳时期的诗歌,现存130多首,数量上还略多于梅尧臣。他是位起点较高的诗歌作者。这些早期诗篇也已初步显露出他成熟时期的诗风特点。方回《瀛奎律髓》卷四评欧诗云:"读欧公诗,当以三法观:五言律初学晚唐,与梅圣俞相出入,其后乃自为散诞;七言律力变昆体,不肯一毫涉组织,自成一家,高于刘、白多矣;如五、七言古体则多近昌黎、太白,或有全类昌黎者,其人亦宋之昌黎也。"①钱锺书先生《谈艺录》"随园诗学于名家深而于大家浅"条,力驳袁枚认为欧氏"学韩而颇似韩,所以不能自成一家"的看法。钱先生说:"欧公古诗不尽学昌黎,亦显仿太白;五律往往似梅宛陵,夷陵咏风物排律又逼香山;七律开阖动荡,沉着顿挫,不特杨、刘、苏、梅所未有,即半山、东坡、山谷亦每不及也。"②从影响比较和平行比较的角度对欧阳修各体诗歌,作了细致而平实的评估。欧诗的这些总体特点,在他洛阳时期的作品中即已有所体现。

先谈律诗。试看五律《雨后独行洛北》:

北阙望南山,明岚杂紫烟。
归云向嵩岭,残雨过伊川。
树绕芳堤外,桥横落照前。
依依半荒苑,行处独闻蝉。③

这诗作于明道元年(1033),以精细的笔触刻画了洛阳夏日雨后的景色。隋唐宫城位于洛阳地区之北,经过安史之乱的大破坏,大都

---

① 《瀛奎律髓汇评》卷八评欧阳修《寄梅圣俞》,第198页。
② 《谈艺录》,第214页。
③ 《欧阳修诗文集校笺·居士集》卷一〇,第273—274页。

残破废圮,即本篇所谓的"荒苑"。作者经行于此,放眼雨后明丽的风物,心头涌起一种莫名的怅惘。诗从"雨后"着笔。首四句为远景:眺望南边龙门、嵩少诸峰,但见山岚烟雾飘涌交汇,雨云飞归嵩岭,一阵残雨掠过伊水。五、六两句中景:洛水堤岸,雨后草木增翠,一桥飞架南北。结句为近景:踽踽独行于荒苑残垣,蝉声阵阵,倍添凄凉幽寂之感。这首五律,章法井然,造句温润工整,与梅尧臣前述描写雨夜的两首五律合读(见本章第四节),不难窥视其间的参互相通之处。

欧阳修其时所作律绝共约七十首,大多为五言,七律仅四首。七律是欧诗中最富创造性的诗体,但洛阳时期还只牛刀初试,稍显风采。《和应之同年兄秋日雨中登广爱寺阁寄梅圣俞》即是一例:

> 经年都洛与君交,共许诗中思最豪。
> 旧社更谁能拥鼻,新秋有客独登高。
> 径兰欲谢悲零露,篱菊空开乏冻醪。
> 纵使河阳花满县,亦应留滞感潘毛。①

这诗虽不及他《戏答元珍》、《黄溪夜泊》等成熟时期的七律,但自然流走,一气呵成,毫不被律诗的严格格律所缚。用典巧妙,皆从本地风光拈出。"拥鼻",即"拥鼻吟",就与洛阳有关,指谢安能作洛阳书生的吟诗格调,但有鼻疾,语音浊,"名流爱其咏而弗能及,或手掩鼻以学之"②。此即借以赞美梅尧臣诗才卓异不凡;另一晋人潘岳曾任河阳令,在县中满植桃李,一时传为美谈,他又作《秋兴赋》,其序云:"余春秋三十有二,始见二毛。"③头发黑白相间。结尾两句借潘喻梅,梅

---
① 《欧阳修诗文集校笺·居士集》卷一〇,第287页。
② 《晋书》卷七九《谢安传》,第2077页。
③ 《文选》卷一三,第585页。

其时正任河阳县主簿,严丝密缝,贴切而不见痕迹。这些与他七律"开阖动荡,沉着顿挫"、"力变昆体","自成一家"的整体风格仍是消息暗通的。

再谈古诗。我们在第四节中曾称引欧氏的《巩县初见黄河》、《代书寄尹十一兄、杨十六、王三》等五、七言古诗,其叙事、议论成分的加重,硬毫健笔、排奡气盛的风格,都可感受到韩愈的影响;而像《绿竹堂独饮》等诗,其激越豪宕、流转自如却更多地显示出取径李白的踪迹:

> 夏簟解箨阴加樛,卧斋公退无喧嚣,
> 清和况复值佳月,翠树好鸟鸣咬咬。
> 芳尊有酒美可酌,胡为欲饮先长谣?
> 人生暂别客秦楚,尚欲泣泪相攀邀,
> 况兹一诀乃永已,独使幽梦恨蓬蒿。
> 忆予驱马别家去,去时柳陌东风高。
> 楚乡留滞一千里,归来落尽李与桃。
> 残花不共一日看,东风送哭声嗷嗷。
> 洛池不见青春色,白杨但有风萧萧。
> 姚黄魏紫开次第,不觉成恨俱零凋,
> 榴花最晚今又折,红绿点缀如裙腰。
> 年芳转新物转好,逝者日与生期遥。
> 予生本是少年气,瑳磨牙角争雄豪:
> 马迁班固洎歆向,下笔点窜皆嘲嗷;
> 客来共坐说今古,纷纷落尽玉麈毛;
> 弯弓或拟射石虎,又欲醉斩荆江蛟。
> 自言刚气贮心腹,何尔柔软为脂膏?
> 吾闻庄生善齐物,平日吐论奇牙聱,

忧从中来不自遣,强叩瓦缶何诜诜。
伊人达者尚乃尔,情之所钟况吾曹。
愁填胸中若山积,虽欲强饮如沃焦,
乃判自古英壮气,不有此恨如何消。
又闻浮屠说生死,灭没谓若梦幻泡。
前有万古后万世,其中一世独蚍蜉。
安得独洒一榻泪,欲助河水增滔滔。
古来此事无可奈,不如饮此樽中醪。①

这首七古作于明道二年(1033)。这年三月,欧阳修从随州探望叔父后重返洛阳,适夫人胥氏病逝,幼子尚未满月,作此诗抒发悼念之情。全诗长达52句,首六句以时节美好作引子,顺布逆转,以反衬痛失爱妻之悲。"人生"以下十八句,叙述正月与妻暂别,不料却成永诀,迨及归洛,物非人亡,悲恨达于顶点。"予生"十句又作一转折,追叙自己年少气盛,"刚气"满怀,不稍摧折,本不知悲哀为何物。"吾闻"以下直至结尾,更是回肠荡气,论辩滔滔。既欲取庄佛"齐生死"、如梦人生之说来聊自解脱,又谓此恨毕竟难消,不禁泗涕横流。全诗感情跌宕起伏,痛快淋漓,读者能够强烈地感受到诗人年轻丧偶的内心创伤和思想拼搏,而不同于中老人的低徊沉郁。他的另一悼亡之作《述梦赋》云:"愤既不得与声而俱发兮,独饮恨而悲歌;歌不成兮断绝,泪疾下兮滂沱。"②殆即指此诗。

三、词方面

欧阳修在洛阳时期也开始填词。如果说,在散文和诗歌的创作中,主要表现出欧阳修对于社会政治的关注和自然景物的赏爱,

---

① 《欧阳修诗文集校笺·外集》卷一,第1273—1274页。
② 《欧阳修诗文集校笺·外集》卷八,第1525页。

那么,他的豪宕风流而又细腻蕴藉的内心感情却在词中找到了宣泄的出路,获得了补偿性的满足。与诗文创作比较,他的词呈现出承袭性和成熟性的特点。他的诗、文都是既开风气亦为师的,为宋诗、宋文的发展导夫先路;但在词的领域,却主要沿袭晚唐五代、《花间集》的馀绪,特别与冯延巳的词风一脉相承,这是不奇怪的。

词经过唐五代的初步繁荣以后,降及宋初,创作却较沉寂。至仁宗朝,才有晏殊、柳永崛起词坛,分别代表词中雅、俗两派。晏殊知贡举时,曾识拔欧阳修为省试第一,晏、欧这一对座主、门生还同是江西人,而江西地区原属南唐管辖范围,深受南唐文化的影响,南唐宰相冯延巳的词风更是泽被广远。刘攽《中山诗话》说晏殊"尤喜江南冯延巳歌辞,其所自作,亦不减延巳"①;王国维《人间词话》说:"欧九《浣溪沙》词'绿杨楼外出秋千',晁补之谓:只一'出'字,便后人所不能道。余谓:此本于正中《上行杯》词'柳外秋千出画墙',欧语尤工耳。"②或泛论,或例证,均指出晏、欧共同学冯而变冯的情况。晏、欧二人同承这一文人词的传统,所作多为男女间的离情别恨,着重抒写士大夫的生活情趣和内心感受。

其次,词原是配合燕乐歌唱的曲子词,是在宴会上供歌妓演唱侑酒助兴而作的,因而文人词的创作离不开士人们宴饮游乐的生活基础。洛阳文人集团的诗酒文会生涯就为欧词创作提供了适宜的土壤。正如他自己所说:"赖有洛中俊,日许相跻攀。饮德醉醇酎,袭馨佩春兰。平时罢军檄,文酒聊相欢。"③今《全宋词》收有钱惟演、谢绛、尹洙、梅尧臣等人的作品,说明他们皆能填词;那么,欧阳修在洛阳与他们的经常性的游宴活动中,共同填词酬应,当是合理的推测。

---

① 《历代诗话》,第 292 页。
② 唐圭璋编:《词话丛编》,中华书局 2005 年版,第 4243—4244 页。
③ 《七交七首·自叙》,《欧阳修诗文集校笺·外集》卷一,第 1260 页。

吴曾《能改斋漫录》卷一七"咏草词"条云:"梅圣俞在欧阳公座,有以林逋草词'金谷年年,乱生青草谁为主'为美者,圣俞因别为《苏幕遮》一阕云:'露堤平……'欧公击节赏之,又自为一词云:'栏杆十二独凭春……'盖《少年游令》也。"①这则故事或许发生在洛阳以后,但此类填词交往也应是洛阳时期创作生活的写照。情投意合的集体交流,无疑增添个体创作的欲望和趣味。加之欧阳修正当春青年华,风流倜傥,豪迈不羁,早年因生计贫困而被压抑的"浪漫"性格因素,顿时得到加倍的激活和张扬,在词这种已臻完美的艺术形式中找到了尽情表达的机会。钱愐《钱氏私志》还直接记载了欧氏当时填词的情景和情状:

> 欧阳文忠任河南推官,亲一妓。时先文僖(钱惟演)罢政为西京留守,梅圣俞、谢希深、尹师鲁同在幕下。惜欧有才无行,共白于公,屡微讽而不之恤。一日,宴于后圃,客集而欧与妓俱不至,移时方来,在坐相视以目。公责妓云:"末至何也?"妓云:"中暑往凉堂睡着,觉而失金钗,犹未见。"公曰:"若得欧推官一词,当为偿汝。"欧即席云:"柳外轻雷池上雨,雨声滴碎荷声。小楼西阁断虹明。阑干倚遍,待得月华生。　燕子飞来栖画栋,玉钩垂下帘旌。凉波不动簟纹平。水晶双枕,旁有堕钗横。"坐皆称善,遂命妓满酌赏欧,而令公库偿其失钗,咸谓欧当少戢。不惟不恤,翻以为怨。后修《五代史·十国世家》,痛毁吴越,又于《归田录》中说先文僖数事,皆非美谈。②

---

① 《能改斋漫录》卷一七,第495页。
② (宋)钱愐、钱世昭撰:《钱氏私志》,文渊阁《四库全书》本,第1036册,第661页。

钱惆是钱惟演的曾孙,对欧怀有敌意,这则记载可能有失实之处。① 但由于是同时代人的记述,其所展现的生活场景和文人习俗却无疑是真实的。名士携妓游乐,是当时社会能够认可的一种风俗,不仅晏殊、范仲淹等名宦之家姬妾成群,即如写过情真意切悼亡诗的梅尧臣,也不免偶涉艳遇,他的《一日曲》即为南阳一歌妓而作。欧阳修《书怀感事寄梅圣俞》也并不讳言:"水云心已倦,归坐正杯盘,飞琼始十八,妖妙犹双环。寒篁暖凤嘴,银甲调雁弦,自制白云曲,始送黄金船。"这里写的是幕府的集体盛筵,"飞琼"即指官妓。说欧阳修"有才无行",显系挟嫌攻击之词。但欧阳修其时确是纵放不检的"漫浪者":"每忆少年日,未知人事艰;颠狂无所阂,落魄去羁牵。"② 这样的生活环境和个性特征,加之"诗庄词媚"的传统观念,发而为词,自然向传统婉约词风认同了。

如《钱氏私志》所引的这首《临江仙》,即以蕴藉细腻的笔触,勾勒出两幅仕女图。上半片由雨而晴起兴,描写女子傍晚独倚画栏、久待新月;下半片又转而写其昼寝,窗帘紧闭,飞燕不得入户,佳丽沉睡,枕旁堕钗。这首词的用语多化用李商隐诗句:如首两句即本李商隐《无题四首》之二"飒飒东南细雨来,芙蓉塘

---

① 欧阳修在钱惟演幕下时,宾主是相得的。如《四朝国史·欧阳修传》(《欧阳修全集》,附录卷二,第 2677 页。)所言:钱惟演"器其材,不撄以吏事,修以故益得尽力于学"。但欧氏对吴越钱氏王朝的弊政却能秉笔直书,如《新五代史》卷六七《吴越世家》云:"钱氏兼有两浙几百年,其人比诸国号为怯弱,而俗喜淫侈,偷生工巧。自(钱)镠世常重敛其民以事奢僭,下至鸡鱼卵鷇,必家至而日取。每笞一人以责其负,则诸案史各持其簿列于廷,凡一簿所负,唱其多少,量为笞数,以次唱而笞之,少者犹积数十,多者至笞百馀,人尤不胜其苦。"(第 843 页)他在《归田录》卷一中,又揭露钱惟演的子弟骗窃钱财之事,因而为钱惆等所怨怒,《钱氏私志》中多有造作诬蔑之语。但上则记载又见《野客丛书》卷二四、《尧山堂外纪》卷四八等。

② 《欧阳修诗文集校笺·外集》卷二,第 1288—1289 页。

外有轻雷"①,《宿骆氏亭寄怀崔雍崔衮》:"秋阴不散霜飞晚,留得枯荷听雨声。"②"燕子"被"帘旌"所阻的意象,亦可与李商隐《正月崇让宅》"蝙拂帘旌终展转"③同参。至于末三句"凉波不动簟纹平。水精双枕,旁有堕钗横",更显从李商隐《偶题二首》之一"水文簟上琥珀枕,旁有堕钗双翠翘"化出④,而改"琥珀枕"为"双枕",更添艳冶之色。这首词应属模写女子恋情的艳词,但含蕴婉曲,不堕恶趣,不失品位。

除艳情词外,欧阳修的另一部分词,却写得深婉雅致,更得冯延巳词的真髓。王国维《人间词话》说:"冯正中《玉楼春》词'芳菲次第长相续,自是情多无处足。尊前百计得春归,莫为伤春眉黛促。'永叔一生似专学此种。"⑤王氏这里所称引的冯延巳《玉楼春》词,仅见《尊前集》而《阳春集》不载,却又见《欧阳文忠公近体乐府》卷二,故此词作者属冯属欧,尚需考辨。但王氏的这一"疏忽",正好说明他对冯、欧词风承袭性特点的体认,是敏锐而准确的。然而,与冯延巳的深挚灼热相较,欧词更多地表露出悲慨、沉着、豪宕的意兴,使词境更趋深沉。刘熙载《艺概》卷四云:"冯延巳词,晏同叔得其俊,欧阳永叔得其深。"⑥确为知言。试看他洛阳时期的一首《玉楼春》:

   尊前拟把归期说,未语春容先惨咽。人生自是有情痴,此恨不关风与月。 离歌且莫翻新阕,一曲能教肠寸结。直须看

---

① (唐)李商隐著,(清)冯浩笺注:《玉溪生诗集笺注》,上海古籍出版社1979年版,第386页。
② 《玉溪生诗集笺注》卷一,第37页。
③ 《玉溪生诗集笺注》卷二,第539页。
④ 《玉溪生诗集笺注》卷三,第582页。
⑤ 《词话丛编》,第4244页。
⑥ (清)刘熙载撰:《艺概》,徐中玉、萧华荣校点:《刘熙载论艺六种》,巴蜀书社1990年版,第104页。

尽洛城花，始共春风容易别。①

此词当作于景祐元年（1034）三月，欧阳修洛阳离任之时。全词从三月春光骀荡、"芳菲相续"之中写离情，正如王夫之所说的"以乐景写哀"，哀情更深一层。王国维《人间词话》评此词云："永叔'人间（生）自是有情痴，此恨不关风与月'，'直须看尽洛城花，始与（共）东（春）风容易别'，于豪放之中有沉着之致，所以尤高。"②指出此词中存在着"豪放"和"沉着"两条感情磁力线的交叉撞击，诚为深有体味之言。"尊前"两句的"拟把"、"未语"，把欲说未说的吞吐难忍的心绪，盘旋曲折而出，用语婉转沉挚。"人生"两句径直自呼"情痴"，又在爽直流宕中一舒盘郁。"离歌"两句谓一曲已难禁受，幸勿再唱新曲，应前"尊前"、"归期"，且把悲情导至冰点。结句突作一扬，但用"容易别"之语，实表达"不容易别"之意。这首词从一般婉约词常见的花间酒边的男愁女恨，上升为人生空漠之感的深深咀嚼，确为上乘之作，表明欧阳修在开始填词的同时，几乎已臻成熟之境。欧阳修所作词共240多首，大多作年不详，未能编年，但已可考知的洛阳词，首首都有可以称道之处。

词风成熟的另一个标志是在传统婉约词的吞咽式抒情方式之外，努力于明快疏朗之境的开拓。如《浪淘沙》：

把酒祝东风，且共从容。垂杨紫陌洛城东，总是当时携手处，游遍芳丛。　　聚散苦匆匆，此恨无穷。今年花胜去年红。可惜明年花更好，知与谁同！③

---

① 《欧阳修词校注》卷二，第223页。
② 《词话丛编》，第4245页。
③ 《欧阳修词校注》卷三，第311页。

这首词与洛阳牡丹花有关,以去年、今年、明年的花事作为结构的线索。今春共游洛阳城东,饮酒赏花,比去春为优,这是实写,以回忆作映衬;明春将比今春更胜,这是虚写预测。从过去、现在、未来全跨度的时间对比中,深感前欢寂寂,后会悠悠,适将今日之乐化为永恒之悲。欢乐和悲恨的交织撞击,突出了人生"聚散"无常的无限悲慨。或说此词为悼亡,实无确据。欧阳修在洛阳三年,历经四个春天:从天圣九年(1031)三月至洛,明道元年(1032)尹洙、梅尧臣相继调离洛阳,而梅氏又常来往洛阳,明道二年欧氏因公至开封,三月回洛,景祐元年(1034)三月离洛。或友人往来于洛,或自己离洛暂去,聚散颇为频繁,此词殆或是与洛阳友人伤别之作,最可能的对象是梅尧臣。欧氏于明道元年冬的《与梅圣俞》信中说:"人生不一岁,参差遂如此。因思百年中,升沉生死,离合异同,不知后会复几人,得同不得同也。"[①]与此词主旨正复吻合。欧阳修的这类词,抒情缠绵沉挚而语言明畅流丽,绝无浮薄雕绘之弊,是欧词中艺术成就最高的部分。至于欧词对以后文人集团中苏轼、秦观等人的影响和相互关系,以及欧氏在词史上所起的过渡性作用,请参看拙作《〈醉翁琴趣外篇〉的真伪与欧词的历史地位》一文[②]。

洛阳时期是欧阳修文学活动绚丽多彩、艺术才能全面发展的时期。所有这一切获得了一个附带的成果,即声誉鹊起,知名度大大提高,为他日后主盟文坛创造了条件。一切文学作品只有被人阅读时才取得有实际意义的存在,文学集团的作用之一,就在于加强了这种文学交流的过程,扩大了作品的影响,从而帮助自己的成员获得社会的认可。文学成就越高,人们的趋同性越大。作为西京留守推官,欧阳修的本职工作仅为掌管审案刑狱等事务,然而,当时"有知名进士

[①] 《书简》卷六,《欧阳修全集》卷一四九,第 2443—2444 页。
[②] 载《词学》第 13 辑,华东师范大学出版社 2001 年 11 月。

十人,游希深、永叔之门,王复、王尚恭为称首"①。他在洛阳国子学的举子中享有很高的威望。他的《与郭秀才书》、《与张秀才第一书》、《与张秀才第二书》等②,都是应接、回答求教者的书信,有的求教者还是远在他州异乡的士子。他为洛阳友人作了多篇字序,如《张应之字序》、《尹源字子渐序》、《胡寅字(子畏)序》等③,反映出他的文字已为同辈所爱重;而《河南府重修使院记》、《河南府重修净垢院记》④等这类洛阳地区的重要碑记,也均出自他的手笔。当时还有不少人慕名求他作墓铭,如《卫尉卿祁公神道碑铭》、《都官郎中王公墓志铭》⑤,都反映出他作为古文高手的地位已逐渐为社会所公认。

苏辙《欧阳文忠公神道碑》说:欧阳修"补西京留守推官。始从尹师鲁游,为古文,议论当世事,迭相师友;与梅圣俞游,为歌诗相倡和。遂以文章名冠天下"。⑥ 正确指出了他因洛阳时期的文学成就而"名冠天下",由此增强了他在文坛的号召力、吸引力和凝聚力,进而成为嘉祐时期的文坛领袖。

---

① 《邵氏闻见录》卷八,第 82 页。
② 分见《欧阳修诗文集校笺·外集》卷一六,第 1755—1756、1757—1758、1759—1761 页。
③ 分见《欧阳修诗文集校笺·外集》卷一四,第 1716—1717、1718—1719、1720—1721 页。
④ 分见《欧阳修诗文集校笺·外集》卷一三,第 1657—1658、1658—1659 页。
⑤ 分见《欧阳修诗文集校笺·外集》卷一一,第 1615—1617、1628—1629 页。
⑥ 《栾城集·后集》卷二三,第 1425 页。

第二章　欧(阳修)门进士集团

第一节　嘉祐二年贡举事件的文学史意义

苏轼《六一居士集叙》中说："自欧阳子出,天下争自濯磨,以通经学古为高,以救时行道为贤,以犯颜纳说为忠。长育成就,至嘉祐末,号称多士。"①欧阳修自宋仁宗天圣、明道间登上政坛、文坛,经过三十多年广泛的文学交游活动,以其卓异的创作实绩和人格魅力,逐渐形成以他为首的"欧门"。其间嘉祐二年(1057)的知贡举事件,对于"欧门"的组成、文风的改革乃至宋代文学的发展导向,具有多方面的重要意义,北宋时期的第一个文学高潮也随之同时出现。

一、"欧门"构成基础的进士集团

中国封建社会的官僚选拔制度,两汉是荐举制,魏晋南北朝是九品中正制,隋唐是科举制。科举制打破了门阀世族对选官的垄断,为广大庶寒之家出身的知识分子打开仕进之门,扩大了封建政权的基础;同时,又使中央政府从地方官吏、门阀世族手里收回取士的权力,加强了中央集权。因而,这是一种历史性的进步。

宋承唐制,但取士的名额大量增加,制度更加完善(如封弥、糊名、誊录等),尽可能地实现机会均等的公平竞争,以吸引更广泛的知

---

① 《苏轼文集》卷一〇,第 316 页。

识分子投入"彀中"。这对整个上层建筑、特别是宋代文官政治的形成和思想文化的发展都产生了深刻的影响。

比之唐代,宋代大大地扩大了取士名额,使每二年(或三年)一次的中央"省试"成为全国人才大流动、大交融的盛会。据何忠礼先生《试论北宋科举制的特点及其历史作用》①一文的统计,宋代共开科118次,其中北宋69次,南宋49次。北宋共取进士19 147人,诸科15 016人,两科合计每年平均取士205人,每次平均取士495人②。而尤以仁宗朝所取为多。仁宗在位41年,开科13次,进士、诸科合计录取达9 766人,每年平均取士239人,每次平均取士769人。其中进士数共达4 615人,每次平均取士355人。③ 因而被视为宋代科举史上的黄金时代。唐时贡举基本上每年一次,录取进士仅二三十人。唐、宋两朝数量之悬殊,异常突出。录取名额的大幅度增多更加刺激了考生的热情和欲望,这使每次到京参加考试的举子多达六七千人。《宋史》卷一五五《选举志一》云:"待试京师者恒六七千人。"如此庞大的队伍,"秋取解,冬集礼部,春考试",④聚集在首都,他们来自全国各地,具有不同的地域文化的素质和特点,汇成一个信息量密集、个性色彩绚烂的特殊文化圈,也为文学群体的形成和文学创作的

---

① 载邓广铭、郦家驹等编:《宋史研究论文集》,河南人民出版社1984年版,第241—271页。
② 据张希清《北宋贡举登科人数考》(《国学研究》第二卷,北京大学出版社1994年版,第410—411页)统计,北宋一代"正奏名进士19 281人,诸科16 331人,合计35 612人",又云:"正、特奏名进士,诸科取士总计约为61 000人,平均每年约为360人",取士之多,"在科举史上是空前的,也是绝后的"。
③ 苏轼《送章子平诗叙》(《苏轼文集》卷一〇,第323页)云:"观《进士登科录》,自天圣初迄于嘉祐之末(按,即仁宗一朝),凡四千五百一十有七人。"《续资治通鉴长编》记载为4 521人,《宋会要辑稿》为5 244人,《玉海》与《宋史》均为4 570人,何忠礼先生统计为4 615人。
④ 《宋史》卷一五五《选举志一》,第3615、3604页。

发展提供了理想的环境。

嘉祐二年的试举又是仁宗朝历次试举中号称最为"得士"的一次。《宋会要辑稿》选举一云："嘉祐二年正月六日,以翰林学士欧阳修知贡举,翰林学士王珪、龙图阁直学士梅挚、知制诰韩绛、集贤殿修撰范镇并权同知贡举,合格奏名进士李寔已下三百七十三人。"[①]这三百多名礼部所上的奏名进士,在殿试中全部录取。《续资治通鉴长编》卷一八五云:嘉祐二年三月"丁亥,赐进士建安章衡等二百六十二人及第,一百二十六人同出身。是岁,进士与殿试者始皆不落。(李复圭《纪闻》云:是春以进士群辱欧阳修之故,殿试并赐及第,不落一人。当考。)"[②]则实共录取388人,比礼部奏名尚多15人。

今据多种地方志及其他材料的不完全统计,这次被录取者中可以考知姓名和乡贯的约204人(见附表一)。我们可以作以下两点分析:

(一)外地进士比近畿者为多,特别是南方浙江、江西、福建、四川等地的进士最多。据《福建通志》卷三三,此榜福建进士达64人,状元章衡即为福建浦城人;又据《浙江通志》卷一二三、《江西通志》卷四九,两地各为39和38人;《四川通志》卷三三嘉祐进士不分年,缺乏历年所录的具体数字,但仅眉山一地,嘉祐二年所录进士就达13人。苏轼《谢范舍人书》说此次眉山发解"举于礼部者,凡四五十人",录取者"十有三人"[③],他在《次韵子由送家退翁知怀安军》诗的自注中说"吾州同年友十三人"[④],录取率也是较高的。这些地区旧属南

---

① (清)徐松辑,刘琳等校点:《宋会要辑稿》,上海古籍出版社2014年版,《选举一》,第5252页。
② 《续资治通鉴长编》卷一八五,第4472页。
③ 《苏轼文集》卷四九,第1426页。
④ (宋)苏轼著,(清)冯应榴辑注,黄任轲、朱怀春校点:《苏轼诗集合注》,上海古籍出版社2001年版,卷二八,第1413页。

唐、吴越、闽、蜀等国,在安史之乱及其后的全国大动乱中,都保持了相对稳定的局势。从文化上沿波讨源,则仍远承唐代馀绪,因而这些地区的进士大都擅长诗赋等文学才能。《续资治通鉴长编》卷六八载:"冯拯曰:'比来省试,但以诗赋进退,不考文论。江浙士人,专业诗赋,以取科第,望令于诗赋人内兼考策论。'上(真宗)然之。"①而北方士人却专于策论。因而,这次科试虽是南北文化推毂交融的一个绝好机会,但文学之才却又占明显的优势。同时,个别进士密集地区和文化家族,也作为一种特殊的文化因子加入这一文化圈,如江西南丰的曾巩及弟曾牟、曾布,从弟曾阜,妹夫王无咎、王彦深一门六人,临川蔡元导、蔡承禧父子及其同里潘洙等同登此榜,也增添了整个文化圈的特异色彩。欧阳修《与焦殿丞(千之)》之十一曾对"苏氏昆仲连名并中""制举",叹为"盛事盛事"②。而嘉祐二年榜除苏轼、苏辙兄弟"连名并中"外,还有福建林希、林旦兄弟,王回、王向兄弟,林开、林棐兄弟,江西黄湜、黄灏兄弟,蜀人张师道、张师厚兄弟,楚人杨寿祺兄弟以及曾巩兄弟四人连中,欧阳修更应感到欣喜了。这都增强了这一举子文化圈的丰富性和新颖感。

(二)此榜所取,隽才精英云集,多为活跃于北宋历史舞台的各类代表人物。《宋会要辑稿》选举二云:"嘉祐二年五月四日,以新及第进士第一人章衡为将作监丞,第二人窦卞、第三人罗恺并为大理评事、通判诸州,第四人郑雍、第五人朱初平并为两使幕职官。"③章衡以下的头五名进士,似未成为宋代历史上的名人(除郑雍官至尚书左丞较为显贵外,馀皆平平,罗恺、朱初平且《宋史》无传)。但未列前茅的其他进士却挺出卓异,人才济济。这一榜可说是几乎网该了影响北宋政坛、思想界、文坛的诸多杰出人物。如文学之士有苏轼、苏辙、

---

① 《续资治通鉴长编》卷六八,第1522页。
② 《书简》卷七,《欧阳修全集》卷一五〇,第2478页。
③ 《宋会要辑稿·选举二》,第5269页。

曾巩,"唐宋古文八大家"的宋六家中,一举而占其半;有号称"关中三杰"的程颢、张载、朱光庭同时中式,其首倡的"洛学"、"关学"均为北宋显学;政坛人物有吕惠卿、曾布、王韶、吕大钧等,为王安石新党和元祐旧党的重要成员(吕惠卿三人为新党、吕大钧为"元祐更化"主要人物吕大防之弟)。这些各个领域的重要人物又发生错综交互的关系,如吕大钧从学张载,《宋元学案》卷三一《吕范诸儒学案》云:"横渠(张载)倡道于关中,寂寥无有和者。先生(吕大钧)于横渠为同年友,心悦而好之,遂执弟子礼,于是学者靡然知所趋向。"①而二苏又以所倡"蜀学"与"同年友"程颢之"洛学"相抗衡,亦为宋代学界、政界的一桩公案。

这个嘉祐二年的举子集团,并非每人都是"欧门"的成员,但它以其高品位的学术文化根底和文学素质,为欧门的形成提供了优化组合的充足条件。

在封建时代,人们以"天地君亲师"为崇奉的无上权威,"师"居于与天神、地祇、皇帝、父母等同样尊严的地位,而"座师"和"门生"的关系,实际上成为官僚社会的一条强有力的伦常纽带。这在唐代尤为突出,其利害攸关的密切程度甚至超过父子,且往往结为朋党。顾炎武《日知录》卷一七《座主门生》云:"贡举之士,以有司为座主,而自称门生,自中唐以后,遂有朋党之祸。"②宋代为了加强皇权,把选士权直接收归皇帝,曾明令禁止建立这种关系。《宋会要辑稿》选举三记载宋太祖建隆三年(962)九月下诏:"国家悬科取士,为官择人,既擢第于公朝,宁谢恩于私室?将惩薄俗,宜举明文。今后及第举人,不

---

① (清)黄宗羲原著,(清)全祖望补修,陈金生、梁运华点校:《宋元学案》,中华书局2007年版,卷三一,第1097页。
② (清)顾炎武著,(清)黄汝成集释:《日知录集释(外七种)》,上海古籍出版社1985年影印本,卷一七,第1324页。

得辄拜知举官子孙弟侄。如违,御史台弹奏。"①宋代还改变唐代"知贡举"一般仅设一人的常规,改由多人共同负责考试,如嘉祐二年即由欧阳修和王珪、梅挚、韩绛、范镇等人共司其职。宋代还设殿试一项,皇帝本人亲掌最后定夺之权,以便具体落实"天子门生"的观念。

然而,由于历史习俗的顽强惯性和人际关系的现实需要,宋代仍保持这一关系。如苏轼中举后,即作《谢南省主文启五首》,分别向欧、王、梅、韩、范五人"谢恩于门下",并明确表示"轼愿长在下风,与宾客之末,使其区区之心,长有所发"②,列身门墙,引以为荣。毫无疑问,欧阳修其时的崇高地位和巨大声誉,对举子们具有极大的吸引力,大批举子纷纷投入他的门下。张耒追述说:"欧阳公于是时,实持其权以开引天下豪杰,而世之号能文章者,其出欧阳之门者居十九焉。"③毕仲游也感叹说:"呜呼,文忠公以道德文章为三朝天子之辅,学士大夫皆师尊之,出文忠之门者,得其片言只辞见于文字为称道,已足自负而名天下。"④由此可见,举子们对他的选择是自觉而热烈的。

然而,欧门的形成,实际上是欧阳修与举子们的一个双向选择的过程。举子们选择他,他也选择举子们。就欧阳修一面而言,其选择趋向有二:

一是重视外地举子胜于京师生徒。《宋会要辑稿》选举三引马端临语云:

> 按,分路取人之说,司马、欧阳二公之论不同。司马公之意主均额,以息奔竞之风;欧阳公之意主核实,以免缪滥之弊。要

---

① 《宋会要辑稿·选举三》,第 5285 页。
② 《谢欧阳内翰书》,《苏轼文集》卷四九,第 1424 页。
③ 《上曾子固龙图书》,《张耒集》卷五六,第 845 页。
④ 《西台集》,文渊阁《四库全书》本,第 1122 册,卷六,第 73 页。

之，朝廷既以文艺取人，则欧阳之说为是。……若以为远方举人文词不能如游学京师者之工，易以见遗，则如欧、曾、二苏公以文章名世，诏今传后，然亦出自穷乡下国，未尝渐染馆阁，习为时尚科举之文也，而皆占高第。然则必须游京师而后工文艺者，皆剽窃蹈袭之人，非颖异挺特之士也。①

京师文风易受"馆阁"时文的影响，反不如"穷乡下国"的"远方举人"自能保持异质的地域文化特点。司马光、欧阳修争论的文章分见《贡院乞逐路取人状》②、《论逐路取人劄子》③。欧阳修坚持"以文艺取人"的标准，反对各路按平均名额录取，其实质是维护东南地区士子的利益。他说："盖言事之人，但见每次科场，东南进士得多，而西北进士得少，故欲改法，使多取西北进士尔。殊不知天下至广，四方风俗异宜，而人性各有利钝。东南之俗好文，故进士多而经学少；西北之人尚质，故进士少而经学多。所以科场取士，东南多取进士、西北多取经学者，各因其材性所长，而各随其多少取之。""进士"比之"明经"，偏重于文学方面才能的考核；重视"东南进士"也就是对文学之才的强调。我们从当时欧阳修给梅尧臣的便函中，不难发现他对来自"穷乡下国"的苏轼兄弟、曾巩以及王安石等人的格外瞩目：

　　钱介甫、子固，望圣俞见顾闲话，恐别许人请，故先拜闻。《礼部诗》纳上。

　　　　　　　　　　　　　——《与梅圣俞》其二九④

　　某启：承惠《答苏轼书》，甚佳，今却纳上。……读轼书，不

---

① 《宋会要辑稿·选举三》，第 5306 页。
② 《传家集》，文渊阁《四库全书》本，第 1094 册，卷三二，第 310—312 页。
③ 《欧阳修全集》卷一一三，第 1716—1718 页。
④ 《欧阳修全集》卷一四九，第 2458 页。

觉汗出,快哉,快哉! 老夫当避路,放他出一头地也。可喜,可喜! ……吾徒为天下所慕,如轼所言是也,奈何动辄逾月不相见? 轼所言"乐",乃某所得深者尔,不意后生达斯理也。

——《与梅圣俞》其三十①

圣俞过,不惜频相访。……亦约子固、子履(陆经)当奉白也。

——《与梅圣俞》其三十一②

节下,外处送酒颇多,往时介甫在此,每助他为寿,昨只送王乐道及吾兄尔。

——《与梅圣俞》其三十二③

这些短简都写于嘉祐二年贡举发榜后不久,或预邀曾巩、王安石等人会饮,其情殷切恳挚,或背后称道苏轼才华出众,倾吐肺腑之言,足见这位座师对外地门生的加倍提携奖掖,他与这些门生迅速地建立起亲切动人的关系。

二是以实际的才具作为选择的主要标准,并以此形成"欧门"的核心,从中选择主盟的后继人。欧门是自然形成、并无严格结构关系、也无明确权利和义务规定的松散群体。登第的近四百名进士并不是每位都能加盟其中,而且加盟与否,实际上也没有确定性的界限。苏轼当时已惊叹于"醉翁门下士,杂遝难为贤"④,流品颇为杂乱。但是,在"杂遝"的欧门中,与欧阳修频繁发生各种交际活动和文字交往的,却大都是各具才能、特别是文学才能的士子,这也规定了欧门在总体上不能不是一个文学性质的集团。从他对主盟后继者的

---

① 《欧阳修全集》卷一四九,第2459页。
② 《欧阳修全集》卷一四九,第2459页。
③ 《欧阳修全集》卷一四九,第2459—2460页。
④ 《送曾子固倅越得燕字》,《苏轼诗集合注》卷六,第215页。

选择过程中，尤能明显地看出这一点。

对于主盟的后继者，欧阳修首先选择的是曾巩。庆历元年（1041）欧阳修初次认识曾巩时，"见其文，奇之"①。次年，曾巩落第南归，欧作《送曾巩秀才序》说："曾生之业，其大者固已魁垒，其于小者，亦可以中尺度，而有司弃之，可怪也。"②惋惜抱屈之情，溢于言表。他并认为："过吾门者百千人，独于得生（曾巩）为喜。"③他曝书得王安石《许氏世谱》，一时忘其谁作，说："介甫不解做得恁地，恐是曾子固所作。"④无独有偶，他在嘉祐二年知贡举时，得苏轼考卷《刑赏忠厚之至论》，大为激赏，因是糊名，也猜是曾巩所作⑤。在这位一代文宗的心目中，似乎凡有杰构佳篇必出曾巩之手。晁公武《郡斋读书志》卷一九说："欧公门下士，多为世显人。议者独以子固为得其传，犹学浮屠者所谓嫡嗣云。"⑥在当时不少人眼中，曾巩已是欧门的第一位传人。苏轼在上面提到的《送曾子固倅越得燕字》诗中，就明确指出在"杂逻"众多的欧门士子中，"曾子独超轶，孤芳陋群妍"，还把他比作遨游"万顷池"的横海鳣鲸。张耒的《上曾子固龙图书》也说在"欧阳之门"中，"而执事实为之冠，其文章论议，与之（指欧阳修）上下"⑦。欧阳修自己说"独于得生为喜"，其他人也说他"独得其传"、

---

① 《宋史》卷一三九，第 10390 页。
② 《欧阳修诗文集校笺·居士集》卷四二，第 1075 页。
③ 曾巩《上欧阳学士第二书》，陈杏珍、晁继周点校：《曾巩集》，中华书局 1984 年版，卷一五，第 234 页。
④ （宋）黎靖德编，王星贤点校：《朱子语类》，中华书局 2011 年版，卷一三九，第 3309 页。
⑤ 苏辙《亡兄子瞻端明墓志铭》，《栾城集·后集》卷二二，第 1411 页。嘉祐二年礼部试试题：文为《刑赏忠厚之至论》，见《苏轼文集》卷二，曾巩文题为《刑赏论》，见《曾巩集·辑佚》（据金刻本《南丰曾子固先生集》卷一一辑入）；诗为《丰年有高廪》，苏轼诗见《苏轼诗集》卷四八，曾巩诗见《曾巩集·辑佚》（据《南丰曾子固先生集》卷三辑入）。
⑥ 《郡斋读书志校证》卷一九《曾子固元丰类稿五十卷》，第 995 页。
⑦ 《张耒集》卷五六，第 845 页。

"独超轶"、"为之冠",说明曾巩原先在欧门中居有特殊的地位。这也是并不奇怪的。曾巩《祭欧阳少师文》自白:"言由公诲,行由公率。"①他确以欧阳修作为自己的楷模和表率,其思想特点和散文艺术都深受欧氏的影响,特别是偏于阴柔之美的散文风格,殆出一辙。欧氏对他的非同一般的赏爱,原是有共同的思想性格、审美情趣为基础的,"欧曾"并称即是明证。

其次是王安石。早在景祐三年(1036),曾巩入京应试,始与王安石结识。王安石《忆昨诗寄诸外弟》云:"丙子从亲走京国,浮尘坌并缁人衣。"②曾巩《寄王介卿》云:"忆昨走京尘,衡门始相识。疏帘挂秋日,客庖留共食。纷纷说古今,洞不置藩域。"③这两位抚州才子他乡邂逅,契合相投。庆历四年(1044)曾巩从南丰致书欧阳修,向他推荐王安石:"巩之友王安石,文甚古,行甚称文。虽已得科名(王安石中庆历二年进士),居今知安石者尚少也。彼诚自重,不愿知于人,尝与巩言:'非先生无足知我也。'如此人古今不常有。如今时所急,虽无常人千万不害也,顾如安石不可失也。先生傥言焉,进之于朝廷,其有补于天下。"④然而因欧氏正任河北都转运使离京,此信未获结果。曾巩后又作《再与欧阳舍人书》,除再次推荐王安石外,还加上王回、王向两人,希望能"尽出于先生之门,以为报之一端"⑤。而不久欧阳修贬知滁州,也无缘援引。庆历七年(1047)曾巩侍父曾易占北上入京,取道滁州拜谒欧阳修,盘桓二十日,再一次向欧氏推荐王安石,并作《与王介甫第一书》,拟约期与欧、王同聚,还转达欧氏对王氏文章的评论:"欧公悉见足下之文,爱叹诵写,不胜其勤。……欧公甚

---

① 《曾巩集》卷三八,第527页。
② 《王荆文公诗笺注》卷二〇,第487页。
③ 《曾巩集》卷二,第18页。
④ 《上欧阳舍人书》,《曾巩集》卷一五,第237页。
⑤ 《曾巩集》卷一五,第249页。

欲一见足下,能作一来计否? ……欧公更欲足下少开廓其文,勿用造语及模拟前人,请相度示及。欧云:孟、韩文虽高,不必似之也,取其自然耳。"①王安石表示"非先生无足知我也"②,欧则云"甚欲一见足下"③,在曾巩的居间介绍接引下,两人交相慕悦已深。及至嘉祐元年(1056)王安石在京任群牧判官,欧阳修出使契丹还朝,两人始得会见。欧《赠王介甫》诗云:

> 翰林风月三千首,吏部文章二百年。
> 老去自怜心尚在,后来谁与子争先?
> 朱门歌舞争新态,绿绮尘埃试拂弦。
> 常恨闻名不相识,相逢樽酒盍留连!④

王安石即作《奉酬永叔见赠》唱和:

> 欲传道义心虽壮,强学文章力已穷。
> 他日若能窥孟子,终身何敢望韩公?
> 抠衣最出诸生后,倒屣尝倾广坐中。
> 只恐虚名因此得,嘉篇为贶岂宜蒙!⑤

关于这两首赠答诗,历来有两个争论问题:一是"吏部文章"所指为谁?《苕溪渔隐丛话·前集》卷三〇引"《漫叟诗话》"云:'欧公有诗与王荆公云:翰林风月三千首,吏部文章二百年。荆公答诗云:他

---

① 《曾巩集》卷一六,第254—255页。
② 《上欧阳舍人书》,《曾巩集》卷一五,第237页。
③ 《与王介甫第一书》,《曾巩集》卷一六,第255页。
④ 《欧阳修诗文集校笺·外集》卷七,1475页。
⑤ 《王荆文公诗笺注》卷三三,第827页。

日若能窥孟子,终身何敢望韩公。文忠所谓吏部乃谢吏部也,后人疑荆公有韩公之句,遂以为韩吏部,非也。此二联政不相参涉。'苕溪渔隐曰:齐吏部侍郎谢朓,以清词丽句动于一时,长五言诗,与沈约友善,约尝谓二百年来无此诗也。欧公所用乃此事,见《南史》。"[1]《优古堂诗话》"吏部文章二百年"条引韩子苍(韩驹)语,亦同此意。其实都是不确的。欧诗发端两句实分别标举诗、文典范:李白之诗,韩愈之文,皆称极诣,借以称美王安石之诗文,也是欧氏本人创作的祈向所在。若以谢朓诗与李白诗并提,素无此用例,且亦不伦不类。"二百年",当指韩愈距欧阳修当时的时间。欧氏《记旧本韩文后》:"韩氏之文,没而不见者二百年,而后大施于今。"[2]《读蟠桃诗寄子美》:"韩孟于文词,两雄力相当","寂寥二百年,至宝埋无光"[3]。均用"二百年",即为佐证。二是王氏答诗的主旨问题。叶梦得《避暑录话》云:"王荆公初未识欧文忠公,曾子固力荐之。公愿得游其门,而荆公终不肯自通。至和初,为群牧判官,文忠还朝,始见知,遂有'翰林风月三千首,吏部文章二百年'之句。然荆公犹以为非知己也,故酬之曰:'它日傥能窥孟子,此身何敢望韩公。'自期以孟子,处公以为韩愈,公亦不以为嫌。"[4]这也颇有曲意解说之嫌。欧诗本意是从诗、文两者立论,赞人兼以自励,意谓我渐已老去,但窃攀李、韩之"心"尚存,而你独占前茅,无人可与争先。"朱门"两句以"朱门歌舞"、"绿绮"(司马相如之名琴)喻指王安石的不同流俗,独守古风,末以杯酒相邀为结。从"老去"两句来看,欧阳修是有"付托斯文"的含意的。王诗则从传道方面答之。首两句分别从"道"、"文"发意,谓自己学文无力而

---

[1] (宋)胡仔纂集,廖德明校点:《苕溪渔隐丛话》,人民文学出版社1962年版,《前集》卷三〇,第209页。
[2] 《欧阳修诗文集校笺·外集》卷二三,第1928页。
[3] 《欧阳修诗文集校笺·外集》卷二,第59页。
[4] (宋)叶梦得撰:《避暑录话》,《丛书集成初编》本,卷上,第41页。

传道之"心"犹壮,故奉孟子为圭臬,于韩愈则不再问津。谦抑之中实隐含青年王安石自视甚高的气度,这也是符合他的独特个性的。他在十七八岁时,早已"欲与稷契遐相希"①,立志高远宏大;二十二岁作《送孙正之序》,即推崇孟子之排杨墨和韩愈之排释老,赞为"术素修而志素定"②,说明他立志在道德、学术和政治方面,于文学则是第二位的。这就是欧、王两人其"心"的不同之处。但王安石这种慨然以天下为己任的自豪自傲的气度,并不等于骄人,更不含有以孟自居而"处公(欧阳修)以为韩愈"的贬抑欧氏之意。诗的下半首仍然自列于欧氏之门,他当时所写的《上欧阳永叔书》、《上欧阳永叔书二》一再表示"愿趋走于先生长者之门久矣。初以疵贱,不能自通,阁下亲屈势位之尊,忘名德之可以加人,而乐与之为善"③,欧氏也一再向朝廷举荐他④。嘉祐二年王安石赴任常州,欧氏特设宴饯别,并约梅尧臣作陪(见前引《与梅圣俞》书),足见两人并无芥蒂,师弟之间的关系是完全正常的。至于以后交往日疏,也是事实,那主要是由于政见的歧异所致。

第三位是苏轼。欧阳修与曾、王的交往结识有一个逐渐深化的较长过程,而他对苏轼可谓一见倾倒。苏洵携带张方平信函从四川至京,最初谒见欧阳修时,欧氏对苏洵"大爱其文辞",而对二苏兄弟似未引起重视。及至审阅苏轼的考卷《刑赏忠厚之至论》才大为叹服,但还不知乃苏轼所作。继而读到苏轼给梅尧臣的答谢信,则在《与梅圣俞》之三十中说:"不觉汗出,快哉,快哉! 老夫当避路,放他

---

① 《忆昨诗示诸外弟》,《王荆文公诗笺注》卷二〇,第 487 页。
② 《临川先生文集》卷八四,《王安石全集》,第 1489 页。
③ 《临川先生文集》卷七四,《王安石全集》,第 1323 页。
④ 见《欧阳修全集》卷一一〇《再论水灾状》第 1662—1664 页、卷一〇九《荐王安石、吕公著札子》第 1653—1654 页。

出一头地也。可喜,可喜!"①还预言"三十年后,世上人更不道着我"②,未来的文坛将属于苏轼。以后事态的发展表明,苏轼果然成为继欧阳修之后的文坛巨擘。欧阳修亲口对苏轼说:"我老将休,付子斯文。"③标志着他对欧门继任主盟者的最后抉择。

　　欧阳修有着明确而自觉的续盟意识,然而,由曾而王而苏的选择过程,又是纯属自然发展的结果。这个选择不受外部某种舆论的影响,甚至也不为盟主个人的主观好恶所左右,而是以对象的客观才具为主要标准。从个人的性格志趣而言,欧氏与曾巩无疑最为情投意合,在曾巩身上可以处处看到欧氏的影子,《宋史》把他们两人的传放在同一卷中(卷三一九),就不是偶然的。从当时在士大夫中间的声誉而言,王安石无疑知名度最高,司马光说他"名重天下,士大夫恨不识其面"④,张方平也说:"嘉祐初,王安石名始盛,党友倾一时。"⑤但他热望成为杰出的政治家和思想家,其志主要不在文学方面。于是,苏轼以其倾荡磊落的文学全才,脱颖而出,迅速受知于欧氏,并被文坛一致认同。陈长方《步里客谈》卷下记叙过曾、苏二人互相推美对方的故事:"陈师锡伯修作《五代史序》,文词平平。初,苏子瞻以让曾子固曰:'欧阳门生中,子固先进也。'子固答曰:'子瞻不作,吾何人哉!'"⑥苏轼之所以后来居上者,全凭摛藻翰墨功力信服于人。这种以实际文学才具为基础的自然选择,有利于杰出人才的顺利涌现和

---

① 《欧阳修全集》卷一四九,第2459页。
② (宋)朱弁撰:《风月堂诗话》,中华书局1988年版,卷上,第106页。又见朱弁《曲洧旧闻》卷八(孔凡礼点校,中华书局2002年版,第205页)。
③ 见引于《祭欧阳文忠公夫人文》,《苏轼文集》卷六三,第1956页。
④ 《邵氏闻见录》卷一一,第116页。
⑤ 《文安先生墓表》,《乐全先生文集》卷三九,《宋集珍本丛刊》影印清钞本,第6册,第234页。
⑥ (宋)陈长方撰:《步里客谈》,文渊阁《四库全书》本,第1039册,卷下,第404页。

成长,较少受到人为的压抑,也是欧门这一文学群体稳固性的重要条件。

在欧门的核心成员中,除了曾、王、苏等门生一辈外,还应提到梅尧臣和苏洵的地位和作用。

梅尧臣从明道二年(1033)离河阳赴任德兴县令起,离开了洛阳文人集团。嗣后改知建德、襄阳二县、湖州监税、应辟许昌,一直仕遇不达。其间科场失意,丧妻亡母,命运多舛。嘉祐元年(1056),除母服在京待缺,八月,以欧阳修等人举荐,得补国子监直讲。二年,欧阳修知贡举,又荐他为礼部参详官。梅尧臣官位不高,但在欧门中文学地位却颇突出。他在这一时期不仅与欧阳修保持亲密无间、日趋频繁的文字交往(今存他嘉祐元年给欧的酬和诗 16 首,二年 31 首,三年 11 首,四年 26 首),而且作为前辈诗人又为欧门中人所普遍敬重。

众所周知,梅尧臣关于"奇峭出平淡"的诗歌见解,曾为王安石、苏轼以及后来苏门中黄庭坚等人所赞同和发挥;其实,他的"状难写之景如在目前,含不尽之意见于言外"的名论,也影响广泛,不断被人引以为据,后来张耒的《记行色诗》,即以此评论司马池的一首绝句①。就个人交往关系而言,他和欧门门生也是十分密切的。在庆历七年(1047)的《得曾巩秀才所附滁州欧阳永叔书答意》一诗中②,已开始了与曾巩的交往,但当时并未相识。直到至和二年(1055),他才与曾巩初会于扬州。他的《逢曾子固》诗云:"遽传曾子固,愿欲一相见","昔始知子文,今始识子面","冷坐对寒流,萧然未知倦"③。两人竟作整日娓娓长谈,虽风冷水寒却毫不知觉。嘉祐二年(1057)曾巩中举后,他又有《送曾子固、苏轼》、《夜值广文有感寄曾子固》、

---

① 《张耒集》卷五四,第 822—823 页。
② 《梅尧臣集编年校注》卷一七,第 406 页。
③ 《梅尧臣集编年校注》卷二五,第 819 页。

《重送曾子固》诸诗①，或以"赴海鲸"为比，或以"卧龙腾跃"相励，热情奖掖，不遗馀力。他又说："楚蜀得曾苏，超然皆绝足。父子兄弟间，光辉自联属。""二君从兹归，名价同惊俗。"则对曾巩、苏轼两人同致美好的祝颂。

他在至和元年(1054)已经与王安石诗歌唱和，至和、嘉祐年间，两人又同在汴京，常相往还，唱酬甚多。嘉祐二年王安石出知常州，梅作《送王介甫知毗陵》说："今君请郡去，预喜民将苏。"②已从前此"愿言宽赋刑"的嘱咐变为对其作为地方循吏的推崇了。这是梅、王二人有关为宦作吏方面的意见交流，至于在诗歌艺术方面，也不乏相互砥砺和吸引之处。《西清诗话》卷中记述云："王介甫、欧阳永叔、梅圣俞皆一时闻人，坐上分题赋虎图，介甫先成，众服其敏妙，永叔乃袖手。"③《芥隐笔记》云："荆公在欧公座，分韵送裴如晦知吴江，以'黯然销魂，唯别而已矣'分韵"，王在欧、梅等八人中所作"最为工"④。这里具体记录的两次唱和活动，都提到王安石诗才的特出。而王安石的《明妃曲》，更激起当时以欧阳修为首的众多诗人的唱和，其中也有梅尧臣的《和介甫明妃曲》⑤。但王安石本人仍对梅尧臣推仰备至。陆游《梅圣俞别集序》云："王荆公自谓虎图诗不及先生包鼎画虎之作；又赋哭先生诗，推仰尤至；晚集古句，独多取焉。"⑥王安石秉性坚毅，对别人少所许可，而在梅尧臣这位"诗老"面前，则始终保持诚挚谦逊的态度。

梅尧臣与三苏的交往尤为频繁。他的《题老人泉寄苏明允》诗

---

① 分见《梅尧臣集编年校注》卷二七，第 947、954、955 页。
② 《梅尧臣集编年校注》卷二七，第 946 页。
③ 《西清诗话》卷中，《宋诗话全编》本，第 3 册，第 2501 页。
④ 《说郛三种》，第 3 册，宛委山堂藏明刻本《说郛》卷一一，第 523 页。
⑤ 《梅尧臣集编年校注》卷三〇，第 1143 页。
⑥ 《渭南文集》卷一五，《四部丛刊初编》本，第 4b 页。

云:"日月不知老,家有雏凤皇,百鸟戢羽翼,不敢言文章。"①把二苏比为"凤凰",其文采风流超迈"百鸟",表示出极度倾倒之情。据陆游《梅圣俞别集序》云:"苏翰林(轼)多不可古人,惟次韵和陶渊明及先生(指梅尧臣)二家诗而已。"②苏轼的"和陶诗"今存集中,但"和梅诗"却已佚失③。今苏集中仅存一首《木山》诗,确为和梅之作。其序云:"吾先君子尝蓄木山三峰,且为之记与诗。诗人梅二丈圣俞,见而赋之。"④梅诗即题为《苏明允木山》⑤。苏轼在过了三十年后还予以唱和,可见追怀情思之深。苏轼还作有《五禽言五首》,其序云:"梅圣俞尝作《四禽言》,余谪黄州……遂用圣俞体作《五禽言》。"⑥苏诗亦以反映民生疾苦为主,有"不辞脱袴溪水寒,水中照见催租瘢"等名句。这里标明"用圣俞体",说明梅诗在苏轼等人心目中已形成为成熟而稳定的独特风格。此外,苏诗极用典之壶奥,广采博蒐,不仅用古人古事,也用本朝故事,其中也撷拾梅氏事迹入诗,说明相知的熟稔和深切。如《次韵宋肇惠澄心纸二首》云:"诗老囊空一不留,百番曾作百金收。"自注:"永叔以澄心百幅遗圣俞,圣俞有诗。"⑦诗即梅氏《永叔寄澄心堂纸二幅》,诗云:"江南李氏有国日,百金不许市一枚。"⑧又如熙宁七年(1074)苏轼在《梅圣俞诗中有毛长官者,今於潜令国华也。圣俞殁十五年,而君犹为令,捕蝗至其邑,作诗戏之》中,还勾勒出十五年前老诗人的一幅生动素描:"诗翁憔悴老一官,厌见

---

① 《梅尧臣集编年校注》卷二八,第1051页。
② 《渭南文集》卷一五,《四部丛刊初编》本,第4b页。
③ 郝兰皋《晒书堂笔录》卷五认为陆游此语未可据信,苏轼实未能和梅诗。
④ 《苏轼诗集合注》卷三〇,第1518页。
⑤ 《梅尧臣集编年校注》卷二七,第950页。
⑥ 《苏轼诗集合注》卷二〇,第1031页。
⑦ 《苏轼诗集合注》卷二九,第1452页。
⑧ 《梅尧臣集编年校注》卷一〇,第156页。

苜蓿堆青盘。归来羞涩对妻子，自比鲇鱼缘竹竿。"①末句亦用梅氏故事，《归田录》卷二云：梅氏"其初受敕修《唐书》，语其妻刁氏曰：'吾之修书，可谓猢狲入布袋矣。'刁氏对曰：'君于仕宦，亦何异鲇鱼上竹竿耶！'闻者皆以为善对。"②诗在"戏"语之中，却不乏身世悲凉之感，充满了对梅氏的同情和敬重。

除了曾、王、苏这些核心人物之外，梅尧臣还跟其他欧门门生交往过从。如《杂言送王无咎及第后授江都尉先归建昌》、《文豹篇赠黄介夫》、《次韵答黄介夫七十韵》、《观黄介夫寺丞所收丘潜画牛》等③，均为嘉祐二三年间酬应新科进士王无咎、黄通（介夫）之作，即是例证。凡此都可以看出梅尧臣在欧门中的广泛影响。

还应特别一提的是苏洵。他屡试未售，遂把希望寄托在两个儿子身上。嘉祐元年（1056），他携带张方平、雷简夫给欧阳修的推荐信，偕二子赴京。欧阳修先从吴照邻处得知苏洵的文名，这时在接待本人之后，大为称赏，"目为孙卿子"④，后作《荐布衣苏洵状》云："眉州布衣苏洵，履行淳固，性识明达。亦尝一举有司，不中，遂退而力学。其论议精于物理而善识变权，文章不为空言而期于有用。其所撰《权书》、《衡论》、《机策》二十篇，辞辩闳伟，博于古而宜于今，实有用之言，非特能文之士也。其人文行久为乡间所称，而守道安贫，不营仕进。"⑤"精于物理而善识变权"，"不为空言而期于有用"，这是对苏洵文章内容特点的第一次准确的评价。不是别人，正是苏洵，也是第一位对欧文风格作出准确把握的评论者。他在此时所作的《上欧

---

① 《苏轼诗集合注》卷一二，第 556 页。
② 《归田录》卷二，第 28 页。
③ 分见《梅尧臣集编年校注》卷二七第 961、963 页，卷二八第 1016—1018、1052—1053 页。
④ 《文安先生墓表》，《乐全先生文集》卷三九，《宋集珍本丛刊》影印清钞本，第 6 册，第 234 页。
⑤ 《奏议》卷一六，《欧阳修全集》卷一一二，第 1698 页。

阳内翰第一书》中比较孟、韩、欧三家文风时说:"孟子之文,语约而意尽,不为巉刻斩绝之言,而其锋不可犯。韩子之文,如长江大河,浑浩流转,鱼鼋蛟龙,万怪惶惑,而抑遏蔽掩,不使自露;而人自见其渊然之光,苍然之色,亦自畏避,不敢迫视。执事(欧阳修)之文,纡馀委备,往复百折,而条达疏畅,无所间断;气尽语极,急言竭论,而容与闲易,无艰难劳苦之态。此三者,皆断然自为一家之文也。"①这里所概括的韩、欧文的特点,实际上也可视为对唐宋散文不同风格的定评。这也显示出欧阳修和苏洵在文字上相知之深。由于欧阳修的大力揄扬,又由于二苏的连中高第,三苏文名,声震京师。欧阳修《故霸州文安县主簿苏君(洵)墓志铭》云:"书(指《权书》等)既出,而公卿士大夫争传之。其二子举进士,皆在高等,亦以文学称于时。眉山在西南数千里外,一日父子隐然名动京师,而苏氏文章遂擅天下。……自来京师,一时后生学者皆尊其贤,学其文以为师法。"②王珪也说:"岷峨地僻少人行,一日西来誉满京。"③如果没有欧阳修的推崇和欧门的群体交流的作用,苏洵是不可能如此迅速而广泛地被首都文坛和士子们所承认和折服的。

嘉祐二年试士的结果表明,"欧门"这一松散的文学群体,它的建构却自有其纵横结合的网络。从纵向来说,即是座师和门生这一基本关系,并从中形成欧门的核心,已如前述;从横向来说,则是同年之间的关系。同年关系也是封建时代的一种重要关系,无论对个人今后的仕途顺逆、政治建树、学术志趣和文学交游都产生不同程度、不同性质的复杂影响。

---

① 《嘉祐集笺注》卷一二,第 328—329 页。
② 《欧阳修诗文集校笺》卷三四,第 902—903 页。
③ (宋)王珪撰:《华阳集》,文渊阁《四库全书》本,第 1093 册,卷六《挽霸州文安县主簿苏明允》,第 41 页。

仅以苏轼为例。在他的文集中,提到与他日后保持交游关系的"同年"达 30 人(除苏辙外),如曾巩、章衡、晁端彦、蔡承禧、刁璹、莫君陈、邵迎、苏舜举等(见附表二)。这些同年与苏轼的交往,大致有三种情况:

一类是始终保持良好的友伴关系,对苏轼的生活、性格和事业产生积极的作用。如状元章衡于熙宁三年(1070)冬,自右司谏直集贤院出知郑州,时京师诸友赋诗饯别,推苏轼作《送章子平诗叙》,盛赞其"文章之美,经术之富,政事之敏,守之以正,行之以谦",对他的"困踬而不信"表示同情,期望他"任重道远,必老而后大成"①。以后在苏轼元祐间知杭州时期,又存写给章衡的书信 12 通②,通问近况,馈赠馐美,荐托人事,关系是较为密切的。又如晁端彦,苏轼在《送晁美叔发运右司年兄赴阙》中云:"我年二十无朋俦,当时四海一子由。君来扣门如有求,颀然鹤骨清而修:'醉翁遣我从子游,翁如退之蹈轲丘,(韩愈《赠张籍》诗云:"我身蹈丘柯,爵位不早绾。""蹈丘轲",指实践孔、孟之道。)尚欲放子出一头,酒醒梦断四十秋。'"苏轼自注云:"嘉祐初,轼与子由寓兴国浴室,美叔忽见访,云:'吾从欧阳公游久矣,公令我来与子定交,谓子必名世,老夫亦须放他出一头地。'"③欧阳修特意嘱咐晁端彦与苏轼"定交",不仅表示他对苏轼的格外器重,期待他在欧门中发挥更大的影响,同时也显示出欧阳修作为文坛盟主的特殊作用:介绍荐引,促成门生之间横向关系的发展。苏、晁二人以后友情长存。苏有《怀西湖寄晁美叔同年》、《和晁同年九日见寄》、《和晁美叔老兄》④等诗与之酬酢,其子

---

① 《苏轼文集》卷一〇,第 324 页。
② 见《苏轼文集》卷五五,第 1640—1643 页。
③ 《苏轼诗集合注》卷三五,第 1800 页。
④ 分见《苏轼诗集合注》卷一三第 618—619 页、卷一四第 672 页、卷五〇第 2456 页。

晁说之、咏之也从苏轼游,维持了父子两代的交情。其他如苏舜举,苏轼有《与临安令宗人同年剧饮》诗云:"与君登科如隔晨,敝袍霜叶空残绿。如今莫问老与少,儿子森森如立竹。黄鸡催晓不须愁,老尽世人非我独。"①对人生不再的超脱之慨,正是从"登科"至今的时境反差中获得的。又如蔡承禧,苏轼贬谪黄州时,生活困顿,处境险恶,他独出资帮助苏轼建造南堂五间,以为休憩之所,可见保持着深厚的友谊。

在苏轼的同年中,除了大多数保持友好交往者外,也有政治见解和学术性格相左者,这也是意味深长的。说来巧合,当嘉祐元年(1056)苏洵携二子苏轼、苏辙到达汴京应试时,程珦也与二子程颢、程颐同一年到京。二苏连名中式,二程却先入国子监就学,后因国子监解额减半,仅程颢一人登科。苏、程在日后的交往中,却逐渐演变为洛蜀党争。而另一同年朱光庭,苏轼与他诗歌唱和,今存《次韵朱光庭初夏》、《次韵朱光庭喜雨》②等诗,关系尚称和谐;但朱氏后来从学于二程,成为卫护师门的洛党魁首,遂致反目。他于元祐时因试馆职的考题事弹劾攻讦过苏轼,而苏辙也写过《劾朱光庭劄子》③。张璪与苏轼同时登第后,曾任凤翔府法曹参军,两人同年复兼同事,苏轼那篇有名的《稼说》就是赠给他的;但后在"乌台诗案"中,他却伙同李定等人陷害苏轼,心狠手辣,必欲置于死地而后快。吕惠卿也是苏轼的同年,他作为王安石新法的第二号人物,与苏轼处于政敌的位置,而苏轼在"元祐更化"时期所作的《吕惠卿责授建宁军节度副使本州安置不得签书公事》④的敕令中,也对他声罪致讨,不遗馀力。此外,状元章衡原是章惇的侄子,章惇与苏轼早年乃布衣之交,后为政

---

① 《苏轼诗集合注》卷九,第 426—427 页。
② 分见《苏轼诗集合注》卷二七,第 1370—1371、1371 页。
③ 《栾城集·拾遗》,第 1749—1750 页。
④ 《苏轼文集》卷三九,第 1100 页。

敌,苏轼晚年远贬海南,主其事者即为章惇。但章惇的两个儿子章援、章持又是苏轼元祐三年(1088)知贡举时所拔录的进士,章援且为省元。这些恩恩怨怨的历史纠葛,是宋代士人中的一种特殊的人文景观,演成错综复杂、说不清解不开的人生之谜,却又实实在在,令人不可置信而又不得不信。就苏轼而言,首先是对他人生思想的演变和成熟产生异常深刻的影响。苏轼原本是位喜交各类人士的爽朗豁达之人,天真地认为世上没有一个坏人。贾似道《悦生随抄》引《漫浪野录》云:"苏子瞻泛爱天下士,无贤不肖,欢如也。尝言自上可以陪玉皇大帝,下可以陪悲(卑)田院乞儿。子由晦默,少许可,尝戒子瞻择交。子瞻曰:吾眼前见天下无一个不好人。"[1]其妻王弗也曾忠告他择交必须严别良莠,不能贸然轻信:"轼与客言于外,君(王弗)立屏间听之,退必反复其言曰:'某人也,言辄持两端,惟子意之所向,子何用与是人言?'有来求与轼亲厚甚者,君曰:'恐不能久。其与人锐,其去人必速。'已而果然。"[2]王弗针对丈夫的真率随和,指出在人际关系中对两类人尤应保持警觉:一类是投人所好、见风使舵者;一类是对结交过于轻率,一时亲热超常,过后迅即冷淡者。苏轼的这种在长期的人际交往过程中所遇的挫折、困惑,对"风俗恶甚,朋旧反眼,不可复测"[3]的反复体味,正是他人生思考日趋成熟和深邃的条件。他对周围世界的复杂严酷和人性中善恶的奇特混合都有了深切的感受,促成他后来对人生问题的清醒了悟和翛然超越,并成为贯穿他不少杰出文学作品的一个基本主题。

在苏轼的同年中,有不少其后人成为苏门的成员,这也是值得注意的。如李惇之子李廌,为"苏门六君子"之一。晁端彦之子晁说之

---

[1] 《说郛三种》,涵芬楼藏明抄本《说郛》卷一二,第238页。又见宋高文虎《蓼花州闲录》引《沧浪野录》,《丛书集成初编》本,第11页。
[2] 《亡妻王氏墓志铭》,《苏轼文集》卷一五,第472页。
[3] 《与王定国》之二十七,《苏轼文集》卷五二,第1526页。

(以道)、咏之(之道)兄弟,亦从游苏轼,苏轼有《书晁说之考牧图后》、《答晁以道索书》①等诗,还向朝廷举荐;晁咏之曾向苏轼呈献诗文,苏轼叹为"奇才",奖勉有加②。晁端彦之侄晁补之(无咎),在苏轼知扬州时曾任通判,后为"苏门四学士"之一,情亲益密。刘同年(其名待考)之子刘沔,曾热情地为苏轼编辑集子,以广流传,苏轼在《答刘沔都曹书》中称赞他抉择精严,无一篇伪讹,并评他的作品"清婉雅奥","又喜吾同年兄龙图公之有后也"③。凡此种种,都表明了同年关系的派生演化。这样,从欧门到苏门的延续性,在具体人事关系上也得到了保证。

二、排摈"太学体",宋代散文群体风格的成立

利用科举机会进行文风文体改革或影响文坛风气的导向,在宋代已成为屡见不鲜的现象。嘉祐二年(1057)贡举时所发生的纷争事件,更是一个突出的典型。

韩琦《故观文殿学士太子少师致仕赠太子太师欧阳公墓志铭》说:"嘉祐初,(修)权知贡举。时举者务为险怪之语,号'太学体'。公一切黜去,取其平淡造理者,即预奏名。初虽怨谤纷纭,而文格终以复故者,公之力也。"④关于"黜去"的具体情形,沈括《梦溪笔谈》卷九说:"嘉祐中,士人刘几,累为国学第一人,骤为怪险之语,学者翕然效之,遂成风俗,欧阳公深恶之。会公主文,决意痛惩,凡为新文者,一切弃黜,时体为之一变,欧阳之功也。有一举人论曰:'天地轧,万物茁,圣人发。'公曰:'此必刘几也。'戏续之曰:'秀才剌,试官刷。'乃以大朱笔横抹之,自首至尾,谓之'红勒帛',判大'纰缪'字榜之。既而

---

① 分见《苏轼诗集合注》卷三六第1866—1867页、卷四八第2372页。
② 《宋史》卷四四四《晁补之传》附《晁咏之传》,第13112页。
③ 《苏轼文集》卷四九,第1430页。
④ 韩琦撰:《安阳集》,《宋集珍本丛刊》影印明刻安氏校正本,第6册,卷五〇,第612页。

果凡也。"①关于"怨谤纷纭"的具体情形,《续资治通鉴长编》卷一八五说:"嚣薄之士候修晨朝,群聚诋斥之,至街司逻吏不能止,或为《祭欧阳修文》投其家。"②以发泄愤恨,足以见出相当激烈的势态。

"太学体"的始作俑者,是反对西昆体的健将、欧阳修的同年好友石介。庆历二年(1042),他因杜衍之荐,任国子监直讲;庆历四年设太学后,他又任博士。欧阳修《徂徕石先生墓志铭》云:"太学之兴,自先生始。"③揭示出石介对太学发展的关键作用。据《湘山野录》卷中载,他"主盟上庠,酷愤时文之弊,力振古道"。有位学生作赋,有"今国家始建十亲之宅,新封八大之王"(是年造十王宫,又封八大王元俨为荆王)之句,他阅后勃然大怒,"鸣鼓于堂",严予呵责④。但他在反对时文的拼凑对偶的同时,却助长僻涩怪诞文风的滋长。庆历六年权知贡举张方平在《贡院请诫励天下举人文章》中点名加以批评:"尔来文格,日失其旧,各出新意,相胜为奇。至太学之建,直讲石介课诸生试所业,因其好尚,而遂成风。以怪诞诋讪为高,以流荡猥琐为赡,逾越规矩,惑误后学。"⑤指出石介"太学体"由好新好奇而流于"怪诞诋讪"、"流荡猥琐"之弊。欧阳发《(欧阳修)事迹》中也曾举例揭橥:太学体文"僻涩如'狼子豹孙,林林逐逐'之语,怪诞如'周公伻图,禹操畚锸,傅说负版筑,来筑太平之基'之说"⑥,的确已走到了文学的绝路。

这里应该说明,第一,"太学体"主要指流行于科举场屋的一种"险怪奇涩"的文风,而其文体则包括论、策、诗、赋等各类考试科目,

---

① 沈括著,胡道静校证:《梦溪笔谈校证》,上海古籍出版社1987年版,卷九,第344页。
② 《续资治通鉴长编》卷一八五,第4467页。
③ 《欧阳修诗文集校笺·居士集》卷三四,第897页。
④ 《湘山野录》卷中,第24页。
⑤ 《乐全先生文集》,《宋集珍本丛刊》影印宋刻本,第5册,卷二〇,第482页。
⑥ 《欧阳修全集·附录》卷二,第2636—2637页。

故虽以"古文"为主但不只是"古文"。张方平的文章中已云："今贡院考试诸进士,太学新体间复有之。其赋至八百字以上,而每句有十六、十八字者。论有一千二百字以上,策有置所问而妄肆胸肊条陈他事者。"①明确提到"太学新体"包括赋、论、策诸种样式。第二,"太学体"对于骈体化的西昆体时文是一种变革,张方平是从维护骈体的立场上来反对"太学体"的,而欧阳修则为了追求平易畅达的文风而予以抨击。张、欧的分歧集中表现在对文章"变体",即由"骈体"变为"散体"的不同态度上:

> 自景祐元年(1034)有以变体而擢高第者,后进传效,因是以习。尔来文格日失其旧,各出新意,相胜为奇。
> ——张方平《贡院请诫励天下举人文章》②

> 唐自太宗致治之盛,几乎三代之隆,而惟文章独不能革五国之弊。既久而后韩、柳之徒出。盖习俗难变,而文章变体又难也。
> ——欧阳修《集古录跋尾》卷八《唐元次山铭》③

> 往时作四六者,多用古人语,及广引故事,以炫博学,而不思述事不畅。近时文章变体,如苏氏父子以四六述叙,委曲精尽,不减古人。自学者变格为文,迄今三十年,始得斯人。
> ——欧阳修《试笔》"苏氏四六"条④

我们知道,天圣七年、明道二年、庆历四年仁宗几次下诏戒除文

---

① 《贡院请诫励天下举人文章》,《乐全先生文集》卷二〇,《宋集珍本丛刊》影印宋刻本,第5册,第482页。
② 《乐全先生文集》卷二〇,《宋集珍本丛刊》影印宋刻本,第5册,第482页。
③ 《欧阳修全集》卷一四一,第2261—2262页。
④ 《欧阳修全集》卷一三〇,第1983页。

弊，欧阳修在《苏氏文集序》、《与荆南乐秀才书》中均提到由于皇帝下诏，"讽勉学者以近古，由是其风渐息，而学者稍趋于古焉"，"其后风俗大变，今时之士大夫所为，彬彬有两汉之风矣"①。而这正是张方平所指责的"自景祐元年有以变体而擢高第者"这一情况的背景。这说明西昆体时文在天圣、明道时已趋式微，于是在景祐初的科场中已发生举子用古文而取得高第之事，对此，张方平是不满的。而欧阳修的上述两段言论，前者以唐喻宋，强调"文章变体"之"难"，后者总结"四六"（即西昆体时文）和"近时文章变体"（实特指太学体之类），其共同弊病在于"叙事不畅"，不能达到像苏氏父子"委曲精尽"的地步。由此可见，张方平和欧阳修的反对"太学体"，却代表不同的趋向：前者从文体着眼，所谓"文格日失其旧"，突出的是追求"旧""文格"，乃是维护"旧"的骈体化时文；后者则着力于文风上平易畅达新貌的开拓，而对散体的"古文"仍奉为文章的圭臬，尽管他同时要求这种新型"古文"又能融化、吸取四六骈文的长处。从这个对照中，我们更易理解欧阳修反对"太学体"的要义所在。

"太学体"这个怪胎的产生有着深刻的历史渊源和现实的文化背景。在散文史中本来就存在平易和奇崛两种文风，韩愈面对当时文坛提出的这个问题，从理论上回答说："（文）无难易，唯其是尔。"②但他实际的美学爱好无疑更倾心于"奇崛""难"的方面。他自己的创作已不免"怪怪奇奇"③，其末流更趋于险怪奇涩。到了宋初，不少古文家因反对骈文的浮艳繁丽而追求古奥简要，所作或佶屈聱牙、学古不化，或艰涩怪僻，滞塞不畅。与石介同时的宋祁，所作也有"涩体"之称，其影响实已超出科举场屋的范围。"太学体"继"五代体"、"西昆体"之后，已成为宋代古文运动健康发展的新的障碍。

---

① 分见《欧阳修诗文集校笺·居士集》卷四一第1064页、卷四七第1174页。
② 《答刘正夫书》，《韩昌黎文集校注》卷三，第207页。
③ 《送穷文》，《韩昌黎文集校注》卷八，第571页。

欧阳修继承宋初王禹偁"句之易道、义之易晓"①的主张,对这种奇涩的文风一直采取毫不妥协的批判态度。明道二年(1033)他在《与张秀才第二书》中就提出"其道易知而可法,其言易明而可行。及诞者言之,乃以混蒙虚无为道,洪荒广略为古,其道难法,其言难行"②。景祐二年(1035)他批评石介"好异以取高"的个性,而又"端然居乎学舍,以教人为师",必将对学子产生不良影响③。庆历四年(1044)的《绛守居园池》诗又斥责被韩愈所称道的樊绍述的奇险文风:"异哉樊子怪可呼,心欲独出无古初:穷荒搜幽入有无,一语诘曲百盘纡。孰云已出不剽袭,句断欲学《盘庚》书。"④庆历七年(1047)他又告诫王安石"勿用造语",不要模拟韩文⑤。嘉祐、治平间,他再次批评元结和樊绍述:"余尝患文士不能有所发明以警未悟,而好为新奇以自异,欲以怪而取名,如元结之徒是也。至于樊宗师,遂不胜其弊矣。"⑥他与宋祁同修《新唐书》,对他的"涩体"也揶揄戏谑之:

> 至宋人宋子京,亦雅以文采自负,然与欧阳文忠并修唐史,往往以僻字更易旧文。文忠病之,而不敢言,乃书"宵寐匪祯,札闼洪庥"八字以戏之。宋不知其戏已,因问此二语出何书,当作何解? 欧言此即公撰《唐书》法也。"宵寐匪祯"者,谓"夜梦不祥"也;"札闼洪庥"者,谓"阇宅安吉"也。宋不觉大笑。
> ——吴曾祺《涵芬楼文谈·研许第五》⑦

---

① 《答张扶书》,《小畜集》卷一八,《四部丛刊》本,第15a页。
② 《欧阳修诗文集校笺·外集》卷一六,第1759页。
③ 《欧阳修诗文集校笺·外集》卷一六《与石推官第一书》,第1764—1765页。
④ 《欧阳修诗文集校笺·居士集》卷二,第41页。
⑤ 《与王介甫第一书》,《曾巩集》卷一六,第254—255页。
⑥ 《集古录跋尾》卷六《唐韦维善政论》,《欧阳修全集》卷一三九,第2210页。
⑦ 吴曾祺著:《涵芬楼文谈》,商务印书馆1931年版,第11—12页。

据说宋祁晚年"每见旧所作文章,憎之必欲烧弃"①,大概也对"涩体"有所悔悟。由此可见,嘉祐二年知贡举事件正是欧阳修一贯文论思想发展的必然结果。

利用科举改革来实现自己的文学主张,这在欧阳修也是由来已久的。在北宋科举制的扩大和完善的历史条件下,科场文风与整个文坛风气声息相通,联系密切,特别在散文领域,往往受到科场文风的影响或左右。刘筠、钱惟演在真宗大中祥符、天禧、仁宗天圣年间出任知贡举、同知贡举,对西昆体时文的风行就起过推波助澜的作用。欧阳修对科场文风一直给予极大的关注。早在景祐时他所作的《与黄校书论文章书》中,就已要求科举文的写作,内容上应揭露时弊,不为空言,文风上应博辩深切。他说:"见其弊而识其所以革之者,才识兼通,然后其文博辩而深切,中于时病而不为空言。……然近世应科目文辞,求若此者盖寡。"②庆历二年(1042)因仁宗诏令御试以"应天以实不以文"为题时,他即作《进拟御试应天以实不以文赋》说:"外议皆称,自来科场,只是考试进士文辞,但取空言,无益时事。"③也表示同一意见。庆历新政时,他积极支持范仲淹提出的罢帖经和墨义、改试策论和诗赋、并以策论在先的改革主张,由他起草而以九人联名进呈的《详定贡举条状》中,他写道:"今先举策论,则文辞者留心于治乱矣;简其程式,则闳博者得以驰骋矣;问其大义,则执经者不专于记诵矣。"④力求通过科举内容的改革来影响文坛风气,可谓用心良苦。

欧阳修在嘉祐二年的排摈"太学体",也基于他经世致用的写作目的和平淡造理的美学追求,完全是自觉的。他当时在给王素的信

---

① 宋祁著:《宋景文公笔记》,《丛书集成初编》本,卷上,第5页。
② 《欧阳修诗文集校笺·外集》卷一七,第1784页。
③ 《欧阳修诗文集校笺·外集》卷二四,第1945页。
④ 《奏议》卷八,《欧阳修全集》卷一〇四,第1594页。

中说:

> 某昨被差入省,便知不静。缘累举科场极弊,既痛革之,而上位不主。权贵人家与浮薄子弟,多在京师,易为摇动,一旦喧然,初不能遏,然所得颇当实材,既而稍稍遂定。
>
> ——《与王懿敏公(仲仪)》之三①

在《和公仪试进士终场有作》诗中,他也写道:

> 朝家意在取遗才,乐育推仁亦至哉!
> 本欲励贤敦古学,可嗟趋利竞朋来。
> 昔人自重身难进,薄俗多端路久开。
> 何异鳣鲂争尺水,巨鱼先已化风雷。②

我们知道,国子学原为贵胄子弟而设,所谓"国学教胄子",然自入宋以后,它逐渐向太学转化,最终二学合一,成为太学单轨制。太学变为兼收士庶子弟的学校,贵胄子弟也在太学求学。欧阳修在这里明确指出,写作太学体的生员多是"权贵人家与浮薄子弟",大都为"趋利竞朋"的"鳣鲂"之辈,指明了这批聚众闹事者的社会身份;而他从"乐育推仁"、"励贤敦古学"的目的出发,顶住压力,排除纷扰,坚持以平易达理为衡文标准,深以"所得颇当实材"而自豪,并把录取的进士喻为激荡风雷的"巨鱼",欣喜自慰之情,溢于言表。这一信一诗可以视作欧阳修对这次贡举纠纷的自我总结。

欧阳修的排摈太学体影响深远。首先他得到了朝廷的支持。

---

① 《书简》卷三,《欧阳修全集》卷一四六,第2387页。
② 《欧阳修诗文集校笺·外集》卷七,第1479页。

《续资治通鉴长编》卷一八五引李复圭《记闻》云:"是春(嘉祐二年)以进士群辱欧阳修之故,殿试并赐及第,不落一人。"①《文献通考》卷三一《选举四》亦云:"嘉祐二年,亲试举人,凡进士与殿试者,始皆免黜落。"②宋代的殿试,对礼部的奏名进士,原来是"黜者甚多"的③,而嘉祐二年的殿试却开了取消黜落制的先例,以后且成为一种常制。这与"进士群辱欧阳修"有关,也就是说,欧阳修贬斥太学体,黜落刘几等太学举子,而以"平淡典要"为衡文标准所录取的礼部奏名的全部进士,无一例外地为皇帝御试认可,这表明中央朝廷对他此举的肯定和支持,因而获得广泛的社会政治影响并垂范后世。直至南宋孝宗时,仍有人以他为榜样。《宋会要辑稿》选举二二云:淳熙十四年(1187)"十一月二十五日,右正言黄抡言:国家以文章取士,莫盛于进士之一科。……本朝嘉祐中,刘几倡为怪僻之文,士子翕然效之。欧阳修适知贡举,痛加排斥,然后文体复归于正。厥今韦布之士数千万辈,求售有司,莫不以文艺相高,取其中的者以为程式。彼司文柄者,纵未得人人如韩愈、欧阳修,亦宜妙极一时之选。"④"文体复归于正"是欧氏此举的积极成果。

总之,欧阳修经过二三十年的不懈努力,既反对"剽剥故事,雕刻破碎"的西昆体骈文的流弊(前此是浮艳卑弱的五代体),又吸取宋初以来古文家写作的失败经验,才把建立平易自然、流畅婉转的风格,作为宋代古文运动的基本目标。他开创了一代文风,这是他对中国散文史的最突出的贡献。在逐步形成宋代散文这一群体风格的进程中,嘉祐二年的贡举事件是一个不可忽视的重要环节。

---

① 《续资治通鉴长编》卷一八五,第4472页。
② (元)马端临撰,上海师范大学古籍研究所、华东师范大学古籍研究所点校:《文献通考》,中华书局2011年版,卷三一,第900页。
③ 见《宋史》卷一五五《选举志一》(第3619页)引苏轼、孔文仲语。
④ 《宋会要辑稿·选举二二》,第5661页。

三、"锁院"诗歌唱和的文学活动

宋代科举还有一项唐代所无的制度,即"锁院"。考官们在接到任命后,即应移居贡院,断绝与外界的联系,直到考试事毕。考官们在此期间,除了处理考试事务外,常常又是诗歌唱和的绝好机会。欧阳修曾记载嘉祐二年"锁院"唱和的情形说:

> 嘉祐二年,余与端明韩子华(绛)、翰长王禹玉(珪)、侍读范景仁(镇)、龙图梅公仪(挚)同知礼部贡举,辟梅圣俞为小试官。凡锁院五十日,六人者相与唱和,为古律歌诗一百七十余篇,集为三卷。……前此为南省试官者,多窘束条制,不少放怀。余六人者,欢然相得,群居终日,长篇险韵,众制交作,笔吏疲于写录,僮史奔走往来,间以滑稽嘲谑,形于风刺,更相酬酢,往往烘堂绝倒,自谓一时盛事,前此未之有也。
>
> ——《归田录》卷二①

这次锁院是从正月初七"人日"开始的,至二月底出闱。梅尧臣《出省有日书事和永叔》云:"辞家彩胜人为日,归路梨花雨合晴。"②其《和正月六日沈文通学士遗温柑》亦有"明朝锁礼闱"句③,知入闱为次日初七。囿居省院,他们对封闭环境不能不感到压抑,常以笼中鹦鹉自喻:梅尧臣《上元从主人("人"当作"文",指欧阳修)登尚书省东楼》:"谁教言语如鹦鹉,便着金笼密锁关。"④欧氏也有"身遭锁闭如鹦鹉"之句⑤,王珪《又东楼诗》说:"应为能言锁鹦鹉,翻愁无

---

① 《归田录》卷二,第 31—32 页。
② 《梅尧臣集编年校注》卷二七,第 936 页。
③ 《梅尧臣集编年校注》卷二七,第 911 页。
④ 《梅尧臣集编年校注》卷二七,第 923 页。
⑤ 《和圣俞春雨》,《欧阳修诗文集校笺·居士集》卷一二,第 388 页。

思学杨花","偶向东楼望春色,归心不觉到天涯"①。因而,诗歌酬答成了调节受困精神的良药,出现了"笔吏疲于写录,僮史奔走往来"的"一时盛事"。梅尧臣《二月五日雪》诗结句云:"冻吟谁料我,相与赌流霞。"自注云:"闻永叔谓子华曰:'明日圣俞若无诗,修输一杯酒'。"②诗友们在封闭环境中更能增强诗歌唱和中原本存在的竞争机制,激活诗兴,促成创作欲达于旺盛之境。

这部一百七十多首的三卷本礼部唱和集,今已失传,现在还能搜集到八九十首,主要保留在欧阳修、梅尧臣、王珪的集子里(欧约32首,梅约36首,王约18首,另范镇有诗一首及断句一联)。这些诗篇的内容,一是反映了当年科举试士的实况,不仅富有文学意味,而且具有珍贵的科举史料价值。考官们入闱以后,一般住在尚书省东厢,又遇上元宵灯节,不能外出游赏,只好登楼眺望。蔡宽夫《诗话》云:"故事,春试进士皆在南省中东厢。刑部有楼,甚宏壮,旁视宣德门,直抵州桥。锁院每以正月五日至元夕,例未引试,考官往往窃登楼以望御路灯火之盛。"③梅尧臣先作《莫登楼》诗,诸公相与唱和(今存欧、王和作各一首);但后来毕竟登楼,以骋游目,梅作《上元从主人(文)登尚书省东楼》三首,欧、王亦各作和诗三首,均极写上元之夜的繁华。梅诗写灯火之璀璨:"闾阖前临万岁山,烛龙衔火夜珠还。"④写饮酒听乐之欢怡:"法部乐声长满耳,上樽醇味易酡颜。"⑤写游女如织之美景:"人似常娥来陌上,灯如明月在云间。"⑥诗笔酣畅灵动,具见一扫积郁、心神飞扬的愉悦。

欧阳修《礼部贡院阅进士就试》、梅尧臣《较艺和王禹玉内翰》

---

① 《华阳集》卷三,文渊阁《四库全书》本,第1093册,第19页。
② 《梅尧臣集编年校注》卷二七,第928页。
③ 郭绍虞辑:《宋诗话辑佚》,中华书局1980年版,第406—407页。
④ 《梅尧臣集编年校注》卷二七,第922页。
⑤ 《自和》,《梅尧臣集编年校注》卷二七,第923页。
⑥ 《又和》,《梅尧臣集编年校注》卷二七,第923页。

等诗,再现了举士们临场答卷、考官们衡文判卷的情景。欧云:"无哗战士衔枚勇,下笔春蚕食叶声。""自惭衰病心神耗,赖有群公鉴裁精。"①前两句谓试场寂静肃穆,但闻笔底簌簌有声,犹如春蚕食叶,后两句自谦,"群公"即王珪等四人。梅云:"万蚁战来春日暖,五星明处夜堂深。"②则以万蚁相战形容试场的紧张气氛,"五星"为双关语,写景兼指欧氏等五位主考官。

宋代评卷定等的办法颇为周密复杂。《宋史》卷一五五《选举志一》云:"试卷,内臣收之,付编排官,去其卷首乡贯状,别以字号第之;付封弥官誊写校勘,用御书院印,付考官定等毕,复封弥送覆考官再定等。编排官阅其同异,未同者再考之;如复不同,即以相附近者为定。始取乡贯状字号合之,即第其姓名、差次,并试卷以闻。"③这一全过程是:一、糊名,此乃宋代独创而唐代所无的,目的是为了杜绝营私舞弊;二、由初考官初次判卷,定出等第;三、再次糊名,由覆考官覆判;四、由详定官以两次判卷的结果决定等第;五、揭去糊名,恢复姓名、乡贯,决定礼部录取的名单,奏闻朝廷,以供殿试最后裁决,这叫奏名,也叫定号。这一全过程在欧阳修等人的唱和诗中都有反映。从王珪的《仁字卷子》、《信字卷子》④等诗题中,还可看出卷子分类归档的办法,他还说:"春闱只恐有遗材,据案重将信字开。"这是对已判试卷再次进行覆核的情况。梅尧臣《定号依韵和禹玉》中云:"天

---

① 《欧阳修诗文集校笺·居士集》卷一二,第 378 页。
② 《较艺和王禹玉内翰》,《梅尧臣集编年校注》卷二七,第 930 页。按,"万蚁"梅集作"白蚁",此据《石林诗话》。
③ 《宋史》卷一五五,第 3610 页。参阅范镇《东斋纪事》卷一:"旧制:御试举人,设初考官,先定等第,复弥封之,以送覆考官,再定等第,乃付详定官,发初考官所定等,以对覆考之等,如同即已,不同,则详其程文,当从初考,或从覆考为定,即不得别立等。"(中华书局 1980 年版,第 9 页。)
④ 《华阳集》卷三,文渊阁《四库全书》本,第 1093 册,第 21 页。

下持平手,毫偏不置胸。文从有司较,卷是近臣封。"①王珪《喜定号》云:"冤家成行对,侧理入腰封。海阔珠难探,山辉玉易攻。"②则是写考官们判卷的慎重和公正。欧阳修《喜定号和禹玉内翰》更明确表示他排摈太学体的决心:"衡鉴惭叨选,英豪此所钟。古今参雅郑,善恶杂皋共。""但喜真才得,宁虞横议攻?"③

奏名以后即是殿试,按例主考官们不能参加;殿试最终决定录取名单和等第,并放榜公布。梅尧臣云:"淡墨榜名何日出,金明池苑可能寻。"④这里反映出两个细节:一是"淡墨榜名",范镇其时赠欧阳修诗亦有"澹墨题名第一人"之句⑤。原来宋时进士榜的书写,榜首"礼部贡院"四字用淡墨,及第进士的姓名用浓墨。宋程大昌《雍录》卷八《职官·礼部南院》载:"今世淡墨书进士榜首,列为四字曰'礼部贡院'者,唐世遗则也。"⑥蔡宽夫《诗话》亦云:"今贡院放榜,但以黄纸淡墨,前书'礼部贡院'四字,馀皆浓墨。"⑦梅尧臣、范镇的诗句似谓及第进士的姓名也用淡墨书写,则是根据唐代科举中的一种传闻而运用典实而已,并非事实如是。王珪《仁字卷子》云:"春官不下真朱点,阴注将成淡墨书。"⑧也是用典。《唐摭言》卷八有《阴注阳受》条,记一道士"能使鬼神"预定进士名第;同书卷一五《杂文》云:"进士榜头,竖黏黄纸四张,以毡笔淡墨衮转书曰:'礼部贡院'四字。……或象阴注阳受之状。"⑨"阴注阳受"即谓"淡墨书"似鬼神所

---

① 《梅尧臣集编年校注》卷二七,第936页。
② 《华阳集》卷二,文渊阁《四库全书》本,第1093册,第9页。
③ 《欧阳修诗文集校笺·居士集》卷一二,第390页。
④ 《较艺和王禹玉内翰》,《梅尧臣集编年校注》卷二七,第930页。
⑤ 见《归田录》卷二引(第32页)。
⑥ (宋)程大昌撰,黄永年点校:《雍录》,中华书局2002年版,卷八,第162页。
⑦ 《宋诗话辑佚》,第418页。
⑧ 《华阳集》卷三,文渊阁《四库全书》本,第1093册,第21页。
⑨ (五代)王定保撰:《唐摭言》,《丛书集成初编》本,第70、133页。

书之迹①。二是金明池之游。金明池是汴京城西的一处游赏胜地,与琼林苑、宜春苑、玉津园并称四园,且与琼林苑相邻。清周城《宋东京考》卷一一云:"琼林苑,在新郑门外,俗呼为西青城。乾德中建,为晏(宴)进士之所。与金明池南北相对,其中松柏森列,百花芬郁。"②宋叶梦得《石林燕语》卷一云:"今惟琼林、金明最盛,岁以二月开(《东京梦华录》卷七则谓三月一日开,有《三月一日开金明池琼林苑》条),命士庶纵观,谓之开池;至上巳,车驾临幸毕,即闭。岁赐二府从官燕,及进士闻喜燕,皆在其间。"③唐时有新科进士"曲江游宴"的著名习俗,梅尧臣此诗所述,即谓榜上有名的幸运儿,可能在金明池畔相遇,正是唐时科举习俗的馀风遗韵。王珪《较艺书事》云:"黄纸贴名书案密,棠梨雕字赋题新。高材顷刻闻天下,谁是墙东冠榜人。"自注:"元和以前张榜南院东墙。"④这与《唐摭言》卷一五《杂记》"进士旧例于都省考试,南院放榜,张榜墙乃南院东墙也"⑤的记载是一致的,但宋时张榜地点,诗中却无明言;至于张榜时间,则与唐时一样,例在黎明。唐长庆时进士陈标《赠元和十三年登第进士》诗云:"春官南院粉墙东,地色初分月色红。"⑥韦庄《癸丑年下第献新先辈》诗云:"五更残月省墙边,绛帟霓旌卓晓烟。"⑦反映唐时放榜,残月犹在,晓烟朦胧。王珪诗中则明言"拂晓"。他的《和公仪上马诗》中预言:"拂晓便随新榜出,九门风景

---

① 参看傅璇琮《唐代科举与文学》第十一章第二节,陕西人民出版社1986年版,第296页。
② (清)周城撰:《宋东京考》,《续修四库全书》本,第734册,卷一一,第367页。
③ (宋)叶梦得撰,宇文绍奕考异,侯忠义点校:《石林燕语》,中华书局1997年版,卷一,第4页。
④ 《华阳集》卷三,文渊阁《四库全书》本,第1093册,第21页。
⑤ 《唐摭言》卷一五,《丛书集成初编》本,第133页。
⑥ (清)彭定求等编:《全唐诗》,中华书局1960年版,卷五○八,第5770页。
⑦ (五代)韦庄著,聂安福笺注:《韦庄集笺注》,上海古籍出版社2002年版,卷八,第290页。

马前来。"①可知考官们就在放榜之日拂晓出闱,将目睹举子们争相观榜、激动人心的紧张"风景"。至此,考试事将毕,欧阳修便作《出省有日书事》②,诸人唱和,可以算作这次试院唱和诗的一组压卷之作。

  这些诗篇的另一内容是反映诗友之间的人际关系和人生感慨。王珪系庆历二年(1042)进士,先应武成军州试,其时欧阳修正任武成军节度判官厅公事,参加试士,因而与王珪有座主门生之谊;十五年后一起较士,被目为罕事。蔡宽夫《诗话》云:"座主门生同列,固儒者盛事,而玉堂尤为天下文学之极选,国朝以来,惟此二人,前此所未有也。"③他们本人也不禁感慨万千:

> 诏书初捧下西厢,重棘连催暮钥忙。
> 绿绣珥貂留帝诏,紫衣铺案拜宸香。
> 卷如骤雨收声急,笔似飞泉落势长。
> 十五年前出门下,最荣今日预东堂。
> ——王珪《呈永叔书事》④

> 昔时叨入武成宫,曾看挥毫气吐虹。
> 梦寐闲思十年旧,笑谈今此一樽同。
> 喜君新赐黄金带,顾我宜为白发翁。
> 自古荐贤为报国,幸依精识士称公。
> ——欧阳修《答王禹玉见赠》⑤

王诗是从今日试场景况追溯过去,欧诗则从过去试场景况返观今日,

---

① 《华阳集》卷三,文渊阁《四库全书》本,第1093册,第20页。
② 《欧阳修诗文集校笺·居士集》卷一二,第389页。
③ 《宋诗话辑佚》,第417页。
④ 《华阳集》卷三,文渊阁《四库全书》本,第1093册,第20页。
⑤ 《欧阳修诗文集校笺·居士集》卷一二,第382页。

时间的距离使今昔对比越发显出喜庆意味,两人共享欢欣慰藉之乐。纪昀评王诗"颇有气格,惟三、四稍冗"①,重气格,正是宋诗特点所在,也可移评欧诗。

另一位范镇,是宝元元年(1038)进士,他也是一位国学、南省皆为第一名的异才,与欧阳修相同(欧氏更是监元、解元、省元"连中三元"之人)。现在共处省闱,对此一段相同遭际自不能无诗。他赠欧阳修诗云:"淡墨题名第一人,孤生何幸继前尘。"②他对自己继欧氏之后获此殊荣,自谦亦复自豪!

比起王珪、范镇来,梅尧臣的感触就复杂得多。他一直沉沦下僚,困顿至今。对于欧、王的共荣同贵,既赞叹又钦羡:"今看座主与门生,事事相同举世荣。"③"天下才名罕有双,今逢陆海与潘江。"④尽情讴歌他俩地位的尊荣,才名的隆盛,并以陆机、潘岳为喻。面对欧、王这对师生的"事事相同举世荣",反思自己和欧氏昔日原是同辈僚佐,今日却成了欧氏的下属;但比之三十年来的宦途偃蹇,毕竟有些亮色。回想欧氏《读蟠桃诗寄子美》⑤中曾有韩、孟之语,梅尧臣感而作诗云:"思归有梦同谁说,强意题诗只自宽,犹喜共量天下士,亦胜东野亦胜韩。"⑥虽然自忖比韩、孟境况各有所"胜",但这个比较是在韩、孟名位悬殊的前提下作出的,因而对于自己的处身卑微仍不免感伤,"喜"也不过是"自宽"而已。梅尧臣其时是以国子监直讲受聘为参详官的,在与五位主考官的唱和中,他总抹不掉这份低人一等的感觉:"五公雄笔厕其间,愧似丘陵拟

---

① 《瀛奎律髓汇评》卷二,第76页。
② 《苕溪渔隐丛话·后集》卷二一引蔡宽夫《诗话》,第150页。
③ 《较艺赠永叔和禹玉》,《梅尧臣集编年校注》卷二七,第931—932页。
④ 《谢永叔答述旧之作和禹玉》,《梅尧臣集编年校注》卷二七,第931页。
⑤ 《欧阳修诗文集校笺·居士集》卷二,第59页。
⑥ 《和永叔内翰》,《梅尧臣集编年校注》卷二七,第926页。

泰山。""群公锦绣为肠胃,独我尘埃满肺肝,强应小诗无气味,犹惭白发厕郎官。"①这些自谦诗才凡庸、诗味不足的诗篇,恰恰是梅诗中最堪讽咏的篇什,诗歌的优劣原不是跟地位的高下成正比的,通常的情况正如欧阳修所说:"诗穷而后工!"

古人诗歌酬唱,本来是"和诗不和韵",即不拘体制也不袭原韵的。如高适《赠杜二拾遗》云:"草《玄》今已毕,此外复何言?"②杜甫《酬高使君相赠》答云:"草《玄》吾岂敢?赋或似相如。"③只就来意往应。中唐大历时期,李端、卢纶等人始有次韵酬和之作,到了白居易和元稹、刘禹锡,皮日休和陆龟蒙等人,则更成为一时风气,并编为专集,如白、元、刘之《还往集》、《因继集》,皮、陆的《松陵集》等。和韵又分三类:"和诗用来诗之韵,曰用韵;依来诗之韵尽押之不必以次,曰依韵;并依其先后而次之,曰次韵。"④一般说来,这对以抒情为目的的诗歌创作是一种束缚。

降及宋代,诗歌酬唱之风渐开,特别是宋初几位君主皆雅好艺文,君臣之间应制、奉和之声代代不绝,臣僚们在特定场合也纷纷热衷此道,著名的就是杨亿、钱惟演、刘筠等在馆阁所作的《西昆酬唱集》。但《西昆酬唱集》中还没有"依韵"、"次韵"之作,"用韵"者所占比例也甚少。到这次欧阳修等人的礼部唱和,始有较多的次韵之作,如梅尧臣《上元从主人(文)登尚书省东楼》三首,欧、王皆存和作;王珪《喜定号》一律,欧、梅亦有和作,均为次韵诗。次韵对诗歌创作艺术的损害是毋庸讳言的;然而,却也在角逐争胜、雕心刻肾中,刺激诗

---

① 《和公仪龙图戏勉》、《较艺和王禹玉内翰·再和》,《梅尧臣集编年校注》卷二七,第923、931页。
② (唐)高适著,孙钦善校注:《高适集校注》,上海古籍出版社1984年版,第263页。
③ (唐)杜甫著,(清)仇兆鳌注:《杜诗详注》,中华书局2004年版,卷九,第727页。
④ (明)胡震亨撰:《唐音癸签》,上海古籍出版社1981年版,卷三,第25页。

人们运思的活跃,增添文人生活的雅化情趣,并在因难见巧中锻炼和提高创作的基本技巧,获得别一种艺术效果。对于和韵这一中国诗歌史中常见的文学现象,其积极作用和消极影响,似均宜给予公允的恰当评价。我们不妨读一下白居易的《因继集重序》:

> 去年,微之取予《长庆集》中诗未对答者五十七首,追和之,合一百一十四首,寄来,题为《因继集》卷之一("因继"之解,具微之前序中)。今年(大和二年),予复以近诗五十首寄去,微之不逾月依韵尽和,合一百首,又寄来,题为《因继集》卷之二。卷末批云:"更拣好者寄来。"盖示馀勇,磨砺以须我耳。予不敢退舍,即日又收拾新作格律诗共五十首寄去,虽不得好,且以供命。夫文犹战也,一鼓作气,再而衰,三而竭。微之转战,追兹三矣,即不知百胜之术多多益办耶?抑又不知鼓衰气竭、自此为迁延之役耶?进退唯命。……①

这段关于"磨砺"和"文犹战也"的述说中,我们不难看出在"依韵尽和"的里面,蕴藏着两颗不倦诗心的撞击和融合,展示出竞争机制的活力。这是个人在孤独的封闭环境中所没有的,应是有益于创作的因素,尽管这种有益因素之是否能转化为优秀创作,还要有其他条件的配合。

当然,"唱和"对创作的负面影响也是不容忽视的。除了受拘限、多束缚这一类显而易见的局限外,诗歌风格也极易雷同。欧阳修等人的礼部唱和诗,较多的作品倒是"和诗不和韵"的,虽不是次韵、依韵诗,但也同样存在这个问题。如王珪《较艺将毕呈诸公》:

> 文昌宫里柳依依,谁折长条赠我归?

---

① 《白居易集笺校》卷六九,第3709页。

雨润紫泥昏诏墨，风吹红蕊上朝衣。
玉堂燕子应先入，朱阁杨花已半飞。
寒食未过春景熟，好同天陌去骈骈。①

欧阳修的《和较艺将毕》：

槐柳来时绿未匀，开门节物一番新。
踏青寒食追游骑，赐火清明忝侍臣。
拂面蜘蛛占喜事，入帘蝴蝶报家人。
莫瞋年少思归切，白发衰翁尚惜春。②

梅尧臣的《较艺将毕和禹玉》：

窗前高树有栖鹊，记取明朝飞向东。
家在望春门外住，身居华省信难通。
夜闻相府催张榜，晓听都堂议奏中。
龙阁凤池人渐隔，犹因朝谒望鳌宫。③

在"唱和"这种特定的诗歌创作背景下，诗人们固然仍有不少遵循"为情而造文"、借以抒发一己情志的原则，但有时不免服从于"为文而造情"即以文为娱的目的。这种文学功能的转移，首先造成上述三首律诗内容上的大致相类：一是对即将出闱归家的悬想；二是对贡院情景的描摹，连发端都同以柳树起兴。同时，相互酬唱又是一种同僚间的感情交流和精神振奋，在诗歌艺术上往往彼此接受对方的

---

① 《华阳集》卷三，文渊阁《四库全书》本，第 1093 册，第 21 页。
② 《欧阳修诗文集校笺·居士集》卷一二，第 389—390 页。
③ 《梅尧臣集编年校注》卷二七，第 934 页。

风格和特点,自己的创作个性则趋于淡化。这三首诗的共性即在于情辞闲雅整练,极尽镕铸变化之能事。当然细细体味,王诗"雨润"一联仍表现其雍容富丽的创作个性,世人评王珪诗作"能道富贵语","当时有'至宝丹'之喻"①,而欧、梅两律则呈露出疏朗畅达的本来面目。但这三首律诗,总的说来,共性仍大于个性。

这次"锁院"酬和,写作最多的是二梅:梅尧臣、梅挚。王珪《和公仪上马诗》云:"诗似神仙并姓梅。"自注云:"公仪、圣俞赓唱最多。"②然而今存作品最多、文学水平最高的还是欧、梅、王三人,梅挚的作品,和韩绛一样,现已失传。但欧阳修对他俩的评语却保存下来:"子华笔力豪赡,公仪文思温雅而敏捷,皆勍敌也。"③他们六人都是这场诗歌角逐的优胜者,获得了一定的成就,还发生了广泛的社会影响。

这次礼部唱和活动,对他们本人来说,带来的却是意外的消极性的社会后果。叶梦得《石林诗话》卷下云:"至和嘉祐间,场屋举子为文尚奇涩,读或不能成句。欧阳文忠力欲革其弊,既知贡举,凡文涉雕刻者,皆黜之。时范景仁、王禹玉、梅公仪、韩子华同事,而梅尧臣为参详官,未引试前,唱酬诗极多。文忠'无哗战士衔枚勇,下笔春蚕食叶声',最为警策。圣俞有'万蚁战时春昼永,五星明处夜堂深',亦为诸公所称。及放榜,平时有声如刘煇辈,皆不预选,士论颇汹汹。未几诗传,遂哄哄然,以为主司耽于唱酬,不暇详考校,且言以'五星'自比,而待吾曹为蚕蚁,因造为丑语。自是礼闱不复敢作诗,终元丰末几三十年。"④礼闱唱和之风却因此中断,真所谓"福兮祸之所伏"了。

---

① (宋)葛立方著:《韵语阳秋》,《丛书集成初编》本,卷一,第7页。
② 《华阳集》卷三,文渊阁《四库全书》本,第1093册,第20页。
③ 《归田录》卷二,第32页。
④ (宋)叶梦得著:《石林诗话》,《历代诗话》本,卷下,第429页。

然而，这一礼闱唱和的传统，后来却为欧阳修的继任者，新的文坛领袖苏轼所继承和发扬。无独有偶，苏轼在元祐三年（1088）知贡举时，黄庭坚、李公麟、蔡天启、晁无咎等为僚属，唱和尤盛，佳句无算。方回云："欧、苏大老，昔司文衡，赋诗较艺，两用其至，绰绰有馀。盖不可复见矣，悲夫！"①竟成为以欧、苏为中心的先后辉映的两次重要文学活动，而"唱和"对有宋一代诗歌乃至词作的深广影响，其艺术上的是非得失，仍有待我们继续评说。

〔附表一〕 嘉祐二年进士名单

清谢旻等《江西通志》卷四九	王华(南昌)、黄孝宽(分宁)、黄湜(分宁)、黄灝(分宁)、熊皋(鄱阳)、程中立(乐平)、马修辅(乐平)、汪浃(德兴)、黄翊(安仁)、程筠(浮梁)、陈晞(安仁)、许昌龄(建昌)、洪规(建昌)、皇镇(都昌)、李宗复(建昌)、周牧(德化)、王韶(德安)、吴幹(南城)、曾巩(南丰)、蔡承禧(临川)、王正辞(临川)、曾布(南丰)、曾牟(南丰)、王无咎(南城)、潘洙(临川)、蔡元导(临川)、曾阜(南丰)、邓考甫(临川)、章格(庐陵)、郭元通(泰和)、胡辟(吉水)、萧汝器(吉水)、张君卿(永新)、萧世京(龙泉)、李鹗(清江)、傅燮(清江)、李中(清江)、李浑(清江)
清嵇曾筠等《浙江通志》卷一二三	杨完(钱塘)、钱大顺(钱塘)、叶温叟(盐官)、陈已(临安)、陆覃(临安)、黄显(於潜)、许广渊(新城)、胡闰(嘉兴)、吕全(嘉兴)、莫君陈(归安)、施硕(归安)、张修(归安)、卢隐(鄞)、项晞(鄞)、葛良嗣(鄞)、周师厚(鄞)、刘仲渊(鄞)、于诜(鄞)、陈谏(象山)、陈辅(象山)、陈谅(象山)、王渊(山阴)、褚理(山阴)、傅传正(山阴)、唐毂(山阴)、余京(会稽)、章蒙(诸暨)、石深之(新昌)、石景渊(新昌)、徐无欲(永康)、张巽(武义)、戴洙(西安)、徐庠(西安)、郑晋(西安)、郑旭(西安)、赵扬(西安)、景松(常山)、祝宝(常山)、方仲谋(淳安)

---

① 《瀛奎律髓汇评》卷二，第 74 页。

续表

宋罗浚《宝庆四明志》卷一〇（又见元袁桷《延祐四明志》卷六）	于锐（籍开封）
明万历《新昌县志》卷一〇	石麟之
清郝玉麟等《福建通志》卷三三	闽县：张宗闵、李皇臣；侯官：陆长倩、陆衍、曾默、王回、王向、陆宪元；长乐：林密；福清：林希、林旦、林棐、林开；古田：陈格；莆田：林辅德、陈若宾、林伸、顾寀、陈侗、林冕、林子春；晋江：吕惠卿、苏随、蔡洢、辜肃、陈龙辅、杨汲、张纪、陈思、陈辟；南安：柯世程；惠安：谢履、陈沼、崔宋臣；剑浦：陈皋谟、吴潜；建安：刘泾、范觊、黄任、魏洙、黄先、陈戬、李弼；瓯宁：彭次云、陈沂、黄翙、杨长聘、陈让贤、丘高、徐昉、黄洙；建阳：陈郛；崇安：翁仲通；浦城：章衡、黄好谦；邵武：黄通、上官垲、孙迪；光泽：上官基。特奏名：陈锡（晋江）、李中孚（龙溪）、詹枢（崇安）、彭歆（崇安）、杨昭述（浦城）
清田文镜等《河南通志》卷四五	程颢（洛阳）、林舍（辉县）
清觉罗石麟等《山西通志》卷六五	盖抃（长治）
清刘于义等《陕西通志》卷三〇	吕大钧（兰田）、张载（郿县）
清郝玉麟等《广东通志》卷三一	姚宗卿（南海）、徐元更（番禺）、余仲荀（曲江）、李中复（博罗）、邝靖（潮州）
清金鉷等《广西通志》卷七〇	黄君奭（平乐）、黄君卿（平乐）、李时亮（博白）、秦怀忠（博白）
清卞宝第等《湖南通志》卷一三四	侯询（衡山）

第二章 欧(阳修)门进士集团

续　表

清刊《湖北通志》卷一二三	周传(兴国)、郭良肱(兴国)
宋范成大《吴郡志》卷二八	陆元规、郏亶
明隆庆《仪真县志》卷九	傅绎
宋罗愿《新安志》卷八	王淑(绩溪)、胡彭年(婺源)、汪汲(绩溪)
明弘治《徽州府志》卷六	汪深、汪激、汪淇
苏轼《次韵子由送家退翁知怀安军》诗(《苏轼诗集》卷二八)①	苏轼(眉山)、苏辙(眉山)、家定国(眉山)等13人
[附表二]《苏轼的同年名单》收录30人,其中不见前列诸书的有19人,见右	晁端彦、刁璹、单锡、邵迎、苏舜举、朱光庭、蒋之奇、李惇、张琥、黄好古、丁骘、王琦、时同年、孙同年(?)、刘同年(?)、杨同年(?)②、邓文约、傅才元、吴子上
苏辙《次韵冯弋同年》(《栾城集》卷一一)	冯弋
苏辙《送张师道、杨寿祺二同年》(《栾城集》卷二)③	张师道(蜀)、张师厚(蜀)、杨寿祺(楚)

① 苏轼此诗自注云:"吾州同年友十三人。"(第1497页)又见其《谢范舍人书》(《苏轼文集》卷四九,第1425—1426页)。
② 孙、刘、杨三"同年"名字失考,与前面所列同姓者是否为一人,不得而知。
③ 苏辙此诗云:"故国多贤俊,登科并弟兄。"(第48页)知张、杨皆兄弟同时登第。张之弟为张师厚,杨之兄弟不详。

续　表

曾巩《都官员外郎胥君墓志铭》（《曾巩集》卷四三）①	胥元衡
《宋会要辑稿·选举二之九》②	窦卞、罗恺、郑雍、朱初平
清厉鹗《宋诗纪事》卷二一、二二	黄履、冯山、王观、李渤
	以上共204人

[附表二] 苏轼的同年名单（限于苏集中有诗文交往者）

1.	章衡（字子平）	《送章子平诗叙》（《苏轼文集》卷一〇）、《与章子平十三首》书简（卷五五）
2.	曾巩（字子固）	《送曾子固倅越得燕字》（《苏轼诗集》卷六）、《与曾子固一首》书简（《文集》卷五〇）
3.	曾布（字子宣）	《与曾子宣十三首》书简（《文集》卷五〇）
4.	晁端彦（字美叔）	《怀西湖寄晁美叔同年》（《诗集》卷一三）、《和晁同年九日见寄》（卷一四）、《送晁美叔发运右司同年兄赴阙》（卷三五）、《和晁美叔老兄》（卷五〇）；《与晁美叔二首》书简（《文集》卷五五）
5.	刁璹	《於潜令刁同年野翁亭》（《诗集》卷九）、《刁同年草堂》（卷一一）

---

① 曾巩此文云："予与君（胥元衡）皆嘉祐二年进士。"（第581页）
② 《宋会要辑稿》选举二之九云："嘉祐二年五月四日，以新及第进士第一人章衡为将作监丞，第二人窦卞、第三人罗恺并为大理评事、通判诸州，第四人郑雍、第五人朱初平并为两使幕职官。"（第5269页）此头五名进士，除章衡外，其他四人均不见前列地方志。

续 表

6.	莫君陈(字和中)	《与莫同年雨中饮湖上》(《诗集》卷三一)
7.	单锡(字君贶)	《单同年求德兴俞氏聚远楼诗三首》(《诗集》卷一二);《祭单君贶文》(《文集》卷六三)
8.	邵迎(字茂诚)	《和邵同年戏赠贾收秀才三首》(《诗集》卷八);《邵茂诚诗集叙》(《文集》卷一〇)
9.	苏舜举(字世美)	《与临安令宗人同年剧饮》(《诗集》卷九)、《径山道中次韵答周长官兼赠苏寺丞》(卷一〇)
10.	叶温叟(字淳老)	《与叶淳老、侯敦夫、张秉道同相视新河,秉道有诗,次韵二首》(《诗集》卷三三)
11.	林希(字子中)	《林子中以诗寄文与可及余,与可既殁,追和其韵》(《诗集》卷一九)、《次韵林子中、王彦祖唱酬》(卷三二)、《次韵林子中蒜山亭见寄》(卷三二)、《次韵林子中见寄》(卷三二)、《和林子中待制》(卷三三)、《次韵答黄安中兼简林子中》(卷三二)、《次韵林子中春日新堤书事见寄》(卷三五);《与林子中五首》书简(《文集》卷五五)、《林希中书舍人制》(卷三九)
12.	林旦(字次中)	《书林次中所得李伯时归去来阳关二图后》(《诗集》卷三〇)、《林旦淮南运副制》(卷三九)
13.	朱光庭(字公掞)	《次韵朱光庭初夏》(《诗集》卷二七)、《次韵朱光庭喜雨》(卷二七);《朱光庭左司谏王觌司谏制》(卷三九)。按,范祖禹《集贤院学士知潞州朱公墓志铭》(《范太史集》卷四三)谓其"嘉祐二年登进士第"。
14.	蒋之奇(字颖叔)	《次韵蒋颖叔》(《诗集》卷二四)、《和蒋发运》(卷二七)、《次韵蒋颖叔、钱穆父从驾景灵宫二首》(卷三六)、《次韵奉和钱穆父、蒋颖叔、王仲至诗四首》(卷三六)、《次韵蒋颖叔二首》(卷三六)、《王晋卿示诗,欲夺海石,钱穆父、王仲至、蒋颖叔皆次韵……》(卷三六)、《轼欲以石易画,晋卿难之,穆父欲兼取二物,颖叔欲焚画碎石,乃复次前韵并解二诗之意》(卷三六)、《送蒋颖叔帅熙河》(卷三六)、《次韵颖叔观灯》(卷三六)、《次韵钱穆父马上寄蒋颖叔二首》(卷三六);《蒋之奇集贤殿修撰知广州制》(《文集》卷三九)、《跋再送蒋颖叔诗后》(卷六八)

续　表

15.	程筠(字德林)	《同年程筠德林求先坟二诗》(《诗集》卷二三)、《送程德林赴真州》(卷三五)
16.	家定国(字退翁)	《次韵子由送家退翁知怀安军》(《诗集》卷二八)。按,苏辙有《送家定国同年赴永康椽》诗(《栾城集》卷二)。
17.	陈侗	《次韵子由送陈侗知陕州》(《诗集》卷二七);《陈侗知陕州制》(《文集》卷三八)。按,苏辙有《送陈侗同年知陕府》诗(《栾城集》卷一五)。
18.	蔡承禧(字景繁)	《和蔡景繁海州石室》(《诗集》卷二二)、《蔡景繁官舍小阁》(卷二四);《与蔡景繁十四首》书简(《文集》卷五五)、《祭蔡景繁文》(卷六三)
19.	李惇(字宪仲)	《李宪仲哀词》(《诗集》卷二五)序云:"同年友李君讳惇,字宪仲。"
20.	张琥(字邃明,后改名张璪)	《稼说送张琥》(《文集》卷一〇)云:"吾少也有志于学,不幸而早得与吾子同年,吾子之得亦不可谓不早也。"
21.	黄好古(字几道)	《祭黄几道文》(《文集》卷六三)。按,苏辙有《黄几道郎中同年挽词二首》(《栾城集》卷一五)
22.	丁骘(字公默,或作公点,误)	《丁公默送蝤蛑》(《诗集》卷一九)。据《咸淳毗陵志》卷一七,丁骘与二苏同年。参见《宋诗纪事》卷二一。
23.	王琦(字文玉)	《王文玉挽词》(《诗集》卷三五);《题子由萧丞相楼诗赠王文玉》(《苏轼文集·佚文汇编》卷五)、《与王文玉十二首》书简(《佚文汇编》卷三,其第一首云:"榜下一别,遂至今矣。"知为同年。)
24.	时同年	《滕县时同年西园》(《诗集》卷一七)
25.	孙同年	《和孙同年卞山龙洞祷晴》(《诗集》卷一九)
26.	刘同年(刘泂之父)	《答刘泂都曹书》(《文集》卷四九,内云:"见足下〔刘泂〕词学如此,又喜吾同年兄龙图公之有后也。"知刘泂之父为苏轼同年。)

续　表

27.	杨同年	《与章子平十三首》引(《文集》卷五五,其四云:"杨同年至,出所教赐。")
28.	邓文约	《与曾子固一首》引(《文集》卷五〇,此信乃苏轼求曾巩为苏洵作墓志,以行状托"同年兄邓君文约"转交曾巩。)
29.	傅才元	《与程正辅七十一首》引(《文集》卷五四,其四十七云:"闻范君指挥,非傅同年意也。"傅同年即傅才元,此组书简中屡次提及与其商议造桥便民等事。)
30.	吴子上	《跋先君书送吴职方引》引(《文集》卷六九,内云:"先伯父(苏涣)及第吴公榜中,而轼与其子子上再世为同年,契故深矣。")

[注] 苏轼有《同年王中甫挽词》(《诗集》卷一四)、《王中甫哀辞》(卷二四)诗,此王中甫,即王介,系嘉祐六年举"制科"之同年,非嘉祐二年同中进士举者。苏辙亦有《过王介同年墓》诗(《栾城集》卷一四)。

第二节　"欧公文章,独步当世": 对尹洙的超越

在第一章中,已描述过欧阳修于洛阳钱惟演幕府时,"学古文于尹洙";但又指出,欧之于尹,实经历了由"未伏"至"伏"而又"不伏"的过程,也就是从学习到超越的过程。欧氏离开洛阳后的古文理论与写作活动,即体现出这种重大转化与提升。

明代的杨慎较早地接触到欧、尹之间的这一隐秘。他说:"或曰:'晦翁(朱熹)必欲以大颠书为韩之真,何也?'予曰:'此殆难言也,可以意喻。昔欧阳公不以始倡古文许尹师鲁,评者谓如善弈者常留一着。欧公之于尹师鲁,留一着也;然则朱子之于韩公,亦犹欧阳之于师鲁乎?'"[1]他这里

---

[1] (明)杨慎撰,王大淳笺证:《丹铅总录笺证》,浙江古籍出版社2013年版,卷一〇,第342—343页。

说的是关于《尹师鲁墓志铭》的一桩公案。

庆历八年(1048),即尹洙死后第二年,欧阳修写了这篇墓志铭,对其一生行事、成就作了简要的评述;然而此文却遭到尹洙遗属的非难,欧于次年又作《论尹师鲁墓志》①予以辩解。从欧阳修的这篇辩解之文中,可以看出,尹洙家属的责难,牵涉到有关古文写作和历史发展的重大问题:(一)尹洙以古文名世,而《墓志铭》只说了"简而有法"四个字的评语,甚嫌评价不足;(二)尹洙破骈为散,厥功甚伟,《墓志铭》未给予充分肯定;(三)认为"作古文自师鲁始",而《墓志铭》未提到尹洙在宋代古文运动中这一倡导地位。欧阳修在答辩中逐一予以说明:(一)"'简而有法'此一句,在孔子六经,惟《春秋》可当之。其他经非孔子自作文章,故虽有法而不简也。修于师鲁之文不薄矣。而世之无识者,不考文之轻重,但责言之多少,云师鲁文章不合只著一句道了。"就是说,"简而有法"四字的分量极重,只有孔子亲自所作的《春秋》才当得起,他用以称尹洙之文,已是极高的评价了。(二)"偶俪之文,苟合于理,未必为非,故不是此而非彼也。"就是说,单从文体而言,古文固然好,但骈文也未必一概皆坏。破骈为散的本身,实不必特别予以揄扬。(三)"若作古文自师鲁始,则前有穆修、郑条辈及有大宋先达甚多,不敢断自师鲁始也。"就是说,宋初以来写作古文者甚众,并非尹洙首倡。欧阳修的辩解似也理直气壮,言之成理,且又不乏动之以情:"又思平生作文,惟师鲁一见,展卷疾读,五行俱下,便晓人深处。因谓死者有知,必受此文,所以慰吾亡友尔,岂恤小子辈哉!"然而,尹洙的遗属"小子辈"仍不领情,"卒请韩太尉别为墓表"②,欧氏的这篇墓志铭终究废弃不用。欧、尹的友人也不予谅解。如孔嗣宗即反复致函欧氏质疑,提出应表彰尹洙的倡"道"之功。欧氏又采用辩解"尹洙首倡古文"时的

---

① 《欧阳修诗文集校笺·外集》卷二三,第 1916—1918 页。
② 《与杜䜣论祁公墓志书》,《欧阳修诗文集校笺·外集》卷一九,第 1842 页。

同一手法,抬出石介在东方诸生中倡"道""有大功"。"若言师鲁倡道,则当举天下言之,石(介)遂见掩,于义可乎?"他还不无感叹地说:"尹君志文,前所辨释详矣。某于师鲁,岂有所惜,而待门生、亲友勤勤然以书之邪? 幸无他疑也。馀俟他时相见可道,不欲切切于笔墨。"①其实,欧、尹之间隐藏着一些更深层次的原则分歧,并不是"幸无他疑"一语所可消解尽释的。

先论繁简问题。前已提及,欧阳修在洛阳时期从尹洙学习古文,崇尚"简古",并贯彻于他的写作实践之中。但是,即便在这一时期,"简古"也不能规范他的所有文章。如他当时写给富弼的书信:

> 某顿首白:彦国自西归,于今已逾月,无由一致书,盖相别后患一大疽,为苦久之,不暇求西人行者。然亦时时有客自西来,独怪彦国了无一书。又疑其人不的,于段氏仆夫来,致几道(即王复)书,此人最的,宜有书,又无,然后果可怪也。始与足下相别时,屡邀圣俞语,谓:"书者,虽于交朋间,不以疏数为厚薄,然既不得群居相笑语尽心,有此犹足以通相思、知动静,是不可忽;苟不能具寸纸,数行亦可;易致则可频致,犹胜都不致也。"当时相顾切切,用要约如此,谓今别后,宜马朝西而书夕东也。不意足下自执牛耳,登坛先歃,降坛而吐之,何邪? 平生与足下语,思欲力行者事何限,此尺寸纸,为俗累牵之,不能勉强,向所云云,使仆何望哉? 洛阳去京为僻远,孰与绛之去京师也? 今尚尔,至绛又可知矣。自相别后,非见圣俞无一可语者,思得足下一书,不啻饥渴,故不能不切切也。秋暑差盛,千万自爱。
>
> ——《与富文忠公》之一②

---

① 《书简》卷七《答孔嗣宗》,《欧阳修全集》卷一五〇,第 2484、2483 页。
② 《书简》卷一,《欧阳修全集》卷一四四,第 2349 页。

絮絮叨叨,只有一个意思,责其久不寄书,却用了 302 个字。然而主旨单纯而文意几经曲折,意味悠长,责备怨望而深婉不迫,入情合理,是欧氏以阴柔美为特征的散文主体风格的最早体现,与"简古"则是大异其趣了。

在以后作于皇祐元年(1049)的《论尹师鲁墓志》等文中,欧阳修对"简古"问题既有所发挥又有所变化。第一,他仍然推重"简而有法"的文风,但主要限于碑志、史传等文体,这是承袭刘知幾《史通·叙事》"叙事之工者以简要为主"的观点。而且,他自述《尹师鲁墓志铭》之所以写得"用意特深而语简",是因为仿效尹洙的"文简而意深"的结果,这是旧时文人习俗使然。也就是说,欧阳修此时不仅在写作实践上而且在理论认识上,都不把"简古"作为一切文体的标的。与《论尹师鲁墓志》写于同时的一些重要作品,如《醉翁亭记》、《丰乐亭记》、《菱溪石记》、《偃虹堤记》、《真州东园记》、《送杨寘序》、《送秘书丞宋君归太学序》、《苏氏文集序》乃至《新五代史》各序论,也都与"简古"迥然有别。《容斋三笔》卷一"韩欧文语"条认为,《醉翁亭记》中的"野芳发而幽香,佳木秀而繁荫","临溪而渔,溪深而鱼肥;酿泉为酒,泉香而酒洌。山肴野蔌,杂然而前陈"等句,乃是化用韩愈《送李愿归盘谷序》的"坐茂树以终日,濯清泉以自洁。采于山,美可茹;钓于水,鲜可食"数句,但韩简欧繁,"烦简工夫,则有不侔",就是一例[1]。即使是碑传文,他虽然一再主张"其事不可遍举,故举其要者一两事以取信"[2]、"有意于传久,则须纪大而略小"[3],但后来在《集古录跋尾》卷八《唐张中丞传》中,却指责《唐书·张中丞传》"最为疏略",李翰所作"诚为太繁,然广记备

---

[1] (宋)洪迈撰,孔凡礼点校:《容斋随笔》,中华书局 2005 年版,《三笔》卷一,第 437 页。
[2] 《论尹师鲁墓志》,《欧阳修诗文集校笺·外集》卷二三,第 1917 页。
[3] 《与杜䜣论祁公墓志书》,《欧阳修诗文集校笺·外集》卷一九,第 1842 页。

言,所以备史官之采",较为可取,还指出对"史家当记大节"的写作原则不能绝对化①。而他的《泷冈阡表》等碑志文,偏偏以详写小事、常事而取得亲切感人的效果。欧氏的辩解中还有一点小小的漏洞,即《尹师鲁墓志铭》也并不完全符合"简而有法"的要求。文中既称尹洙"为《叙燕》、《息戍》二篇行于世",后文又称其"欲训土兵代戍卒以减边用,为御戎长久之策"云云,这段话正是《息戍》篇所论的主旨。重复论述,岂非繁而不简②?事实上,欧阳修关于碑志、史传文应尚"简古"的主张,也给他的写作艺术带来一定的损害。如他为岳父薛奎所作的墓志铭《资政殿学士尚书户部侍郎简肃薛公墓志铭》,记载真宗妻刘太后一事云:"明道二年,庄献明肃太后欲以天子衮冕见太庙,臣下依违不决。公(薛奎)独争之,曰:'太后必若王服见祖宗,若何而拜乎?'太后不能夺,为改他服。"③庄献明肃太后即刘太后,当时仁宗初即位,年仅十三,由她听政。这位有"帝王大度"之誉的皇后,也颇为骄恣,她谒太庙,欲穿戴天子冠服,只有薛奎一人奋起谏阻。但"若何而拜乎"一语,不知所云。《湘山野录·续录》记此同一事件云:"赖薛简肃公以关右人语气明直,不文其谈,帝外口奏曰:'陛下大谒之日,还作汉儿拜邪?女儿拜邪?'明肃无答,是夕报罢。"④这就不仅语意醒豁,而且口吻毕肖了。至于欧阳修主持的《新唐书》,为遵循"其事则增于前,其文则省于旧"⑤的编写原则,造成许多简而未融、以简害意的疵病,更为人们所指摘⑥。此书列传部分虽出于宋祁之手,但欧

---

① 《集古录跋尾》卷八,《欧阳修全集》卷一四一,第 2262 页。
② 参见《有不为斋随笔》卷辛,清光绪十四年(1888)刻本,第 5a—5b 页。
③ 《欧阳修诗文集校笺·居士集》卷二六,第 722 页。
④ 《湘山野录·续录》,第 76 页。
⑤ 《新唐书》,第 6472 页。
⑥ 刊行后,吴缜即作《新唐书纠缪》二十卷。

氏也不能辞其主编之咎的①。

第二,作为尹洙"简古"主张的补充,欧阳修又提出了不能片面求简的思想。《与渑池徐宰（无党）》之五说:"然著撰苟多,他日更自精择,少去其繁,则峻洁矣。然不必勉强,勉强简节之,则不流畅,须待自然之至。"②要求简约峻洁必须服从于自然流畅这一宋代散文的群体风格,"简"是属于第二位的。他还要求言简意赅、语少而义丰,保持尺幅千里的文势。他称赞吴充的文字"浩乎若千万言之多,及少定而视焉,才数百言尔。非夫辞丰意雄,霈然有不可御之势,何以至此!"③正因为如此,他对尹洙的"简古"日益感到不满。他曾对苏洵说:"吾阅文士多矣,独喜尹师鲁、石守道,然意犹有所未足。今见子之文,吾意足矣。"④苏洵之文以驰骋纵横见称,而这正是尹洙之所短。我们试比较欧氏的《释秘演诗集序》和尹洙的《浮图秘演诗集序》:

浮屠秘演者,与曼卿交最久,亦能遗外世俗,以气节相高,二人欢然无所间。曼卿隐于酒,秘演隐于浮屠,皆奇男子也。然喜为歌诗以自娱,当其极饮大醉,歌吟笑呼,以适天下之乐,何其壮也! 一时贤士皆愿从其游,予亦时至其室。十年之间,秘演北渡河,东之济、郓,无所合,困而归。曼卿已死,秘演亦老病。嗟夫! 二人者,予乃见其盛衰,则余亦将老矣!

夫曼卿诗辞清绝,尤称秘演之作,以为雅健有诗人之意。秘演状貌雄杰,其胸中浩然,既习于佛,无所用,独其诗可行于世,

---

① 他亲自编撰的帝纪部分仅九万馀字,而《旧唐书》则达三十万言,也有因简致误之处。
② 《书简》卷七,《欧阳修全集》卷一五〇,第 2474 页。
③ 《答吴充秀才书》,《欧阳修诗文集校笺·居士集》卷四七,第 1176 页。
④ 《邵氏闻见后录》卷一五,第 116 页。

第二章 欧(阳修)门进士集团

而懒不自惜。已老,胠其橐,尚得三四百篇,皆可喜者。曼卿死,秘演漠然无所向,闻东南多山水,其巅崖崛峍,江涛汹涌,甚可壮也,遂欲往游焉,足以知其老而志在也。

——欧阳修《释秘演诗集序》①

予识演二十年,当初见时,多与穆伯长游。伯长刚峻,人罕能与之合,独喜演。演善诗,复辨博好论天下事,自谓浮图其服而儒其心,若当世有势力者冠衣而振起之,必荦荦取奇节,今老且穷,其为佛缚,讵得已耶?伯长小州参军,已死;演老浮图,固其分。

——尹洙《浮图秘演诗集序》②

以上是两篇同题之作的节选。欧氏采取以客映主的手法,用石曼卿衬托秘演;又以充盈畅达的笔势刻画出秘演和石曼卿两人桀骜磊落、不同流俗的个性,抒写了盛衰递变、怀才不售的感慨。尹文作于欧文之后,也以穆修陪说秘演,语简意明,全文整300字(欧文共445字),就没有欧文摇曳多姿、俯仰掩抑的风致了。要之,这不难见出欧阳修对待"简古"前后有所变化的消息。简洁是中国古代散文的一大优点,但人们常常忽略它有时是以牺牲散文自由挥洒以获得形象性、抒情性为代价的。

次论骈散问题。欧阳修在洛阳时期对"简古"风格的崇尚,主要激于对骈偶文的藻饰繁缛的厌倦和排拒。但是,骈偶排比与单句散行原来同是语言中的自然现象,反对"五代体"、"西昆体"并不意味着否定骈偶文体甚或骈偶的语言成分。因此,在欧阳修洛阳时期的文

---

① 《欧阳修诗文集校笺·居士集》卷四一,第1052页。
② 《河南先生文集》,《宋集珍本丛刊》影印明抄本,第3册,卷五,第367页。

章中就有不少骈偶句式,如:"且戕且桴,不竭不止","服王官为慢,齿王民为悖。"①"不方不圆,任其地形;不甃不筑,全其自然。"②如果说,这时期文章中的这些骈偶成分,大抵受积习所使,摇笔自来的话,那么,在以后的写作中,他更自觉地吸取骈文的艺术长处,达到另一境界。欧阳修说过:"况今世人所谓四六者,非修所好,少为进士时,不免作之,自及第,遂弃不复作。在西京,佐三相幕府,于职当作,亦不为作。"③明言在洛不作骈文,但事实上并非完全如此。如作于明道二年(1033)十二月的《上随州钱相公启》就是一篇开创宋骈风气的名作。钱惟演离洛阳后,贬任崇信军节度使,居随州。这封给他的书信共分三段:一是回忆洛阳钱幕时的生活,二是写钱离洛后自己冷落无依的境况,三是规劝钱氏达观处世,静待复出。这是此信主旨所在。下引第一段:

> 相公坐于雅俗,镇以无为。民丰四龥之年,市息三丸之盗。行郊憩树,绝无两造之辞;托乘载宾,惟奉百金之宴。而况西河幕府,最盛于文章;南国兰台,莫非乎英俊。岂伊末迹,首玷初筵?至于怜穑懒之无能,容祢狂而不辱。告休漳浦,许淹卧以弥旬;偶造习家,或忘归而终日。但觉从军之乐,岂知为吏之劳?④

这是洛阳文人集团的一段形象写照。首叙钱氏镇洛之安定富庶,继叙幕府文士之盛,末叙自己"懒""狂"性格和游乐生活,字里行间透露出对钱氏宽容"无为"、优待幕僚的颂扬和追怀。全文均以四、

---

① 《戕竹记》,《欧阳修诗文集校笺·外集》卷一三,第1680页。
② 《养鱼记》,《欧阳修诗文集校笺·外集》卷一三,第1682页。
③ 《答陕西安抚使范龙图辞辟命书》,《欧阳修诗文集校笺·居士集》卷四七,第1165页。
④ 《表奏书启四六集》卷六,《欧阳修全集》卷九五,第1439页。

六、五句式组成对偶,大都使事运典,注重声律,韵字音位较宽,这都符合传统骈文的要求。但通篇以达意为主,条畅流转,词藻色泽较为素淡。高步瀛《唐宋文举要》乙编卷四云:"永叔四六,情韵俱佳,不尚藻丽,一出自然,遂开宋代之体。"又云:"言情运事皆佳,然已纯为宋调矣。"①所言颇为中肯。

因此,他以后对骈文更有了进一步的认识。如前所述,在《论尹师鲁墓志》中,他明确宣称:"偶俪之文,苟合于理,未必为非,故不是此而非彼也。"②他称赞苏洵父子"以四六述叙,委曲精尽,不减古人"③。《吕氏家塾记》更说欧阳修等从"为古文以变西昆体"开始,而最后"复主杨大年(亿)"④。的确,他的成熟时期的散文,是融化、涵摄、整合了骈文某些特点的新型"古文"。从《醉翁亭记》、《丰乐亭记》、《真州东园记》等文来看,他有意识地运用古文的笔势笔调来组织骈偶排比等语言成分,形成一种似骈非骈、亦骈亦散的文体,散句和骈句水乳交融而又灵活变化,极大地加强了表现力。如《醉翁亭记》中既有上下单句相对(如"日出而林霏开,云归而岩穴暝")、双句相对(如"临溪而渔,溪深而鱼肥;酿泉为酒,泉香而酒冽"),更有少量的三句相对的句型(如"夕阳在山,人影散乱,太守归而宾客从也;树林阴翳,鸣声上下,游人去而禽鸟乐也"),造成错综多变的节奏效果。而像"野芳发而幽香,佳木秀而繁荫,风霜高洁,水落而石出者,山间之四时也"一段,其中形容秋、冬两句,原应以"风高霜洁"与"水落石出"作对,却故意打破整齐划一,注入散文长短随意、摇曳灵动的精

---

① 高步瀛选注:《唐宋文举要》,上海古籍出版社1982年版,乙编卷四,第1617、1621—1622页。
② 《欧阳修诗文集校笺·外集》卷二三,第1917页。
③ 《试笔·苏氏四六》,《欧阳修全集》卷一三〇,第1983页。
④ (宋)朱熹撰:《五朝名臣言行录》,《四部丛刊初编》本,卷一〇之四,第4a页。

神。这都说明他的引骈入散是自觉的。

末论尹洙在宋代古文运动中的历史地位问题。尹洙的知友范仲淹在庆历七年(1047)所作的《祭尹师鲁舍人文》中说:"呜呼!天生师鲁,有益当世。为学之初,时文方丽。子师何人,独有古意。韩、柳宗经,班、马序事。众莫子知,子特弗移。是非乃定,英俊乃随。圣朝之文,与唐等夷。繄子之功,多士所推。"①极力推崇尹洙确立"时文"之"非"、古文之"是"的首倡之功,以及他领袖"英俊"的引导作用。在庆历八年所作的《尹师鲁〈河南集〉序》中,他概述宋初以来文坛大势说:"懿、僖以降,寖及五代,其体薄弱。皇朝柳仲途(柳开)起而麾之,髦俊率从焉。""洛阳尹师鲁少有高识,不逐时辈。从穆伯长游,力为古文。而师鲁深于《春秋》,故其文谨严,辞约而理精。章奏疏议,大见风采,士林方耸慕焉。遽得欧阳永叔从而大振之,由是天下之文一变。"②他从文坛全局立论,突出尹洙以其杰出的写作成就,使"士林耸慕",产生了重大的社会影响;然后才是欧阳修追随其后,"从而大振之",导致文风丕变。尹为主,欧为从,在范仲淹的心目中,这一主从次序是明确而不含糊的。欧阳修虽然不乏对尹洙的仰慕钦佩,但在他的有关尹洙的诗文中,对于各自在文坛的地位则始终出语审慎。在范仲淹作《祭尹师鲁舍人文》以后,欧氏于庆历八年所作的《尹师鲁墓志铭》中,称自己与尹洙为"兄弟交",而他学诗倒并不讳言以梅尧臣为师;同年作《祭尹师鲁文》,讲到尹洙的文学成就,也只有"尤于文章,焯若星日。子之所为,后世师法"③四句,虽也评价不低,比之范氏祭文,毕竟较为空泛。而在治平年间的《记旧本韩文后》中,他追述

---

① 《范文正公集》卷一一,《续修四库全书》据《古逸丛书三编》影印北宋刻本,第1313册,第343页。
② 《范文正公集》卷八,《续修四库全书》据《古逸丛书三编》影印北宋刻本,第1313册,第298页。
③ 《欧阳修诗文集校笺·居士集》卷四九,第1224页。

自己"官于洛阳,而尹师鲁之徒皆在,遂相与作为古文"①。说的是"相与",而不是范氏的"乃随"或"从而"。"相与"者,并肩齐驱之谓也。"与"和"随"、"从",一字之差,含意殊异。其实,早在宝元二年(1039),当谢绛去世后,欧氏在《答梅圣俞寺丞见寄》诗中,公然声称:"文会忝予盟,诗坛推子将。"②和梅尧臣二人分别负起"文会"、"诗坛"的领导责任,而其时尹洙仍健在,他的心曲可说是昭然若揭了。

由此可见,欧阳修对"作古文自师鲁始"这一看法的辩驳,如果仅仅停留在是否符合史实上来判断,是很不够的;应该看到,在他的内心深处,确对尹洙古文理论和写作实绩多所保留,因而对他在古文发展中的历史地位始终未多肯定。明乎此,我们还可以进一步剖析另一桩公案。《神宗旧史·(欧阳修)本传》云:"是时,尹洙与修亦皆以古文倡率学者,然洙材下,人莫之与。至修文一出,天下士皆向慕,为之唯恐不及。一时文章大变,庶几乎西汉之盛者,由修发之。"③这里一方面说尹、欧"皆以古文倡率学者",即共同提倡引导;一方面又抑尹扬欧,促使"一时文章大变"者,是欧而非尹,且对尹之才能更多贬语。这段记载引起邵伯温的不满。他认为"公(欧阳修)与师鲁于文虽不同,公为古文则居师鲁后也";他认为欧的"简而有法"一语,确能证明"欧阳于师鲁不薄";他批评崇宁间《神宗旧史》于《欧阳公传》乃云:'同时有尹洙者,亦为古文,然洙之才不足以望修'"的记述,是由于"史官皆晚学小生,不知前辈文字渊源自有次第"的缘故④。这里的"次第",包括时间上的先后和地位的高下两层意思。其实,恰恰是邵伯温混淆了两个事实:一是欧氏学古文,确在尹洙之后,且曾从尹洙处领受过教益;二是尹、欧的古文理论和写作才能确有高下之殊,

---

① 《欧阳修诗文集校笺·外集》卷二三,第1927页。
② 《欧阳修诗文集校笺·外集》卷三,第1323页。
③ 《欧阳修全集·附录》卷二,第2676页。
④ 《邵氏闻见录》卷一五,第167页。

只有欧阳修才促使宋代散文风气的真正"大变",尹洙是无法与之匹敌的。《神宗旧史》的记载,倒是"渊源有自"的,反映了当时不少人的共同看法。最有兴味的是韩琦。他为尹洙和欧阳修各写过一篇墓碑文和祭文。前已说过,欧阳修为尹洙作的墓志铭被其家属所拒绝,"小子辈""卒请韩太尉别为墓表",这给韩琦出了个难题。作为尹洙的"知之深者",他在《祭龙图尹公师鲁文》中,不得不俯徇尹家"小子辈"所请,说过尹洙"首倡古文,三代是追,学者翕从,圣道乃夷"的话[1];但在《故崇信军节度副使检校尚书工部员外郎尹公墓表》中,他却写道:"天圣初,公(尹洙)独与穆参军伯长矫时所尚,力以古文为主。次得欧阳永叔以雄词鼓动之,于是后学大悟,文风一变。"[2]这里先叙尹、穆"力以古文为主",次叙欧氏"雄词鼓动"之功。"次得欧阳永叔"的"次",仅指时间先后而言;至于功之大小,仍隐然推欧氏为首。这段文字,可以看出韩琦努力在欧、尹两家间平衡弭怨,但看法并不含糊徇情,可谓煞费苦心。及至他为欧阳修写墓铭和祭文时,就直截了当了,《故观文殿学士太子少师致仕赠太子太师欧阳公墓志铭》云:"景祐初,公(欧阳修)与尹师鲁专以古文相尚,而公得之自然,非学所至,超然独骛,众莫能及。""于是文风一变,时人竞为模范。"[3]在《祭少师欧阳永叔文》中又云:"公之文章,独步当世","复古之功,在时莫二。"[4]平心而论,这才是符合宋文发展实际的历史公评。

 繁简、骈散、历史地位这三个问题之争,最终归结到尹、欧两人古文观的歧异上来。在北宋主张"复古"、反对"五代体"或"西昆体"的古文家中,存在着两个不同的谱系:一是柳开、孙复、石介等人,一是

---

[1] 《安阳集》卷四三,《宋集珍本丛刊》影印明刻安氏校正本,第6册,第577页。
[2] 《安阳集》卷四七,《宋集珍本丛刊》影印明刻安氏校正本,第6册,第595页。
[3] 《安阳集》卷五〇,《宋集珍本丛刊》影印明刻安氏校正本,第6册,第612页。
[4] 《安阳集》卷四〇,《宋集珍本丛刊》影印明刻安氏校正本,第6册,第581页。

穆修、苏舜钦兄弟、尹洙兄弟、欧阳修等人。前者是古文运动中的重道派,他们崇奉道统文学观,仅仅着眼于从文体上恢复"古文",漠视甚或否定文学的独立价值,宣扬功利主义的文学工具论;后者是古文运动中的重文派,在鼓吹"古道"的同时,却极力追求古文的写作技巧和审美价值,从单纯文体的改革扩大到文风、文学语言等多方面的改革和创新。然而,同属穆修一系的作者,他们的古文观也并非完全一致。尹洙主张"简而有法"、"完粹有法",是讲究文章的法度和章法的,因而他应属重文一派,从师承交游关系上也能证实。但他实际上只是追求语言的简洁、高古、单一和叙述的单线性,不容许多种语言成分的融摄整合和结构上回环起伏、随意抒写,不容许琐笔、闲笔、补笔、插笔、排笔等多种笔法。只要浏览一下《河南先生文集》和《欧阳文忠公文集》,就能突出地感受到两人散文风格的不同:前者篇幅简短,行文紧凑,但不免局促板滞,质朴少变;后者畅遂舒展,唱叹有情,于闲暇中具规矩,从参差中见整饬,或许可以概括为"敛"和"放"两途。

我们还要举数事佐证。欧阳修曾告苏洵,他对尹洙的作品"意犹有所未足";尹洙则直接写信给欧氏,表示他对欧氏文章的不满:

> 见河东使还所奏罢下等科率一事,不谓留意文案乃得详尽至是。昔柳州见韩文公所作《毛颖传》,叹称不已。韩之文无不高者,颇怪柳何独如此为异。见永叔所作奏记,把玩骇叹者累日,盖非意之所期乃尔,益知柳言为过。
> ——《答河北都转运欧阳永叔龙图书》之一①

欧阳修这篇使尹洙大失所望的奏记,见欧氏《河东奉使奏章》卷

---

① 《河南先生文集》卷一〇,《宋集珍本丛刊》影印明抄本,第3册,第391页。

下《乞免浮客及下等人户差科札子》,该文详细叙述各户家业钱文之数:"据州状称:检估得第七等一户高荣,家业共直十四贯文省,其人卖松明为活;第五等一户韩嗣,家业二十七贯文;第八等一户韩秘,家业九贯文;第四等一户,开饼店为活,日掠房钱六文……"①尹洙的"文案"一词即此意;我们如对读尹洙自己的奏疏,大都要言不烦,留主干而不留枝叶,宜其不满欧文如此了。

尹洙在这封信中,还表示了对韩愈的近乎传奇体作品《毛颖传》的非难。柳宗元在《读韩愈所著毛颖传后题》中被此文"若捕龙蛇、搏虎豹,急与之角而力不敢暇"的奇诡豪健风格所倾服;在《与杨晦之书》中又云:"仆甚奇其书(指《毛颖传》),恐世人非之,今作数百言(即《读韩愈所著毛颖传后题》),知前圣不必罪俳也。"②对此尹洙也认为"柳言为过",鲜明地表现了他对传奇体文的排斥态度。无独有偶,他还指责过范仲淹的名文《岳阳楼记》为"《传奇》体":

> 范正文公为《岳阳楼记》,用对语说时景,世以为奇。尹师鲁读之曰:"《传奇》体耳。"《传奇》,唐裴铏所著小说也。
>
> ——陈师道《后山诗话》③

此则又见宋毕仲询《幕府燕闲录》④、陈振孙《直斋书录解题》卷一一《传奇》条⑤。所谓"用对语说时景",是指《岳阳楼记》中"淫雨霏霏"、"春和景明"两大段分写雨、晴景物的文字,一是多用四字一句的骈

---

① 《欧阳修全集》卷一一六,第1771页。
② 分见《柳河东集》卷二一第366页、卷三三第524—525页。
③ 《历代诗话》,第310页。
④ 见《河南先生文集》附录,《四部丛刊》本,卷二八第41a页。
⑤ (宋)陈振孙撰,徐小蛮、顾美华点校:《直斋书录解题》,上海古籍出版社1987年版,卷一一,第322页。

语,二是放笔挥洒,极尽情态,文采斐然。这两个特点恰深为尹洙所非,不合他的"古文"标准。其实,这种写法早已有之(如张衡《归田赋》、陶渊明《游斜川》诗序等),并不直接导源于唐传奇。钱锺书先生评论说:"尹洙抗志希古,糠秕六代,唐人舍韩柳外,亦视同桧下,故睹范《记》而不识本原;'《传奇》体'者,强作解事之轻薄语尔,陈氏(师道)亦未辨也。"[1]正指出尹洙古文观中保守、偏狭的一面。他对韩、柳,也只是肯定其恢复"古文"的功绩,而于《毛颖传》、《石鼎联句诗序》、《圬者王承福传》、《河间传》、《种树郭橐驼传》等近乎小说之作,也是摈斥不容的,这就把韩、柳的散文遗产抛弃了很有特色的一部分。

可以设想,如果遵循尹洙的古文理论的指导,宋代散文就不可能形成平易自然、流畅婉转的群体风格,从而谱写出中国散文史上别放异彩的新篇章。奠定这种群体风格和局面的,只能首推欧阳修。在这个根本点上,这两位好友之间看来是无法调和的。

第三节 "言由公诲,行由公率":"欧曾"真脉相传

曾巩是一位擅名两宋、沾丐明清、却暗于现今的作家。不仅欧阳修对曾巩称赞不已[2],他的两位门生王安石和苏轼对曾巩也推崇备至。王安石《答王景山书》说:"足下又以江南士大夫为无能文者,而李泰伯、曾子固豪士,某与纳焉。"[3]《答段缝书》说:"巩文学论议,在某交游中不见可敌。"[4]他的《赠曾子固》诗写道:"曾子文章众无有,

---

[1] 《管锥编》,第 4 册,第 1409—1410 页。
[2] 参本章第一节。
[3] 《临川先生文集》卷七七,《王安石全集》,第 1382 页。
[4] 《临川先生文集》卷七五,《王安石全集》,第 1345 页。

水之江汉星之斗。挟才乘气不媚柔,群儿谤伤均一口。"①并说即使曾巩贫贱早死,也已可与班固、扬雄并肩了。苏轼则在《送曾子固倅越得燕字》中说:"醉翁门下士,杂遝难为贤,曾子独超轶,孤芳陋群妍。"②还把他比作遨游"万顷池"的横海鱣鲸。而作为"苏门六君子"之一的陈师道,实仅独师曾巩,甚至把他与孔子并称。曾巩的座师、至友、门生的这些评价,反映出曾巩生前享有崇高的文学声誉和学术声誉,诚如《宋史·曾巩传》所云:"为文章……一时工作文词者,鲜能过也。"③

降及南宋,盛誉不衰。朱熹独服膺曾巩,他的《跋曾南丰帖》云:"余年二十许时,便喜读南丰先生之文,而窃慕效之,竟以才力浅短,不能遂其所愿。"④吕祖谦在编选《古文关键》时,只取曾巩,不取王安石,可见时尚。元末明初人朱右始选他与韩、柳、欧、苏、王等八家文为《八先生文集》,后衍为"唐宋古文八大家"之称,更奠定了他在散文史上的重要地位。明代的王慎中、唐顺之、茅坤、归有光,清代的方苞、刘大櫆、姚鼐等大都师范曾氏,奉为圭臬。自宋至清,虽也有个别贬抑曾巩的言论,但不占主导。

在解放以来的古典文学研究中,曾巩却颇遭冷落。几部文学史大都一笔带过,研究论著竟付诸阙如。尽管其间不为无因,但与他的"大家"地位总是很不相称的。朱熹曾说过:"予读曾氏书,未尝不掩卷废书而叹,何世之知公浅也。"⑤加深对曾巩的认识和研究,在今天看来仍然是必要的。

---

① 《王荆文公诗笺注》,第475页。
② 《苏轼诗集合注》卷六,第215页。
③ 《宋史》卷三一九《曾巩传》,第10392页。
④ (宋)朱熹撰,刘永翔、朱幼文校点:《晦庵先生朱文公文集》,《朱子全书》,上海古籍出版社、安徽教育出版社2002年版,第24册,卷八四,第3965页。
⑤ 朱熹《南丰先生年谱序》,《朱子遗集》卷五,《朱子全书》,第26册,第762页。

一

曾巩在《祭欧阳少师文》中说:"言由公诲,行由公率。"①的确,他以欧阳修为自己的楷模和表率,其思想特点和散文艺术都深受欧氏的影响。叶适《习学记言序目》卷四七指出:"以经为正而不汩于章读笺诂,此欧阳氏读书法也。"②这跟"庆历以前,学者尚文辞,多守章句注疏之学"③的时风各异其趣,也不同于宋初以来古文家单纯以儒学相号召而缺乏现实内容的复古倾向。根于早期儒学,注重经世实用,欧阳修的这一思想是曾巩一生奉行不懈的指导原则。庆历二年他在《上欧阳学士第二书》中回忆欧"坐而与之言,未尝不以前古圣人之至德要道、可行于当今之世者,使巩薰蒸渐渍,忽不自知其益,而及于中庸之门户,受赐甚大,且感且喜"④。谆谆师教,铭刻在心,使他对"今世布衣多不谈治道"⑤深致不满。他的《筠州学记》反对汉儒"争为章句训诂之学,以其私见,妄穿凿为说,故先王之道不明"⑥,《王深父文集序》推重王回能复先王之道,"破去百家传注"⑦,《新序目录序》也指斥汉儒"传记百家"之学,并指出"其弊至于今尚在"⑧。这符合当时学术思想的发展潮流,即从汉代的章句笺注经学到宋代务明大义的义理之学,对于用儒家之道来研究治乱、重视世用,是有积极意义的。所以,曾巩的文章固然打上了重重叠叠的"至德要道"的儒学烙印,但不能概以"迂腐之谈"目之,而是包含着相当丰富的"可行于当今之世"的现实内容。

---

① 《曾巩集》卷三八,第 527 页。
② 叶适著:《习学记言序目》,中华书局 2009 年版,卷四七,第 703 页。
③ 《能改斋漫录》卷二引《国史》,第 28 页。
④ 《曾巩集》卷一五,第 233 页。
⑤ 《上田正言书》,《曾巩集》卷五二,第 706 页。
⑥ 《曾巩集》卷一八,第 300 页。
⑦ 《曾巩集》卷一二,第 196 页。
⑧ 《曾巩集》卷一一,第 177 页。

（一）发扬民本思想，重视民生疾苦。曾巩吸取早期儒家"民惟邦本"、"民为贵"的思想，把人民的祸福利害作为衡量治道得失的主要标准。他的《洪范传》[1]在哲学的思辨方面虽然不及王安石同题著作的细致、深刻，但在社会政治思想方面却有更多的发挥。如释"王省惟岁，卿士惟月，师尹惟日"三句，王安石仅解为"言自王至于师尹，犹岁月日三者相系属也"[2]，并无多少内容；曾氏却说："王计一岁之征而省之，卿士计一月之征而省之，师尹计一日之征而省之。所省多者，其任责重；所省少者，其任责轻，其所处之分然也。"指出人君比之臣下负有更大的治国安邦的责任。又如释"五福"、"六极"，他说："福极者，人君所以考己之得失于民。福之在于民，则人君之所当向；极（指穷极祸事）之在于民，则人君之所当畏。"这就是说，人民的福祸是人君决定去取的唯一准则。作为人君，人民的安乐或祸患才是"考吾之得失者尽矣，贵贱非考吾之得失者也"。正是在这种思想基础上，曾巩一生在做地方官任上，都竭力为人民消灾弭难，政绩卓著，他的一些文章也是如此。如关于救荒问题，他的记叙文《越州赵公救灾记》和议论文《救灾议》合并一读[3]，很有启发。前文详细记载赵抃于熙宁八年在越州救灾的经过。先写赵抃对"灾所被者几乡？民能自食者有几"等七个方面问题的摸底调查；继写他对各类灾民的不同赈救措施：孤老疾弱不能自食者，筹集廪粟救济之，能自食者给以平粜粮，又用以工代赈的办法增加其收入，对负债者、弃男女者、患病者等都有相应的措置。最后曾巩自称，他之所以把这场特大灾害的救治过程，写得"委曲纤悉，无不备者"，是因为"其施虽在越，其仁足以示天下；其事虽行于一时，其法足以传后世"，为荒政史留下一份珍贵的原始材料。《救灾议》是写曾巩提出有关救济办法的一项具体建议：

---

[1] 《曾巩集》卷一〇，第155—169页。
[2] 《洪范传》，《临川先生文集》卷六五，《王安石全集》，第1190页。
[3] 分见《曾巩集》卷一九第316—317页、卷九第150—153页。

是每天发放口粮、单纯活口好,还是一次性高额赈贷,生产救灾好?文章设想周到,议论深微。叶适曾批评说:"米百万斛,钱五十万贯尔,何至恳迫繁缕如此?若大议论,又将安出?"①他不理解曾巩的不惮辞费,正是他"有志于民"思想的反映。

(二)研讨治国之道,关心吏治,砥砺臣节。曾巩之父曾易占留心国事,曾著《时议》十卷行世,对当时治国方略多所建明②。曾巩一如乃父,对安邦治国也是潜心研讨的。他的《本朝政要策》一文,系统地考察了宋朝考课、贡举、诠选、学校、训兵、任将、南蛮、契丹、户口版图、钱币、赋税、边籴等五十事项,涉及政治、军事、财政等各个方面,反映出他的政治视野比较广阔。而吏治问题尤其是他注意的中心。友人赴外任,他总是以竭尽职守相期待。《送江任序》、《送李材叔知柳州序》两文③,一是送临川人江任赴任丰城令,做本地"父母官",一是送中原人李材叔去边远柳州任知州。前篇对比中原人去边地任职之难和本地人任职本地之易,本地官由于熟悉风土人情,就"能专虑致劳职事,以宣上恩,而修百姓之急,其施为先后,不待旁咨久察,而与夺损益之几,已断于胸中矣;岂累夫孤客远寓之忧,而以苟且决事哉!"因此理所当然地盼望丰城大治局面的出现。后篇则指出南越(南粤)长期落后是由于历来官吏"倾摇懈弛,无忧且勤之心"的缘故,继而剖析南越的有利条件:交通方便,民风淳厚,物产丰富;只要官吏有"久居之心又不小其官","为越人涤其陋俗而驱于治",是指日可待的。前后两篇论题看来似有矛盾,但曾巩要求所有地方官吏竭尽职守的思想则是一致的,因而他根据不同对象的具体处境着重阐述能够达于至治的各种条件,渴望吏治清明,其中融注了他对人民生活

---

① 《习学记言序目》卷五〇,第747页。
② 见王安石《太常博士曾公墓志铭》,《临川先生文集》卷九三,《王安石全集》,第1607页。
③ 《曾巩集》卷一四,第220—221、222—223页。

的深切关怀。

对于在朝任职的官吏,他常强调诤谏应具的品质和原则。他的二序一跋《范贯之奏议集序》、《先大夫集后序》、《书魏郑公传后》①都以此为题。如果说,他推崇范师道(贯之)的直气切谏,是因他是为《奏议集》作序,尚属题中应有之义的话,那么,他为祖父曾致尧的文集作序,独独从"勇言当世得失"这点来概括他的生平大概,足见他的属意所在了。他说:"公于是勇言当世之得失,其在朝廷,疾当事者不忠,故凡言天下之要,必本天子忧怜百姓、劳心万事之意,而推大臣从官执事之人,观望怀奸,不称天子属任之心,故治久未洽。至其难言,则人有所不敢言者。虽屡不合而出,其所言益切,不以利害祸福动其意也。"②在他看来,直言进谏是臣下义不容辞的天职,因为它直接关系到治乱;而要尽此职责,必须有不计个人利害之心,才能言人所不敢言,才能在受到打击后"所言益切",不变初衷。因而他对祖父的"语斥大臣尤切,故卒以龃龉终"的一生悲剧,既流露出深深的感叹,又表示出莫大的光荣。我们读苏轼的《田表圣奏议叙》,文章写得俊爽快利,但仅阐发"君子必忧治世,而危明主"之义,就不如曾巩两文对诤谏问题的意气急切和充满激情。至于《书魏郑公传后》一文,更对魏徵坚持把诤谏内容交由史官记录、而被唐太宗疏远的历史故事,反复致意,寄慨遥深;他驳斥"为尊亲贤者讳"等封建说教,主张公开诤谏内容以"告万世",实际上即是公开帝王的缺失或错误,这是需要一定的勇气和识见的。

"养士",即如何培养吏才,是封建官僚制度的一个迫切问题。吏治的好坏,臣节的依违,往往直接取决于吏才的培养。王安石在熙宁元年所写的《本朝百年无事札子》③中,已指责"以诗赋记诵求天下之

---

① 分见《曾巩集》卷一二第 200—201、194—196 页,卷五一第 701—703 页。
② 《先大夫集后序》,《曾巩集》卷一二,第 194—195 页。
③ 《临川先生文集》卷四一、《王安石全集》第 6 册,第 801—803 页。

第二章　欧(阳修)门进士集团

士,而无学校养成之法"的现状,他在次年开始的变法运动即从改革科举入手,改诗赋取士为考试策论,以选拔懂得经世济时的真才实学之士。尽管这种改革没有也不可能革除封建教育制度和官僚选拔制度的根本缺陷,但不能不说是历史的进步。曾巩的几篇学记从论述学校制度着眼,其精神与王安石变法是完全一致的。《宜黄县学记》开头依据《礼记》等阐述古代教育制度的全面、完备,从"起居、饮食、动作之小事,至于修身为国家天下之大体,皆自学出"①,但并不是照搬经典,而是针对当时吏治败坏的现实:"盖以不学未成之材而为天下之吏,又承衰敝之后,而治不教之民。呜呼!仁政之所以不行,贼盗刑罚之所以积,其不以此也欤!"②他之所以强调"学校养成之法"者即此。《筠州学记》则把"笃于自修"、"笃于所学"的问题,直接跟"不乱于百家,不蔽于传疏"相联系,实是从汉学向宋学过渡的先声③。其"士乃有特起于千载之外,明先王之道,以瘳后之学者"一句,《义门读书记》指出"盖即谓己与介甫诸公耳"④。所以,在"明先王之道"的大节目下,是有尖锐的现实针对性的。据传他十八岁时代父所作的《南丰县学记》,有"不本之道,民成化而主于辞"等语,也是有感于科目辞章之弊而发的⑤。朱熹说:"南丰作《宜黄》、《筠州》二学记好,说得古人教学意出。"⑥林纾评《筠州学记》云:"一套陈旧话,却说得深入腠理,能发明其所以然。"⑦褒贬分寸有殊,但似都未把握

---

① 《曾巩集》卷一七,第281页。
② 《曾巩集》卷一七,第282页。
③ 《曾巩集》卷一八,300—302页。
④ (清)何焯著,崔高维点校:《义门读书记》,中华书局1987年版,卷四二,第785页。
⑤ (元)刘壎撰:《隐居通议》,文渊阁《四库全书》本,第866册,卷一四,第131页。
⑥ 《朱子语类》卷一三九,第3314页。
⑦ 林纾选评:《元丰类稿选本》,商务印书馆1924年版,第65页。

曾巩借古老经典以言当世时事的这个特点。

（三）因时制宜，反对墨守经学成规。前人评论曾巩，总说他是"醇乎醇者"[1]的儒者，事实上他尊经而不完全泥经，在儒学经典允许的范围内，有所变通和突破。一是有因有革的思想。他的《洪范传》提出"有常有变"的命题："建用皇极"当然是"常"，但"立中以为常，而未能适变，则犹之执一也"[2]。这与《战国策目录序》的"盖法者，所以适变也，不必尽同；道者，所以立本也，不可不一"[3]的著名论断一样，都含有朴素的辩证法因素。韦公肃所著《礼阁新仪》主要记载变礼，曾巩的《礼阁新仪目录序》就着重论述礼的因革问题。他认为："古今之变不同，而俗之便习亦异，则法制数度，其久而不能无弊者，势固然也。故为礼者，其始莫不宜于当世，而其后多失而难遵，亦其理然也。失则必改制以求其当。"[4]换言之，由于客观情况的不断变化，法令礼仪制度不会永远适用，必须随之而改变，这是"势"和"理"的必然。他还指出，这是符合"先王之意"的。对"先王之意"这种比较圆通的解释，使他有别于一般食古不化的迂儒。二是"法后王"的思想。他曾说："明圣人之心于百世之上，明圣人之心于百世之下。"[5]先王之道和三代之政似是不可企及的典范；但他又认为后世"可以损益"，即根据现实情况对儒学经典有所改变，从而制定出有助于"遂成太平之功"的典章制度，可供效法。在"法先王"的口号下，实际上隐藏着"法后王"的思想。他对唐代制度的反复叹慕就是一例。如《唐令目录序》云："《唐令》三十篇，以常员定职官之任，以府卫设师徒之备，以口

---

[1] （宋）陈宗礼《曾南丰先生祠记》，见《曾文定公年谱》，《北京图书馆藏珍本年谱丛刊》，北京图书馆出版1999年版，第14册，第268页。
[2] 《曾巩集》卷一〇，第156页。
[3] 《曾巩集》卷一一，第184页。
[4] 《曾巩集》卷一一，第181—182页。
[5] 《上欧阳学士第一书》，《曾巩集》卷一五，第231页。

分永业为授田之法,以租庸调为敛财役民之制,虽未及三代之政,然亦庶几乎先王之意矣。"①能"庶几乎先王之意",在曾巩已是最高的褒扬了。我们读《唐论》,他对唐太宗为政"得失"是这样评论的:"有天下之志,有天下之材,又有治天下之效,然而又以其未备也,不得与先王并而称极治之时。"②从文章题意看,似乎应重点论述唐太宗"不得与先王并"这一层意思,但议论不多,显得空泛;而对唐太宗的"志"、"材"、"效",却写得笔墨酣畅,俯仰感慨。这不仅因为"三代之政"的理想图画本来就带有空想的性质,而且因为他对贞观之治在内心深处是极其倾倒的。正如他在《上欧蔡书》中所说,他对贞观之治"未尝不反复欣慕",甚至"自恨不幸不生于其时,亲见其事歌颂推说以饱足其心",其热情实不在"三代"、"先王"之下③。

这里还需辨明两个问题:一是理学先驱问题,一是为扬雄仕莽辩护问题。

元刘壎《隐居通议》卷一四"南丰先生学问"条,提出曾巩"议论文章,根据性理。论治道则必本于正心诚意,论礼乐则本于性情,论学必主于务内,论制度必本之先王之法……此朱文公评文,专以南丰为法者,盖以其于周、程之先,首明理学也。"④后人多以曾巩为程朱理学先驱,借以抬高其学术地位,其实是不确的。作为我国哲学史上的宋明理学,虽有其继承关系,但有自己的特定内涵。理是程、朱哲学体系中最高和最基本的范畴,是世界万物的根本,"在天为命,在义为理,在人为性,主于身为心,其实一也"⑤。程氏把这套唯心主义一元论的心、性、命、理之学,视作自己的独创,程颢说:"吾学虽有所受,天

---

① 《曾巩集》卷一一,第189页。
② 《曾巩集》卷九,第141页。
③ 《曾巩集》卷五二,第707页。
④ 《隐居通议》卷一四,文渊阁《四库全书》本,第866册,第129页。
⑤ 《河南程氏遗书》卷一八,《二程集》,第204页。

理二字,却是自家体贴出来。"①曾巩也讲"性理"、"性情"、"正心诚意"之类,对《大学》、《中庸》多有推阐,但主要是凭借经典来论述现实问题,对这些概念本身并未加进多少思辨内容,更未像程、朱那样从宇宙本体论等角度作过系统的改造。例如《宜黄县学记》讲学校教化,"其大要,则务使人人学其性,不独防其邪僻放肆也"②。这里讲"性"就与程氏不同。程氏的"性"是先验的,是先天就有的,所以不存在"学其性"的问题。难怪一些学者从维护理学出发而指责曾巩了。如《义门读书记》云:"学其性三字,意圆语滞。如程子云:学以复其性,始合性之反之之理。"曾巩在此文中又说,由于日常勤学的结果,因而"知天地事物之变,古今治乱之理"。何义门又反驳说,人们"穷理之时","特能尽其性,乃能尽人性、尽物性耳,岂待养身者既备、又使知乎此哉?"③曾巩讲"理",只是事物的道理、原理,如《王子直文集序》所说的"理当无二"的"理",《先大夫集后序》所说的"所学已皆知治乱得失兴坏之理",《南齐书目录序》所说的"其明必足以周万事之理"等④;而程氏认为:"性即理也,所谓理,性也","其实只能穷理,便尽性至命也"⑤。理和性是二而一的东西,与曾巩言"理"又是互不相侔的。我们知道,程朱理学多方吸取、融合佛学来构筑其哲学体系,而曾巩一生坚决排佛。《梁书目录序》是倡言辟佛的,《冷斋夜话》卷六有"曾子固讽舒王嗜佛"条⑥,亦见曾、王学术志趣之异。此外,只要举一个例子就够了:他的不少佛院记,如《分宁县云峰记》、《鹅湖院佛殿记》、《兜率院记》等,无一例外都是反佛的,真是"对着和尚

---

① 《河南程氏外书》卷一二,《二程集》,第424页。
② 《曾巩集》卷一七,第281页。
③ 《义门读书记》卷四二,第778—779页。
④ 《曾巩集》卷一一,第187页。
⑤ 《河南程氏遗书》卷二二,《二程集》,第292页。
⑥ 《冷斋夜话》卷六,第47页。

骂贼秃"了。对他推崇备至的朱熹说,曾文"只是关键紧要处,也说得宽缓不分明。缘他见处不彻,本无根本工夫,所以如此"①。清代徐乾学《重刻归太仆文集序》也说:"宋之推经术者,惟曾南丰氏,然以较于程、朱之旨,则有间矣。"②都说明他和程朱理学的学术性格是大相径庭的。曾巩的重道而不轻文的古文理论,也与道学家重道轻文、废文乃至作文害道的观点不同。

曾巩在《答王深甫论扬雄书》中,提出"扬雄处王莽之际,合于箕子之明夷"③的看法。他说:"雄遭王莽之际,有所不得去,又不必死,辱于仕莽而就之,固所谓明夷也。"④古人认为,箕子和微子、比干三人对商纣王具体态度不同,或就任,或离去,或谏死,但都各尽其志,箕子就任不过是权宜韬晦而已。曾巩把扬雄拟为箕子,引起后人非议。刘壎斥扬为"臣节不终",对曾巩"许其文字,略其名节"表示大惑不解。⑤ 何焯认为,"欲出雄而不顾厚诬箕子",将会导致"弃礼义、捐廉耻,流于小人无忌惮矣"⑥。但不少学者指出,从扬雄当时及至北宋,都没有把仕莽看成失节问题。《汉书·扬雄传》赞已说,成、哀、平帝时扬雄"三世不徙官",他之仕莽为大夫,是以三朝耆老的资历而提升,并非阿谀逢迎所致:"以耆老久次转为大夫,恬于势利乃如是。"⑦反而称许他淡泊自守。曾巩同时人如司马光、王安石等也是极其推尊扬雄的。元丰时,扬雄还与孟轲、荀况、韩愈从祀孔庙。洪

---

① 《朱子语类》卷一三九,第3314页。
② (清)徐乾学撰:《憺园文集》,《续修四库全书》本,第1412册,卷一九,第552页。
③ "明夷",六十四卦之一。孔颖达《周易正义》云:"夷,伤也"。此卦象"暗主在上,明臣在下,不敢显其明智"。《周易·明夷·六五》有"箕子之明夷"之爻辞。
④ 《曾巩集》卷一六,第265页。
⑤ 《隐居通议》卷一一,文渊阁《四库全书》本,第866册,第109页。
⑥ 《义门读书记》卷四二,第773页。
⑦ 《汉书》卷八七下,第3583页。

迈《容斋随笔》卷一三说他是"退托其身于列大夫中"①,叶适说他是"巽(懦弱)而不诒"②,曾巩的看法实不足为奇。不仅如此,曾巩自称:"巩自度学每有所进,则于雄书每有所得。介甫亦以为然。则雄之言不几于'测之而愈深,穷之而愈远者'乎?故于雄之事有所不通,必且求其意……"③玩其语意,他也感到仕莽之事"有所不通",但经过一番"求其意",才用"明夷"之说来圆场。所以,问题的关键在于他和扬雄思想上的共鸣。扬雄"少不师章句"④,正是冲破当时章句笺注经学而务明儒道的一位学人,他的"明道"、"征圣"、"宗经"的思想,他的道"可则因,否则革"⑤的观点,都可以在曾巩身上找到踪迹。这是他为扬雄仕莽辩护的深刻的思想根源。

总之,曾巩作为一个"渊源圣贤,表里经术"⑥的儒者,免不了一些"迂腐之谈",但他不是拘执不化的泥古迂儒,而是双目注视现实、知权达变的通儒。这是不应忽视的。

二

曾巩的文章大多为议论文,借用萧统论子书的话,大要"以立意为宗,不以能文为本"⑦。这就关涉到对其散文艺术性的评价。文学以形象地反映生活为特性,散文的艺术性即文学性,主要表现在形象性和抒情性上,自不待言;但是,从我国古代散文历史形成的具体特点出发,似不宜把散文艺术性理解得太狭窄。我国古代文论家强调

---

① 《容斋随笔》卷一三,第169页。
② 《习学记言序目》卷四四,第662页。
③ 《答王深父论扬雄书》,《曾巩集》卷一六,第266页。
④ (汉)扬雄著,张震泽校注:《扬雄集》,上海古籍出版社1993年版,第263页。
⑤ 汪荣宝撰,陈仲夫点校:《法言义疏》,中华书局1987年版,第125页。
⑥ 陈宗礼《曾南丰先生祠记》,见《曾文定公年谱》,《北京图书馆藏珍本年谱丛刊》,第14册,第268页。
⑦ 《文选》,卷首序,第2页。

文章的神理、气味、格律、声色,强调结构、剪裁、用笔、用字,强调间架、枢纽、脉络、眼目等等,对于述意、状物、表情都是极其重要的表现手段,理应属于艺术性的范围。即以议论文而言,我们不应把一切议论文字都归入散文之列,但如砍去议论文,无异取消了大半部中国散文史。林纾说:"论之为体,包括弥广",连赠序、书序、山水记、厅壁记等都有"论"①。所言甚是。曾巩正是围绕着长于说理而形成自己的散文风格和写作特色的,从而为我国散文史作出了贡献。

以欧阳修为首的北宋古文运动的主要功绩之一,在于建立了一种稳定而成熟的散文风格,即平易自然,流畅婉转。但在北宋六大家中,又各呈异彩。欧、曾、苏辙大致是纡徐平和,温醇典重,苏洵、苏轼则是汪洋恣肆,雄健奔放,王安石却别有一种拗折峭刻之趣。晁公武说:"欧公门下士,多为世显人。议者独以子固为得其传,犹学浮屠者所谓嫡嗣。"②但欧、曾并称,又同中有异。姚鼐《复鲁絜非书》云:"宋朝欧阳、曾公之文,其才皆偏于柔之美者也。欧公能取异己者之长而时济之,曾公能避所短而不犯。"③欧文富于情韵,形成一唱三叹的"六一风神",发挥了"异己者"浑浩流转的长处;曾文却"平平说去,亹亹不断,最淡而古"④,而力避板滞少变、质木少文之病。

(一)敛气蓄势,藏锋不露。林纾说:"文之雄健,全在气势。气不王,则读者固索然;势不蓄,则读之亦易尽。故深于文者,必敛气而蓄势。"⑤曾文就满足了林纾的这种要求。

敛气蓄势,首先取决于作者思想的深沉,感情的凝练。如《赠黎

---

① 林纾著,范先渊校点:《春觉斋论文》,人民文学出版社1959年版,第60页。
② 《曾子固元丰类稿五十卷》,《郡斋读书志校证》卷一九,第995页。
③ (清)姚鼐著,刘季高标校:《惜抱轩诗文集》,上海古籍出版社1992年版,第94页。
④ (元)李淦撰:《文章精义》,《历代文话》,复旦大学出版社2007年版,第2册,第1165页。
⑤ 《春觉斋论文》,第76页。

安二生序》《王平甫文集序》两文,都为怀才不遇者吐气,融注着作者自己的愤懑和不平,但他没让感情一泻无馀地迸发,而是把心头的波涛渟滀以后用平缓的语调出之。黎、安二位士子因乡人讥其"迂阔",请求曾巩为之辩驳。曾巩却说:

> 余闻之,自顾而笑。夫世之迂阔,孰有甚于予乎?知信乎古而不知合乎世,知志乎道而不知同乎俗,此余所以困于今而不自知也。世之迂阔,孰有甚于予乎?今生之迂,特以文不近俗,迂之小者耳,患为笑于里之人;若余之迂大矣。使生持吾言而归,且重得罪,庸讵止于笑乎?然则若余之于生,将何言哉?谓余之迂为善,则其患若此;谓为不善,则有以合乎世、必违乎古,有以同乎俗、必离乎道矣!①

他没有正面驳斥"迂阔"之诬,却拈来这二字,作了三层转折:自己亦"迂阔","迂阔"比二生者为甚,"迂阔"之善与不善。委婉曲折、吞吐抑扬之中微露出勃郁之气。《王平甫文集序》以"人才难得"为主干,纵论周、秦以来人才之少,埋没人才之多,峰回路转以后,才为王平甫一抒同情之慨。我们不妨将此两序与韩愈《送孟东野序》比较,韩文劈头就以"大凡物不得其平则鸣"喝起大旨,以下连下三十八个鸣字,滚滚而出,犹如翻江倒海,与曾文春蚕抽丝、春云出岫的纡徐圆转,是各尽其妙的。

敛气蓄势还体现在行文脉理的绾连、手法句法的运用等方面。曾巩从嘉祐五年至治平四年在馆阁校理书籍时所写的十几篇目录序,历来为世所重。方苞说:"南丰之文,长于道古,故序古书尤佳。而此篇(《战国策目录序》)及《列女传》、《新序》目录序尤胜,淳古明

---

① 《曾巩集》卷一三,第 217—218 页。

洁,所以能与欧、王并驱,而争先于苏氏也。"①"争先于苏氏"未免过誉,但确是曾巩专擅的文体。(欧阳修长于诗文集序,王安石则工经义序)一般目录序大都介绍书籍内容或考订缺失,曾巩的这些文章却篇篇是专论,篇篇有见解。平平叙来,明明说出,畅达其辞而又有伦有脊,结构整饬而又富于变化。如《战国策目录序》、《梁书目录序》乃是驳难之作,前篇批驳刘向认为战国游士的纵横之风是"不得不然"的看法,后篇批驳佛家以为"独得于内"的观点。前篇未驳之前,欲擒先纵,肯定刘向所说"周之先,明教化,修法度,所以大治;及其后,谋诈用,而仁义之路塞,所以大乱",是"其说既美",略作褒扬之后转入痛抑;但痛抑处又不像韩、苏等文剑拔弩张,声罪致讨,而是先借孔孟论述"法以适变,不必同,道以立本,不可改"的思想原则,然后才论到战国游士光逞口辩投合人君,背弃"道"的根本,从而造成"大祸"。他对刘向的具体指责是"惑于流俗,而不笃于自信",但后面两段不再指名批驳,而用暗收法:论孔孟处的结语是"不惑于流俗,而笃于自信者也",论战国游士处的结语是"而俗犹莫之寤也"。这两处结语都是暗中打着刘向,但一经暗点即戛然而止,没有顺着文势对刘向穷追猛打。如是韩、苏,此等处是不会放过机会的。《古文关键》卷下评云:"此篇节奏从容和缓,且有条理,又藏锋不露。"②"藏锋不露"正是表面上从容和缓、骨子里毫不宽贷的统一,是行文中敛气蓄势的结果。后篇辟佛,讲的是比较精微的哲理,娓娓而谈,不迫不躁,特别是多用"也"字句,平添一种低徊咏叹的情调,同样达到有力批判的目的,但不像韩愈《原道》那样堂堂正正、发扬蹈厉的辟佛之作了。他的一些文章还讲究每一小段的结句。如《宜黄县学记》文分四段:先叙古人

---

① 《唐宋文举要》甲编卷七,第822页。
② (宋)吕祖谦编:《古文关键》,清同治退补斋刻《金华丛书》本,卷下,第80a页。

建学之完备，收句为："为教之极至此，鼓舞天下，而人不知其从之，岂用力也哉！"次叙后代废学之祸害，收句为："呜呼！仁政之所以不行，贼盗刑罚之所以积，其不以此也欤？"继叙宜黄建学之迅速，收句为："其相基会作之本末，总为日若干而已，何其周且速也？"末以勉励士人进学作结，收句为："教化之行，道德之归，非远人也，可不勉欤？"[①]这些收句一方面总结本段文义，使文气能直贯而下；另一方面又全以咏叹语调出之，兼收停顿舒展之功，避免一泻无馀之弊。名作《墨池记》在每层意思之末，几乎都用设问句或感叹句，如："岂信然邪？""又尝自休于此邪？""况欲深造道德者邪？"等也起同类作用。这样，即使在布局谋篇上并无出奇制胜的地方，但全文诵读一过，仍觉味淡而甘，掩抑多姿而非"直头布袋"。

如果说，文章可分敛、放两派，曾巩应属前者。但他早期为文并不如此。欧阳修《送吴生南归》诗云："我始见曾子，文章初亦然。昆仑倾黄河，渺漫盈百川。决疏以道之，渐敛收横澜。东溟知所归，识路到不难。"[②]曾巩之文原是写得放、写得尽的，经欧阳修的指点，才趋于敛气蓄势、藏锋不露一路。因此，他的敛蓄就不是平衍板滞，软弱无力，正如苏轼从绚烂而出的平淡不是枯淡一样。

（二）善于立意，精选"文眼"。曾文长于说理，做到论而不落常套，议而时见警策，一个重要原因在于善于立意。立意，即选取一个观察点作为议论的中心。唐代的颜真卿是以气节名世的伟人，前人颂赞之文已经很多，大都褒扬其抗击安史叛军的忠烈精神，曾巩的《抚州颜鲁公祠堂记》[③]先叙其生平大概，继作评赞，结述建祠经过，也是此类记文的常见结构。但他选取一个新的视点，即突出其"起且仆以至于七八，遂死而不自悔"这一崇高品德，并以此来贯串全文：

---

① 《曾巩集》卷一七，第282页。
② 《欧阳修诗文集校笺·居士集》卷七，第184页。
③ 《曾巩集》卷一八，第293—294页。

叙生平大概处只叙其忤杨国忠、忤肃宗时宰相、忤御史唐旻、忤李辅国、忤元载、忤杨炎、忤卢杞而连遭罢斥乃至缢死的过程；评赞处即指出"故公之能处其死，不足以观公之大"，"历忤大奸、颠跌撼顿至于七八，而始终不以死生祸福为秋毫顾虑"，才是他真正伟大之所在；述建祠经过处即说明建祠乃为向往其节，以激励"当世"。一意翻作数层，曲折尽意，这就不同于一般碑版文字了。《先大夫集后序》①是为乃祖文集作序，理应介绍生平，并抒写思亲之念。但欧阳修的《尚书户部郎中赠右谏议大夫曾公神道碑铭》、王安石的《赠谏议大夫曾公墓志铭》，对曾致尧已记叙很详，曾文就写成一篇人物补论，以免重复雷同。他只择取曾致尧"勇言得失"这一点，来逐次叙出其仕宦政绩，且笔带感情。《义门读书记》引明王慎中云："先生之文，如此篇之委曲感慨，而气不迫晦者，亦不多有。"②这与立意新颖是分不开的。他的几篇反佛的佛院记，更是致力于新角度、新题意的选择。如《分宁县云峰院记》，按题应是阐扬佛理之作，曾巩却是这样开头的：

> 分宁人勤生而啬施，薄义而喜争，其土俗然也。自府来抵其县五百里，在山谷穷处。其人修农桑之务，率数口之家，留一人守舍行馌，其外尽在田。田高下硗腴，随所宜杂殖五谷，无废壤。女妇蚕杼，无懒人。茶盐蜜纸竹箭材苇之货，无有纤巨，治咸尽其身力。其勤如此。富者兼田千亩，廪实藏钱，至累岁不发；然视捐一钱，可以易死，宁死无所捐，其于施何如也？其间利害，不能以秭米。……③

这是讲"勤生"、"啬施"两项，下面接讲"薄义"、"喜争"两项。这段穷

---

① 《曾巩集》卷一二，第 194—196 页。
② 《义门读书记》卷四一，第 755 页。
③ 《曾巩集》卷一七，第 272 页。

形极相、刻画入微的文字,原与佛院记了不相关,他笔锋一转说,云峰院主持道常"索其学,其归未能当于义",但此公勤生而不啬施,义虽未当却不喜争。如果他"不汩溺其所学,其归一当于义",那就高出于乡人了。读者至此才恍然:他从题外拈出分宁土俗,原是为了借以表达和尚不要"汩溺其所学"的希望,换言之,要求佛徒不要沉溺于佛理。借题辟佛,令人解颐。这种"无中生有"的借题法,曾文常用。如《清心亭记》的开头写道:"是岁(嘉祐六年)秋冬,来请记于京师,属余有亡妹殇女之悲,不果为;明年春,又来请,属余有悼亡之悲,又不果为;而其请犹不止,至冬乃为之记曰……"①文章即从自己悼妹、悼女、悼妻之悲发端,进而发挥"清心"题意:君子能"虚其心",则"万物不能累我"。本篇内容虽无多可取,但这种顺手拈来、随事兴感而引入正题的手法,能使文章自然妥溜,增强亲切近人之感。

文章不仅立意要新,而且要善于展开又能善于集中,最忌漫汗无根。曾巩的手法之一就是精心择取"文眼"。所谓"文眼",指揭示全文主题的字眼。它可以在篇首,也可以在篇中或篇末,但前后必需一再呼应,这样使整篇文章主旨集中,神聚形完。前述《赠黎安二生序》以"迂阔"二字为文眼,就是一例。《书魏郑公传》②则抓住"其书存也"一句,反复论证魏徵要把劝谏之词付之史官的正确。文中一则说,唐太宗之为后世认识,称其为"贤主",是"以其书存也";二则说,至今称美伊尹、周公之劝谏太甲、成王,乃是"以其书可见也";三则说,桀、纣、幽、厉、始皇时的谏词,"无传"于书,则是"益暴其恶"的明证;最后辩驳《春秋》"为尊亲贤者讳"、汉孔光"焚稿"(应为"削稿")之说,也隐然照应"其书存也"一语。这样,才使"益知郑公之贤"的结论坚确不刊。又如《寄欧阳舍人书》原是一封感谢信,感谢欧阳修为其

---

① 《曾巩集》卷一八,第 296 页。
② 《曾巩集》卷五一,第 701—703 页。

祖曾致尧作碑铭。文章先突出铭文的重要作用，然后慨叹当时铭文的卑下阿谀，才提出作铭者必须具备"蓄道德而能文章"这两个条件。这句话在文中先后出现三次，每次都推进论点的发展和深化，最后推美欧公具此条件，为其祖作铭："况其子孙也哉！况巩也哉！"两个"况"字，前一个是指一般人都会产生的感激心情；后一个更谓曾巩自亦能文，深知铭文写作之不易，道德文章兼美之难得，其感激之情理当深于平常人了。可见"蓄道德而能文章"一句对全文脉理所起的重要组织作用。其他如《馆阁送钱纯老知婺州诗序》主要阐发"欲其不久于外"、"知纯老非久于外"两层意思，前者是诸友送别时的希望，后者是作者送别时的推断。全文即以此为主干，再作枝叶花蕊，遂成佳什。《南齐书目录序》则把论良史的四个条件（明、道、智、文）重复三次，突出史传文作者的难得，可与《寄欧阳舍人书》论碑铭文参看。王构《修辞鉴衡》引《童蒙训》云：曾文"纡徐委曲，说尽事情，加之字字有法度，无遗恨矣"[1]。朱自清先生《经典常谈·文第十三》说曾巩"学问有根柢，他的文确实而谨严"[2]。所谓"法度"、"确实"、"谨严"，得力于"文眼"者不少。

（三）议论与叙事、写景、抒情的结合。曾巩的说理才能见称于世，人们往往忽视他叙事、写景和抒情的工力。他的不少论说文是夹叙夹议、以叙出论的。如《与孙司封书》[3]，是写给广西转运使孙抗为孔宗旦辩诬的书信。宋仁宗时，广源州少数民族首领侬智高叛乱反宋，邕州司户参军孔宗旦在他叛乱以前，连写七信给知州陈拱指明乱象，早作准备，陈拱不听；叛军兵临城下，内外变乱，他却奋勇"力守南门"；后他被侬智高擒获，侬"喜欲用之"，他怒斥道："贼汝今立死，吾

---

[1] （元）王构撰：《修辞鉴衡》，《历代文话》，第2册，第1202页。
[2] 朱自清撰：《经典常谈》，上海古籍出版社1999年版，第106页。"确实"，朱熹语，见《朱子语类》卷一三九；"谨严"，刘壎语，见《隐居通议》卷一四。
[3] 《曾巩集》卷一五，第246—248页。

岂可污耶？"终于慷慨就义。但朝廷却不予奖恤。曾巩满怀激情为他雪冤。对孔的明察于前，勇守于中，死节于后，横说竖说，左叙右议，叙议一路双笔兼行，并对"曲突徙薪亡恩泽，焦头烂额为上客"①的赏罚不平深表不满。韩愈的《张中丞传后叙》②也有以叙事来辩诬的内容（如辩许远不畏死等），叙议结合，文情豪恣，颇可互相比美。《越州赵公救灾记》、《叙越州鉴湖图》③更见出曾文叙事条贯细致的特点。他善于将纷繁杂乱的事件，交代得一清二楚，详赡周匝，了无剩义。前篇叙赵汴救灾过程，前面已述；后篇叙越州鉴湖的治理问题，也条分缕析，不赘不冗。先叙鉴湖的地理环境；次逐一叙述宋代十位官员关于对付"盗湖为田"的建议，但"苟且之俗"使这些建议成为徒文；末驳"湖不必复"、"湖不必浚"两谬说，力主治湖以收功利。文章抓住利和害两端，反复述说，极尽腾挪变化之妙。方苞说："凡叙事之文，义法未有外于《左》、《史》者。《左传》详简断续，变化无方；《史记》纵横分合，布勒有体。如此文在子固记事文为第一，欧公以下无能颉颃者，其实不过明于纵横分合耳。"④如此长篇，若无"纵横分合"的章法变化，是会筋慵肉缓，沉闷寡味的。至于《洪偓传》、《徐复传》、《秃秃记》等人物描写，大都从琐细事情中肖貌传神，给人留下难忘的印象。

曾巩写景文字颇有柳宗元峻洁峭刻的特点。《道山亭记》开端云：

其路在闽者，陆出则阨于两山之间，山相属无间断，累数驿乃一得平地，小为县，大为州，然其四顾亦山也。其途或逆坂如

---

① 《汉书》卷六八《霍光传》语，第 2958 页。
② 《韩昌黎文集校注》卷二，第 73—78 页。
③ 《曾巩集》卷一九第 316—317 页、卷一三第 205—209 页。
④ （清）姚鼐选纂，宋晶如、章荣注释：《广注古文辞类纂》，世界书局 1935 年版，第 1015 页。

缘纟亘,或垂崖如一发,或侧径钩出于不测之溪上,皆石芒峭发,择然后可投步;负戴者,虽其土人,犹侧足然后能进,非其土人,罕不踬也。其溪行,则水皆自高泻下,石错出其间,如林立,如士骑满野,千里下上,不见首尾;水行其隙间,或衡缩蟉糅,或逆走旁射,其状若蚓结,若虫镂,其旋若轮,其激若矢;舟溯沿者,投便利,失毫分,辄破溺,虽其土长川居之人,非生而习水事者,不敢以身楫自任也。①

前状山行之奇,后摹水行之险。他用移步换景的手法,险状迭出,炫人眼目;又从高处俯视,洞见全貌。文多短句,用字尖新巉刻,一如其景。元代刘埙、清代陆文裕、林纾等人都以亲历其地赞扬这段文字"穷形尽相,毫发不谬"②,应是的评。道山亭是以道家蓬莱三山而命名,本身实无从落笔,这段景物描写,却使全文"于无出色处求出色"③,取得良好的艺术效果。他如《拟岘台记》描摹登台所览景象,《读贾谊传》用自然景色来形容读"三代两汉之书"的感受,时见精彩,值得讽读。

曾巩的不少说理文写得唱叹有情,颇得欧阳修"六一风神"的神理。有的文章全篇笼罩着一种低徊咏叹的抒情气氛,如《先大夫集后序》、《范贯之奏议集序》、《齐州杂诗序》等;有的是插入抒情段落,又与全篇和谐统一,使文情摇曳多姿。如《陈书目录序》阐述《陈书》的价值,除了证明"兴亡之端,莫非自己",可作后世借鉴外,还在于陈朝的"安贫乐义之士"足供人们景仰。他说:"若此人者,可谓笃于善矣。

---

① 《曾巩集》卷一九,第 315 页。
② 见《隐居通议》卷二九,文渊阁《四库全书》本,第 866 册,第 248 页;《义门读书记》卷四二,第 789 页;林纾选评《元丰类稿选本》,第 68 页。
③ (清)沈德潜撰、(日)赖山阳增评:《增评唐宋八家文读本》,日本玉严堂安政二年刻本,卷二八,第 15b 页。

盖古人之所思见而不可得，《风雨》之诗（《诗经·郑风》）所为作者也，安可使之泯泯不少概见于天下哉？则陈之史其可废乎？"①当时"争夺诈伪、苟得偷合之徒"充斥于世，使曾巩对于这些安贫乐义、不苟去就之士，表示了由衷的钦慕，笔端凝聚着感情。《张文叔文集序》为其学生张彦博的文集作序，除了称赞张"其辞精深雅赡"外，又因其子来请作序事，随笔点染："有子复能读书就笔砚矣，则余其能不老乎？既为之评其文而序之，又历道其父子事反复如此者，所以致余情于故旧，而又以见余之老也。"②怀旧叹老，真情坦露，凄然感人。

议论、记叙、抒情三种因素，对于一个散文大家来说，总是兼擅并长、融为一体，使之相得益彰的。曾巩也是如此。说他"质木少文"、"寡情乏味"是不符实际的，只不过以说理为主罢了。如他的《福州上执政书》，请求归养老母，是他的《陈情表》，按题旨应是抒情文。但他一开头引了十四处《诗经》中关于"先王养士之法"的内容，当然引用手法又有变化：有八例是用自己语言概述《诗经》大意，并加以贯串；三例是直接引用《诗经》原句；另三例是引述《诗经》篇目主旨，不啻一篇《诗经》论"养士"的材料汇编。这些引证，目的是引起下文：作者年已六十，老母年八十有八，自己历仕多年，今又治闽粗定，理应归养，以符"先王养士之法"。这部分叙事、抒情、议论兼出，把一片拳拳养亲之意和盘托出。这与李密《陈情表》纯以历叙情事、真率无饰者，情趣不同：一纯以情动人，一情理并具而以理为主，表现出曾文以议论见长的主要特色。

曾巩的散文成就虽然不及韩、柳、欧、苏，但他在风格、手法、技巧等方面都有自己的特点和长处。他的写作经验是我们今天不应忘却而应认真吸取、利用的宝贵财富。

---

① 《曾巩集》卷一一，第 186 页。
② 《曾巩集》卷一三，第 213 页。

第四节 "修辞立其诚"：写作原则的坚持

今年(2007)八月六日是欧阳修千年诞辰纪念日，不知何故，我首先想到的却是他的两篇引起纠纷的碑志文：一是为范仲淹所写的《范文正公神道碑》，一是为尹洙所写的《尹师鲁墓志铭》[①]。欧氏是以文字为生命、也以文字立命的大古文家，这两篇精心撰作的文章，竟遭墓主家属的排拒和名臣硕儒的质疑。问题的焦点是追叙往事的态度问题，也见出"修辞立其诚"的古训，在具体实践时会受到怎样的环境困扰和精神压力。而更为重要的，在维护"信史"原则的背后，又蕴含着政治的或文学的更深层的内涵，关涉到党争和古文发展史的重大问题，值得探寻。

一

宋仁宗皇祐四年(1052)五月，范仲淹病逝，他的儿子范纯仁请富弼和欧阳修分撰《墓志铭》和《神道碑》，富氏于十一月前写成上石，纳入墓中，按常规顺利完成；欧氏却延宕一年多以后始得完稿。这不仅因为《神道碑》立于地上，供万人拜阅，影响更大，而且因为要总结范仲淹的一生活动，无异于要梳理一部近三十年的现代政治史，尤其是党争的历史；而党争的另一方当时仍然人众势大，拥有不可轻视的政治能量，稍有不慎，极易引发事端。欧氏在给姚辟的信中说，他在富弼之后作《神道碑》：

> 中怀亦自有千万端事待要舒写，极不惮作也。……为他记述，只是迟着十五个月尔。此文出来，任他奸邪谤议近我不得

[①] 分见《欧阳修诗文集校笺》卷二〇第587页，卷二八第767页。

也。要得挺然自立,彻头须步步作把道理事,任人道过当,方得恰好。……所以迟作者,本要言语无屈,准备仇家争理尔。如此,须先自执道理也。

——《与姚编礼辟》其一①

欧氏是范仲淹志同道合的政治盟友,"庆历新政"的倡导者和参与者。为范氏立传,也是为欧氏自己写照,因而他心中有"千万端事待要舒写";而要写好这篇文章,其关键是"须先自执道理"才能"挺然自立",使政敌们无可置喙。为达到这个要求,"迟着十五个月"也是可以谅解的了。或谓欧氏为母守丧例不作文,因而导致延宕,此殆非主因。初稿写成,他先送韩琦审阅:"惟公(韩琦)于文正(范仲淹)契至深厚,出入同于尽瘁。窃虑有纪述未详及所差误,敢乞指谕教之。"②韩的意见反馈后,欧"悉已改正"③。事情进展至此,可谓一马平川,波澜不起;连反改革派方面也未发出不同声音,欧氏原先的顾虑也可打消了。不料到了富弼、范纯仁那里,却引发激烈反应,酿成轩然大波。富弼也是推行"庆历新政"的名臣之一,他对欧文的意见,见于《邵氏闻见后录》卷二一:

> 大都作文字,其间有干着说善恶,可以为劝戒者,必当明白其词,善恶焕然,使为恶者稍知戒,为善者稍知劝,是亦文章之用也。……弼常病今之人,作文字无所发明,但依违模棱而已。……褒善贬恶,使善人贵,恶人贱,善人生,恶人死,须是由我始得,不可更有所畏怯而嗫嚅,受不快活也。向作希文(范仲

---

① 《欧阳修全集》卷一五〇,第2482页。
② 《与韩忠献王(稚圭)》其十五,《欧阳修全集》卷一四四,第2338页。
③ 《与韩忠献王(稚圭)》其十六,《欧阳修全集》卷一四四,第2338页。

淹)《墓志》,盖用此法。①

他自己所作的范仲淹《墓志铭》采用的是务使善恶分明、善贵恶贱、善生恶死的痛快淋漓的态度,含蓄地批评欧阳修的《神道碑》却是"依违模棱"、调和折衷,实不足取;他进而明言,他写的《墓志铭》"所诋奸人皆指事据实,尽是天下人闻知者,即非创意为之,彼家数子皆有权位,必大起谤议,断不恤也"。即使引起吕夷简等家族子弟的群起谤议,他也无所顾惜,一派势不两立的阵势。

对于富弼的这个批评,欧阳修直截了当地予以拒绝,他请友人徐无党转告富弼:

> 于吕公(夷简)事各纪实,则万世取信。非如两仇相讼,各过其实,使后世不信,以为偏辞也。大抵某(欧阳修)之《碑》,无情之语平;富(弼)之《志》,嫉恶之心胜。后世得此二文虽不同,以此推之,亦不足怪也。……幸为一一白富公,如必要换,则请他别命人作尔。
> ——《与渑池徐宰(无党)书》其四②

欧阳修这里所说的"吕公事",正是双方矛盾的焦点,乃指宝元元年西夏战争爆发后的一桩史实:景祐年间,党争初起,范仲淹等人先后被贬,不久吕夷简也被罢去相位。西夏战争爆发,吕夷简再次为相,推荐范仲淹为陕西经略安抚副使。大敌当前需要一出新的"将相和",范仲淹主动写信给吕夷简表示和解。欧阳修在《神道碑》中如实地记叙了这桩史实:

---

① 《邵氏闻见后录》卷二一,第 163—164 页。
② 《欧阳修全集》卷一五〇,第 2474 页。

> 自公（范仲淹）坐吕公（夷简）贬，群士大夫各持二公曲直，吕公患之，凡直公者，皆指为党，或坐窜逐。及吕公复相，公亦再起被用，于是二公欢然相约戮力平贼。天下之士皆以此多二公。①

看来，欧、富二人都主张碑志文应"指事据实"、"万世取信"；但究竟什么才是"事实"，如何叙事才能取信后代？他们之间实存在着真正的分歧。激烈的党派争斗，无休止地相互弹劾惩治、贬黜迁徙，不可避免地日趋情绪化，极易导致碑志文的写作出现"两仇相讼，各过其实"的偏向，离开了"信史"的基本原则。欧阳修说得好：他与富弼的区别在于"无情之语平"与"嫉恶之心胜"的不同。他对待历史要取公平、客观、冷静的态度，勿任一己感情好恶的驱使而背离真实。这一条传记写作的指针，具有普适性。

墓主家属范纯仁的态度，与富弼一致，对欧氏碑文也不能认同。他不像富弼那样着重于碑志写作的基本原则的讨论，而主要辩白上述的那桩史实。他坚持说"我父至死未尝解仇"，否认确有其事。欧阳修回应说：

> 我亦得罪于吕丞相者。惟其言公，所以信于后世也。吾尝闻范公自言，平生无怨恶于一人，兼其与吕公解仇书，见在范集中，岂有父自言无怨恶于一人，而其子不使解仇于地下！父子之性，相远如此？②

《避暑录话》卷二亦载：

---

① 《欧阳修诗文集校笺·居士集》卷二〇，第 590 页。
② （宋）张邦基撰，孔凡礼点校：《墨庄漫录》，中华书局 2002 年版，卷八，第 226 页。

第二章　欧(阳修)门进士集团

　　碑载初为西帅时与许公(吕夷简)释憾事曰："二公欢然相约平贼。"丞相(范纯仁)得之曰："无是。吾翁未尝与吕公平也。"请文忠(欧阳修)易之。文忠怫然曰："此吾所目击，公等少年，何从知之？"①

　　他以第一证人的身份引证范仲淹的当日言论，更用范氏和解信件"见在范集"为物证，充分证明范纯仁的不敢面对现实，颇有说服力。

　　吕、范和解一事，还见于当时人的记载。如司马光《涑水纪闻》卷八云："范文正公于景祐三年言吕相之短，坐落职、知饶州，徙越州。康定元年，复天章阁待制、知永兴军，寻改陕西都转运使。会许公自大名复入相，言于仁宗曰：'范仲淹贤者，朝廷将用之，岂可但除旧职耶？'即除龙图阁直学士、陕西经略安抚副使。上以许公为长者。天下皆以许公为不念旧恶。文正面谢曰：'向以公事忤犯相公，不意相公乃尔奖拔！'许公曰：'夷简岂敢复以旧事为念邪？'"②作为史家的司马光颇为详细地记录了事件的全过程，见出吕、范二人的政治风范一样崇高。苏辙《龙川别志》卷上也有记述：范仲淹"自越州还朝，出镇西事，恐许公不为之地，无以成功，乃为书自咎，解仇而去"③。这里明确记叙"为书自咎"，即可与欧氏的"与吕公解仇书见在范集中"相印证。司马光与苏辙二人的记载，具体细节容有出入，但与欧氏"二公欢然相约戮力平贼"的概述，基本内容与精神都是一致的。

　　更重要的是，范仲淹这封《上吕相公书》，今日尚能在吕祖谦所编的《皇朝文鉴》卷一一三中见到全文。这封和解信件，欧阳修虽说"见

---

① 《避暑录话》卷上，《丛书集成初编》本，第29页。
② (宋)司马光：《涑水纪闻》，中华书局1989年版，卷八，第162页。
③ (宋)苏辙撰，俞宗宪点校：《龙川别志》，中华书局1982年版，卷上，第83页。

在范集",但到朱熹时,"范集"中已不收此文,大概已被家人删去。范氏在此信中,首先感谢吕夷简的"褒许之意,重如金石,不任荣惧!不任荣惧!"自责往昔"情既龃龉,词乃睽戾,至有忤天子大臣之威",然后写道:

> 昔郭汾阳(郭子仪)与李临淮(李光弼)有隙,不交一言;及讨禄山之乱,则执手泣别,勉以忠义,终平剧盗,实二公之力。今相公有汾阳之心之言,仲淹无临淮之才之力,夙夜尽瘁,恐不副朝廷委之之意。①

欧阳修据此而谓"二公欢然相约戮力平贼",完全符合实际,准确无误。

这场文字风波的结局是:富弼当然不敢"别命人作"来全盘否定欧作;范纯仁却断然删去范吕和解的一段文字,"即自刊去二十馀字乃入石";欧阳修的态度是:拒绝接受范纯仁所送碑文的拓片,声称此"非吾文也"②。还特意提醒人们:若要读这篇碑文,请以他的家集本为准③。双方互不退让,各执己见。

欧阳修并不认为他的碑文字字正确,无一瑕疵,不能改动。比如碑文中写到,有次仁宗母亲章献太后临朝,仁宗欲率百官朝拜太后,范仲淹认为不合礼制,力争乃罢。后来苏洵奉诏编纂《太常因革礼》时,得见政府所藏官方案牍,发现"无谏止之事",便告诉欧氏。欧氏说:"文正公实谏而卒不从,《墓碑》误也,当以案牍为正耳。"④可谓从

---

① 《宋文鉴》,下册,第 1578 页。
② 《避暑录话》卷上,《丛书集成初编》本,第 29 页。
③ 见欧阳修《与杜䜣论祁公墓志书》,《欧阳修诗文集校笺·外集》卷一九,第 1841—1842 页。
④ 《苏轼文集》卷七二,第 2284 页。

善如流。又如碑中对范氏任官履历的叙述,有人怀疑先后次序不当,他则解释道:"某官序非差,但略尔,其后已自解云'居官之次第不书',则后人不于此求官次也。"①可谓耐心细密。

那么,为什么在涉及与党争有关的史实上,欧阳修旗帜鲜明,寸步不让呢?似有更深层的原因在。"二公欢然"虽然只有短短两句,却是欧阳修亲历激烈党争后的新思考的结果,是对他《朋党论》思想的新调整,甚至标志着范仲淹一派人士"跳出自身反观自身"的集体反思,意味深长。

从根本上说,任何政治性团体与专制主义中央集权的君主政体是互不相容的,皇权不容许党争的合法存在,以防止对皇权的干扰与削弱。因而指斥对方结党,成了党争中打击政敌的有力武器。然而,政治派别的纷争又无时不在,贯穿于君主专制时代的始终,最高统治者又将其当作政治制衡的手段来掌控,允许"异论相搅"②,广开言路,兼听并闻,防范重臣独断专行。

北宋的庆历新政和熙宁变法的前期,都产生过不同政治派别之间的"党争",但与汉代"党锢之祸"和唐代"牛李党争"不同,它们是"君子"之间政见的歧异,而非单纯的争权夺利、相互倾轧,因而具有某些现代政党的色彩。李纲在绍兴二年《昧死上条六事》中,第三事即为"变革士风"。他说:"何谓变革士风?……士风厚则议论正而是非明,朝廷赏罚当功罪而人心服,考之本朝嘉祐、治平以前可知已。数十年来奔竞日进,论议徇私,邪说利口,足以惑人主之听。""士风"就是包括党争在内的"政风",士大夫们的从政作风。据李纲的观察,"嘉祐、治平以前"的士风是健康的,"议论正而是非明,赏罚当功罪而人心服";到了元祐以后,才"颠倒是非,政事大坏,驯致靖康之变"③。

---

① 《与渑池徐宰(无党)》其四,《欧阳修全集》卷一五〇,第2474页。
② 宋真宗语,见《续资治通鉴长编》卷二一三,第5169页。
③ 《宋史》卷三五九《李纲传》,第11267—11268页。

这从侧面说明庆历党争时,政见之争压过意气之争、权力之争,积极健康的一面还是占主流的。这一估计与《宋史》编纂者一致。《宋史》卷四四六《忠义传序》云:"真、仁之世,田锡、王禹偁、范仲淹、欧阳修、唐介诸贤,以直言谠论倡于朝。于是中外缙绅知以名节相高,廉耻相尚,尽去五季之陋矣。"①

然而两派对阵,各为自己的政治主张而相争,又极易导致意气用事,不择手段,演出种种你死我活的惨酷场面。今日我们耳熟能详的词语,如"一网打尽"、"不知人间有羞耻事"、"笑骂由汝,好官我自为之"等,均出于北宋政争之时。党争的排他性可谓与生俱来。北宋党争的正面和负面的作用,均严重影响其时中枢政权的运作和发展趋向,也引起当时和后世人们的思考。

北宋的一批名臣国老,大都信奉"立朝大节",昌公论而杜私情,也不断地注意从党争实际中总结经验和吸取教训,逐渐地具有防止党争失范的自觉意识。试以两个以诗文干政的显例作些分析。

景祐三年,蔡襄作《四贤一不肖诗》,传诵四方,名重一时。《渑水燕谈录》卷二在记此事始末后云:"永叔复与师鲁书云:'五六十年来,此辈沉默畏惧,布在世间,忽见吾辈作此事,下至灶间老婢亦为惊怪。'时蔡君谟为《四贤一不肖诗》,布在都下,人争传写,鬻书者市之,颇获厚利。房使至,密市以还。"②在当时因循苟且、难于改作的士风背景下,采取惊世骇俗之举,尚具有矫枉过正的某种合理性,欧氏似是认同的。蔡襄的这五首七古,推范仲淹、余靖、尹洙、欧阳修为"四贤",斥高若讷为"不肖",旗帜鲜明,褒贬犁然,虽仍以君子小人之辨为立论标准,但叙述如实,评骘合理,不作人身攻击,不以政治道德审判者自居,把以诗文干政控制在正常的政争范围之内。因而当有人

---

① 《宋史》卷四四六,第13149页。
② 《渑水燕谈录》卷二,第15页。

第二章 欧(阳修)门进士集团

上章弹劾蔡襄时,自然引起革新派阵营的反击。《续资治通鉴长编》卷一一八云:"仙游蔡襄作《四贤一不肖诗》传于时……泗州通判陈恢寻上章,乞根究作诗者罪。左司谏韩琦劾恢越职希恩,宜重行贬黜,庶绝奸谀。不报,而襄事亦寝。"①但随着时间的推移,他们的认识也有所变化。欧阳修在作《端明殿学士蔡公墓志铭》②时,却绝口不提蔡襄此件大事,其自编《居士集》,也不收《与高司谏书》,其间消息,不难寻味。

到了庆历三年,石介作《庆历圣德颂》,却遭到范仲淹、韩琦等人明确而强烈的反对。当时宋仁宗起用杜衍、范仲淹、韩琦、富弼以及王素、欧阳修、余靖、蔡襄等人,罢夏竦枢密使,锐意求治,政局为之一新。石介此颂明言仿韩愈《元和圣德颂》,从"千二百言"到"凡九百六十字"③,篇幅大致相埒。此颂明为歌颂仁宗,却落实在《序》所言的"皇帝退奸进贤"的"陟黜之明,赏罚之公"上,并摹拟仁宗的口吻,逐一称赞范仲淹、韩琦等人,把"众贤之进,如茅斯拔;大奸之去,如距斯脱"的主旨发挥到极致。范仲淹、韩琦在读到石介的《庆历圣德颂》时,因其一味丑化政敌以逞一时之忿,大为不满。范曰:"为此怪鬼辈坏之也。"韩曰:"天下事不可如此,必坏。"④辱骂丑诋不是政争的正

---

① 《续资治通鉴长编》卷一一八,第 2787 页。
② 《欧阳修诗文集校笺》,《居士集》卷三五,第 919 页。
③ 石介《庆历圣德颂》之《序》云"四言,凡九百六十字";宋王辟之《渑水燕谈录》卷三《奇节》云"乃作《庆历圣德诗》五百言","五百言"恐误,或其所见为五百字之删节本;而通行本如陈植锷点校本(中华书局 1984 年版)实为七百馀字。从宋人笔记所载,一些更尖锐的句子,确已被删去,如"惟竦若讷,一妖一孽"(见王铚《默记》卷中),"乃有'手锄奸桧'之句"(见魏泰《东轩笔录》卷九)。参看李强《北宋庆历士风与文学研究》,上海书店出版社 2011 年版。叶适《习学记言序目》卷四九《皇朝文鉴》三指出,石介此颂,"乃以二十年间否泰消长之形,与当时用舍进退之迹,尽于一颂",今本亦无与此相关文字。
④ (宋)袁褧撰:《枫窗小牍》,《宋元笔记小说大观》本,上海古籍出版社 2001 年版,第 5 册,第 4762 页。

常手法。诚如苏辙所言,范氏"早岁排吕许公(夷简),勇于立事,其徒因之,矫厉过直,公亦不喜也"①。欧阳修后作《徂徕石先生墓志铭》时,不像为蔡襄作墓志铭而讳言《四贤一不肖诗》那样,倒是提到石介此事,却用曲笔:"乃作《庆历圣德诗》以褒贬大臣,分别邪正,累数百言。诗出,太山孙明复曰:'子祸始于此矣。'……其后,所谓奸人作奇祸者,乃诗之所斥也。"②着眼点在于表扬孙复的先见之明,在表扬中暗寓他此时对石介此举看法的一定保留。

从宋代朋党政治理论发展的层面上,结合党争从政见之争蜕变为意气、权力之争的发展阶段,对欧阳修的这场文字风波当有更深入的认识。

本书《序论》第二节中讨论过宋代有关《朋党论》前后相继的一批系列论文,从王禹偁《朋党论》、欧阳修《朋党论》、司马光《朋党论》到苏轼的《续欧阳子朋党论》、秦观《朋党论》上下篇等,指出严君子小人之辨是他们衡量党争问题的唯一的是非标准,也是其朋党论思想的核心。王禹偁提出首要分清"君子之党"与"小人之党"的界域,这是认识朋党问题的关键。他的这一思想影响深远。至欧阳修,进一步提出"君子有党,小人无党"的观点③,公开亮出君子立党的正当性和必要性,体现了忠诚谋国、光明磊落的政治风范,但也很容易把二元对立思想极端化。他当时攻击吕夷简的言论就是实例。欧氏庆历三年的《论吕夷简札子》④,痛责吕氏"二十四年间坏了天下。人臣大富贵,夷简享之而去;天下大忧患,留与陛下当之",直斥"罪恶满盈,事

---

① 《龙川别志》卷上,第 83 页。
② 《欧阳修诗文集校笺·居士集》卷三四,第 896—897 页。
③ 《续资治通鉴长编》卷一四八,庆历四年四月戊戌条,记范仲淹面对宋仁宗的"亦有君子党乎"的提问,作了明确的肯定答复。欧阳修进呈《朋党论》即在同一天,说明"君子有党"的思想并非欧氏一己之见。
④ 《欧阳修全集》卷一〇〇,第 1542—1543 页。

迹昭著",显然有失公道了。

更值得注意的是苏轼《续欧阳子朋党论》。明茅坤《宋大家苏文忠公文钞》的评语敏锐地指出:"长公此论,真可以补欧阳子之不足。"①"不足"何谓? 茅氏未加申说。清姚范在《援鹑堂笔记》卷五〇中却作过具体分析。他说:

> 欧公盖有感于庆历间范、吕二公朋党之论,故于《史记》亦多致意。东坡则言君子小人各自为党,祸及于国,而君子当"《箫》《勺》群慝",为调剂之术,不为已甚耳。与欧公"小人以君子为朋党"者,其意殊也。或绍圣以后,元丰旧党恣其辛螫,而公鉴之,为是言与? 抑元祐初众正汇进,公料群小已有茅茹之象,而为此先事之虑与?②

从两文的内容而言,欧氏《朋党论》阐述"君子有党,小人无党"的见解,苏氏"续论"则申说"君子之党易尽""小人之党必胜"的看法。王世贞《读朋党论》概括两文之异在于"欧阳氏之说,则虑君子之党见疑于人主,而求所以释之;苏氏之说,则虑小人之党见信于人主,而求所以胜之"③,所言颇有眼光。这也可以看出,欧、苏两人都没有跳出以君子、小人论党争的基本思路,但立意却颇异其趣。

从两人的立意而言,苏轼显然着重阐释"调停"之说。"《箫》《勺》群慝"是汉《安世房中歌》的成句:"行乐交逆,《箫》《勺》群慝。"《箫》,舜乐;《勺》,周乐。据师古注"言制定新乐,教化流行,则逆乱之徒尽

---

① 《历代文话》,第 2 册,第 1983 页。
② 《续修四库全书》影印清道光刻本,第 1149 册,第 188 页。
③ (明)王世贞撰:《读书后》,文渊阁《四库全书》本,第 1285 册,卷三,第 45 页。

交欢也"①,即谓用音乐教化而使匈奴臣服。姚范借以表达苏轼此文的思想重点:强调"调剂之术",努力防止党争双方行为的失控与过激,"不为已甚耳"。这是深中肯綮的。苏轼文中明言"愚以谓治道去泰甚耳",好走极端、黑白太分明,并非"治道"。苏轼甚至认为"奸固不可长,而亦不可不容也;若奸无所容,君子岂久安之道哉!"②

苏轼此语,绝不能理解为姑息养奸、是非不分,而是对他自身几起几落、大起大落党争经历的总结,这个总结是伴随着血和泪的,因而也是深刻的。对宋代政治史具有精深研究的王夫之,在他的《宋论》中痛切地指出党争对宋朝政局的严重危害:"朋党之兴,始于君子,而终不胜于小人,害乃及于宗社生民,不亡而不息。宋之有此也,盛于熙、丰,交争于元祐、绍圣,而祸烈于徽宗之世,其始则景祐诸公开之也。"③并进而指出,党争双方势如水火,但所采取的政争手段,即所谓"术"却如出一辙,韩、富、范等人采用的仍是吕夷简之"术","反其所为者,固师其所为也",对立双方在斗争手段上走到了一起。他写道:

> (吕)夷简固以讪之不怒、逐之不耻、为上下交顺之术,而其心之不可问者多矣。其继起当国能守正而无倾险者,文彦博也,而亦利用夷简之术,以自挫其刚方之气,乃恐其志不足以行,则旁求助于才辩有馀之士,群起以折异己而得伸。韩、富、范、马诸公,虽以天下为己任,而不能自超出于此术之上。于是石介、苏舜钦之流,矫起于庶僚,而王素、唐介、蔡襄、余靖一唱百和,唯力是视,抑此伸彼,唯胜是求。④

---

① 《汉书》卷二二《礼乐志二》,第1047、1048页。
② 《苏轼文集》卷四,第129页。
③ (清)王夫之撰,舒士彦点校:《宋论》,中华书局1964年版,卷四,第86页。
④ 《宋论》卷四,第87页。

二元对立的党争思维,一旦形成牢不可破的党派性,把狭隘的派性利益置于公共利益之上,极易把原来正常的政见之争丢于脑后,一味党同伐异,"唯胜是求"。其结果,"寥寥焉无一实政之见于设施","未见其有所谓理也,气而已矣。气一动而不可止,于是吕、范不协于黄扉,洛、蜀、朔党不协于群署,一人茕立于上,百尹类从于下,尚恶得谓元祐之犹有君,宋之犹有国也"①。这里的"气",殆与"意气"相类。"气"取代了"理",造成了君将不君、国将不国的严重后果。王夫之对党争的批判是犀利的,而他提出的朋党之争"君子终不胜于小人"的观点是与苏轼一脉相承的。

由此可见,欧阳修在《范文正公神道碑》中之所以叙述范、吕和解一事,并不是一时兴到的率意之笔。他的初衷是为了突出"二人之贤,能释私憾而共力于国家"的政治风范②,"述吕公事,于范公见德量包宇宙,忠义先国家"③,从而倡导从政为公的政治操守,防止无节制的党同伐异之风的滋长;然而这番用心却不被沉溺党派偏见的富弼们所体谅,难怪欧氏对苏洵说:"《范公碑》,为其子弟擅于石本改动文字,令人恨之。"④将此文字风波置于北宋党争实况和朋党理论发展中来考察,更能显示出特殊的意义。

到了南宋,欧阳修获得了一位知音,就是朱熹。他与周必大曾为此桩公案展开争论,给周氏写过多封长信,认为"范、欧二公之心,明白洞达,无纤芥可疑。吕公前过后功,瑕瑜自不相掩"⑤。对吕夷简的"前过"与"后功",应采取分别对待之法:"盖吕公前日之贬范公,

---

① 《宋论》卷七,第142—143页。
② 《墨庄漫录》卷八,第226页。
③ 《与渑池徐宰(无党)》其四,《欧阳修全集》卷一五〇,第2474页。
④ 《邵氏闻见后录》卷二一,第163页。
⑤ 《答周益公(第一书)》,《晦庵先生朱文公文集》卷三八,《朱子全书》本,第21册,第1684—1685页。

自为可罪;而今日之起范公,自为可书。二者各记其实,而美恶初不相掩,则又可见欧公之心,亦非浅之为丈夫矣。"对欧氏深致仰佩之意。至于范仲淹,他主动与吕氏和解,朱熹认为正见出"其正大光明,固无宿怨,而惓惓之义,实在国家","此最为范公之盛德,而他人之难者",他还直接引用范氏给吕氏的和解书信的内容,即有所谓"相公(吕夷简)有汾阳(郭子仪)之心之德,仲淹无临淮(李光弼)之才之力"之句,并随手指出,"此书今不见于集中,恐亦以忠宣(范纯仁)刊去而不传也"①。朱熹的这几封信件,持论平和,剖析入微,表现出他政见的成熟和对史事的透彻观察,基本上可看作本案的定谳。

周必大否认范、吕和解,确与基本事实不符。他曾编刻《欧阳文忠公集》,对欧氏作品之本末了解甚稔;又奉旨撰写《皇朝文鉴》之《序》,必见过该书所收范仲淹《上吕相公书》,对此确证何以视而不见? 至于范纯仁,史载其"用心平直",处事慎重。元祐四年"车盖亭诗案"时,他反对惩处蔡确而牵连新党。他上疏云:"窃以朋党之起,盖因趋向异同。同我者谓之正人,异我者疑为邪党。既恶其异我,则逆耳之言难至;既喜其同我,则迎合之佞日亲。以至真伪莫知,贤愚倒置,国家之患,何莫由斯。""今来蔡确之罪,自有国家典刑,不必推治党人,旁及枝叶。"②说明他的党派对立思想较为淡薄,但又何以坚认其父"未尝与吕公平也"? 其实,这里忽略了两个不同层面的区别:从政治道德、立朝人格、施政取向而论,吕夷简年长范仲淹整整十岁,

---

① 《答周益公(第二书)》,《晦庵先生朱文公文集》卷三八,《朱子全书》本,第 21 册,第 1686 页。
② (宋)赵汝愚编,北京大学中国中古史研究中心校点整理:《宋朝诸臣奏议》,上海古籍出版社 1999 年版,卷七六《上哲宗论不宜分辨党人有伤仁化》,第 829 页。

是位老成持重、圆滑稳健的官场老手,他的"屈伸舒卷,动有操术"①的作风,乃至患忠贤之异己、举措多出于私心等行为方式,范仲淹始终未予认同,不可能在短时间内填平彼此鸿沟。他们是两代不同的官僚类型。作为其子的范纯仁自然深知熟察,他之所以毅然删削碑文,自信是不违父志的。但从党派政治斗争的策略而论,大乱当前,握手言和,并在一定程度上化解党争排他性的痼疾,和解又是事实。"前过"和"后功",功者自功,过者自过,看来,朱、周之争也存在调和折衷的空间,范纯仁的态度和行为也是可以理解的。

二

尹洙是欧阳修政见相契的文友,庆历七年(1047)不幸去世,欧氏受范仲淹之托,撰写了《尹师鲁墓志铭》。欧氏出于对文友的敬意,追摹尹洙简古的文风,用精练准确的语言,评述亡友一生的行事和业绩,欧氏自感能告慰亡友于地下。不料招来尹洙家属和欧、尹友人孔嗣宗的非难,欧氏又作《论尹师鲁墓志》一文予以辩解。双方意见分歧所在,参见本章第二节。欧氏的辩解应该说是合乎情理和实际的。

然而,事情的结局是"尹氏子卒请韩太尉(韩琦)别为墓表"②。韩氏之《表》洋洋洒洒超过欧《志》二三倍之多,欧《志》却遭遇冷落③。欧阳修颇为感伤地说:"又思平生作文,惟师鲁一见,展卷疾读,五行俱下,便晓人深处。因谓死者有知,必受此文,所以慰吾亡友尔,岂恤小子辈哉!"④

---

① 《宋史》卷三一一《吕夷简传》,第 10210 页。
② 《与杜䜣论祁公墓志书》,《欧阳修诗文集校笺·外集》卷一九,第 1842 页。
③ 或谓欧氏此志"终究废弃不用",似尚需考核。欧氏《与尹材书》云:"墓铭刻石时,首尾更不要留官衔、题目及撰人、书人、刻字人等姓名,只依此写。晋以前碑,皆不著撰人姓名,此古人有深意,况久远自知。篆盖只著'尹师鲁墓'四字。"此虽未能遽定已经上石入墓,但也不可径言"废弃不用"。见《欧阳修全集》卷一五〇,第 2484 页。
④ 《论尹师鲁墓志》,《欧阳修诗文集校笺·外集》卷二三,第 1918 页。

欧阳修说是尹洙家的"小子辈""卒请韩太尉别为墓表",这是不确的,似乎他也不明白内情,这又要说到这场文字风波中的另一位人物了。他不是别人,就是范仲淹。尹洙临终时,范仲淹在现场。范对行将辞世的尹洙说:"足下平生节行用心,待与韩公、欧阳公各做文字,垂于不朽。"尹洙"举手叩头",表示同意与感谢。范氏决定了具体分工:"(永叔)作墓志,明公(韩琦)可与他作墓表也。"①可见韩琦作《墓表》是范仲淹的主意。欧氏《墓志》作成而非议随起,这个难题又到了范氏那里。范氏给韩琦信云:

近永叔寄到师鲁墓志,词意高妙,固可传于来代。然后书事实处,亦恐不满人意,请明公更指出,少修之。永叔书意,不许人改也。然他人为之虽备,却恐其文不传于后。或有未尽事,请明公于《墓表》中书之,亦不遗其美。又不可太高,恐为人攻剥,则反有损师鲁之名也。乞审之。人事如此,台候与贵属并万福。②

范氏既肯定欧文"词意高妙,固可传于来代",但又说讲事实处,"恐不满人意",这或许在为尹洙家属代言。对这个"不足",欧氏拒绝修改,而若换别人写作,又"恐其文不传于后",真是两难。因而请韩琦在作《墓表》时弥补、充实,这样,对欧氏和尹洙家属的意见都能兼顾,且又能保持文字的身价与声誉,表现出范仲淹处理难题的老到达练。现在我们读到的韩琦这篇墓表,事迹详备,叙事酣畅,尤在政治评价上更为充分,但也注意不拔高虚美。他对欧、尹分歧的前两条即"简而有法""破骈为散"绝口不提;对于第三条"事实"问题,他写道:

---

① (宋)范仲淹撰:《范文正公尺牍》,《四库全书存目丛书》本,齐鲁书社1997年版,集部第10册,卷三《与韩琦公书》其一,第290页。
② 《与韩魏公书》其二〇,《范文正公尺牍》卷三,《四库全书存目丛书》本,集部第10册,第293页。

第二章 欧(阳修)门进士集团

本朝柳公仲途(柳开)始以古道发明之,后卒不能振。天圣初,公(尹洙)独与穆参军伯长(穆修)矫时所尚,力以古文为主。次得欧阳永叔以雄词鼓动之,于是后学大悟,文风一变,使我宋之文章,将逾唐、汉而蹑三代者,公之功为最多。①

韩琦以柳开—穆修、尹洙—欧阳修来概括宋初以来古文运动的发展脉络,既肯定了尹洙的地位与贡献,也明显吸取了欧阳修的"作古文不自师鲁始"的见解,使争论双方都能接受,并为后世学者所普遍认同。几乎同时,范仲淹为尹洙文集作序(《尹师鲁河南集序》),也复述这一由柳、穆、尹、欧所构成的发展脉络,只是点明尹洙是"从穆伯长游"的,属于追随穆修之列,而且改"公(尹洙)之功为最多"为"深有功于道",删去"最多"二字,体现他评价尹洙"不可太高"的主张。而韩琦处理问题的深思熟虑,面面俱到,也丝毫不让范仲淹。他们二人可能已看出,欧阳修拒绝修改的根本原因,在于这既关乎古文的写作及其历史发展的重大问题,又关乎传记写作的"信史"原则。欧氏的坚持,理应得到尊重。

两次文字风波都给欧阳修造成一定的伤害,两篇原无问题的作品成了"问题"文章,受到不公平的对待;但他所坚持的思想、观念和原则,仍给后人以启迪,至今尚未过时。

第五节 "精金美玉":写作态度的示范

《泷冈阡表》②是宋代杰出散文家欧阳修的名作之一。这篇墓碑碑文通过对他亡父欧阳观事迹的记叙,抒写作者的哀悼之情和褒扬

---

① 《安阳集》卷四七,《宋集珍本丛刊》影印明刻安氏校正本,第6册,第595页。
② 《欧阳修诗文集校笺·居士集》卷二五,第700—703页。

先人之意。它是在初稿《先君墓表》①的基础上修改而成的。《先君墓表》也收在他的文集中。将两文进行对照比较,修改的地方很多,处处表现出欧阳修在用字遣句、布局谋篇及突出题旨等方面的艺术匠心。现仅举两项略加辨析。这两项都跟他纡徐婉转、唱叹有情的独特艺术风格的形成有着密切的关系。

一是善用虚词。林纾《春觉斋论文·用字四法》中说:"留心古文者,断不能将虚字略过。须知有用一语助之辞,足使全神灵活者,消息极微,读者隅反可也。"②《泷冈阡表》的改定,就提供了很好的例证。

例一:《先君墓表》 求其生而不得,则死者与我皆无恨。
《泷冈阡表》 求其生而不得,则死者与我皆无恨也。
例二:《先君墓表》 其心诚厚于仁者也。
《泷冈阡表》 呜呼!其心厚于仁者耶!

这两例都是添加语气词。第一例讲欧阳观做地方官时,处理"死狱"极其审慎、谨严,他对要判处死刑的案件总是从另一角度去考虑能否减刑;经过这番考虑仍然不能减刑,才算对死者和审判者都没有遗恨。初稿只是一般叙述句,加一"也"字,就更准确地传达出欧阳观说话时的肯定语气。第二例讲作者母亲郑氏对此事的评论。初稿只是一般判断句,定稿前加"呜呼",后改"也"为"耶",一变而为感叹句式:"啊,他的心是重在仁爱的啊!"加重了赞颂的感情色彩,与全文强烈的抒情气氛相谐调。

例三:《先君墓表》 此死狱也,我求其生不得也!
《泷冈阡表》 此死狱也,我求其生不得尔!

---

① 《欧阳修诗文集校笺·外集》卷一二,第 1648—1650 页。
② 《春觉斋论文》,第 137 页。

例四：《先君墓表》　……而其为如此，是其发于中者也。
《泷冈阡表》　……而所为如此，是真发于中者耶！

这两例显示出选用语气词的精当。第三例初稿用了两个"也"字，定稿把后一"也"字改为"尔"，不仅避免了用字犯重，更重要的是表达出欧阳观在经过再三考虑而仍不能免判死刑时的无能为力、无可奈何的口吻。第四例讲母亲赞叹欧阳观的所作所为（指养亲以"孝"，待人以"仁"），是真正从内心里自然流露出来的。初稿用字重复（两个"其"字），语句平淡，定稿以咏叹句式出之，饶有一唱三叹的情韵。

例五：《先君墓表》　以其尝有得，知其不求而死者恨也。
《泷冈阡表》　以其有得，则知不求而死者有恨也。
例六：《先君墓表》　回顾乳者，抱汝而立于旁，指而叹曰……
《泷冈阡表》　回顾乳者，剑汝而立于旁，因指而叹曰……

这两例是添加连词和介词。第五例记叙欧阳观的感触：原判死刑的人经过一番"求生"的考虑后，有能免死而活下来的，那么，明知有这种可能而不替他寻求，被处死的人是有遗恨的了。第六例讲欧阳观回顾奶娘抱着稚子欧阳修在旁，因而引发出一段议论。这两例各加连词"则"和介词"因"，分别表示出上下句之间的顺承关系或因果关系。在这里，虚词的有无，在文气转接之间确有畅达和板滞的区别。

清人蒋湘南《与田叔子论古文第二书》中说："宋代诸公，变峭厉而为平畅。永叔（欧阳修）情致纡徐，故虚字多。"[①]颇有见地。但多

---

① （清）蒋湘南撰：《七经楼文抄》，《续修四库全书》影印清同治八年刻本，第1541册，卷四，第309页。

用和善用虚词是构成欧阳修散文平易流畅风格的一个因素,蒋湘南所说略有因果倒置之病。

二是善用复笔,即同一字、句、段的反复运用。《先君墓表》记母亲郑氏对作者说:"吾于汝父,知其一二而已也,此吾之所恃也。"《泷冈阡表》改为:"吾于汝父,知其一二,以有待于汝也。"这样一改,从母亲对儿子的期待,变为从母亲口中转述父亲对他的期待。这一点实是《泷冈阡表》行文脉理的关挨。改"恃"为"待",既呼应开头,"非敢缓也,盖有待也",并为结尾"又载我皇考崇公(欧阳观封崇国公)之遗训,太夫人之所以教而有待于修(欧阳修)者,并揭于阡(立碑揭示在墓道上)"伏笔,三个"待"字隐然贯穿全文,成为行文的中心线索。而这首尾都是新加的:开头一句是解释欧阳观死后六十年才立墓碑、写成本文的原因:不是有心拖延,而是有所"待";结尾处即历数欧阳修一家所受皇恩封赏,表示"待"果然有了着落,没有成为"空待",用以进一步赞美亡父的仁德。这虽是一般墓表的题中应有之义,含有封建的思想,但从写作技巧的角度看,这类复笔,既能保持文气浩瀚如行云流水,又能在节骨点上作呼应或小顿,使文气凝聚不散,这在长篇散文中尤见功效。顺便说明,初稿和定稿的主要文字都是借母亲之口述说亡父事迹,但定稿更突出父对子的"待",其他几处的修改也服从于这点。如记父亲说:"术者谓我岁行在戌将死(在戌年将死去),使其言然,吾不及见儿之立也。"这段话初稿原是:"岁行在戌,我将死,不及见儿之立也。"初稿把话说得太实,又没提及这是根据算命人的推测,使人感到突兀;定稿语意合情合理,态度委婉沉痛,更流露出对儿子期待的殷切。又如在母亲述说父亲事迹以后,母亲总结式地说道:"吾不能教汝,此汝父之志也。"这两句也是初稿所没有的。加上这两句,一方面使母亲的长篇讲述有个相应的收束,也与紧接的下文"修泣而志之(记住它),不敢忘",绾合密切,语气一贯;另一方面也为了把这长篇讲述归结为"汝父之志",强调这是父亲生前对他的教诲和期待。

三个"待"字的前后反复是为了突出题意,句和段的重复也是如此。在上引"吾于汝父"那段话以后,定稿添加了一大段文字:"自吾为汝家妇,不及事吾姑,然知汝父之能养也。汝孤而幼,吾不能知汝之必有立,然知汝父之必将有后也。"讲他母亲嫁到欧阳家,婆母已死,不及侍奉,但知道欧阳观奉养其母至孝;欧阳修虽然年幼丧父,日后不一定有所成就,但欧阳观行事如此,一定会有好后代的。母亲的这段话进一步表达"待"意,并引出下面欧阳观每逢祭祀或有时进用酒食总是流泪怀念亡母的事迹,最后结束道:"吾虽不及事姑,而以此知汝父之能养也。"这句话初稿仅仅说:"此吾知汝父之能养也。"定稿有意与上文重复一遍(字句稍有不同:"然知"变为"而以此知",更符合结束语的口气。),遥相照应,造成回环往复的艺术效果。

初稿和定稿都着重写欧阳观的两个事例来突出人物的精神风貌:从父亲追怀祖母的几个片断,来表彰他的"孝";又从尽力开脱"死狱"事,来表彰他的"仁"。在叙述这两个事例后,初稿写道:"其心诚厚于仁者也。……夫士有用舍、志之得施与否,不在己;而为仁与孝,不取于人也。"这里只是说,一个人的或好或坏的命运不由自己掌握,但为仁为孝却决定于自己。定稿改成:"呜呼!其心厚于仁者耶!……夫养不必丰,要于孝;利虽不得博于物,要其心之厚于仁。"这就贴切、有力地收束前述两大事例,呼应上文而又推进论点:养亲不必定要丰盛,重要的在于孝;施利虽不能普及到万事万物,重要的是他的心重在仁爱。"要其心之厚于仁"一句,又是上文"其心厚于仁者耶"的反复申说,表示对这个意思的特别强调。

这里的"呜呼!其心厚于仁者耶!"一句中的"呜呼"是新加的,我们在讲善用虚词时已说过。其实,定稿加了三处"呜呼":全文即以"呜呼"两字开头,结尾又有"呜呼,为善无不报,而迟速有时,此理之常也"。这也是一种以重复字句来求呼应并加强咏叹语调的写法。

这类例子还有,如"然知汝父之必将有后也"与"此吾知汝父之必将有后也"的前呼后应:前一句是新加的,后一句初稿作"此吾之知汝父之得有后也",定稿将"得有后"改为"必将有后",以求与前面一句的用语完全一致。这都说明欧阳修是自觉地运用"反复"这种修辞手段来加强文章的表现力的。

　　欧阳修以善于修改文章闻名于世。有个故事说,他晚年改定自己文章,"用思甚苦,其夫人止之曰:'何自苦如此? 当畏先生嗔耶?'"他笑着回答说:"不畏先生嗔,却怕后生笑!"[1]这个笑话包含着一条深刻的艺术经验:文章不厌千回改,名篇佳作离不开锤炼工夫!

---

[1]　(宋)沈作喆撰:《寓简》,文渊阁《四库全书》本,第864册,卷八,第154页。

第三章　苏(轼)门"学士"集团

第一节　苏门的形成过程与
　　　　人才网络结构

> 炉烟方袅,草木自馨,人间清旷之乐,不过于此。嗟乎! 汹涌于名利之域而不知退者,岂易得此耶! 自东坡而下,凡十有六人,以文章议论、博学辨识、英辞妙墨,好古多闻,雄豪绝俗之资,高僧羽流之杰,卓然高致,名动四夷。
> ——米芾《西园雅集图记》①

宋哲宗元祐年间,苏轼与苏辙、黄庭坚、秦观、张耒、晁补之、陈师道等在汴京聚会,又与画家李公麟、米芾、王诜等相交游,相互唱和赠答,品书论画,蔚为文坛盛事。元祐二年(1087)6月,苏轼等十六人聚集于王诜西园②,李公麟作《西园雅集图》,米芾又写了上面这篇记。记中还生动地描述了图中诸公的形象:"其乌帽黄道服、捉笔而

---

① (宋)米芾撰:《宝晋英光集·补遗》,《丛书集成初编》本,商务印书馆1939年版,第76页。
② 据《西园雅集图记》,此十六人为:苏轼、苏辙、黄庭坚、秦观、张耒、晁补之、李之仪、王诜、李公麟、参寥、蔡天启、郑嘉会、陈碧虚、王仲至、刘巨济以及米芾本人。

书者,为东坡先生";"右手倚石、左手执卷而观书者,为苏子由";"团巾茧衣,手秉蕉箑而熟视者,为黄鲁直";"披巾青服、抚肩而立者,为晁无咎";"跪而捉石观画者,为张文潜";"坐于盘根古桧下,幅巾青衣、袖手侧听者,为秦少游"等。尽管此图此记的真伪存在争论①,但它为盛极一时的元祐"苏门"保存了鲜活直观的珍贵留影,提供给后人以品味不尽的历史馀韵。

元丰八年(1085)三月,支持"新法"的宋神宗去世,年仅十岁的第六子赵煦(哲宗)即位,英宗妻高后以太皇太后临朝听政,起用司马光等旧党人物,政局发生逆转,史称"元祐更化"。这也给苏轼的政治命运带来转机。元丰八年底,历经"乌台诗案"残酷打击的苏轼,从知登州任上召还,任礼部郎中,即迁起居舍人;次年即元祐元年(1086)苏轼又以七品服入侍延和殿;其弟苏辙也从绩溪令召回京师,任右司谏。不久,苏轼又改任中书舍人,继迁翰林学士知制诰;苏辙也改任起居郎,继任中书舍人、户部侍郎。兄弟俩连连擢升,开始了一生仕途最为得意的时期。

我们不妨再列述他俩的仕履:

元祐三年(1088)正月,苏轼权知贡举,吏部侍郎孙觉、中书舍人孔文仲同权知贡举,辟黄庭坚、晁补之、张耒等为参详、点检试卷官。元祐四年(1089)三月始以龙图阁学士出知杭州。而苏辙继续在京任翰林学士、吏部尚书等职。

元祐六年(1091)二月,苏轼以翰林学士承旨从杭州召还,五月到京。苏辙改任尚书右丞,苏轼又兼侍读。八月苏轼出知颍、郓、扬三州。

---

① 详见《走近"苏海"——苏轼研究的几点反思》一文,《王水照自选集》,上海教育出版社 2000 年版,第 392—409 页。

第三章 苏(轼)门"学士"集团

元祐七年(1092)九月,苏轼又从扬州召还,任兵部尚书兼侍读,不久又迁礼部尚书兼端明、侍读二学士,这是他一生最高的官位。苏辙亦改任尚书右丞、门下侍郎,位居宰辅。

次年九月,太皇太后高氏去世,哲宗亲政,熙丰时代的一批新党人物陆续重新上台,政局重又发生"国是将变"的第二次逆转。苏轼不久被任命为定州知州,从此永离汴京不再重返,也标志着他进入又一个政治上受挫蹭蹬时期。苏辙亦于次年即绍圣元年(1094)出贬汝州、袁州、筠州,兄弟俩可谓"一荣俱荣,一损俱损"了。

由此可知,在整个"元祐更化"时期,除了元祐四、五年苏轼出知杭州二年,六、七年出知颍、郓、扬三州一年外,他都活动在京都汴京。而苏辙除短期出使辽国外,一连十年未离都门。元祐年间"苏门"正式确立,这也是"苏门"最称活跃繁盛时期,而这一切又跟二苏、特别是苏轼的政治地位密切相关,因而也使"苏门"的形成,不得不具有强烈的政治色彩。

"苏门四学士"、"苏门六君子"是苏门的核心成员。黄庭坚、秦观、张耒、晁补之当时即被称为"苏门四学士。"宋人《豫章先生传》中云:"公(黄庭坚)学问文章,天然成性,落笔妙天下。元祐中,眉山苏公号文章伯。当是时,公与高邮秦少游、宛丘张文潜、济源晁无咎皆游其门,以文相高,号四学士。"[1]南宋人(传为陈亮)又把他们四人及陈师道、李廌的文章,纂辑为《苏门六君子文粹》七十卷,故又称六人为"苏门六君子"。

黄、秦、张、晁当时并未任翰林学士或兼领其他殿、阁诸学士之职,他们之所以被称为"学士",乃是因为时任各类"馆职"[2]。钱大昕

---

[1] (宋)黄䇕撰:《山谷年谱》,《北京图书馆藏珍本年谱丛刊》本,第20册,卷首,第7页。
[2] 馆职,"馆阁职事"的简称,原指三馆(史馆、昭文馆、集贤院)、秘阁等机构(通称崇文院)的官员。元丰五年(1082),并崇文院入秘书省,因而秘书省著作郎、校书郎、正字等也称馆职。

《十驾斋养新录》卷七"苏门四学士"条云："黄鲁直、秦少游、张文潜、晁无咎，称苏门四学士。宋沿唐故事，馆职皆得称学士。鲁直官著作郎秘书丞、少游官秘书省正字，文潜官著作郎，无咎官著作郎，皆馆职（元丰改官制，以秘书省官为馆职），故有学士之称，不特非翰林学士，亦非殿、阁诸学士也。唯学士为馆阁通称，故翰林学士特称内翰以别之。"①钱大昕对"学士"的特定含义作了清晰的界说。宋张世南《游宦纪闻》卷一也曾记载，秦观、黄庭坚、张耒、晁补之、彭汝砺五人在元祐四年（1089）一起参谒常立（字子允），其名刺除彭为中书舍人外，黄、秦、张、晁四人"皆馆职也"②。张世南把这当作一桩美谈佳话来称述，足见"四学士"已为当时士大夫社会所注目。按照宋代的职官制度，学士院负责对谋求"馆职"者的考试和选拔，而"四学士"中的几位恰恰是由苏轼任翰林学士时亲手考核录取的。元祐元年（1086）十一月二十九日，苏轼和邓温伯共同召试学士院，主持馆职的考试③。据王文诰《苏诗总案》卷二七，此次召试，"拔毕仲游、黄庭坚、张耒、晁补之并擢馆职"。并云："毕仲游字公叔，尝从公（苏轼）游久矣，元祐初为卫尉丞，同黄庭坚、张耒、晁补之等九人试学士院，公擢为第一，补集贤校理。黄庭坚为校书郎迁集贤校理、著作佐郎。张耒为太学录，范纯仁荐召试，迁秘书省正字。晁补之为太学正，李清臣荐召试，迁秘书省正字。"④秦观于元丰八年（1085）始登第，后于元祐五年亦在秘书省任职。《续资治通鉴长编》卷四四三：元祐五年六月，"诏：

---

① （清）钱大昕撰：《十驾斋养新录》，上海书店出版社1983年版，卷七，第168页。
② （宋）张世南撰，崔文印点校：《游宦纪闻》，中华书局1997年版，卷一，第7页。
③ 见苏轼《武昌西山》诗序，《苏轼诗集合注》卷二七，第1383页。
④ （清）王文诰撰：《苏文忠公诗编注集成总案》，巴蜀书社1985年版，卷二七，第15页。但据《续资治通鉴长编》卷三八〇，此次学士院应试者名单中，却无黄庭坚，其事尚须进一步考证。

秘书省见校对黄本书籍可添一员,以明州定海县主簿秦观充。校对黄本始此"①。同书卷四六二:元祐六年(1091)七月,"秘书省校对黄本书籍秦观,并为正字"②。

总之,"苏门四学士"的最初含义,一是指他们四人并任"馆职",故称"学士";二是他们多经苏轼亲自考选,故为"苏门"。所以"苏门四学士"最初之组合为一个群体,原本以他们和苏轼的类似"座师与门生"的政治关系为主;但以后的发展和衍化,"苏门"成了一个人数更为众多,包含有政治、学术、文学等丰富内容的文人集团了。

"苏门"确立于元祐年间,似成于一时一地,与北宋洛阳钱惟演幕府僚佐集团、欧阳修"举子"集团有些相类,但实际上,苏门的整个形成过程,却具有迥异于前两个集团的特点。洛阳钱幕僚佐集团的组成带有偶然的性质,一时名士隽才聚集于钱幕,在此之前,他们之间并无交往;欧门主要以嘉祐二年(1057)的贡举为契机,只有部分成员(如曾巩)则原已列入欧阳修的门墙。苏门正式确立于元祐之时,但苏轼与门下成员之间,成员与成员之间却早有交往,因而它的整个形成过程是层叠累积式的,他们相知相契的深度和彼此交往的密度都是超过以往的。以下分别考察苏门的主要成员和苏轼在元祐以前的交游始末。

黄庭坚(1045—1105),字鲁直,洪州分宁(今江西修水)人。他是李常的外甥,又是孙觉的女婿。他祖父黄湜是苏轼的同年。早在元丰元年(1078)以前,苏轼曾在孙觉和李常处看到黄庭坚的诗文,赞之为"精金美玉",称其为人"超逸绝尘,独立万物之表,驭风骑气,以与造物者游,非独今世之君子所不能用,虽如轼之放浪自弃,与世阔疏

---

① 《续资治通鉴长编》卷四四三,第 10652 页。
② 《续资治通鉴长编》卷四六二,第 11034 页。

者,亦莫得而友也"。直目为"非今世之人"①。黄庭坚也曾早见到过苏轼,"故尝望见眉宇于众人之中,而终不得使令于前后"②,踌躇不敢结识,失之交臂。元丰元年,苏轼知徐州时,黄庭坚为北京国子监教授,殷殷致书苏轼,"执礼恭甚",表达了"亲炙光烈"、求列门墙的意愿,是为苏、黄定交之始。他随函还附《古风二首》为贽,两诗"托物引类",第一首以"江梅"的"皎洁"、"冰香"比喻苏轼清旷品格而不幸为人所忌,又云:"但使本根在,弃捐果何伤!"则是对苏轼的劝慰和企待。第二首以松喻苏,以菟丝自况,与松"相依"相赖而心存"远志"③。苏轼即以一书一信为报。其和诗《次韵黄鲁直见赠古风二首》,则以"蟠桃"之"千岁终一尝"比黄,期以大器晚成;又以"苦李"自喻,仅因无用而得全生而已④。自谦又复颂人,分寸得当。嗣后书信往还、诗歌赠答不绝。直至元丰八年(1085)十二月,苏轼自登州召还抵京,时黄庭坚正任秘书省校书郎,两人始得会面,交往益频,过从更密。今存黄赠苏诗有三四十首,苏唱酬黄诗亦近二十首。其中引人注目的是苏轼在元祐二年(1087)作《送杨孟容》诗⑤,以窄韵见长,并声称"效庭坚体";黄即作《子瞻诗句妙一世,乃云效庭坚体,盖退之戏效孟郊、樊宗师之比,以文滑稽耳。恐后生不解,故次韵道之(子瞻《送杨孟容》诗云:"我家峨眉阴,与子同一邦",即此韵)》:

我诗如曹邻,浅陋不成邦。
公如大国楚,吞五湖三江。

---

① 《答黄鲁直》其一,《苏轼文集》卷五二,第 1532 页。
② 《上苏子瞻书》其一,《山谷集》卷一九,摛藻堂《四库全书荟要》,第 384 册,第 197 页。
③ (宋)黄庭坚著,(宋)任渊、史容、史季温注,黄宝华点校:《山谷诗集注》,上海古籍出版社 2003 年版,卷一《古诗二首上苏子瞻》,第 7—9 页。
④ 《次韵黄鲁直见赠古风二首》,《苏轼诗集合注》卷一六,第 813—815 页。
⑤ 《送杨孟容》,《苏轼诗集合注》卷二八,第 1397—1399 页。

> 赤壁风月笛,玉堂云雾窗。
> 句法提一律,坚城受我降。……①

自宋人史绳祖谓黄氏此诗"其深意乃自负而讽坡诗之不入律也。曹、邻虽小,尚有四篇之诗入《国风》;楚虽大国,而《三百篇》绝无取焉"②。苏、黄"争名"之说遂流行,其实是不确的③。这里恰恰反映出苏、黄之间对诗歌艺术的相互仰慕和敬重,也体现出黄诗在苏门乃至元祐诗坛的突出地位。《宋史》卷四四四《黄庭坚传》云:"庭坚于文章尤长于诗,蜀、江西君子以庭坚配轼,故称'苏黄'。"④苏、黄确是宋诗成熟时期两位最主要的代表。苏、黄相交,义兼师友。苏轼不仅对黄诗颇为器重,在政治上亦常援手。如元祐元年(1086)苏轼由中书舍人迁翰林学士时,曾荐举黄氏以自代,推颂黄氏"孝友之行,追配古人;瑰玮之文,妙绝当世"⑤。足见两人相知之深和关系之密。

黄庭坚从元丰八年(1085)六月自德平镇抵京任秘书省校书郎,直至元祐七年(1092)正月扶母柩归家,居汴京长达六年多,大都在秘书省兼史局供职,积极参与了苏门的文学活动。

秦观(1049—1100),字少游,一字太虚,扬州高邮人(今江苏高邮)。苏、秦结识之前,也有一段诗文"神交"的经历,而且也通过孙觉

---

① 《山谷诗集注》卷五,第117—118页。
② (宋)史绳祖撰:《学斋佔毕》,文渊阁《四库全书》本,第854册,卷二,第22页。
③ 参看(清)潘德舆《养一斋诗话》卷一:"谓其曹、邻、楚之喻,暗含讥刺,殊失朋友忠直之道,似与鲁直为人不类。盖曹、邻、楚云云,自就诗之气象言耳。"(中华书局2010年版,第14—15页。)钱锺书先生《谈艺录》(第12页)谓史绳祖此语"深文周内,殊不足信。盖自江西诗成派以来,馀子纷纷以薄苏为事,史氏囿于风气,遂作曲解"。
④ 《宋史》卷四四四,第13110页。
⑤ 《举黄庭坚自代状》,《苏轼文集》卷二四,第714页。

的中介。秦瀛重编《淮海先生年谱》云：熙宁七年（1074）"先生（秦观）闻眉山苏公轼为时文宗，欲往游其门，未果。会苏公自杭倅知密州，道经维扬，先生预作公笔语，题于一寺中，公见之大惊。及晤孙莘老，出先生诗词数百篇，读之乃叹曰：'向书壁者必此郎也。'遂结神交。"①元丰元年（1078），秦观携带李常的介绍信来徐州拜谒苏轼，后作《别子瞻学士》诗，有云："我独不愿万户侯，惟愿一识苏徐州。徐州英伟非人力，世有高名擅区域。"②对苏轼极致景仰之忱。苏有《次韵秦观秀才见赠，秦与孙莘老、李公择甚熟，将入京应举》诗为答，以"故人坐上见君文，谓是古人吁莫测"追述以前"神交"之事，又云："一闻君语识君心，短李（李常）髯孙（孙觉）眼中见。江湖放浪久全真，忽然一鸣惊倒人。"③一鸣惊人的才华赢得一见倾心的叹服。秦观应举报罢，退居高邮，作《黄楼赋》，称美苏轼在徐州治水有成、继筑黄楼以备后患之举，苏轼推许此赋有"屈宋姿"④。元丰二年（1079），秦观拟往会稽省亲，苏轼自徐州移知湖州，遂与偕行，同游无锡、松江、吴兴。苏轼因"乌台诗案"被捕，秦观闻讯渡浙至湖州。苏轼贬居黄州，时时互通信问。元丰七年（1084）苏轼由黄州北返途经金陵时，特作书向王安石推荐秦观"行义修饬，才敏过人"，"才难之叹，古今共之，如观等辈，实不易得"⑤。王氏覆信亦称赞秦诗"清新妩丽，与鲍、谢似之"⑥。提高了秦观的知名度。

  元丰八年（1085）秦观始登进士第，授蔡州教授。苏轼从登州召还，任礼部郎中，秦观作启相贺。元祐二年（1087），因恢复"制科"，苏

---

① （清）秦瀛重编：《淮海先生年谱》，《北京图书馆藏珍本年谱丛刊》本，第20册，第545—546页。按，此事见载惠洪《冷斋夜话》卷一。
② 《淮海集笺注》卷四，第135页。
③ 《苏轼诗集合注》卷一六，第805页。
④ 《太虚以黄楼赋见寄作诗为谢》，《苏轼诗集合注》卷一七，第841页。
⑤ 《与王荆公》其二，《苏轼文集》卷四〇，第1444页。
⑥ 《回苏子瞻简》，《临川先生文集》卷七三，《王安石全集》，第1311页。

轼和鲜于子骏以"贤良方正"荐秦观于朝廷,他被召至京。次年又为忌者所中伤,离京复归蔡州。五年,又被召至京应制科,除太学博士、校正秘书省书籍。六年,由博士迁正字,复罢正字,依旧校对黄本书籍。八年,迁国史院编修,与黄庭坚、张耒、晁补之并列史馆。由此可知,秦观在元祐时期的主要职务均是"馆职",并与苏门中人亲密往还。他的一首西城宴集诗的长题云《西城宴集,元祐七年三月上巳,诏赐馆阁官花酒,以中澣日游金明池、琼林苑,又会于国夫人园,会者二十有六人二首》①,即见一斑。还应注意,他不仅是苏门中最大的词人,而且是与苏轼关系最为密切的一人,超过了黄、张、晁诸"学士",正如叶梦得所说,苏轼"于四学士中最善少游"②。因而其政治命运更与苏轼休戚相关。绍圣元年(1094)他以"元祐党籍"被贬,出居杭州、处州、郴州、横州、雷州等地,与苏轼一起跌入厄运。在著名的"元祐党人碑"中,"侍从苏轼等,馀官秦观等","凡百有二十人,御书刻石端礼门"③,在"新党"眼中,侍郎一级以苏轼为"元凶",而馀官一级即以他为"首恶"了。这从侧面反映出他在苏门中的政治地位。所以当他死于藤州时,苏轼的悲恸也超乎寻常:"途中闻秦少游奄忽,为天下惜此人物,哀痛至今。"④哀呼"少游已矣,虽万人何赎!"⑤

张耒(1054—1114),字文潜,楚州淮阴(今江苏淮安)人。熙宁三年(1070),张方平知陈州,辟苏辙为陈州教授,张耒"游学于陈,学官苏辙爱之"⑥。苏辙《次韵张耒见寄》云:"相逢十年惊我老,双鬓萧萧

---

① 《淮海集笺注》卷九,第361页。
② 《避暑录话》卷下,《丛书集成初编》本,第50页。
③ 《宋史》卷一九《徽宗本纪》,365页。
④ 《与钱济明》其十,《苏轼文集》卷五三,第1554页。
⑤ 《苕溪渔隐丛话·前集》卷三〇引《冷斋夜话》,第339页。按,今本《冷斋夜话》无。
⑥ 《宋史》卷四四四《张耒传》,第13113页。

似秋草。"①此诗作于元丰二年(1079),逆数十年,正为熙宁三年,当为两人交游之始。其时张耒有《岁暮即事寄子由先生》,以"岁暮淮阳客,贫闲两有馀。朝昏面壁坐,风雪闭门居"自叹②,也反映两人诗歌交往的情况。熙宁四年,苏轼赴杭州通判任,"游陈州,留七十馀日"③,张耒大概于此时初谒苏轼,这也就是《宋史·张耒传》所说的,张耒由于在陈州为苏辙所喜,"因得从轼游,轼亦深知之"。以后苏轼在密州作《后杞菊赋》、《超然台记》寄他,他作《杞菊赋》、《超然台赋》应和。

元丰八年(1085)底,苏轼从登州还京,张耒使人赍书及文章呈苏;元祐元年(1086)初,苏轼有《答张文潜县丞书》④,赞扬其文"似子由",亦具"汪洋淡泊,有一唱三叹之声"。此年四月,他由咸平县丞入京任太学录,直至绍圣元年(1094)出知润州,一直在京任馆职,"入为太学录,范纯仁以馆阁荐试,迁秘书省正字、著作佐郎、秘书丞、著作郎、史馆检讨。居三馆八年,顾义自守,泊如也",最后擢起居舍人⑤。

张耒初以"少公(苏辙)之客"而终入苏门。这在京的八年,也是他积极参与苏门文学活动的八年,创作和著述颇丰。朋辈间对他的才能和品格也多有称誉:黄庭坚说他"短褐不磷缁,文章近楚辞。未识想风采,别去令人思"⑥;"晁张班马手,崔蔡不足云。当令横笔阵,一战静楚氛"⑦;晁补之说他"遣诵寄我诗,妙可白玉刊。平生俱豪

---

① 《栾城集》卷九,第 206 页。
② 《张耒集》卷一八,第 311 页。
③ 《记铁墓厄台》,《苏轼文集》卷六六,第 2075 页。
④ 《苏轼文集》卷四九,第 1427 页。
⑤ 《宋史》卷四四四《张耒传》第 13113 页。
⑥ 《次韵答张文潜惠寄》,《山谷诗集注》卷三,第 78 页。
⑦ 《奉和文潜赠无咎,篇末多见及,以"既见君子,云胡不喜"为韵》,《山谷诗集注》卷四,第 93 页。

气,见酒渴骥奔"①;陈师道也说他"今代张平子,雄深次子长。名高三俊上,官立右螭傍"等②。在元祐汴京文坛上,张耒充分发挥了作为苏门重要成员的作用。

晁补之(1053—1110),字无咎,济州钜野(今山东巨野)人。他是苏轼同年晁端彦的侄子,其父晁端友熙宁时任新城县令,新城为杭州属县,当时苏轼任杭州通判,巡行至新城,晁补之即以文面谒。《宋史》卷四四四《晁补之传》这样记述苏、晁的首次会见:"(补之)十七岁从父官杭州,粹钱塘山川风物之丽,著《七述》以谒州通判苏轼。轼先欲有所赋,读之叹曰:'吾可以阁笔矣!'又称其文博辩隽伟,绝人远甚,必显于世,由是知名。"③今存苏轼的《新城陈氏园次晁补之韵》④、晁补之的《次韵苏公和南新道中诗二首》⑤,当是他俩诗歌交往活动的发端。

元祐年间,晁补之在京任馆职,苏、晁诗歌往还不断。苏轼的《书晁补之所藏与可画竹三首》其三云:"晁子拙生事,举家闻食粥。朝来又绝倒,谀墓得霜竹。可怜先生盘,朝日照苜蓿。吾诗固云尔,可使食无肉。"⑥其《戏用晁补之韵》又云:"昔我尝陪醉翁醉,今君但吟诗老诗。清诗咀嚼那得饱,瘦竹潇洒令人饥。试问凤凰饥食竹,何如驽马肥苜蓿。知君忍饥空诵诗,口颊澜翻如布谷。"⑦此两律均出于游

---

① (宋)晁补之撰:《鸡肋集》卷五,摘藻堂《四库全书荟要》本,第386册,第36页。
② 《寄张文潜舍人》,冒广生补笺、冒怀辛整理:《后山诗注补笺》卷四,中华书局1995年版,第155页。
③ 《宋史》卷四四四《晁补之传》,第13111页。
④ 《苏轼诗集合注》卷一二,第555页。
⑤ 《鸡肋集》卷八,摘藻堂《四库全书荟要》本,第386册,第51页。
⑥ 《苏轼诗集合注》卷二九,第1434页。
⑦ 《苏轼诗集合注》卷二九,第1434—1435页。

戏之笔,以诙谐幽默来化解生活贫困之苦,但文同的竹画,梅尧臣("诗老")的清诗,足可疗饥脱困,表现出高品位的文化追求,也反映了存在于苏轼与其门人之间的平等轻松的氛围。

元祐七年(1092),苏轼出知扬州,晁氏先期为通判,作《东坡先生移守广陵,以诗往迎……》①,苏轼答以《次韵晁无咎学士相迎》②。苏轼作《和陶饮酒二十首》③,为其日后尽和陶诗之始。在此诗序中,他说明是"示舍弟子由、晁无咎学士"的。其十九首云:"晁子天麒麟,结交及未仕。高才固难及,雅志或类己。"即专为晁氏而作。晁氏即作《饮酒二十首同苏翰林先生次韵追和陶渊明》,其最末一首云:

> 黄子似渊明,城市亦复真。
> 陈君有道举,化行闾井淳。
> 张侯公瑾流,英思春泉新。
> 高才更难及,淮海一髯秦。
> 嗟予竟何为,十驾晞后尘。……
> 各在天一方,泪落衣上巾。
> 归休可共隐,山中复何人!④

这幅苏门诸公的集体画像,融入了晁氏与之多年交游后的评价,而其对苏门的眷恋之情,拳拳溢于言表。

绍圣、崇宁时期,晁补之与其师友一样同遭蹉跌,出知齐州、泗州;后绝意仕进,修筑归来园,自号归来子,倒真的在行动上以陶渊明为师了。史称其"文章温润典缛,其凌厉奇卓,出于天成,与黄、张、秦并驱联

---

① 《鸡肋集》卷一三,摛藻堂《四库全书荟要》本,第386册,第83页。
② 《苏轼诗集合注》卷三五,第1788—1791页。
③ 《苏轼诗集合注》卷三五,第1778—1788页。
④ 《鸡肋集》卷四,摛藻堂《四库全书荟要》本,第386册,第32页。

镰,世号元祐四学士"①。他的文学地位和成就是与苏门联系在一起的。

陈师道(1053—1102),字履常,一字无己,徐州彭城(今江苏徐州)人。他原师承曾巩,其门人魏衍《彭城陈先生集记》说,陈师道"年十六,谒南丰先生曾公巩,曾大器之,遂业于门"②。张耒有一特长诗题云《陈履常惠诗,有"曾门一老"之句。不肖二十五岁,谒见南丰舍人于山阳,始一书而褒,与过宜阳,有同途至亳之约,耒以病不能如期。后八年,始遇公于京师,南丰门人,唯君一人而已。感旧慨叹,因成鄙句,愿勿他示》③,这个诗题反映了一个史实:作为"苏门四学士"之一的张耒,于元丰元年(1078)二十五岁时,曾向赴知亳州的曾巩拜谒、请益;而陈师道本是"南丰门人",后却从苏轼游。苏门、曾门呈现出转益多师、交叉错综的情景,而苏轼、曾巩又是同出欧门一源的。诚如陈师道在《观充国文忠公家六一堂图书》中所说:"生世何用早,我已后此翁。颇识门下士,略已闻其风。"④以敬重的笔触,抒写了他通过曾、苏等"门下士"而受到的欧公风范的熏陶。

苏轼知密州时,陈师道曾寄诗与苏,苏轼答书云:"远承寄贶诗刻,读之洒然,如闻玉音,何幸获此荣观。不独以见作者之格,且足以知风政之多暇,而高躅之难继也。辄和《光禄庵二绝》,聊以寄钦羡之怀,一笑投之可也。"⑤但其时尚未见面。熙宁十年(1077)苏轼自密州移知徐州,苏辙亦来会,陈师道偕兄往谒,是为陈氏与二苏相识之始⑥。

---

① 《次韵晁无咎学士相迎》题下施注,《苏轼诗集合注》卷三五,第1789页。
② 《后山诗注补笺》卷首,第2页。
③ 《张耒集》卷二一,第379页。
④ 《后山诗注补笺》卷三,第96页。
⑤ 《答陈履常》其二,《苏轼文集》卷五三,第1559页。
⑥ 见苏轼《答陈师仲主簿书》:"曩在徐州,得一再见。"(《苏轼文集》卷四九,第1428页)苏辙《答徐州陈师仲书二首》其一:"去年辙从家兄游徐州,君兄弟始以客来见。"(《栾城集》卷二二,第490页)

陈师道于元祐初亦至汴京。苏轼《与李方叔书》中说："陈履常居都下逾年,未尝一至贵人之门,章子厚欲一见,终不可得。中丞傅钦之、侍郎孙莘老荐之,轼亦挂名其间。会朝廷多知履常者,故得一官。"[1]此指元祐二年(1087)由于苏轼、傅尧俞、孙觉的推荐,陈师道才以布衣起为徐州教授[2]。后亦任太学博士、秘书省正字等职。

元祐四年(1089)苏轼出知杭州,道经南京应天府,陈师道托疾谒告自徐州来南京相送,同舟东下至宿州而归,苏轼有《答陈传道书》其二记其事[3]。陈师道作《送苏公知杭州》诗云:"平生羊荆州,追送不作远。岂不畏简书,放麑诚不忍。一代不数人,百年能几见。"[4]甘犯法令私出相送,极言景仰之情。后却因此事受到弹劾。元祐六年(1091)苏轼知颍州,陈师道任颍州教授,时赵令畤(字景贶)任签判,欧阳修的两个儿子欧阳棐(字叔弼)、辩(字季默)亦寓居于此。后刘季孙(字景文)自高邮来,陈师道之兄传道亦至,苏轼与之唱和甚多,形成颍州诗会的小高潮。陈振孙《直斋书录解题》卷一五著录《汝阴唱和集》一卷,即为赵令畤所编,惜已亡佚。今《苏轼诗集》中尚存与陈师道有关之作约十三四首,如《复次放鱼韵答赵承议、陈教授》、《复次韵谢赵景贶、陈履常见和,兼简欧阳叔弼兄弟》、《次韵赵景贶督两欧阳诗,破陈酒戒》、《叔弼云,履常不饮,故不作诗,劝履常饮》、《次韵陈履常雪中》等[5]。陈师道多予唱和,这位蹭蹬终身的著名诗人,在颍州度过了宾主相得、诗兴勃发的难忘岁月。

吴曾《能改斋漫录》卷一一"四客各有所长"条云:"子瞻、子由门下客,最知名者,黄鲁直、张文潜、晁无咎、秦少游,世谓之四学士。至

---

[1] 《苏轼文集》卷四九,第1420页。
[2] 《续资治通鉴长编》卷三九九,第9726页。
[3] 《苏轼文集》卷五三,第1574页。
[4] 《后山诗注补笺》卷二,第68—69页。
[5] 分见《苏轼诗集合注》卷三四,第1693、1696、1705、1707、1753页。

若陈无己,文行虽高,以晚出东坡门,故不若四人之著。故陈无己作《佛指记》(见《后山居士文集》卷一四)云:'余以辞义名次四君,而贫于一代。'是也。"①客观而论,陈师道的文学成就实可与黄、秦颉颃而超越张、晁,他的"不若四人之著",似仅指与苏轼关系的亲密度而言,在当时,这种亲密度是跟知名度成正比的。陈师道耿介狷直,一生奉曾巩为师。他在《送邢居实序》中说:"吾年如生时,见子曾子于江汉之间,献其说馀十万言,高自誉道,子曾子不以为狂,而报书曰持之以厚。吾之不失其身,子曾子之赐也。"②又在《答晁深之书》中说:"始,仆以文见曾南丰,辱赐以教曰:爱子以诚,不知言之尽也。仆行方内,才得此尔。"③谨领师教如此,并见师弟情谊的深挚和笃实。因此,他可以声称学诗以黄庭坚为师范,对苏轼虽尊敬钦慕不已,却始终止呼"二丈",并无明言愿列门墙之语。他在颍州所写的诗云:"向来一瓣香,敬为曾南丰,世虽嫡孙行,名在恶子中。"④他是因曾巩的门生而自认为欧阳修的不肖"嫡孙"的,而未提及当时近在咫尺的颍州知州苏轼。但他毕竟也承认自己"名次四君"的舆论,从他的文学活动和社会关系、生平事迹来看,他与"苏门"确实存在着无法割断的密切联系,把他列为"苏门六君子"之一是完全正确的。

李廌(1059—1109),字方叔,华州(今陕西渭南)人。他是苏轼同年李惇之子。元丰时,他去苏轼的贬所黄州面谒,贽文求知,苏轼称其"词气甚伟"⑤。苏轼还热情地把他推荐给友人,黄州时写的《与李昭玘》中云:"近有李豸(即李廌)者,阳翟人,虽狂气未除,而笔势澜

---

① 《能改斋漫录》卷一一,第313页。
② 《后山居士文集》卷一六,第730—731页。
③ 《后山居士文集》卷一〇,第546—547页。
④ 《后山诗注补笺》卷三,第99页。
⑤ 《答李方叔》其四,《苏轼文集》卷五三,第1577页。

翻,已有漂砂走石之势,常识之否?"①对其所作极为赏识。

元祐时期,苏、李书信频传,现存苏轼与李氏书简十通,奖其"新文",勉以"安贫守道,使志业益充"②,而又以"故人见爱以德,不应更虚华粉饰以重其(苏轼自指)不幸"相戒③,一片忠悃厚望之情。元祐三年(1088)正月,苏轼权知礼部贡举,李廌应考落榜,苏轼甚为愧疚,作诗自责:《余与李廌方叔相知久矣,领贡举事,而李不得第,愧甚作诗送之》,有"与君相从非一日,笔势翻翻疑可识。平生漫说古战场,过眼终迷日五色"之句④。黄庭坚等人均有和作,李廌也有次韵之作,则以"数奇辜负师友责"自解解人⑤。嗣后苏轼等同荐于朝,亦未有结果,竟以布衣终身。《宋史》卷四四四《李廌传》云:"轼亡,廌哭之恸,曰:'吾愧不能死知己,至于事师之勤,渠敢以生死为间!'即走许、汝间,相地卜兆授其子,作文祭之曰:'皇天后土,监一生忠义之心;名山大川,还万古英灵之气。'词语奇壮,读者为悚。"⑥坚执门弟子之礼,死生不渝,连坟墓也要选在老师的附近。

苏轼和这些苏门核心成员之间的分散的、各自的单线联系,迅速地促成成员们之间的结识和交往,好像蜘蛛编网的经纬交识,又像众星拱月而又相互牵引,以苏轼为中心,形成了一个颇为庞大的结构网络,构成一个具有某种统属关系的人才谱系。这就是苏门。

---

① 《苏轼文集》卷五五,第1659—1660页。
② 《答李方叔》其五,《苏轼文集》卷五三,第1578页。
③ 《答李方叔》其十三,《苏轼文集》卷五三,第1580页。
④ 《苏轼诗集合注》卷三〇,第1482页。
⑤ 《某顷元祐三年春,礼部不第,蒙东坡先生送之以诗,黄鲁直诸公皆有和诗,今年秋复下第,将归耕颍川,辄次前韵上呈编史内翰先生及乞诸公一篇,以荣林泉,不胜幸甚》,《济南集》卷三,文渊阁《四库全书》本,第1115册,第742页。
⑥ 《宋史》卷四四四,第13117页。

第三章 苏(轼)门"学士"集团

苏轼一生走过了几起几落、大起大落的政治道路,就其主要仕履而言,正好经历了两次"在朝—外任—贬居"的过程①。元祐初年的返京任职,恰是他第二个循环的开始。也就是说,"苏门四学士"或"元祐四君子"正式确立以前,苏轼与他们的各自结识和分别交游,大都发生在他第一次外任(杭、密、徐、湖)和第一次贬居(黄州)期间,这时的苏轼,文名日隆而政治处境颇多挫折,黄、秦等人的求知于苏轼,完全是慕其道德文章,是拜列师门而非奔走权门。陈师道擅离职守,越境间道与苏轼会面,受到弹劾,竟被罢去太学博士之职,为文学交游而付出政治代价。特别在苏轼惨遭乌台之狱及贬居黄州时,秦观千里奔视,兼以书信宽慰不止;李廌的初见苏轼,正在其贬地黄州。他们的交往确乎超出利害得失的计较,而是基于志同道合的文学志趣;固然也有借苏自重、跻身文坛的自我意识,但对苏轼文学才能和品格魅力的吸引却占主导地位。因而,他们的结群关系具有突出的文学性质。即使是元祐时的"苏门",其政治色彩无疑显著地加浓加强了,但仍保持以往的这种文学性质。苏轼其时的《答毛泽民》中说:"世间唯名实不可欺。文章如金玉,各有定价,先后进相汲引,因其言以信于世,则有之矣。至其品目高下,盖付之众口,决非一夫所能抑扬。"②"先进"对"后进"的汲引、称誉,能否为社会所承认,并非个人之力所能左右,而是取决其文学成就。"文章如金玉,各有定价",价值标准是客观的,这本是欧阳修的观点,一直为苏轼所信奉,并经常向门弟子们宣扬、重申:《与谢民师推官书》:"欧阳文忠公言:'文章如精金美玉,市有定价,非人所能以口舌定贵贱也。'"③《太息一章送秦少章秀

---

① 参阅本书第三卷《苏轼研究·苏轼创作的发展阶段》、第四卷《苏轼选集·前言》。
② 《苏轼文集》卷五三,第1571页。
③ 《苏轼文集》卷四九,第1419页。

才》:"士如良金美玉,市有定价,岂可以爱憎口舌贵贱之钦?"①《答黄鲁直》其一:"此人(黄庭坚)如精金美玉,不即人而人即之,将逃名而不可得,何以我称扬为?"②《答刘沔都曹书》:"以此知文章如金玉珠贝,未易鄙弃也。"③一再强调,无形中成了组合"苏门"的宗旨,因而在元祐党派激烈纷争的情况下,苏门也不可能变成单纯的政治集团。

其次,苏门的形成一方面是自然发展的结果,并非有计划、有步骤的立社结派,具有一定的偶然性;但另一方面又实是苏轼自觉选择的产物。这种选择性在"四学士"、"六君子"的成名过程中表现得尤为明显。苏轼不止一次地论及发现他们的经过:

> 轼蒙庇粗遣,每念处世穷困,所向辄值墙谷,无一遂者。独于文人胜士,多获所欲,如黄庭坚鲁直、晁补之无咎、秦观太虚、张耒文潜之流,皆世未之知,而轼独先知之。
> ——《答李昭玘书》④

> 比年于稠人中,骤得张、秦、黄、晁及方叔、履常辈,意谓天不爱宝,其获盖未艾也。比来经涉世故,间关四方,更欲求其似,邈不可得。以此知人决不徒出,不有益于今,必有觉于后,决不碌碌与草木同腐也。
> ——《答李方叔》其十六⑤

黄、秦诸人是苏轼在"稠人"中,当"世未之知"时而"独先"发现的。他

---

① 《苏轼文集》卷六四,第 1979—1980 页。
② 《苏轼文集》卷五二,第 1532 页。
③ 《苏轼文集》卷四九,第 1430 页。
④ 《苏轼文集》卷四九,第 1439 页。
⑤ 《苏轼文集》卷五三,第 1581 页。

把此视作困顿一生中的最大乐趣,犹如获"宝"一般。据说凡"四学士"过访苏轼,"轼必取密云龙(名茶)瀹以饮之"①,以示格外优渥,他人无此荣幸。这些同一水准和品位的优秀人才,一旦聚集于苏门,就为发挥互补互融的群体功能提供了前提,也使苏门的结合更为稳固和恒久。

苏门在形成过程中的这些情况,直接影响了苏门的整体特征和面貌。

第二节 苏门的性质和特征

"苏门"是以交往为联结纽带的松散的文人群体。它经历了先由个别交游到最后聚集于苏轼门下的自然发展过程,形成了以苏轼为核心、"四学士"、"六君子"为骨干的不同层次的人才结构网络,并逐渐成为政治上自立自断、学术思想上独立思考、文学艺术上自由创造的一个集合体。

一

苏门正式确立于"元祐更化"时期,其时不仅有新旧两党的斗争,而且在旧党内部也迅速引发出不同派系之争。苏轼及其门人也不可避免地卷入党派纷争的漩涡。

首先是与司马光的矛盾。

元丰八年(1085),司马光受命为门下侍郎不久,立即把苏轼从登州知州任上召还,短短的数十天内连升几级,但并没有换来苏轼对他施政方针的全力支持。司马光执政后,推行其罢废全部新法的方针,在保甲法、方田法、市易法、保马法、青苗法等依次取消以后,元祐元

---

① (宋)王称撰,孙言诚、崔国光点校:《东都事略》,《二十五别史》本,齐鲁书社2000年版,第1013页。

年(1086)三月,他又决定废除免役法,恢复差役法。在免役法的存废问题上,当时的旧党中出现了一股与司马光政见不合的离异势力,如范纯仁、苏辙、范百禄、李常等人,对废除免役法一举力持异议,而苏轼是最为突出的一个。他认为新法经过多年的实施,应该对其"较量利害,参用所长",反对不分青红皂白地一概废弃①。他曾与司马光面争于政事堂,互不相让;退朝后他尚馀怒未消,斥之为"司马牛",对司马光的执拗无理表示愤慨②。这里体现了苏轼自己所坚守的"危言危行,独立不回"的名节③。他还在《与杨元素》其十七中对挚友倾吐衷曲道:

> 昔之君子,惟荆(王安石)是师;今之君子,惟温(司马光)是随。所随不同,其为随一也。老弟与温相知至深,始终无间,然多不随耳。④

痛恶见风使舵、毫无主见的"随",坚持自立自断,这是苏轼自律甚严的政治原则,也是一种道德规范。这一点,连与他存有龃龉的人也不得不承认和首肯。朔党人物刘安世云:

> 东坡立朝大节极可观,才意高广,惟己之是信。在元丰则不容于元丰,人欲杀之;在元祐则虽与老先生(指刘安世所师从的司马光)议论亦有不合处,非随时上下人也。⑤

---

① 《辩试馆职策问札子二首》其二,《苏轼文集》卷二七,第792页。
② (宋)蔡絛撰,冯惠民、沈锡麟点校:《铁围山丛谈》卷三,中华书局1997年版,第60页。
③ 《杭州召还乞郡状》,《苏轼文集》卷三二,第914页。
④ 《苏轼文集》卷五五,第1655—1656页。
⑤ (宋)马永卿辑,(明)王崇庆解:《元城语录解》卷上,《丛书集成初编》本,第5页。

司马光于元祐元年(1086)九月即谢世,执政不到一年,因而苏轼与他在政治上的矛盾没有继续发展,然而事情并未到此了结。苏轼追述说:"始论衙前差顾利害,与孙永、傅尧俞、韩维争议,因亦与司马光异论。光初不以此怒臣,而台谏诸人,逆探光意,遂与臣为仇。"①也就是说,这一矛盾延续和夹杂在另一更复杂、更持久的"洛蜀党争"之中,而苏轼及其门人的自立自断的"立朝大节"仍一以贯之。

其次是"洛蜀党争"。

历史发展的必然性中往往充满了偶然的巧合。当宋仁宗嘉祐元年(1056)苏洵携二子苏轼、苏辙到达汴京应试时,程珦也与二子程颢、程颐同一年到京。二苏连名中式,二程因先入国子监就学,后国子监解额减半,仅程颢一人登科。及至元祐年间,二苏、程颐又同在京城,各立门户,自树宗派,演成旷日持久的"洛蜀党争",成为历史上的一桩公案。

苏轼和程颐及各自门生之间的所谓"洛蜀党议",严格地说,不是不同政见的论争。朱熹早就指出:"东坡与荆公固是争新法,东坡与伊川是争个什么?"②这是耐人寻味的问题。苏、程之争绝非完全是一场无原则的混战,而是包含着深刻的思想、志趣和性格分歧的争论。

洛蜀交恶的起因原系细故。《宋史纪事本末》卷四五《洛蜀党议》云:

> 颐在经筵,多用古礼,苏轼谓其不近人情,深嫉之,每加玩侮。方司马光之卒也,百官方有庆礼,事毕欲往吊,颐不可,曰:"子于是日哭则不歌。"或曰:"不言歌则不哭。"轼曰:"此枉死市

---

① 《杭州召还乞郡状》,《苏轼文集》卷三二,第913页。
② 《朱子语类》卷一三〇,第3110页。

叔孙通制此礼也。"二人遂成嫌隙。①

关于程颐在经筵的"不近人情",《道山清话》有一则具体记载云:"哲宗御讲筵所,手折一柏枝玩,程颐为讲官,奏曰:'方春万物发生之时,不可非时毁折。'哲宗亟掷于地,终讲,有不乐之色。太后闻之,叹曰:'怪鬼坏事。'吕晦叔亦不乐其言也,云:'不须得如此!'"②关于司马光的丧事,也有一则细节。《贵耳集》卷上云:"元祐初,司马公薨。东坡欲主丧,遂为伊川所先,东坡不满意。伊川以古礼敛,用锦囊囊其尸。东坡见而指之曰:'欠一件物事,当写作信物一角:"送上阎罗大王。"'东坡由是与伊川失欢。"③上述事件均发生在元祐元年,时程颐为崇政殿说书,苏轼任翰林学士知制诰兼侍读,无论地位和文名远在程颐之上。这开衅的事件,反映出程、苏二人思想、志趣和性格的歧异:程颐讲求道学规范,矫情伪饰,苏轼崇尚真率通脱,企希本真自然。然而以此为发端,更由于各自门人的推波助澜,遂导成水火不容、攻讦不已的"洛蜀党争"。

把苏、程二人思想、志趣和性格的歧异,首先引入政治纷争的是程颐及其门人。同年十一月,苏轼在学士院试馆职时曾撰有一道策题,其中云:"今朝廷欲师仁祖(仁宗)之忠厚,而患百官有司不举其职,或至于媮;欲法神考(神宗)之励精,而恐监司守令不识其意,流入于刻。"④十二月,程颐门人、左司谏朱光庭即对苏轼的这道策题提出弹劾,认为有讥讪先朝皇帝之意,要求明正其罪。殿中侍御史吕陶,

---

① (明)陈邦瞻撰:《宋史纪事本末》,中华书局2015年版,第439页。
② 佚名撰,赵维国整理:《道山清话》,《全宋笔记》第二编,大象出版社2006年版,第1册,第90页。
③ (宋)张端义撰,徐沛藻、刘宇整理:《贵耳集》,《全宋笔记》第六编,大象出版社2013年版,第10册,第294—295页。
④ 《试馆职策问三首·师仁祖之忠厚法神考之励精》,《苏轼文集》卷七,第210页。

是苏轼的同乡好友,奋起反击,疏论朱光庭"假借事权以报私隙。议者谓轼尝戏薄程颐,光庭乃其门人,故为报怨。夫欲加轼罪,何所不可!必指其策问以为讪谤,恐朋党之弊,自此起矣"①。右司谏王觌、御史中丞傅尧俞、侍御史王岩叟等言官,也纷纷入对论辩,"洛蜀党争"由此公开爆发。《续资治通鉴》卷八〇《宋纪》云:"时吕公著独相,群贤在朝,不能不以类相从,遂有洛党、蜀党、朔党之号。洛党以(程)颐为首,而朱光庭、贾易为辅;蜀党以苏轼为首,而吕陶等为辅;朔党以刘挚、梁焘、王岩叟、刘安世为首,而辅之者尤众。"②苏轼陷身其中而无法自拔。

洛蜀党争在很大程度上演为无休无止的人事倾轧和攻讦。苏轼在元祐三年(1088)的《乞郡札子》中说:"臣所荐士,例加诬蔑","臣所举自代人黄庭坚、欧阳棐,十科人王巩,制科人秦观,皆诬以过恶,了无事实"③。致使他不得不要求离开中央朝廷。如黄庭坚之被劾:《续资治通鉴长编》卷四一一载,元祐三年五月,"诏新除著作郎黄庭坚依旧著作佐郎,以御史赵挺之论其质性奸回,操行邪秽,罪恶尤大,故有是命"。而右正言刘安世续有论章,认为黄庭坚"亏损名教,绝灭人理,岂可尚居华胄,污辱荐绅",而应加重处罚④。

最突出的事例是秦观。《续资治通鉴长编》卷四四二载,元祐五年五月,"右谏议大夫朱光庭言:新除太学博士秦观,素号薄徒,恶行非一,岂可以为人之师?伏望特罢新命。诏(秦)观别与差遣"⑤。果然,六月,诏令秦观充秘书省校对黄本书籍。次年正月,苏辙曾上书

---

① (清)毕沅编著:《续资治通鉴》,中华书局1999年版,卷八〇《宋纪》,第2016页。
② 《续资治通鉴》卷八〇,第2027页。
③ 《苏轼文集》卷二九,第828、829页。
④ 《续资治通鉴长编》卷四一一,第10000页。
⑤ 《续资治通鉴长编》卷四四二,第10641页。

为之辩护:"御史中丞苏辙言:窃见新除给事中朱光庭,智昏才短,心狠胆薄,不学无术,妒贤害能。本事程颐,听颐驱使,方为谏官,颐之所恶,光庭明为击之。……光庭亦自知人品凡下,专务仇疾胜己,如杨畏以母老屡乞闲官,至今侍养不阙,而光庭诬其贪冒官宠,遂致母亡;秦观以文学知名,朝廷擢为太常("常",应作"学")博士,而光庭加以暗昧之过,欲遂废弃。朝廷知其诬罔,奖用二人,有加于旧。"①这是秦观任职之争的第一个回合。元祐六年(1091)七月,秦观任正字,八月"诏秦观罢正字,依旧校对黄本书籍,以御史贾易言观过失,及观自请也"②。这次是苏轼亲自出面予以反击。他在《辨贾易弹奏待罪札子》中有云:"秦观自少年从臣学文,词采绚发,议论锋起。臣实爱重其人,与之密熟。""此人文学议论过人,宜为朝廷惜之。"③对他与秦观的师弟关系,略无讳避,全力为之辩白;但直至元祐八年六月秦观才复为正字,已是二年以后了。

洛党把秦观作为攻击苏门的突破口,决非偶然。他们的选择纯属政治性的,反映出秦观在苏门中所扮演的政治舆论代言人的地位。在当时种种重大政争问题上,他与苏轼可谓同声相应,配合默契。他在元祐二年为举"制科"而作的"进策"(三十篇)、"进论"(二十篇),就是著例。苏轼主张对新法应"较量利害,参用所长",关于免役、差役新旧二法,苏轼认为"差役、免役,各有利害。免役之害,掊敛民财,十室九空,钱聚于上,而下有钱荒之患;差役之害,民常在官,不得专力于农,而贪吏猾胥,得缘为奸。此二害轻重,盖略相等,今以彼易此,民未必乐"④。秦观也指出:"士大夫进用于嘉祐之前者,则以'差'为是而'免'为非;进用于熙宁之后者,则以'免'为得而'差'为失。私意

---

① 《续资治通鉴长编》卷四五四,第 10889—10890 页。
② 《续资治通鉴长编》卷四六四,第 11073 页。
③ 《苏轼文集》卷三三,第 936 页。
④ 《辩试馆职策问札子二首》,《苏轼文集》卷二七,第 791 页。

既摇于中,公议遂移于外。"因而建议"悉取二法之可用于今者,别为一书,谓之《元祐役法》。"①他对新法所持的分析、区别的基本立场,以坚决阻遏当时"专欲变熙宁之法"的势头,与苏轼是一致的。出钱以求免役的新法,自然也是人民的沉重负担,但跟从前以人服役的旧法相较,不能不说是一种进步。连激烈反对王安石变法的王夫之,在《宋论》卷六中从历代税制的演变过程立论,一面指责免役法是"庸外征庸",额外赋叙敛,一面又不得不承认"民宁受免役之苛索,而终不愿差役者,率天下通古今而无异情","宁复纳钱以脱差役之苦"②,见解跟苏、秦相类,较为中肯全面。苏轼受到洛党纠弹的馆职试题,秦观也有同样的言论。他说:"嘉祐之后,习安玩治,为日既久,大臣以厚重相高,小臣以苟简自便,肉食者鄙,未能远谋。谁能无偷,朝不及夕";"元丰之后,执事者矫枉过直,矜钩距以为法术,任惠文以取偷快,上下迫胁,民不堪命。"③这里明确指出仁宗朝的政风是"偷",直袭苏轼的用语,而神宗朝的"矜钩距"、"任惠文"(惠文,惠文冠,原系武冠,此指掌管纠弹之职的御史台官员。欧阳修《送孙屯田序》"将冠惠文以肃台宪"可证④)、"上下迫胁",不就是苏轼所谓的"刻"吗?他提出的"猛术"和"宽术"的治国命题,径可视作对苏轼所出考题的答卷。至于他的《朋党上》,力言"朋党者君子小人所不免也",关键在于"人主""务辨邪正而已"。他写道:"邪正不辨而朋党是嫉,则君子小人必至于两废,或至于两存。君子小人两废两存,则小人卒得志而君子终受祸矣。"⑤当然,这决不是多年前欧阳修《朋党论》、苏轼《续欧阳子朋党论》的简单重复,而是服务于现实政治的需要而发的。他继

---

① 《论议》上,《淮海集笺注》卷一四,第 567—568 页。
② 《宋论》卷六,第 124—125 页。
③ 《治势》下,《淮海集笺注》卷一二,第 517 页。
④ 《欧阳修诗文集校笺·外集》卷一四,第 1724 页。
⑤ 《淮海集笺注》卷一二,第 539—540 页。

续写道：哲宗即位以来，"数年之间，众贤弹冠相继而起，聚于本朝。夫众贤聚于本朝，小人之所深不利也，是以日夜恟恟，作为无当不根、眩惑诬罔之计，而朋党之议起焉。臣闻比日以来，此风尤甚，渐不可长"①。十分清楚，他的《朋党论》是针对洛党等政敌而为"苏门"护法的。正由于这些策论的重要性，苏、黄等人给予极高的评价。苏轼评论其文为"词采绚发，议论蜂起"，主要应是对他策论的称许。黄庭坚也说："少游五十策，其言明且清。笔墨深关键，开阖见日星。"②"五十策"即特指这五十篇进策。附带提及，黄庭坚《答洪驹父书》其二云："凡作一文，皆须有宗有趣，终始关键，有开有阖。"③提出了他对诗文的旨趣、布置、法度方面的最高要求，可知他对秦观"笔墨深关键，开阖见日星"的评语，是极有分量的。

洛党的攻击秦观，其矛头直指苏轼，还隐含着具体的政治目的。《次韵秦观秀才见赠，秦与孙莘老、李公择甚熟，将入京应举》诗题下施顾注云："东坡刚直忠正，二圣追神宗遗意，将付大政，台谏多惎间，凡所与辄攻之，少游其一也。"④施宿的这段题下注并非捕风捉影，从当时高太后对苏轼的异常礼遇和同僚间的舆论来看，苏轼是有可能出任宰辅大任的。当元祐三年(1088)苏轼处于党争漩涡而进退维谷时，高太后特予召见，告他昔年神宗"饮食而停箸看文字，则内人必曰：'此苏轼文字也。'神宗每时称曰：'奇才，奇才！'但未及用学士，而上仙耳"。苏轼听罢"哭失声，太皇太后与上(哲宗)、左右皆泣。"高太后趁机又以"托孤"的口吻说："内翰直须尽心事官家，以报先帝知遇。"⑤这个极富煽情性的镜头，确切地传达了"天将降大任于是人"

---

① 《朋党下》，《淮海集笺注》卷一二，第546页。
② 《晚泊长沙示秦处度、范元实五首》其五，《山谷诗集注》卷五，第468页。
③ 《山谷集》卷一九，摛藻堂《四库全书荟要》本，第384册，第207页。
④ 《苏轼诗集合注》卷一六，第804页。
⑤ 《续资治通鉴长编》卷四〇九，第9965页。

的信息。刘延世《孙公谈圃》亦记侍御史孙升之语云："若欲以轼为辅佐,愿以安石为戒。"①则反映出事情已提上日程。洛党倾注心力攻击秦观等人,正是为了遏止这个趋势,促其流产。事情的发展果然如此。

　　洛党、蜀党之争与洛学、蜀学之异并不是同一概念。前者偏重于政治上的人事倾轧,嬉笑怒骂,剑拔弩张,疾言厉色,势不两立;后者则属于学术思想的分野,但当时并未直接对阵论战。程颐的大量语录中很少发现正面攻击苏轼学术思想的言论,他一生惟一的一部经学著作《伊川易传》完成于晚年贬官涪州之时,正与苏轼的《东坡易传》最后在海南岛完稿相类,时间和环境都不能提供互相诘难的条件;而且,在程颐的心目中,苏轼可能算不得思想家,没有当作学术上的论敌。这种情况使后世不少论者在评骘洛蜀党争时,有意无意地掩盖和忽视其学术思想冲突的背景。如明末清初的陈确,在《洛蜀论·补洛蜀论后》中说:"国忌行香,伊川令具素馔,东坡不欲,曲在东坡;歌哭之议,曲在伊川。是非各不相掩。伊川凡事欲守古礼,虽未必尽当,东坡每加玩侮,斯诚东坡之过;至以'奸'目之,尤过。"他还引邱濬语云:"邱文庄有云:'彼徒以文章自鸣,功名建事者,党同伐异,无足怪也。若夫以斯文为己任,自谓继千秋之绝学者,而亦视其徒为之,而不救正,何哉?'斯言谅矣。"这就停留在洛蜀党争起因的就事论事、细辨两造具体是非上了。他又说:"东坡虽不修小节,而表里洞然,忠直一节,卓乎君子之徒;伊川有意圣人之学,而失之固滞。"②这就有些接触问题的实质了。

　　洛蜀党争的人事倾轧和攻讦,虽然部分地掩盖和冲淡了两者在

---

① （宋）孙升口述,（宋）刘延世笔录,杨倩描、徐立群点校:《孙公谈圃》,中华书局2012年版,第107页。
② （清）陈确撰:《乾初先生遗集》卷五,《续修四库全书》本,第1395册,第9—10页。

思想、志趣和性格等方面的实质性分歧,但苏轼本人对此是十分清醒自觉的。他在元祐六年总结这场论争时说:"臣又素疾程颐之奸,未尝假以色词,故颐之党人,无不侧目。"①一个"奸"字,淋漓尽致地揭出了对立面的本质。人们不禁要问:为什么苏轼和王安石从熙宁时由于政见不同而造成敌对,转到元丰末两人之间道德文章的互相倾慕,以致苏轼发出"从公已觉十年迟"②的感叹,而苏、程两人初无政见分歧,却终成水火、"未尝假以色词"、毫不宽贷呢?《程子微言》的一则记事透露了个中消息:"朱公掞(朱光庭)为御史,端笏正立,严毅不可犯,班列肃然。苏子瞻语人曰:'何时打破这"敬"字!'"③我们再看看洛学传人朱熹的回答。他说:苏轼"好放肆,见端人正士以礼自持,却恐他来检点,故恁诋訾"。又说:"东坡与伊川是争个什么?只看这处,曲直自显然可见,何用别商量?只看东坡所记云:'几时得与他打破这"敬"字!'看这说话,只要奋手捋臂,放意肆志,无所不为,便是。只看这处,是非曲直自易见。"又说,"东坡如此做人,到少间便都排废了许多端人正士,却一齐引许多不律底人来。如秦、黄虽是向上,也只是不律。"④朱熹的这一大篇议论,明白无误地揭示出程、苏之间深刻而不可调和的思想分歧:程颐的"敬"字,朱熹的"礼"和"律"字,就等于苏轼的"奸"字。

洛学在宋明理学发展史上起着奠基性的作用。二程对宋明理学最高范畴的"理"作了系统完整的新的阐述。他们把"理"或"天理"看作世界万物的本源,是抽象思维才能体认的无形而实在的本体:"在天为命,在义为理,在人为性,主于身为心,其实一也。"⑤程氏又认为

---

① 《杭州召还乞郡状》,《苏轼文集》卷三二,第913页。
② 《次荆公韵四绝》其三,《苏轼诗集合注》卷二四,第1191页。
③ 《二程集·外书》卷一一,第414页。
④ 《朱子语类》卷一三〇,第3109、3110页。
⑤ 《二程集·遗书》卷一八,第204页。

"性即理也"①,"灭私欲则天理明矣"②,绝情去欲才能复性明理。他们提出的所谓"敬"和"礼",都是为了"灭私欲"、"明天理"的内心修养术。程氏说:"敬只是主一也","存此(即存敬),则自然天理明。学者须是将敬以直内,涵养此意,直内是本"③。在人们的内心存之以"敬",涵泳修养,便能去欲明理践履封建伦理道德的规范。"敬"也就是"礼"。程氏说"敬即便是礼,无己可克"④;朱熹在《论语集注》卷六《颜渊第十二》训释"克己复礼为仁"时,曾引程颐之语云:"程子曰:非礼处便是私意。既是私意,如何得仁? 须是克尽己私,皆归于礼,方始是仁。"⑤"非礼"即"私意","礼"即无"私意",克尽私意便能达到"礼",也就是"敬"。要之,程氏主张通过格物穷理的自我修养,"居敬""复礼",要把封建伦理道德规范,化为个体内在的自觉要求,而不容许个体感情、欲望的存在,不容许"目则欲色,耳则欲声,以至鼻则欲香,口则欲味,体则欲安"⑥等一切人类"物欲",直至否定文学艺术创作的必要,公开亮明"作文害道"的观点。

由此可见,程颐的"敬"在其思想体系中占据着一个重要的地位。它由其道论(理)、人性论直接推演而出,诚如朱熹所言:"自秦汉以来,诸儒皆不识这'敬'字,直至程子方说得亲切,学者知所用力。"⑦还应指出,在程氏这里,"敬"不仅仅是个体内心的修养术,而且也是治国平天下的大关捩。程氏说:"圣人修己以敬,以安百姓,笃恭而天下平。惟上下一于恭敬,则天地自位,万物自育,气无不和,四

---

① 《二程集·遗书》卷二二,第 292 页。
② 《二程集·遗书》卷二四,第 312 页。
③ 《二程集·遗书》卷一五,第 149 页。
④ 《二程集·遗书》卷一五,第 143 页。
⑤ 《朱子全书》,第 6 册,第 167 页。
⑥ 《二程集·遗书》卷二五,第 319 页。
⑦ 《朱子语类》卷一二,第 207 页。

灵何有不至？此体信达顺之道，聪明睿智皆由是出。"①导民以"敬"，才能达于治民安邦、"天地自位、万物自育、气无不和"、四灵毕至的理想之境。朱熹也指出过程氏论"敬"的这一层含意。他说："程先生所以有功于后学者，最是'敬'之一字有力。人之心性，敬则常存，不敬则不存。如释老等人，却是能持敬。但是他只知得那上面一截事，却没下面一截事。"②这里所谓的"上面一截事"，即指内心自我修持，"下面一截事"，则指治道政事。释老只知重己重内，程氏却由内及外，足见"敬"的意义的重大，也说明苏轼的反"敬"已成了他反理学的一个焦点。

全祖望等《宋元学案》把三苏之学标以"蜀学略"而不是"学案"，并附于书末，表示其不能入于理学正宗之列。比之洛学，蜀学更多地接受佛学的影响，糅合三教，显示出"杂"的特征。第一位全面批判苏学的是朱熹。他的《杂学辨》首先指摘的就是《东坡易传》："乾之象辞，发明性命之理，与《诗》、《书》、《中庸》、《孟子》相表里，而大传之言亦若符契。苏氏不知其说，而欲以其所臆度者言之，又畏人之指其失也，故每为不可言不可见之说，以先后之，务为闪倏滉漾不可捕捉之形，使读者茫然，虽欲攻之而无所措其辨。"③尽管程子之学也是暗中援佛入儒的，但对苏轼明目张胆地违离儒学就绝不容忍了。汪应辰曾写信给朱熹，表示把苏学"以与王氏（王安石）同贬，恐或太甚"④。朱熹却仍坚持此说，并进而认为苏学比王学为害更甚："至于王氏、苏氏，则皆以佛老为圣人，既不纯乎儒者之学矣（非恶其如此，特于此可验其于吾儒之学无所得）。而王氏支离穿凿，尤无义味……故其失人

---

① 《二程集·遗书》卷六，第 81 页。
② 《朱子语类》卷一二，第 210 页。
③ 《晦庵先生朱文公文集》卷七二，《朱子全书》，第 24 册，第 3460 页。
④ （宋）汪应辰《与朱元晦书》其九，《汪文定公集》卷八，《宋集珍本丛刊》影印清初抄本，第 46 册，第 77 页。

人得见之。至若苏氏之言,高者出入有无而曲成义理(如《易》之性命、阴阳,《书》之人心、道心,《古史》之中、一、性善,《老子》之道、器、中和),下者指陈利害而切近人情,其智识才辨、谋为气概,又足以震耀而张皇之,使听者欣然而不知倦,非王氏之比也。然语道学则迷大本,论事实则尚权谋,炫浮华,忘本实,贵通达,贱名检。此其害天理,乱人心,妨道术,败风教,亦岂尽出王氏之下也哉?"①朱熹的这一批判,恰恰说出了苏氏之学的特点:不拘守于传统儒学的樊篱,在其自身丰富的生活体验和深刻的人生思考基础上,大胆地圆摄"异端","贵通达,贱名检",追求自我的最高生命价值。苏轼之学在理论形态上显然不及程氏的精细成熟,但他的"杂"和"不纯",决不能视之为一堆支离破碎的"大杂烩"。

朱熹指责苏氏对"性命之理"的"吾儒之学"无所得,我们就不妨以人性论为中心,对程、苏二人的观点作一番比较对勘和分析。

原始儒学始终宣扬抑情复礼的思想。"礼之近人情者,非其至者也"②,"克己复礼"③之类,不胜例举。程颐的成名作《颜子所好何学论》中说:"真而静"的人的本性,"其未发也五性具焉,曰仁义礼智信。形既生矣,外物触其形而动于中矣。其中动而七情出焉,曰喜怒哀乐爱恶欲。情既炽而益荡,其性凿矣。是故觉者约其情使合于中,正其心,养其性,故曰性其情。"④明确提出性善情恶论,作为其"顺天理,去人欲"的主"敬"修养术的理论前提。苏轼却不然。《东坡易传》卷一释彖辞"保合大和"条,可以看作他的人性论的论纲。他说:"……

---

① 《答汪尚书(七月十七日)》,《晦庵先生朱文公文集》卷三〇,《朱子全书》,第21册,第1300—1301页。
② (清)孙希旦撰,沈啸寰、王星贤点校:《礼记集解》,中华书局1989年版,卷二四,第654页。
③ 《论语正义》卷一五,第483页。
④ 《二程集·文集》卷八,第577页。

性至于是,则谓之命。命,令也。君之令曰命,天之令曰命,性之至者亦曰命。"他认为性具有"莫知其所以然而然"的人类自然本能,并把这种自然本能的极致提高到与"君命""天命"鼎足而立的地位。他又说:"情者,性之动也。溯而上至于命,沿而下至于情,无非性者。性之与情,非有善恶之别也","其于《易》也,卦以言其性,爻以言其情。情以为利,性以为贞"①。苏轼的性、情合一而无善恶之别的观点,与程氏性善情恶、需要"性其情"的看法,判然有别。

程氏把这种顺理去欲的主"敬"术,又与伪《尚书·大禹谟》的所谓"人心惟危,道心惟微,惟精惟一,允执厥中"所谓"十六字传心诀"比附起来。他说:"'人心惟危',人欲也;'道心惟微',天理也;'惟精惟一',所以至之;'允执厥中',所以行之。"②"'人心',私欲,故危殆;'道心',天理,故精微。"③然而苏轼在《书传》卷三中从合情于性、情性均无善恶分别的观点出发,作了不同的训释:"人心,众人之心也,喜怒哀乐之类是也;道心,本心也,能生喜怒哀乐者也。""道心即人心也,人心即道心也。放之则二,精之则一。桀纣非无道心也,放之而已;尧舜非无人心也,精之而已。"④在他看来,"人心"、"道心",本源上是统一的,之所以歧而为二,仅在于"放"和"精"的差别而已。在《韩愈论》中,更明确批驳把性与情割裂对立起来的观点,"儒者之患,患在于论性,以为喜怒哀乐皆出于情,而非性之所有"⑤,对人情人欲作了大胆的肯定。

因而,崇尚人情、肯定人欲成了苏轼学术思想的一个重要内容。

---

① (宋)苏轼撰:《东坡易传》卷一,摛藻堂《四库全书荟要》本,第3册,第34页。
② 《二程集·遗书》卷一一,第126页。
③ 《二程集·遗书》卷二四,第312页。
④ (宋)苏轼撰:《东坡书传》卷三,摛藻堂《四库全书荟要》本,第18册,第19、20页。
⑤ 《苏轼文集》卷四,第114页。

在他早年所作的《中庸论》、《礼以养人为本论》等一系列论文中，反复强调"情"作为人类与生俱来的自然本能的正当性和合法性。他说："夫圣人之道，自本而观之，则皆出于人情；不循其本，而逆观之于其末，则以为圣人有所勉强力行，而非人情之所乐者。夫如是，则虽欲诚之，其道无由。"①把人情规定为"圣人之道"之"本"，换言之，"道"必须顺应人情，决不能"勉强力行"。他又说："夫礼之初，缘诸人情，因其所安者，而为之节文。凡人情之所安而有节者，举皆礼也，则是礼未始有定论也。然而不可以出于人情之所不安，则亦未始无定论也。执其无定以为定论，则途之人皆可以为礼。"②"礼"也必须顺应"人情"，并由"人情"所决定。"礼"随"情"变，凡是与人情谐和者，都合"礼"，从这个角度看，"礼"并没有固定的原则；但是，不能与"人情"违戾，这倒是"礼"的原则。"礼"没有违戾人情的固定不变的原则，这正是礼的原则，因而奔走于途的凡夫俗子、愚夫愚妇都是能实现礼的。这就把神圣邈远的"圣人之道"拉回到芸芸众生的生动自然的普通生活。

苏轼的人性论带有很强的实践性的品格，已经成为他人生思想的一个基点。这不仅表现在他的有关学术性的论著里，更表现在他的全部诗词文创作和一生行事之中。秦观曾说："苏氏之道，最深于性命自得之际。"③甚至比其文学成就、政治才具为高。这固然不无弄笔狡狯之嫌，但就苏轼深于人生哲学、深于生活"自得"之道而言，确实罕有其俦。他的一生，无论是立朝为宦，抑或是贬谪蛮荒，一贯珍视自身的生命存在，努力超越种种窘逼和限制，执着于生命价值的实现，获取生活的无穷乐趣和最大的精神自由。崇尚本真自然，反对对人性的禁锢或伪饰，在苏轼的心目中，已不是一般的伦理原则和道

---

① 《中庸论中》，《苏轼文集》卷二，第61页。
② 《礼以养人为本论》，《苏轼文集》卷二，第49页。
③ 《答傅彬老简》，《淮海集笺注》卷三〇，第981页。

德要求,而是一种对人类本体的根本追求。它比一般的政见之争要深刻得多,也重要得多。政治论战中的双方,可能都是"君子"。苏轼对他的不少政敌并不缺乏敬意。他从不轻易为人撰写碑志,却作《司马温公神道碑》①;所作《王安石赠太傅》②,把王氏视作"希世之异人",这也不能被硬说成违心之言;连刘安世,他许为"真铁汉"③,都从人格道义上给予极高的评价。对比之下,他对程颐的确嫉"奸"如仇,"未尝假以色词",原因即在于此。

我们并不认为程颐是"奸"人,但洛学中的这些消极成分恰为后世假道学所恶性推演,扼杀和窒息了一切新思想、新事物的成长和发展。在程朱理学刚刚形成,甚至还处于受困的初期,苏轼超前地成了反对伪道学的先驱者。我们应该充分评估洛蜀党争的意义。

总之,保持一己真率的个性,追求无饰的自然人格,是苏轼人生观、文学观构成的核心,通过洛蜀党争,这也给苏门带来深广的思想影响,从而促进苏门崇尚自由的门风的形成。

二

苏轼和王安石的关系是颇为复杂的。在熙宁变法时期,他们是势不两立的政敌;元丰末,一个作为退职宰相,历经宦海风云,闲居金陵,一个从九死一生的乌台之狱脱险,尝尽了黄州之贬种种人生况味,两人重聚,相逢一笑泯恩仇,发现彼此都是直臣贤士、人间杰才,对儒家理想人格的崇奉是他们融和的纽带。然而到了元祐时期,苏轼及其门人却共同掀起一个批判王氏新学的热潮,体现出对思想专制、学术专制和文化专制的不满和反抗。

王安石的新学是他变法思想的哲学基础,自有其不可抹煞的历史价值。诚如他的学生陆佃所说:"夫子没而大义乖,道德之体

---

① 《苏轼文集》卷一七,第 511—515 页。
② 《苏轼文集》卷三八,第 1077 页。
③ 《元城语录解·附行》,《丛书集成初编》本,第 51 页。

分裂,而天下多得一体。诸子杂家各自为书,而圣人之大体始乱矣。""而临川先生起于弊学之后,不向于末伪,不背于本真,度之以道揆,持之以德操,而天下莫能罔,莫能移。故奇言异行,无所遁逃,而圣人之道复明于世。"①早在《三经新义》(《诗义》、《尚书义》、《周礼义》)以前,王安石的《易解》、《淮南杂说》、《洪范传》乃至《上仁宗皇帝言事书》等,已初步建构起"荆公新学"的基本格局。治平时,王安石在金陵讲学,一大批要求改革现状的年轻士子受业门下,俨然形成新学学派。

与此同时,王安石"一道德以同俗"的思想逐渐成熟并固定化。嘉祐三年(1058)他提点江西东路刑狱时,作《与丁元珍书》说:"古者一道德以同俗,故士有揆古人之所为以自守,则人无异论。今家异道,人殊德,士之欲自守者,又牵于末俗之势,不得事事如古;则人之异论,可悉弭乎?"②同时又作《答王深甫书二》说:"古者一道德以同天下之俗,士之有为于世也,人无异论。今家异道,人殊德,又以爱憎喜怒变事实而传之。"③而到了熙宁时期,他更把这一思想跟科举改革结合起来,使之付诸实践而不只停留在口头宣传上了。熙宁二年(1069),他说:"今人材乏少,且其学术不一,一人一义,十人十义,朝廷欲有所为,异论纷然,莫肯承听。此盖朝廷不能一道德故也。故一道德则修学校,欲修学校则贡举法不可不变。"④于是在宋神宗的支持下,他受命设"经义局"重新训释经义,其《三经新义》一变而为官方哲学,作为取士的标准答案,"诸生一切以王氏经为师"⑤,"独行于世

---

① (宋)陆佃《答李贲书》,《陶山集》卷一二,文渊阁《四库全书》本,第 1117 册,第 152 页。
② 《临川先生文集》卷七五,《王安石全集》,第 1342 页。
③ 《临川先生文集》卷七二,《王安石全集》,第 1300 页。
④ 《文献通考》卷三一《选举考四》,第 907 页。
⑤ 《续资治通鉴长编》卷二七六,第 6751 页。

者六十年"①。这样,他运用行政权力来求得学术见解的统一,在经义之争中夹杂着政见之争。这里反映出这位改革家追求思想一统的新的正宗地位,以适应政治改革的需要;但又恰恰窒息了自欧阳修以来所开创的自由讨论经学的风气,中断了包括王氏新学在内的经学变古新思潮的发展,引起崇尚自由的苏门的不满和抨击,是十分自然的。

上面所引王安石熙宁二年(1069)关于"一道德"的那段话,正是他在神宗面前反驳苏轼时所说的。当时王安石主张以经义论策取士,罢诗赋、明经诸科,苏轼则持异议。王安石的改革贡举科目,原是为着更好地选拔吏治实干人才,实又包含以自己的"新学"一统天下的思想统治的目的,因而在熙宁初年,苏轼对"新学"中的偏颇已啧有烦言。《邵氏闻见后录》卷二〇云:"东坡倅钱塘日,《答刘道原书》云:'道原要刻印《七史》固善,方新学经解纷然,日夜摹刻不暇,何力及此?近见京师经义题"国异政,家殊俗",国何以言异?家何以言殊?又有"其善丧厥善","其""厥"不同何也?又说《易·观》卦本是老鹳,《诗·大小雅》本是老鸦,似此类甚众,大可痛骇。'时熙宁初,王氏之学务为穿穴至此。"②他后来的《字说》,在解释字源时,一反"六书"和先儒传注,把许多形声字都释为会意字,也闹出不少笑话,如"坡"为土皮,"富"为同田,"诗"为寺人之言,"笃"为以竹鞭马。宋曾慥《高斋漫录》有云:

东坡闻荆公《字说》新成,戏曰:"以竹鞭马为'笃',以竹鞭犬有何可'笑'?"又曰:"鸠字从九从鸟,亦有证据,《诗》曰'鸤鸠在

---

① 《郡斋读书志校证》卷一"新经尚书义十三卷"条,第57页。
② 《邵氏闻见后录》卷二〇,第160页。

桑,其子七分',和爷和娘,恰是九个!"①

这则讽刺小品当然不能遽断为信史,但联系其时流行的其他讥嘲《字说》的类似笑话②,这里记述的苏轼对《字说》穿凿附会的非难,大概是有一定事实根据的。

在元祐"苏门"形成时期,苏轼更多次批评"新学",则集中在王氏"一道德以同俗"的思想和实际作为上。元祐元年(1086)在《答张文潜县丞书》中,他说:"文字之衰,未有如今日者也,其源实出于王氏。王氏之文,未必不善也,而患在于好使人同己。自孔子不能使人同,颜渊之仁,子路之勇,不能以相移,而王氏欲以其学同天下。地之美者,同于生物,不同于所生。惟荒瘠斥卤之地,弥望皆黄茅白苇,此则王氏之同也。……仆老矣,使后生犹得见古人之大全者,正赖黄鲁直、秦少游、晁无咎、陈履常与君等数人耳。如闻君作太学博士,愿益勉之。"③这封信尖锐地抨击了王安石为文治学"好使人同己"的作风,指出这正是造成文章雷同单一、学术凋敝衰落的根本原因,并期望黄、秦诸子起而矫之,有所作为。苏轼这里主要针对王氏的经学而言,但信中把当时朝廷议定的"复诗赋,立《春秋》学官"两事并赞为"甚美",足证其批评范围也涉及文学领域。在同时所作的《送人序》中他又说:"士之不能自成,其患在于俗学。俗学之患,柱人之材,窒人之耳目,诵其师傅造字之语,从俗之文,才数万言,其为士之业尽此矣。……王氏之学,正如脱蓁,案其形模而出之,不待修饰而成器耳,求为桓璧彝器,其可乎?"④"脱蓁",即依照同一模子而制成,千人一面,千部一腔,没有个性,没有特点,正是学术文化和文学艺术发展的

---

① 涵芬楼本《说郛》卷二七,《说郛三种》,第473页。
② 参看丁传靖辑《宋人轶事汇编》卷一〇,中华书局1981年版。
③ 《苏轼文集》卷四九,第1427页。
④ 《苏轼文集》卷一〇,第325页。

大敌。"脱箬"和"黄茅白苇"两个形象比喻，尖刻准确，把求同斥异的后果揭露无遗。

陈师道也对王氏"新学"深致不满。《后山谈丛》卷一中有一则记载："王无咎、黎宗孟皆为王氏学。世谓黎为'模画手'，一点画不出前人；谓王为'转般仓'，致无赢馀，但有所欠。以其因人成能，无自得也。"①"模画手"一点一画，亦步亦趋；"转般仓"，即转手运输的转运仓库，日见其少而无增值。这与苏轼的上述比喻，颇有异曲同工之妙。陈师道早在熙宁时就因"王氏经学盛行"，而"绝意进取"②，在元祐元年（1086）的《赠二苏公》诗中，他盼望二苏对于"万口一律"的新学之弊，"如大医王治膏肓，外证已解中尚强。探囊一试黄昏汤，一洗十年新学肠"③。"黄昏汤"是治疗五脏邪气之药④，陈师道要求二苏出此重药，以医治"新学"膏肓之症。苏轼的另一门下士毛滂，在《上苏内翰书》中先追述熙宁间王氏新学风靡天下的情形："熙宁间作新斯文，而丞相以经术文章为一代之儒宗，天下始知有王氏学。……当时历金门、上玉堂，纡青拖紫，朱丹其毂者，一出王氏之学而已。"并进一步指出其风靡之由乃是士人之奔名逐利、趋炎附势所致："王氏之学固未必人人知而好之，盖将以为进取之阶，宫室之奉，妻孥之养，哺啜之具耳。此某所以病今之学者为利，盖如此而已矣。"⑤他是从士风的堕落、文风的萎靡上批评王学，对苏、陈的见解作了补充和配合。

黄庭坚对于王氏新学的批评较为复杂和深刻，他在《奉和文潜赠无咎，篇末多见及，以"既见君子，云胡不喜"为韵》其二、其七云：

---

① （宋）陈师道撰，李伟国点校：《后山谈丛》卷一，中华书局2007年版，第25页。
② 《宋史》卷四四四《陈师道传》，第13115页。
③ 《后山诗注补笺》卷一，第24—25页。
④ 《游宦纪闻》卷九，第83页。
⑤ （宋）毛滂撰：《东堂集》卷六，文渊阁《四库全书》本，第1123册，第763—764页。

谈经用燕说,束弃诸儒传。
滥觞虽有罪,末派弥九县。
张侯真理窟,坚壁勿与战。
难以口舌争,水清石自见。

荆公六艺学,妙处端不朽。
诸生用其短,颇复凿户牖。
譬如学捧心,初不悟己丑。
玉石恐俱焚,公为区别不?①

他对"荆公六艺学",包括两个区别对待:一是区别王学本身的两重性,既有一概摒弃前儒传注、而"郢书燕说"、穿凿附会的"短"处,又有其"不朽"的"妙处";二是区别王学和后学者的不同,王学"末流"恰恰用其"短"处,使之流弊益深益广。这与苏轼"王氏之文未必不善也,而患在于好使人同己"的看法有一致之处,但他又强调"坚壁勿战"、"口舌难争"、"水清石见",意即应"息躁忍事,毋矜气好胜;日久论定,是非自分"②,则与苏轼之亟亟于是非黑白之明辨,态度是有所不同的。此诗中的"张侯",是以晋清谈家张凭比喻张耒,黄以"坚壁勿战"向张进言,说明张耒也是不满新学的。黄庭坚在十六年后犹对张耒重提此语"水清石见君所知,此是吾家秘密藏"③,则从对王学的态度推广为处世的一般原则了。

苏轼《答张文潜县丞书》云:"近见章子厚言先帝(神宗)晚年,甚患文字之陋,欲稍变取士法,特未暇耳。"④晁说之也说:元丰之末,神

---

① 《山谷诗集注》卷四,第92、94页。
② 《谈艺录》,第333页。
③ 《次韵文潜》,《山谷诗集注》卷一七,第423页。
④ 《苏轼文集》卷四九,第1427页。

宗"厌薄代言之臣,谓一时文章不足用,思复辞赋,章惇犹能为苏轼道上德音也"①。黄庭坚此诗其五亦云:"先皇元丰末,极厌士浅闻。"②晁、黄之语,显然同出苏轼之源。这说明苏门对王氏新学的批评,信息交流颇为迅捷、频繁,其言论配合有致,不啻是一次集体的清理王学的活动。

苏轼在反新学中,实际上提出了一个重要原则:多元性和多样化是发展学术文化的必要前提。这也成了苏门的著名门规和家法,对推动元祐文学高潮的形成起了直接的作用。

要充分认识这个原则的重大意义,不妨对比一下程朱理学家的议论。程氏在当时就指出过:"今异教之害,道家之学则更没可辟,唯释氏之学衍蔓迷溺至深。今日是释氏盛而道家萧索。……然在今日,释氏却未消理会,大患者却是介甫之学。"又说:"如今日,却要先整顿介甫之学,坏了后生学者。"③他敏锐地感受到王氏新学的革新传统儒学的进步因素,说它比佛道为害更甚,大声疾呼要加以"整顿"。苏轼却不然,他明确地说:"王氏之文未必不善也。"对其学说内容并不一笔抹煞,只是反对他的学术专制和思想统治而已,并不是片面追求多元性和多样化。朱熹更明确反驳苏、陈说:"陈后山说:'人为荆公学,唤作转般仓、模画手,致无赢(赢)馀,但有亏欠。'东坡云:'荆公之学,未尝不善,只是不合要人同己。'此皆说得未是。若荆公之学是,使人人同己,俱入于是,何不可之有?今却说'未尝不善,而不合要人同',成何说话!若使弥望者黍稷,都无稂莠,亦何不可?只为荆公之学自有未是处耳。"④从逻辑上说,朱熹的反驳是顺理成章的,人们不能拒绝在正确思想认识基础上的统一,应该服从真理而不应一味强调个性,标新立异。但朱熹的

---

① 《邵氏闻见后录》卷二四引,第 190 页。
② 《山谷诗集注》卷四,第 93 页。
③ 《二程集·遗书》卷二上,第 38 页。
④ 《朱子语类》卷一三〇,第 3099—3100 页。

反驳实际上只是脱离历史具体情况的简单推理。还是马端临说得好："然介甫之所谓'一道德'者,乃是欲以其学使天下比而同之,以取科第。夫其书纵尽善无可议,然使学者以干利之故,皓首专门,雷同蹈袭,不得尽其博学详说之功,而稍求深造自得之趣,则其拘牵浅陋,去墨义无几矣,况所著未必尽善乎?至所谓'学术不一,十人十义,朝廷欲有所为,异议纷然,莫肯承听',此则李斯所以建焚书之议也,是何言欤?"①对熙宁二年(1069)贡举法之争时王安石反驳苏轼之语,马端临作了全面深刻的批驳。他认为,即使王氏之书"尽善无可议",也不应该"使天下比而同之"的,这只能导致扼杀"博学详说之功"、"深造自得之趣"的后果。在他看来,不同学术观点的并存争胜,这才是正常现象,因而尖锐指责王氏之举几同于李斯焚书之议,揭出其思想专制的实质。他的分析可谓一针见血,鞭辟入里。但朱熹这里实又掩藏着一句潜台词:这位理学大师正是也想把自己的思想来"使人人同己"的。历史表明,"强人同己"是不少杰出人物常有的思维定式。苏轼身居领袖地位而不强调整齐划一,不以自己的模式来塑造门人和追随者,这是别具识见而又超拔同侪的。

更有说者,在北宋崇尚统序的时代思潮影响下,王安石的"一道德"思想并非他个人的一时之见。曾巩《王子直文集序》早就论述过国家治乱和"道德、风俗"同异的因果关系:治世则"道德同而风俗一",乱世则"人人异见""各自为家"。他说,"至治之极,教化既成,道德同而风俗一,言理者虽异人殊世,未尝不同其指。何则?理当故无二也。"②这是他希求的理想境界,而对"其说未尝一,而圣人之道未尝明"深致忧愤。熙宁初程颢云:"古者一道德以同俗,苟师学不正,则道德何从而一?方今人执私见,家为异说,支离经训,无复统一,道

---

① 《文献通考》卷三一《选举考四》,第908页。
② 《曾巩集》卷一二,第197页。

之不明不行,乃在于此。"①吕公著亦云:"学校教化,所以一道德、同风俗之原。今若人自为教,则师异说,人异习。"②程、吕二人是就学校贡举问题而发,直接与王安石呼应。凡此种种,不仅反映出宋代士大夫趋群求同的社会心理,而且也是对面临的疑经辨伪、异说蜂起的经学变古思潮的反拨。因此,苏门的批评王学,实针对一种思想倾向而言,具有相当深广的社会意义。

三

苏门是这一多元性和多样化原则最生动的体现。作为全才,苏轼没有以自我为法,强令门人师范;他的门人也没有因敬仰备至而匍匐摹拟,丧失自我。苏、黄以诗并称,却各领风骚;苏、秦以词称雄,而风韵迥异;苏轼的散文虽于张耒等人有所影响,但也限于平易自然、流畅婉转的宋文群体风格的范围之内,其情性、禀赋、趣味等仍有明显差别。

更令人称羡的,是苏门内部的自由评论和自由批评之风,达到了坦诚无讳、畅所欲言的最高境界。

最有兴味的是关于苏轼"以诗为词"的争论。晁补之在李清照《词论》之前,曾作《评本朝乐章》,是现存较早的一篇词评专文。他在文中对苏、黄、秦三人之词分别作了评价。他评苏词云:"苏东坡词,人谓多不谐音律,自然,居士词横放杰出,自是曲子中缚不住者。"他评黄词云:"黄鲁直间作小词,固高妙,然不是当行家语,是著腔子唱好诗。"他评秦词云:"近世以来作者,皆不及秦少游,如'斜阳外,寒鸦万点,流水绕孤村',虽不识字人,亦知是天生好言语。"③这里提到有

---

① (宋)程颢《上神宗请修学校以为王化之本》,《宋朝诸臣奏议》卷七八,第850页。
② (宋)吕公著《上神宗答诏论学校贡举之法》,《宋朝诸臣奏议》卷七八,第851页。
③ 《能改斋漫录》卷一六,第469页。又见《苕溪渔隐丛话·后集》卷三三,文字稍有出入。

第三章 苏(轼)门"学士"集团

"人"不满于苏词的"多不谐音律",又评论黄、秦词作,扬秦抑黄,很自然地使我们想起署名陈师道的《后山诗话》中的一段话:

> 退之以文为诗,子瞻以诗为词,如教坊雷大使之舞,虽极天下之工,要非本色。今代词手,惟秦七、黄九尔,唐诸人不迨也。①

这里指出苏词"以诗为词""要非本色",因而竟在秦、黄等辈之下,意见是大胆和尖锐的。但这段话是否出诸陈师道之口,有些疑惑。据《铁围山丛谈》卷六,谓"太上皇(徽宗)在位,时属升平,手艺人之有称者",教坊司有舞者雷中庆,"世皆呼之为雷大使","视前代之伎""皆过之"②。陈师道死于建中靖国元年(1101),即徽宗即位的第二年,他不可能得知徽宗在位"升平"的中后期"教坊雷大使之舞"等情况,此语的真实性是有疑问的。《后山诗话》一书,有的学者已指出:"真赝相杂,瑕瑜互见,贵读者具眼识别之耳。"③可谓知言。但审慎考索,"教坊雷大使之舞"云云虽决非由陈师道说出,但此条的类似意见,他是可能有的。张戒《岁寒堂诗话》卷上,也提到陈师道"以为退之于诗本无所得"④,与此条的批评"退之以文为诗"是吻合的。陈师道在《书旧词后》中云:"余他文未能及人,独于词,自谓不减秦七、黄九。"⑤论词每每"秦七、黄九"并称,也与此条相类。宋金的不少著名学者也认定《后山诗话》此条为陈师道的意见。南宋胡仔云:"无己称:'今代词手,惟秦七、黄九耳,唐诸人不迨也。'无咎称:'鲁直词不

---

① 《历代诗话》,第 309 页。
② 《铁围山丛谈》卷六,第 107—108 页。
③ 郭绍虞著:《宋诗话考》卷上,中华书局 1979 年版,第 19 页。
④ 丁福保辑:《历代诗话续编》,中华书局 2006 年版,第 458 页。
⑤ 《后山居士文集》卷九,第 521 页。

是当家语,自是著腔子唱好诗。'二公在当时,品题不同如此。自今观之,鲁直词亦有佳者,第无多首耳。少游词虽婉美,然格力失之弱;二公之言,殊过誉也。"①金王若虚《滹南诗话》卷二云:"陈后山云:'子瞻以诗为词,虽工非本色,今代词手,惟秦七黄九耳。'予谓后山以子瞻词如诗,似矣,而以山谷为得体,复不可晓。晁无咎云:'东坡词小不谐律吕,盖横放杰出,曲子中缚不住者。'其评山谷则曰:'词固高妙,然不是当行家语,乃著腔子唱和(好)诗耳。'此言得之。"②胡仔认为陈、晁之评,各有所偏,王若虚却明言晁是陈非,看法有所出入,但都把陈师道当作晁补之的对立面,"二公在当时,品题不同如此",都看成苏门内部的一场词学争论。

对于《后山诗话》此条的"真赝",我们今天实已无法找到更强有力的证据,但关于苏轼革新词风的讨论和争论,在苏门却确实是并不鲜见的。

> 东坡在玉堂,有幕士善讴,因问:"我词比柳词何如?"对曰:"柳郎中词,只好十七八女孩儿,执红牙拍板,唱'杨柳外,晓风残月';学士词须关西大汉,执铁板,唱'大江东去'。"公为之绝倒。
>
> ——俞文豹《吹剑续录》③

> 东坡尝以所作小词示无咎、文潜曰:"何如少游?"二人皆对云:"少游诗似小词,先生小词似诗。"
>
> ——《王直方诗话》④

---

① 《苕溪渔隐丛话·后集》卷三三,第253页。
② 《历代诗话续编》,第516—517页。
③ (宋)俞文豹撰,张宗祥校订:《吹剑录全编》,古典文学出版社1958年版,第38页。
④ 《宋诗话辑佚》,第93页。

这两则宋人记载的故事,都发生在元祐时的苏门("玉堂"即学士院)。对苏、秦、黄诸人所组成的元祐词林,我将另文论述,这里只想着重指明两点:

一是苏轼在我国词史上开创"豪放"词派即革新词派是相当自觉的,他要求门下之士以柳永、秦观来比较他的词作,反映出他潜意识中以柳、秦作为竞争的对手,正说明他力图在当时流传最广的柳词和成就最高的秦词之外,另辟蹊径,别开生面。

二是苏轼具有豁达的气质和艺术上的宽容度量。当时的词,一般是供歌女在酒筵娱乐场合演唱的,常用琵琶等弦乐器伴奏,如宋翔凤《乐府馀论》所言:"北宋所作,多付筝琶,故啴缓繁促而易流。"[1]所以,"幕士"的"关西大汉执铁板"之喻,实含有戏谑婉讽意味,苏轼却"为之绝倒",不以为忤。

他与晁、张二人的对答应和,宛然烘托出平等探讨、心情舒坦的艺术氛围,而"以诗为词"之论,准确地抓住了苏轼革新传统词风的主要方法和手段,从现存材料来看,晁、张似是最早发现这一点的。

苏轼的豁达宽容,对于苏门中在文学、学术上的自由讨论和争论,不啻是无言的鼓励,促使门人们在这位尊师面前更大胆地直抒己见,放言高论乃至放肆无所顾忌。例如关于"二苏"高下的议论。苏轼曾自谦地说过,他的诗文不及其弟。《书子由超然台赋后》说"子由之文,词理精确有不及吾,而体气高妙吾所不及",两人各有短长,"各欲以此自勉"[2];及至元祐元年(1086)所作《答张文潜县丞书》中,他进而说:"子由之文实胜仆,而世俗不知,乃以为不如。"[3]随后,秦观在《答傅彬老简》中居然也说:"阁下又谓三苏之中所愿学者,登州(指苏轼)为最优,于此尤非也。老苏(指苏洵)先生,仆不及识其人;今中

---

[1] 唐圭璋编:《词话丛编》,中华书局2005年版,第2498页。
[2] 《苏轼文集》卷六六,第2059页。
[3] 《苏轼文集》卷四九,第1427页。

书(苏轼)、补阙(苏辙)二公,则仆尝身事之矣。中书之道如日月星辰,经纬天地,有生之类皆知仰其高明。补阙则不然,其道如元气,行于混沦之中,万物由之而不知也。故中书尝自谓'吾不及子由',仆窃以为知言。"①苏轼自称"吾不及子由",是在他文名已有社会定评的前提下,作为兄长的谦逊礼让,并不会在实质上贬损自己;而秦观的直言申述,就近乎不敬了。然而,这并没有给苏、秦关系带来任何阴影。苏门的宽容性和自由度确较罕见。

从苏轼一面来看,他常在轻松戏谑中对门人进行辩难和批评。苏、黄之间,既互相敬重,也彼此指摘。胡仔《苕溪渔隐丛话·前集》卷四九云:"元祐文章,世称苏、黄。然二公当时争名,互相讥诮。东坡尝云:'黄鲁直诗文,如蝤蛑江珧柱,格韵高绝,盘飧尽废;然不可多食,多食则发风动气。'山谷亦云:'盖有文章妙一世,而诗句不逮古人者',此指东坡而言也。"②葛立方《韵语阳秋》卷二云:"鲁直谓东坡作诗,未知句法。而东坡题鲁直诗云:'每见鲁直诗,未尝不绝倒。然此卷甚妙,而殆非悠悠者可识。能绝倒者已可人。'又云:'读鲁直诗,如见鲁仲连、李太白,不敢复论鄙事。虽若不适用,然不为无补。'如此题识(见《苏轼文集》卷六七、六八),其许之乎,其讥之也?"③黄诗以追求"不俗"、"不鄙"为旨归,部分作品"格韵高绝",品格上乘,但也伤于单一和单调,为苏轼所不满。苏轼才情奔放,以挥洒自如、酣畅自适为艺术真谛,黄庭坚批评他"未知句法"。这些意见都耐人寻味。在谈笑中见出严肃的艺术沉思,幽默感更有助于深刻评论的淋漓发挥,在苏门中是随处可见的。苏、黄二人关于书法的互评,足资参证。曾敏行《独醒杂志》卷三云:"东坡尝与山谷论书。东坡曰:'鲁直近字虽清劲,而笔势有时太瘦,几如树梢挂蛇。'山谷曰:'公之字固不敢轻

---

① 《淮海集笺注》卷三〇,第 981—982 页。
② 《苕溪渔隐丛话·前集》卷四九,第 334 页。
③ 《历代诗话》,第 497 页。

议,然间觉褊浅,亦甚似石压虾蟆。'二公大笑,以为深中其病。"①对读苏、黄现存法帖,我们亦当会心而笑。这情形也发生在苏、秦之间。曾慥《高斋词话》云:"少游自会稽入都,见东坡。东坡曰:'不意别后公却学柳七作词。'少游曰:'某虽无学,亦不如是。'东坡曰:'"销魂当此际",非柳七语乎?'坡又问别作何词?少游举'小楼连苑横空,下窥绣毂雕鞍骤'。东坡曰:'十三个字,只说得一个人骑马楼前过。'少游问公近作。乃举'燕子楼空,佳人何在?空锁楼中燕'。晁无咎曰:'只三句,便说尽张建封事。'"②具体意见尽可继续推敲,其文学空气之自由却令人神往。

苏轼作为盟主,当然还要对门下之士进行写作指导,既尽心,又尽责。如对晁补之骚作的指点。《答黄鲁直》云:"晁君骚词,细看甚奇丽,信其家多异材耶?然有少意,欲鲁直以己意微箴之。凡人文字,当务使平和,至足之馀,溢为怪奇,盖出于不得已也。晁文奇丽似差早,然不可直云尔。非谓避讳也,恐伤其迈往之气,当为朋友讲磨之语乃宜。不知以为然否?"③无独有偶,当年欧阳修曾劝王安石"少开廓其文,勿用造语及模拟前人"④,是通过曾巩转达的。这里对晁补之的指点,则委托黄庭坚作为黄自己的意见"微箴之",以免斫伤晁氏的年轻锐气。用心之细密周到,对友生一腔拳拳挚爱之情,千载之下,犹能感人肺腑。

苏门这种自由品题甚或相互讥评之风,虽尖锐直率而不留芥蒂,因为它植根于苏轼对人才的钟爱和尊重,体现的是平等的人际关系,在某种意义上是彼此间的一种揄扬方式。叶燮《原诗·外篇上》指出:"苏轼于黄庭坚、秦观、张耒等诸人,皆爱之如己,所以好之者无不

---

① (宋)曾敏行撰:《独醒杂志》卷三,知不足斋丛书本,第 4a 页。
② 《历代词话》卷五引,《词话丛编》,第 1186—1187 页。
③ 《苏轼文集》卷五二,第 1532 页。
④ 曾巩《与王介甫第一书》引,《曾巩集》卷一六,第 255 页。

至",表现了"必以乐善爱才为首务,无毫发媢嫉忌忮之心"①。这是深得坡公心曲之言。苏轼在向鲜于侁推荐人才时说:"某非私之也,为时惜才也"②;他闻秦观谢世,"为天下惜此人物,哀痛至今"③。他是从"为时""为天下"的高度而爱护、奖掖后进的。明乎此,一些历来的传闻、猜测也就不攻自破。前述胡仔、葛立方关于苏、黄"争名"之说就是一种误解。黄庭坚的诗坛地位逐渐上升,还与苏轼相互戏谑揭短,但并不影响他坚执弟子之礼。《邵氏闻见后录》卷二一云:"赵肯堂亲见鲁直晚年悬东坡像于室中,每蚤作,衣冠荐香,肃揖甚敬。或以同时声实相上下为问,则离席惊避曰:'庭坚望东坡,门弟子耳,安敢失其序哉?'今江西君子曰'苏黄'者,非鲁直本意。"④有此一条亲闻目睹的材料,再作辨析就显得多余了。

总之,苏门的组合不是以地位、官爵、利禄为基础,而是以共同的生活理想和文化志趣等为前提,因而真诚而牢固,历久而弥坚。在元祐以后的政治厄运中仍保持联系不断,无一叛离,这是很不多见的。叶适有一段意味深长的话:"初,欧阳氏以文起,从之者虽众,而尹洙、李觏、王令诸人,各自名家。其后王氏尤众,而文学大坏矣。独黄庭坚、秦观、张耒、晁补之始终苏氏,陈师道出于曾而客于苏,苏氏极力援此数人者,以为可及古人……"⑤叶适在文中以欧、曾、王、苏诸门加以比较,指出苏门诸君"始终"从苏,而欧、曾门人却"各自名家",并未从一而终,还认为苏门人才之盛超过以往。我以为原因之一即在于苏门所奉行的多元性和多样化的原则。苏轼豁达大度的性格魅

---

① (清)叶燮著,霍松林校注:《原诗》,人民文学出版社1979年版,第52—53页。
② 《与鲜于子骏》其三,《苏轼文集》卷五三,第1560页。
③ 《与钱济明》,《苏轼文集》卷五三,第1554页。
④ 《邵氏闻见后录》卷二一,第162页。
⑤ 《习学记言序目》卷四七,第698页。

力,鲜明浓烈的人文色彩,成了苏门的凝聚剂。一个群体的聚合,其自由度越高,凝聚力也越强,事情的辩证法就是这样。

苏门的这些政治、学术、文学上的特点,尽管可以作出不同的价值判断,但是,其所体现的独立的政治操守,自主的文化人格和主体情性的自由表达的追求,正是苏轼本人最主要的文化内涵,是他在我国历史上最突出的人文意义。在这一意义上,这个集合体以他的名字来命名称为"苏门",是最为贴切的。

第三节 苏门的词评和词作

"若无新变,不能代雄。"[1]在宋词发展进程中,第一位致力"新变"的词人是柳永。恰如他的本名"三变"所象征的,比之五代、"花间"的传统词风,他的"新变"有三:一是题材变,在男欢女爱之外开发出羁旅行役和城市风光等描写领域;二是手法变,在浑融蕴藉之外新创出细密而有层次的铺叙手法;三是体式变,在令词之外苦心经营于慢词的创作,扩大了词的容量,丰富了词牌。第二位致力于"新变"的词人就是苏轼了。他对革新词风是有充分自觉的:

> 近却颇作小词,虽无柳七郎风味,亦自是一家,呵呵!数日前猎于郊外,所获颇多,作得一阕,令东州壮士抵掌顿足而歌之,吹笛击鼓以为节,颇壮观也。
> ——《与鲜于子骏》其二[2]

他颇为自豪地声称,他的以《江城子·密州出猎》为代表的词作,

---

[1] (梁)萧子显撰:《南齐书》,中华书局2002年版,卷五二《文学传论》,第908页。
[2] 《苏轼文集》卷五三,第1560页。

已"自是一家",独开宗派,与风靡一时的"柳七郎风味"相匹敌。俞文豹《吹剑续录》所记载妙龄少女"红牙拍板"与"关西大汉执铁板"的有名比喻,乃是回答苏轼"我词比柳词何如"的发问,这个发问也隐然是以柳词作为较量角逐的"对手"的。说髯公绝无"琐琐与柳七较锱铢"之意①,判断似失之过率。从苏轼批评秦观学柳词等材料来看,他主要是不满于柳词之"俗","以气格为病"②,而这正提示着他改革词风的基本方向是词的雅化即士大夫化,而主要方法是"以诗为词",由此造成其题材的极大丰富,"无意不可入,无事不可言"③,风格和意境的提高(融入阳刚之美)和对歌唱乐律的突破。

北宋末年的徐度在《却扫编》卷下曾论及柳、苏间词风的转变云:

> 柳永耆卿以歌词显名于仁宗朝,官为屯田员外郎,故世号柳屯田,其词虽极工致,然多杂以鄙语,故流俗人尤喜道之。其后欧、苏诸公继出,文格一变,至为歌词,体制高雅。柳氏之作,殆不复称于文士之口,然流俗好之自若也。④

胡适也把从晚唐到元初(850—1250)的"词的自然演变时期",划分为"歌者的词"、"诗人的词"、"词匠的词"三期,即以苏轼作为"诗人的词"的代表:"这种'诗人的词',起于荆公、东坡,至稼轩而大成。"⑤这与徐度所言一致,尤以荆公代替欧公,更具识力。"诗人的词",即意

---

① (清)王士禛著:《花草蒙拾》,袁世硕主编:《王士禛全集》,齐鲁书社 2007年版,第 2485 页。
② 《避暑录话》卷下,《丛书集成初编》本,第 50 页。
③ 《艺概》卷四《词曲概》,徐中玉、萧华荣校点:《刘熙载论艺六种》,巴蜀书社 1990 年版,第 105 页。
④ (宋)徐度撰:《却扫编》,文渊阁《四库全书》本,第 863 册,卷下,第 788 页。
⑤ 胡适《〈词选〉自序》,《胡适文存三集》卷八,《胡适文集》,北京大学出版社 1998 年版,第 4 册,第 550 页。

味着"文格一变"、"体制高雅",其中心点集中在词的创作观念的转变,实现文体的艺术换位,以打通诗词的传统界限,促成词的进一步新变。

"苏门"是以交往为联结纽带的松散的文人群体。它经历了先由个别交游到"元祐更化"时期聚集于苏轼门下的自然发展过程,形成以苏轼为核心,"四学士"、"六君子"为骨干的不同层次的人才结构网络[1],对北宋文学的发展起过重要的作用。然而苏轼对词风的革新并没有在苏门中立即产生一呼百应、如水赴壑般的效应,反而促成元祐诸人在词学观点和创作实践上复杂纷纭的局面,出现了宋初以来词学批评的第一个热潮。

首先是关于苏轼"以诗为词"的争论。从现存材料来看,晁补之、张耒是最早概括出苏词的这个特点的。《王直方诗话》云:"东坡尝以所作小词示无咎、文潜曰:'何如少游?'二人皆对云:'少游诗似小词,先生小词似诗。'"[2]但这里所说的"先生小词似诗",并非褒词。正如《吹剑续录》中"幕士"的"关西大汉执铁板"之喻,也含有戏谑婉讽的意味。因为当时的词,一般是供歌女在酒筵娱乐场合演唱的,常用琵琶等弦乐器伴奏,宋翔凤《乐府馀论》云:"北宋所作,多付筝琶,故啴缓繁促而易流。"更为直截尖锐的,是传为陈师道所作的《后山诗话》云:苏词"虽极天下之工,要非本色"[3]。批评堪称激烈大胆。词体"本色论"的观点在苏门中是颇为盛行的,连李廌因见一老翁善讴,也作《品令》词加以微讽道:"唱歌须是,玉人檀口,皓齿冰肤。意传心事,语娇声颤,字如贯珠。　　老翁虽是解歌,无奈雪鬓霜须。大家

---

[1] 如胡应麟《诗薮·杂编》卷五列"从苏轼游者"23人(上海古籍出版社1979年版,第311页)。
[2] 《苕溪渔隐丛话·前集》卷四二引,第284页。
[3] 《历代诗话》,第309页。对《后山诗话》这一记述的辨析,见《走近"苏海"——苏轼研究的几点反思》,《王水照自选集》,第406页。

且道,是伊模样,怎如念奴。"①坚持词乃妙龄少女演唱,因而必具"婉媚"风调,他"沉于习俗",对苏词的铁板铜琶自然会有所保留了。当然也有个别为苏词辩护之词,如主张"本色论"的晁补之也说过:"居士词横放杰出,自是曲子中缚不住者。"②但不占主导。

与对苏词"新变"的评论情况相联系、相呼应,苏门诸人对同侪词作的品评,也是褒贬歧出、抑扬杂糅的。一是黄、秦并称。陈师道论词每每黄、秦并称,他说:"今代词手,惟秦七、黄九尔,唐诸人不逮也。"③又说:"余他文未能及人,独于词自谓不减秦七、黄九。"④其《渔家傲·从叔父乞苏州湿红笺》词云:"拟作新词酬帝力,轻落笔,秦黄去后无强敌。"⑤亦俨然自与秦、黄鼎足而三。后世对这一并称聚讼纷纭,或谓"黄非秦匹"⑥,或谓"一时敌手",差可比肩⑦,以今日艺术标准而言,黄主要以诗歌名家,词则逊于秦观,但元祐词人的这一颇为普遍的看法,是值得深思的。

二是晁词称魁。黄庭坚在《赠高子勉四首》其二中说:"张侯海内长句,晁子庙中雅歌。"句下自注云:"无咎乐府,于今第一。"⑧据叶梦得《石林诗话》卷中,此诗是黄庭坚晚年从戎州归来和赠高荷的,反映其时晁词声名之高。另一位给予晁词高度评价的是苏辙之孙苏籀。他在《书三学士长短句新集后》中说:"黄太史纤秾精稳,体趣天出,简切流美,能中之能,投弃锜斧,有佩玉之雍容。秦校理落尽畦畛,天心

---

① 见王灼《碧鸡漫志》卷一,古典文学出版社1957年版,第57页。
② 《能改斋漫录》卷一六,第469页。
③ 《后山诗话》,《历代诗话》,第309页。按:"唐诸人",别本称引作"馀人"、"他人"。
④ 《书旧词后》,《后山居士文集》卷九,第521页。
⑤ 《全宋词》,第591页。
⑥ (清)冯煦撰:《蒿庵论词》,《词话丛编》,第3586页。
⑦ 夏敬观:《映庵词评》,《历代词话补编》,中华书局2013年版,第3469页。
⑧ 《山谷诗集注》卷一六,第396页。

月胁,逸格超绝,妙中之妙,议者谓前无伦而后无继。晁南宫平处言近文缓,高处新规胜致,朱弦三叹,斐丽音旨,自成一种姿致。概考其才识,皆内重而外物轻,淳至旷达,学无所遗。水镜万象,谢遣势利,湔被陈俚,发为新雅,有谓寓言,罕能名之。"①他以"能"、"妙"各许黄、秦,又以"自成一种姿致"赞晁氏,虽云"三公同明相照,并驾而驰",都以"发为新雅"即文人化为务,但细审语意,评晁似比评黄、秦为高。这也与今日词学界的一般意见相左,也颇堪玩索。

苏门词论呈现出一个炫人眼目的有趣现象:指斥苏词"非本色"的《后山诗话》,却推崇苏门弟子黄、秦为"今代词手",比乃师为优;黄庭坚称许晁补之词为"于今第一",他本人却被晁讥为"不是当行家语,自是著腔子唱好诗"。晁补之正确地为苏词的"多不谐音律"作护法神,却又认为"眉山公之词短于情,盖不更此境也";而这个"短于情"的观点,又为指斥苏词"非本色"的陈师道所非议:"余谓不然。宋玉初不识巫山神女,而能赋之,岂待更而知也?"②所有这些观点歧出以及各家具体评价中畸轻畸重的情况,有的可能是脱口说出,信笔即书,或未可据信;但是,坦诚无讳、畅所欲言的自由品评之风,正是苏门进入词学批评热潮的确切标志,同时,这场讨论最终又是围绕着"本色、非本色"、"正、变"的词体问题而展开的,实质上是传统和革新之争,而这又与词发展到北宋中后期的情势息息相关。

文学批评和文学理论是创作实践的总结和抽象,一般说来,总是需要一个认识过程而落后于创作的;而中国的文学理论批评史上又存在较强的因袭性,人们在表达文学观念和进行文学批评时习惯性地沿承前人的成说,使用现成的批评模式。而文体问题又始终是中

---

① (宋)苏籀撰:《双溪集》,文渊阁《四库全书》本,第 1136 册,卷一一,第 233 页。
② 《书旧词后》,《后山居士文集》卷九,第 521 页。按:宋本《后山居士文集》无"短于情"三字,据《苕溪渔隐丛话·前集》卷五一补。

国文学理论批评史的重要课题,其被重视的程度几乎为世界各国所仅见。《文心雕龙·附会》篇云:"夫才量学文,宜正体制。"①"体制"是"学文"的第一要义,连以政治革新和文学革新(包括词的革新)著名于世的王安石,其评文亦首先严守体制界限:"荆公评文章,常先体制,而后文之工拙。"②因而要真正认识苏词革新的重大意义,不能不经过一个反复认识的过程,需要时间的鉴定。第一位对此作出充分估计的是王灼。他在《碧鸡漫志》卷二中说:"东坡先生非心醉于音律者,偶尔作歌,指出向上一路,新天下耳目,弄笔者始知自振。"又云:"东坡先生以文章馀事作诗,溢而作词曲,高处出神入天,平处尚临镜笑春,不顾侪辈。或曰'长短句中诗也',为此论者,乃是遭柳永野狐涎之毒。"③此书成于绍兴十五年至十九年(1145—1149),离元祐时已约半个世纪了。这是苏门诸人对苏词整体评价上偏低的一般性原因。

然而,苏词的影响在苏门中又是无所不在的,无论是正面的认同还是负面的责难,又无论是词评还是词作,即便是发生在同一人身上的词评和词作的矛盾,也都深刻地表明这位词坛宗师的存在。以下拟从苏门诸人词作的分析入手,进一步探讨形成苏门词评异说纷呈的具体原因。

据《全宋词》,今存苏门诸人的词作:黄庭坚187首,秦观87首,晁补之168首,张耒6首,陈师道54首,李廌4首。张耒自称:"予自童时即好作文字,每于他文尝为之,虽不能工,然犹能措词。至于倚声制曲,力欲为之,不能出一语。"④倚声之道固非所长,其词作本来不会很多。陈师道对自己词作自视颇高,但从现存作品看来,大都沿

---

① 《文心雕龙注》卷九,第650页。
② 黄庭坚《书王元之竹楼记后》,《黄庭坚全集辑校编年》,第3册,第1526页。
③ 《碧鸡漫志》卷二,第62、59页。
④ 《倚声制曲三首·序》,《张耒集》卷三,第34页。

承传统词风,实无更多特点可言。他的那首《减字木兰花》(娉娉袅袅)是为晁补之舞姬所作,晁曾评云:"人疑宋开府(宋璟)铁心石肠,及为《梅花赋》,清腴艳发,殆不类其为人。无己清适,虽铁石心肠不至于开府,而此词清腴艳发,过于《梅花赋》矣。"①其不少词作亦确当"腴艳"之评,与其行事和诗文中所表现的人品、个性不侔。杨慎《词品》卷三也说:"陈后山为人极清苦,诗文皆高古,而词特纤艳。"②因而,他之主张"本色"论是并不奇怪的。至于李廌,王灼已指出他与苏词"气味殊不近"③,与他坚持词要女声演唱的观点是一致的。

黄、秦、晁三家无疑是苏门最为重要的词家。王灼说:"晁无咎、黄鲁直皆学东坡,韵制得七八。"④这个断语基本正确,但应加以补充。从学苏的角度而言,晁补之追步最紧,神貌兼肖,堪称苏、辛之间的桥梁;黄词却介于柳、苏之间,于两家各有取法;秦观则主要承续传统婉约词风。也就是说,从创作上看,苏词的影响在苏门中呈现出深浅不同、层次有异的差别性。

张尔田《忍寒词序》云:"学东坡者,必自无咎始,再降则为叶石林,此北宋正轨也。"⑤刘熙载《艺概·词曲概》也说:"东坡词在当时鲜与同调,不独秦七、黄九,别成两派也。晁无咎坦易之怀,磊落之气,差堪骖靳。"⑥晁氏现存词作中,固然仍有部分婉约缠绵的柔情词,但其主要艺术倾向,是追摹苏轼豪健爽朗的新词风,"神姿高秀,与(苏)轼实可肩随"⑦。在苏门中,他是最接近苏轼词风的。

---

① 《苕溪渔隐丛话·后集》卷三三引《复斋漫录》,第 251 页。
② 见《词话丛编》,第 479 页。
③ 《碧鸡漫志》卷二,第 60 页。
④ 《碧鸡漫志》卷二,第 59 页。
⑤ 见龙榆生著:《忍寒诗词歌词集》,《龙榆生全集》,上海古籍出版社 2015 年版,第 4 册,第 9 页。
⑥ 《艺概》卷四,《刘熙载论艺六种》,第 106 页。
⑦ 《晁无咎词提要》,《四库全书总目》卷一九八,第 1810 页。

这首先表现在和韵词中。如元祐七年,苏轼知扬州,时晁氏为通判,同官一地,游宴不绝。苏轼《次韵晁无咎学士相迎》云:"每到平山忆醉翁,悬知他日君思我。路旁小儿笑相逢,齐歌万事转头空。赖有风流贤别驾,犹堪十里卷春风。"[1]相知相得之情,溢于言表。晁氏作《八声甘州·扬州次韵和东坡钱塘作》有云:"应倚平山栏槛,是醉翁饮处,江雨霏霏","念平生、相从江海,任飘蓬,不遣此心违"[2]。不仅直承苏轼原唱(《八声甘州·寄参寥子》)所抒写的真挚友情的主旨(苏轼与道潜之间),而且也可看作对苏轼上诗所谓"悬知他日君思我"的直接回答,连"平山"、"醉翁"在字面上也有脉络可寻。此词有云"一笑千秋事,浮世危机",同样充满"万事转头空"(原系白居易《自咏》诗成句)的人生空漠之感。郑文焯《手批东坡乐府》盛赞苏轼原唱"是何气象雄且杰","又出以闲逸感喟之情","骨重神寒"[3],显然也是晁氏这首和词追求的目标。他如《满庭芳·用东坡韵题自画〈莲社图〉》等,对苏词精神手摹心拟,具体而微。

如果说,这类和韵作品依照旧时文人唱酬交际惯例,理应摹仿原唱风格的话,那么,主要作于晁补之中、晚期的贬谪词和闲适词,其词风的接近苏轼,却是自觉选择的结果。如中秋词,晁氏的绝笔之作《洞仙歌·泗州中秋作》,显与苏轼《水调歌头》(明月几时有)一脉相传。此词逐次写出月亮从未出到升起,从圆月当空到拂晓之时,在叙写一夜月色变化过程这一点,可能受到与他常相唱和的"十二叔"晁端礼《绿头鸭》(晚云收)的影响,写得"层次井井","善救首尾",而略显刻意求工的痕迹;但他所着力刻画的澄澈清幽的自然美和高洁超俗的人格美,"神京远,惟有蓝桥路近"的现实和理想的反差对比,其

---

[1] 《苏轼诗集合注》卷三五,第1790—1791页。
[2] 《晁氏琴趣外编》卷一,(宋)晁补之、晁冲之撰,刘乃昌、杨庆存校注:《晁氏琴趣外编·晁叔用词》,上海古籍出版社1981年版,第4页。
[3] 郑文焯撰,龙沐勋辑:《大鹤山人词话》,《词话丛编》,第4327页。

得益于苏词,也是有迹可按的。他的最有名的一首词是《摸鱼儿·东皋寓居》,写的是晚年闲居生活。上片以清丽酣畅之笔为东皋胜景着色,已隐隐逗出超旷之怀,下片云:"青绫被,莫忆金闺故步。儒冠曾把身误。刀弓千骑成何事?荒了邵平瓜圃。君试觑,满青镜、星星鬓影今如许。功名浪语。便似得班超,封侯万里,归计恐迟暮。"①出之一腔感喟,豁达自解之中又寓无限悲愤。笔致沉咽顿挫,议论纵横斩截,足当刘熙载"堂庑颇大"②之评,几与苏词同轨共辙。刘熙载还指出,辛弃疾的名作《摸鱼儿》(更能消几番风雨)乃挹取晁氏此词之"波澜"。其实,把晁词看作由苏到辛的桥梁,亦不为过。晁词的整体风格还是"豪"甚于"旷"的。他虽也有一些苏词清旷放逸之风,但不及苏词了悟人生底蕴后的灵气仙姿,所谓"悬崖撒手处,无咎莫能追蹑矣"。而苏词的专诣,不在于能作豪放语,而在于其胸次的博大超迈和人格的绝俗升华。晁词中淋漓矫健的笔力,慷慨沉咽的格调,兀傲峭拔的气概,在辛词中却得到充分的发挥。

晁补之词中大量的和韵、次韵词(除与苏轼唱和外,还有晁端礼、李浩、韩宗恕、黄庭坚等人)、櫽括词(如《洞仙歌·填卢仝诗》)、集古词(如《江神子·集古惜春》)等,都是王、苏、辛词派中特有的作风,其艺术上的优劣是非容或可以讨论,却又是"以诗为词"的一种可靠标识。黄庭坚《再次韵呈廖明略》云:"君不见,晁家乐府可管弦,惜无倾城为一弹。"③也透露出晁词大都未付歌喉实际演唱,而协律可歌与否,实是两种词风区别的关键之点。

在苏门中,晁补之评词的资料最多。据朱弁《续骫骳说序》,晁氏有《骫骳说》二卷,"其大概多论乐府歌词,皆近世人所无也"④,但已

---

① 《晁氏琴趣外编》卷一,第15页。
② 《艺概》卷四,《刘熙载论艺六种》,第106页。
③ 《山谷诗集注·外集诗注》卷六,第676页。
④ 《曲洧旧闻》附录一,第234页。

不传。今存最重要者是保存在《能改斋漫录》卷一六中的《评本朝乐府》①。还有其他一些言论。他的词论的核心恰恰是词体问题。体，包括体制和体性，即其形式构成和美学风格，也就是说，某一文体要求有一定的形体规范和风格要求，并积淀为一种批评模式。晁氏的词学批评具有矛盾性，一方面坚持传统婉约词体的艺术标准，如肯定欧词的"绝妙"，晏几道的"风调闲雅"，秦观的"天生好言语"，而批评黄词的"不是当行家语"。另一方面更具开拓性的是对词体转位问题的敏锐观察，他指出苏轼"小词似诗"、秦观"诗似小词"的特征；他认为柳词也有"非俗"之处，如其《八声甘州》"渐霜风凄紧，关河冷落，残照当楼"句，"此语于诗句，不减唐人高处"②，把词的雅化与诗化联系起来；他认为苏轼之所以"曲子中缚不住"，是由于他的"横放杰出"，肯定了突破音律束缚以服从内容需要的合理性；他还把抒发一己情性作为词创作的首要目的。晚年"尝曰：'吾欲托兴于此（指词），时作一首以自遣，政使流行，亦复何害！'"③在《跋廖明略〈能赋堂记〉后》云："以广平之铁心石肠，而当其平居自喜，不废为清便艳发之语。则如敬之之疏通知方，虽平居富为清便艳发之语，至于临事感愤，余知其亦不害为铁心石肠也。"④作为一个完整的人格，"铁心石肠"和"清便艳发"是并存不悖甚或相反相成的，联系前面已引他对陈师道《减字木兰花》（娉娉袅袅）的评语，说明他主张词可以表达各种不同的性

---

① 此篇又见《苕溪渔隐丛话·后集》卷三三。比李清照《词论》为早，共7条，分别评论柳永、欧阳修、苏轼、黄庭坚、晏几道、张先、秦观7家。另赵令畤《侯鲭录》卷七收2条，论柳永（《侯鲭录》误作"东坡云"）、晏几道（此条《能改斋漫录》等误作评"晏元献"），卷八收4条，论苏轼（此条误作"鲁直云"）、黄庭坚、张先、秦观。三本文字互有出入，可供参校。
② （宋）赵令畤撰，孔凡礼点校：《侯鲭录》，中华书局2002年版，卷七，第183页。按：《能改斋漫录》等作"此真唐人语，不减高处矣"。
③ 《风月堂诗话》卷上，第101页。
④ 《鸡肋集》卷三三，摛藻堂《四库全书荟要》本，第386册，第221页。

格和情感，见解通达而自然，比之当时那些对词"鲜不寄意于此者，随亦自扫其迹，曰谑浪游戏而已"的所谓"文章豪放之士"①来，要坦率近情得多了。

要之，晁补之的词学批评存在着自身矛盾，反映其词学观念尚处于早期形态，还有待系统化和严整化；但他对于新词风的肯定，则和他以学苏为主的创作面貌是一致的。由于艺术才能和素质、胸襟等的限制，他的词作实未达一流水平，而他在苏门中学苏最勤这一点，使其获得苏轼侄孙苏籀的高度评价。苏籀对他的推重，不啻是对其伯祖所表示的敬仰；加之苏籀本人的诗文，也是以"雄快疏畅"为世所称的②。黄庭坚对晁词的好评，除了他求新求异、雅俗兼取的词学观念外，恐也有因崇苏而爱屋及乌的因素在内。

黄庭坚词作数量为"六君子"之冠，大要有两类：一类是俗词，步武柳永之后，多为有关男女艳情的"绮词"。圆通秀禅师曾戒之曰："汝以艳语动天下人淫心，不止马腹中，正恐生泥犁耳。"③如《忆帝京》(银烛生花)、《江城子》(新来曾被眼奚搐)、《归田乐令》(引调得)等，恣意渲染，情溢词外，不免蒙受"亵诨不可名状"④的恶谥。一类是雅词，则追踪苏轼。这在后期贬谪词中更为突出，而又有多方面的内容：

一是表达超迈豪爽或清旷豁达的情趣。如《念奴娇》(断虹霁雨)结句"老子平生，江南江北，最爱临风曲。孙郎微笑，坐来声喷霜竹"，他自称"可继东坡赤壁之歌"⑤。《水调歌头》(瑶草一何碧)云："我欲

---

① 胡寅《向芗林酒边集后序》，胡寅撰，容肇祖点校：《斐然集》，中华书局1993年版，卷一九，第4页。
② 《双溪集提要》，《四库全书总目》卷一五七，第1357页。
③ (宋)普济著，苏渊雷点校：《五灯会元》，中华书局1984年版，卷一七《太史黄庭坚居士》，第1138页。又见黄氏《小山集序》，《山谷集》卷一六。
④ 《山谷词提要》，《四库全书总目》卷一九八，第1809页。
⑤ 《苕溪渔隐丛话·后集》卷三一引，第231页。

穿花寻路,直入白云深处,浩气展虹霓。只恐花深里,红露湿人衣。"一如坡翁的逸兴满怀,且在句式上也明显地摹拟苏轼同一词牌(明月几时有)的"我欲乘风归去"五句,不过一欲上天,境界渺远;一入花丛,由爽健转入深邃。他的《鹧鸪天》(黄菊枝头生晓寒)的"醉里簪花倒着冠",比之苏轼《南乡子》(霜降水痕收)的"破帽多情却恋头",同是反用孟嘉风吹落帽典故,苏词先以"不落"翻新,以收"奇特"之效;黄词从着冠不落,进一步申言"倒着",更突出洒脱不羁的神态。二是描绘风土习俗。如写黔州春游的《木兰花令》(黔中士女游晴昼),下片云:"竹枝歌好移船就,依倚风光垂翠袖。满倾芦酒指摩围,相守与郎如许寿。"与苏轼作于徐州的五首《浣溪沙》农村词相比,同为一幅鲜活的风俗画,只是更带有巴山蜀水的地域色彩。三是纯以议论的说理词。他对传为苏轼所作的《醉落魄》(醉醒醒醉)灵犀相通,戏仿四阕,均以"陶陶兀兀"发端,出以俚词俗语,幽默诙谐,深得东坡"含着眼泪的微笑"的情味。其《诉衷情》(一波才动万波随),全篇即是金华道人(德诚禅师)所作一偈(见《五灯会元》卷五)的"檃括",其他如《渔家傲·江宁江口阻风,戏效宝宁勇禅师作古渔家傲》等说禅词,在苏词中已不乏先例。以上三种内容的词作,无论从意境、取材、手法和造语上都透露出学苏的消息。

　　黄庭坚与苏轼相类,也是颇知音律而能歌的。《定风波》(歌舞阑珊退晚妆)序云:"客有两新鬟善歌者,请作送汤曲,因戏前二物。"而作此词,以供"两新鬟"演唱。他的《好事近》(歌罢酒阑时)亦曾在苏轼参与的一次宴会上被"诸妓"歌唱[1]。他经三峡赴黔州,"备尝山川险阻,因作前二叠传与巴娘,令以'竹枝'歌之。……或各用四句入《阳关》、《小秦王》,亦可歌也"[2]。《山谷词》中误收一首传为吕洞宾

---

[1] 见《诚斋诗话》,《历代诗话续编》,第194页。
[2] 《题古乐府后》,《黄庭坚全集辑校编年》第2册,第752页。

的《促拍满路花》(秋风吹渭水),黄庭坚序云:"往时有人书此词于州东酒肆壁间,爱其词,不能歌也。十年前,有醉道士歌于广陵市中,群小儿随歌,得之,乃知其为《促拍满路花》也。"①凡此皆足证他对词乐和歌唱之道的兴趣和熟稔。他在《诉衷情》(一波才动万波随)词序中自云:"在戎州登临胜景,未尝不歌《渔父家风》。"《渔父家风》即《诉衷情》。崇宁间重阳节他在宜州时,"登郡城之楼"而作《南乡子》(诸将说封侯),"倚阑高歌,若不能堪者"②。则他不仅知律,而且自己也能放声"高歌"。黄庭坚的知律能歌,为下面即将论及的李清照、晁补之对他的正面肯定和负面批评提供了同一依据。

  黄庭坚这种兼取雅俗、依违于"本色"、"非本色"之间的创作面貌,使他受到种种相互牴牾的评价。当时流行黄、秦并称之说,今日看来似乎不伦,实际上是从"本色"论着眼的。《后山诗话》之褒扬"秦七、黄九",是紧接着批评苏词"要非本色"对比而言的。李清照的《词论》是苏轼革新词风后重申"本色论"的宣言书。她指责苏词等"不协音律",皆为"句读不葺之诗",算不得合格的词;而认为黄、秦才懂得词"别是一家"这个很少有人能懂得的道理。而晁补之却根据黄氏知律的另一面,批评他"不是当行家语",乃是"著腔子唱好诗"。"腔子"即曲谱、乐歌调子。王安石曾说:"如今先撰腔子,后填词,却是'永依声'也。"③邵雍《依韵和王安之少卿六老诗仍见率成》其七云:"林下狂歌不帖腔,帖腔安得谓之狂。"④"著腔子"即"帖腔",没有荒板走调、违拗乐律。晁氏的批评,既说明黄词的合律可歌性,又不满其"以诗为词"的倾向,虽是"好诗"却非"当行"之词。对于这一批评,黄庭坚或许可以当作褒扬。他在评晏几道词时云:"嬉弄于乐府之馀,而

---

① 又见《苕溪渔隐丛话·前集》卷五八,第 398 页。
② 《道山清话》,《丛书集成初编》本,第 10 页。
③ 《侯鲭录》卷七,第 184 页。
④ 《伊川击壤集》卷一三,《邵雍集》,第 394 页。

寓以诗人句法,清壮顿挫,能动摇人心。"①此评小晏词实不如晁补之所概括的"风调闲雅"确切,但表明黄庭坚肯定词中"寓以诗人句法"的合理性,这在词学观念上却又比晁氏高明。晁氏在创作上力追苏词,但与其理论认识还有一段距离。还值得注意的是,黄庭坚对苏词中雅化倾向的激赏:他评苏轼《醉翁操》,认为时人"因难以见巧故极功"之赞,并非探本之语,根本在于苏轼"老于文章,故落笔皆超轶绝尘耳"②。他评《卜算子》(缺月挂疏桐),也认为"语意高妙,似非吃烟火食人语,非胸中有万卷书,笔下无一点尘俗气,孰能至此"③。这就接触到苏轼改革词风的基本方向即雅化、士大夫化的深层问题。南宋汤衡《于湖词序》云:"元祐诸公,嬉弄乐府,寓以诗人句法,无一毫浮靡之气,实自东坡发之也。"又云:"所谓骏发踔厉,寓以诗人句法者也。"④他几乎尽用黄庭坚评小晏之语,但把"寓以诗人句法",一则与"无一毫浮靡之气"相连称,再则与"骏发踔厉"相联系,其含义指向了词的审美风格的转变。

元好问《新轩乐府引》云:"坡以来,山谷、晁无咎、陈去非、辛幼安诸公,俱以歌词取称,吟咏情性,留连光景,清壮顿挫,能起人妙思……皆自坡发之。"⑤他把黄、晁两家列入苏辛词派的发展系列,是有见地的;还把"清壮顿挫"这一黄庭坚评小晏之语,移评黄氏自身,亦颇堪玩味。

秦观词远绍《花间》、《尊前》,近承晏、欧、柳永,为传统词派"集大成"的词家,与苏词总体上判然分途。晁补之、张耒有言:"少游诗似

---

① 《小山集序》,《黄庭坚全集辑校编年》,第1册,第619页。
② 《跋子瞻〈醉翁操〉》,《黄庭坚全集辑校编年》,第3册,第1525页。
③ 《跋东坡乐府》,《黄庭坚全集辑校编年》,第3册,第1526页。
④ (宋)汤衡《于湖词序》,见张孝祥撰:《于湖词》,《宋六十名家词》本,上海古籍出版社1989年版,第413页。
⑤ (元)元好问撰:《遗山集》,文渊阁《四库全书》本,第1191册,卷三六,第425页。

小词,先生(苏轼)小词似诗。"①《后山诗话》也说:"苏子瞻词如诗,秦少游诗如词。"②即是从词体这个关节点上来区别两人的不同的。以后明人张𬘡《诗馀图谱·凡例》说:"按词体大略有二:一体婉约,一体豪放","如秦少游之作,多是婉约,苏子瞻之作,多是豪放"③。他主要从艺术风格立论,以苏、秦两人作为"词体"两大分野的代表。降及清人王士禛,在《花草蒙拾》、《分甘馀话》、《倚声集序》等中,更把苏、秦推演为两大词派的巨擘。

秦观词具有传统词派的典型特点,在"苏门"中保持鲜明的独立性。尽管他的诗,特别是近体诗,一再被前人评为"女郎诗",已有词化的倾向,但仍然可以看出他严守"诗庄词媚"的传统界限,诗词面貌颇多异趣。本章下一节"从苏轼、秦观词看词与诗的分合趋向",以用秦观的题材相同或相近的词与诗的比较对勘的方法,具体分析其词的三个显著特点,即(一)艳冶软媚,(二)情深言长,(三)要眇婉曲。要之,秦观词"其情至,其词婉",确为其"独擅"之处④,其隶属于传统词的艺术系统之内,应是没有疑问的。

词原来作为"娱宾遣兴"、侑酒助乐的女声艳曲,逐渐在我国韵文文学中形成一个独特的艺术系统,创造出一种深婉幽微、寄情纤柔的审美特质。这自然是值得珍重的文学遗产。但相沿成习,袭故蹈常,又成为历史的惰力,突破和革新也就成为必然了。因而,对于苏轼的革新词风,苏门诸人尽管在理论观念上,认识尚有一定的距离,但在创作实践中都予以或深或浅的认同。晁、黄被泽颇深,已如上述;即使是传统"婉约"词人秦观,也不能不受到苏词革新潮流的影响。况

---

① 《王直方诗话》,《宋诗话辑佚》,第93页。
② 《后山诗话》,《历代诗话》,第312页。
③ (明)张𬘡撰:《诗馀图谱》,《续修四库全书》本,第1735册,第473页。
④ (明)王象晋《秦张两先生诗馀合璧序》,王象晋编:《秦张两先生诗馀合璧》,《四库全书存目丛书》本,第425册,第262页。

周颐《蕙风词话》卷二云："黄山谷、秦少游、晁无咎皆长公之客也。山谷、无咎皆工倚声,体格于长公为近。惟少游自辟蹊径,卓然名家,盖其天分高,故能抽秘骋妍于寻常濡染之外,而其所以契合长公者独深。"①我们不妨说,这种"契合"的突出之点,就是把身世感慨、人生思考引入词中,从而拓展和加深词的雅化即士大夫化。这也是苏门词风的一个重要新内容。

苏轼的一生是几起几落、大起大落、遭遇坎坷的,他的门人也随之荣枯相依,无一逃脱悲剧的命运。著名的"元祐党人碑",即列苏轼为"待制以上官"之首,秦观为"馀官"之首,黄、晁、张等全被"一网打尽"。贬谪词遂提到一个新的层次和品位,翻开苏门诸人的词集,几乎每人总有几首抒写贬谪生活心态的名作。我们从秦观《千秋岁》(水边沙外)等抒发贬谪之感的作品中,不难看出,随着词的功能由娱宾遣兴向个人抒情述志的转变,词的内容和艺术风格等方面也发生了重要变化,加强了词的个性化特征,提高了艺术品位②。况周颐说:"有宋熙丰间,词学称极盛。苏长公提倡风雅,为一代山斗。"③这里的"提倡风雅",我以为可以从词体新变的角度去诠释。

第四节　从苏轼、秦观词看词与诗的分合趋向
——兼论苏词革新和传统的关系

明人张綖《诗馀图谱·凡例》中认为:"词体大略有二:一体婉约,一体豪放。婉约者欲其辞情蕴藉,豪放者欲其气象恢弘。盖亦存

---

① 见《词话丛编》,第 4426—4427 页。
② 参见本书所收《元祐党人贬谪心态的缩影——论秦观〈千秋岁〉及苏轼等苏门成员的韵词》。
③ 《蕙风词话》卷二,见《词话丛编》,第 4426 页。

乎其人,如秦少游之作,多是婉约,苏子瞻之作,多是豪放。大抵词体以婉约为正。"①这是最早以婉约、豪放对举论词的意见。他主要从艺术风格立论,以苏、秦两人为代表,把婉约、豪放视作"词体"的两大分野。他的意见受到后来词评家的重视。一类从艺术风格继续加以发挥,如江顺诒《词学集成》卷五"刘熙载论各家词":"秦少游得《尊前》、《花间》遗韵,却能自出清新;东坡词雄姿逸气,高轶古人,具神仙出世之姿。"②高佑钯《迦陵词全集序》引清顾咸三语:"辛、苏之雄放豪宕,秦、柳之妩媚风流,判然分途,各极其妙。"③吴梅《词学通论》:"子瞻胸襟大,故随笔所之,如怒澜飞空,不可狎视;少游格律细,故运思所及,如幽花媚春,自成馨逸。"④都把苏、秦两人作为两种对立风格的主要代表。一类从两大"词体"加以引申。最突出的是王士禛。他在《花草蒙拾》中,把张綖的两体说引申为词中两大派:"张南湖论词派有二:一曰婉约,一曰豪放。仆谓婉约以易安为宗,豪放惟幼安称首,皆吾济南人,难乎为继矣。"同书又以苏轼、柳永为例说:"名家当行,固有二派。"⑤他又说:"正调至秦少游、李易安为极致","变调至东坡为极致"⑥。又说:"语其正则南唐二主为之祖,至漱玉、淮海而极盛","语其变则眉山导其源,至稼轩、放翁而尽变"⑦。这就把苏、秦两人从两种艺术风格的代表引申为两大词派的巨擘,秦观的词,远绍《花间》、《尊前》,近承晏、欧、柳永,为传统词派"集大成"的词

---

① 《诗馀图谱》,《续修四库全书》本,第1735册,第473页。
② 见《词话丛编》,第3269页。
③ 见(清)陈维崧撰:《迦陵词全集》,《续修四库全书》本,第1724册,第177页。
④ 吴梅著:《词学通论》,国立第一中山大学出版社1927年版,第94页。
⑤ 见《词话丛编》,第685、681页。
⑥ (清)王士禛撰,张世林点校:《分甘馀话》,中华书局1989年版,卷二,第28页。
⑦ 《蕙风词话·续编》卷一引《倚声集序》,见《词话丛编》,第4545页。

家,苏轼则是革新词派的开创者。

词原是配合音乐歌唱的歌词,从民间词发展到文人词后,词作为"娱宾遣兴"、侑酒助乐的艳曲,逐渐在韵文文学中形成一个独特的艺术系统,创造出一种深婉幽微、寄情纤柔的审美特质。这一艺术传统对词的发展固然是一种助力,但相沿成习,又成为历史的惰力。然而,有价值的艺术传统对任何成功的革新,又起着矫正力的作用,不使革新完全脱离传统的轨道,而造成文学艺术历史的断裂。

苏轼对词的革新就是如此。他的主要功绩在于使词摆脱对于音乐的依附,而成为一种新型的独立抒情工具,从而在题材、意境、手法等方面开创了新的面貌。而其主要方法就是"以诗为词"。据说,苏轼曾向两位门生晁补之、张耒问及自己词比之秦观如何,"二人皆对云:少游诗似小词,先生小词似诗"[1]。《后山诗话》也说:"苏子瞻词如诗,秦少游诗如词。"[2]这个艺术感觉是敏锐而正确的。本文拟从苏、秦两人的题材相同或相近的词和诗的比较对勘,对上述问题作些探索和说明。

一

秦观词具有传统词派的典型特点。尽管他的诗,特别是近体诗,已有词化的倾向,一再被前人评为"清新妩丽"[3]、"待入小石调"[4]、"以其善作词也,多有(诗)句近乎词"[5]、"妇人语"[6]、"女郎诗"[7]、"如

---

[1] 《王直方诗话》,《宋诗话辑佚》,第 93 页。
[2] 《后山诗话》,《历代诗话》,第 312 页。
[3] 王安石《回苏子瞻简》,《临川先生文集》卷七三,《王安石全集》,第 1311 页。
[4] 《苕溪渔隐丛话·前集》卷五一引《王直方诗话》,第 349 页。
[5] 《瀛奎律髓汇评》卷一二,第 461 页。
[6] (金)元好问编,萧和陶点校:《中州集》,中华书局 2014 年版,壬集卷九,第 599 页。
[7] 元好问《论诗》其二十四,元好问著,狄宝心校注:《元好问诗编年校注》,中华书局 2011 年版,卷一,第 67 页。

时女步春,终伤婉弱"①等等,但仍然可以看出他严守"诗庄词媚"的传统界限,诗词的风貌颇多异趣。

(一)艳冶软媚。秦观以抒写男女之情和贬谪之愁的词最为杰出,而这两类词都表现出词最初作为艳曲的特点,与他的同题之诗迥然有别。例如:

《梦扬州》

晚云收。正柳塘、烟雨初休。燕子未归,恻恻轻寒如秋。小栏外、东风软,透绣帏、花蜜香稠。江南远,人何处?鹧鸪啼破春愁。　　长记曾陪燕游。酬妙舞清歌,丽锦缠头。殢酒为花,十载因谁淹留。醉鞭拂面归来晚,望翠楼、帘卷金钩。佳会阻,离情正乱,频梦扬州。②

《泊吴兴西观音院》

金刹负城闉,阒然美栖止。卞山直穹窿,苕水相依倚。霜桧郁冥冥,海棕鲜薿薿。广除庇夏阴,飞栋明朝晷。溪光凫鹥边,天色菰蒲里。绪风解昼焚,璧月窥夜礼。泄云甍层空,规荷鉴幽沚。舲艎烟际下,钟磬林端起。声牙戏清深,钦崟扑空紫。所遇信悠然,此生如寄耳。志士耻沟渎,征夫念桑梓。揽衣轩楹间,啸歌何穷已。③

词和诗都以抒写离情为主旨。词中有"江南远"、"梦扬州"等句,当是作者身处江南而怀想扬州之作;诗作于作者赴越州途经吴兴之时,两

---

① (宋)魏庆之著,王仲闻校点:《诗人玉屑》,中华书局2007年版,卷二引敖陶孙《臞翁诗评》,第25页。
② 《淮海居士长短句》卷上,第24页。
③ 《淮海集笺注》卷二,第34页。

者似写于同时。诗词都从写景到抒情,构思亦相类。词的上片设想歌妓怀念自己,下片则写怀念对方。上片写栏外之景,设色淡雅,朦胧凄迷;下片写宴游,辞藻华艳。色彩的鲜明对比无疑加大心灵波折的幅度。从"丽锦缠头"、"十载淹留"来看,所怀者是歌妓无疑。诗也写栏外之景,却是作者即目所见,用笔清幽高雅,与结尾"所遇信悠然"等六句感叹谐调。诗也写离情,但所念者为"桑梓",所感者为"此生如寄",而不是词中的冶游生活。词从栏外之景,逗引起对江南情人的思念,为词中常用手法;诗则在"轩楹间""揽衣""啸歌",在思乡中融注着深沉的人生感慨。又例如:

《满庭芳》

山抹微云,天连衰草,画角声断谯门。暂停征棹,聊共引离尊。多少蓬莱旧事,空回首、烟霭纷纷。斜阳外,寒鸦万点,流水绕孤村。　　销魂,当此际,香囊暗解,罗带轻分。谩赢得、青楼薄幸名存。此去何时见也?襟袖上、空惹啼痕。伤情处,高城望断,灯火已黄昏。①

《别程公辟给事》

人物风流推镇东,夕郎持节作元戎。尊前倦客刘师命,月下清歌盛小丛。裘敝黑貂霜正急,书传黄犬岁将穷。买舟江上辞公去,回首蓬莱梦寐中。②

这也是一组离别诗词。秦观于元丰二年(1079)曾从会稽守程公辟游八个月,诗中写到别宴有"清歌盛小丛",盛小丛为唐时越地歌妓;又

---

① 《淮海居士长短句》卷上,第36页。
② 《淮海集笺注》卷八,第342页。

以"蓬莱梦寐"结尾,蓬莱系指会稽蓬莱阁,他后来所作《送蔡子骧用蔡子骏韵》回忆这段生活时说:"三休上与蓬莱接,登眺使人遗宠辱","惟应月下小丛歌,尚有哀音传旧俗"①。词中的"蓬莱旧事"即指此,故诗词也作于同时。但诗写与知州程公辟离别,词却写跟一位盛小丛式的歌妓分手,诗从颂赞程公辟起笔,暗点知州身份,次写离宴和感慨,连用四个典故,最后写到离别而去,表现出事件的逐次推演过程;词则集中在离别的短暂之时,用轻笔层层皴染,名句迭出,细腻地传达出词人内心的感情波澜,足以代表传统婉约词柔媚深微的特色。

秦观词从整体上看是传统婉约词的"集大成",但他在苏轼之后,又不能不受革新潮流的影响。然而,这种影响仍然带有传统的惰性。陈廷焯《白雨斋词话》卷一说:"秦少游自是作手,近开美成,导其先路;远祖温、韦,取其神不袭其貌,词至是乃一变焉。然变而不失其正,遂令议者不病其变,而转觉有不得不变者。"②这是从艺术角度立论的,在题材内容上也可作如是观。秦观后期抒写贬谪之感的词,对传统词的狭窄题材有所突破,但又表现出"将身世之感打并入艳情"③的特点,跟他的诗又是判然有别的。例如:

《如梦令》五首

门外鸦啼杨柳,春色著人如酒。睡起熨沉香,玉腕不胜金斗。消瘦,消瘦,还是褪花时候。

遥夜沉沉如水,风紧驿亭深闭。梦破鼠窥灯,霜送晓寒侵被,无寐,无寐,门外马嘶人起。

---

① 《淮海集笺注》卷五,第 183—184 页。
② 见《词话丛编》,第 3785 页。
③ 周济《宋四家词选目录序论》,见《词话丛编》,第 1652 页。

幽梦匆匆破后,妆粉乱痕沾袖。遥想酒醒来,无奈玉销花瘦。回首,回首,绕岸夕阳疏柳。

楼外残阳红满,春入柳条将半。桃李不禁风,回首落英无限。肠断,肠断,人共楚天俱远。

池上春归何处?满目落花飞絮。孤馆悄无人,梦断月堤归路。无绪,无绪,帘外五更风雨。①

《题郴阳道中一古寺壁二绝》

门掩荒寒僧未归,萧萧庭菊两三枝。行人到此无肠断,问尔黄花知不知?

哀歌巫女隔祠丛,饥鼠相追坏壁中。北客念家浑不睡,荒山一夜雨吹风。②

诗词同写途中苦况,一在驿亭,一在古寺。其中"梦破鼠窥灯"词句与"饥鼠相追坏壁中"诗句、"帘外五更风雨"词句与"荒山一夜雨吹风"诗句等又极相类,"人共楚天俱远"也表明词作于贬官郴州之时。《如梦令》五首似为连章组词,写在驿亭怀人,但梦萦魂牵者乃是"玉销花瘦"、"妆粉乱痕沾袖"的薄命美女;"睡起"两句,化用李商隐《效徐陵体赠更衣》:"轻寒衣省夜,金斗熨沉香。"颇有齐梁艳靡之风,复加"玉腕"香软字眼,更显绮丽;前写"春色如酒",后写"消瘦"、"褪花",哀艳两绝。但诗语萧疏苍凉,直呼"行人肠断"、"北客念家",悲感却扣人

---

① 《淮海居士长短句》卷中,第88—92页。
② 《淮海集笺注》卷一一,第470—471页。

心弦。纵有"哀歌巫女"一句作陪景出现,仍觉与词的艳丽不同。

秦观诗中写贬谪之感者甚少。他似乎习惯于用词来发挥这一主题,但都掺和着艳情艳语。如《阮郎归》(潇湘门外水平铺),写"红妆"离别时"挥玉箸,洒真珠,梨花春雨馀";《临江仙》(千里潇湘挼蓝浦)写旅途中江上听瑟,"遥闻妃瑟泠泠,新声含尽古今情";传为他所作的《青门饮》(风起云间)也写旅次"湘瑟声沉,庾梅信断",结句"任人攀折,可怜又学,章台杨柳",则透露出所怀者又是歌妓;《鼓笛慢》(乱花丛里曾携手)写别后相思,则是"念香闺正杳,佳欢未偶","仗何人、细与丁宁问呵,我如今怎向?"一种无法排遣的恋情力透纸背。这四首词背景都系贬谪,从离别,到途中,到别后,所抒之情都未能脱离词为"艳科"的范围。

即使是写景游赏的诗和词,也有这样的差异。我们试以秦观"女郎式"的诗和他同题的词来比较,例如:

《虞美人》

行行信马横塘畔,烟水秋平岸。绿荷多少夕阳中,知为阿谁凝恨、背西风? 红妆艇子来何处?荡桨偷相顾。鸳鸯惊起不无愁,柳外一双飞去、却回头。①

《游鉴湖》

画舫珠帘出缭墙,天风吹到芰荷乡。水光入座杯盘莹,花气侵人笑语香。翡翠侧身窥渌酒,蜻蜓偷眼避红妆。葡萄力缓单衣怯,始信湖中五月凉。②

同写游湖,词中颇有南朝乐府民歌风调,写"荷花",则有"凝恨",言

---

① 《淮海居士长短句》卷下,第133页。
② 《淮海集笺注》卷八,第338页。

"鸳鸯",也非"无愁";而写艇上"红妆"偷眼相觑,一个"偷"字凭添多少香艳风流。诗中虽也有"翡翠"一联,前人评为"甚丽",①确有"女郎诗""小石调"的妩媚色彩,但这首词化的七律,最后还是突出鉴湖五月已凉,酒不敌寒,在前面六句所写的旖旎风物上,重重地抹上了凄清的一笔。

(二)情深言长。在抒情、写景、叙事、说理四项中,我国古代诗歌本以抒情为主,而传统词比诗更着重于抒情性,把景、事、理都统摄于加强抒情的目的。词的长短句形式,也有利于发挥错落有致、抑扬回旋的特长,使抒情更为深婉、细腻和恳挚,加强深度和厚度。抒情性应是词的本质特征。

《金明池》

琼苑金池,青门紫陌,似雪杨花满路。云日淡、天低昼永,过三点、两点细雨。好花枝、半出墙头,似怅望、芳草王孙何处。更水绕人家,桥当门巷,燕燕莺莺飞舞。　　怎得东君长为主?把绿鬓朱颜,一时留住。佳人唱、金衣莫惜,才子倒、玉山休诉。况春来、倍觉伤心,念故国情多,新年愁苦。纵宝马嘶风,红尘拂面,也则寻芳归去。②

《西城宴集,元祐七年三月上巳,诏赐馆阁官花酒,以中浣日游金明池、琼林苑,又会于国夫人园,会者二十有六人二首》其一

春溜泱泱初满池,晨光欲转万年枝。楼台四望烟云合,帘幕千家锦绣垂。风过忽闻花外笑,日长时奏水中嬉。太平谁谓全

---

① 《苕溪渔隐丛话·前集》卷五〇引《雪浪斋日记》,第342页。
② 《淮海居士长短句·补遗》,第184—185页。

无象,寓在群仙把酒时。①

诗词同写金明池春游,都有写景叙事的笔墨。诗的前四句纯系写景,简练地勾画出游览胜地的绚丽图景,五、六两句写人事活动,也是作为景物的点缀。结两句点出歌颂"太平"的主旨。词则上片写景,下片抒情。但上片层层铺写池边景物,物物含情,尤如"好花枝"四句,一笔两意,既写花,又写思远的美人,直逼"故国情多"、"新年愁苦"。结尾处谓"寻芳归去",不见所思,徒添怅怨而已。尽管诗中"帘幕千家锦绣垂"等句,被王仲至讥为可入"小石调",但比之同题之词,仍显质实、凝重。总之,诗乐词悲,诗不免带有唱和应酬的痕迹,词则以情韵见胜,使读者体会到词人更深层次的内心情思。

据说苏轼曾批评秦观《水龙吟》"小楼连苑横空,下窥绣毂雕鞍骤",为"十三个字,只说得一个人骑马楼前过"②。其实,这正是婉约词(特别是长调)反复叮咛的"言长"特点,而苏轼的美学趣尚与之稍有不同。比如苏轼的《菩萨蛮》"凄音休怨乱,我已无肠断",《临江仙》"归来欲断无肠,殷勤且更尽离觞"等,但这一层"无肠断"的意思,在秦观词中却以"言长"的形式来表达,如他的《阮郎归》"人人尽道断肠初,那堪肠已无"等。有趣的是,在秦观诗中却说:"行人到此无肠断,问尔黄花知不知。"(《题郴阳道中一古寺壁二绝》其一)与苏词相同而不同于自己的词,说明秦词更倾心于委婉深曲的表达方式,而苏词却与诗的较为简洁的语言风格接近。秦观词的这种表示转折、递进的句式,在传统词中是常见的。晏几道也有一首《阮郎归》(旧香残粉似当初),其中有"梦魂纵有也成虚,那堪和梦无"句③,以后赵佶《燕山

---

① 《淮海集笺注》卷九,第361页。
② 曾慥《高斋诗话》,见《宋诗话全编》,第3451页。
③ 柳永《倾杯乐》(楼锁轻烟)也有"梦难极,和梦也多时间隔"句。

亭》："怎不思量,除梦里有时曾去。无据。和梦也有时不做。"赵长卿《摊破丑奴儿》："待要作个巫山梦,孤衾展转,无眠到晓,和梦都休。"似都胎息晏词,但秦词仿其一波三折的句型,用以抒写"无肠断"之意。他的另一首《阮郎归》云"衡阳犹有雁传书,郴阳和雁无",以及苏轼批评过的《水龙吟》,也有"名缰利锁,天还知道,和天也瘦"等句,看似复沓,实则适合传统词抒情深细幽微的艺术要求。

（三）要眇婉曲。张惠言《词选序》谓词"低徊要眇,以喻其致"①,王国维《人间词话删稿》谓"词之为体,要眇宜修"②,缪钺《诗词散论·论词》谓"诗显而词隐,诗直而词婉"③,诗虽也讲究含蓄蕴藉,但词更显出要眇婉曲的特点。

试以《踏莎行·郴州旅舍》与前引《题郴阳道中一古寺壁二绝》为例。此词为秦词名作,但有一桩公案。苏轼激赏其结尾两句"郴江幸自绕郴山,为谁流下潇湘去",有"少游已矣,虽万人何赎"之叹④。王世贞《艺苑卮言》也指出"此淡语之有情者也"⑤。王士禛《花草蒙拾》赞为"千古绝唱"⑥。但徐釚《词苑丛谈》卷三云：此词"东坡绝爱尾二句,余谓不如'杜鹃声里斜阳暮',尤堪肠断。"⑦王国维《人间词话》也说："少游词境最为凄婉,至'可堪孤馆闭春寒,杜鹃声里斜阳暮',则变而为凄厉矣。东坡赏其后二语,犹为皮相。"⑧其实,这两联皆见警策,不必强为轩轾；并且,其佳处又须从全词的委曲气脉中寻求。"可堪"两句,王国维又作为"有我之境"的例证,"以我观物,故物皆着我

---

① 见《词话丛编》,第1617页。
② 见《词话丛编》,第4258页。
③ 缪钺著：《诗词散论》,上海古籍出版社1982年版,第54页。
④ 《苕溪渔隐丛话·前集》卷五〇引《冷斋夜话》,第339页。
⑤ 见《词话丛编》,第388页。
⑥ 见《词话丛编》,第679页。
⑦ （清）徐釚撰,唐圭璋校注：《词苑丛谈》,中华书局2008年版,第57页。
⑧ 见《词话丛编》,第4245—4246页。

之色彩"①,可知他推许之由。"可堪"带起四种意象,即"孤馆"、"春寒"、"杜鹃声"、"斜阳暮"。"可堪"乃岂堪、不堪之意,四种意象不言凄厉而凄厉自在其中,这是此联佳处所在。但如果没有前三句的铺垫,写出旅舍外雾重月浓一片凄迷之景,桃源理想之境,茫然无觅之悲,则"可堪"两句就不可能聚集如此震撼人心的力量。"郴江"两句亦复如此。"驿寄"换头处,谓虽在孤馆独愁,犹有亲友书物往还,差慰寂寞,词情为之一转;但又陡接"此恨无重数",谓书物难于达意,反而逗起无限悲恨。愁而喜,喜而愁,经过情思的这一顿挫,然后眺望郴江,从即目所见中,发出深思后的痛苦疑问。前人谓此两句从"沅湘日夜东流去,不为愁人住少时"化出②,不为无见。这两句诗见于戴叔伦《湘南即事》绝句,前两句还说:"卢橘花开枫叶衰,出门何处望京师。"比之秦词,毕竟直露得多。秦词却可作多层次的理解:从"幸自"着眼,谓郴江本自绕山而流,似是慨羡郴江原有依凭,反衬自己的无依无靠;从"流下潇湘"而言,则又感叹郴江有幸北流,入长江,奔大海,而自己却远谪荒远。宋周辉《清波杂志》卷九评此词时有"语尽而意不尽,意尽而情不尽"之语③,允为佳评。以这首词与前引《题郴阳道中一古寺壁二绝》相较,就显得诗显而词隐,诗直而词婉了。

如上所述,尽管秦观诗已有"词化"即女性化的倾向,尽管他的词在苏轼之后也受诗化的影响,但从同题诗词比较看来,基本上仍保持着诗词的传统界限。王象晋《秦张两先生诗馀合璧序》云:"及淮海一鸣,即苏黄且为逊席。"理由是:词的特征乃在于"其情郅,其词婉",

---

① 王国维《人间词话补遗》附录二,《词话丛编补编》,中华书局 2013 年版,第 2983 页。
② 宋本《淮海居士长短句》调末注,见徐培均校注《淮海居士长短句》,第 69 页。
③ (宋)周辉撰,刘永翔校注:《清波杂志校注》,中华书局 1994 年版,卷九,第 396 页。

"此少游先生所独擅也"①。夏敬观《映庵手校淮海词跋》亦云："少游则纯乎词人之词也。"②秦观词确是隶属于传统词的艺术系统之内的。

二

"以诗为词"，即以写诗的态度来填词，把诗的题材内容、手法风格和体制格律引入词的领域，这是苏轼革新词的主要方法和手段。因而，他的带有革新特点的词，就与他自己的诗存在许多类似点。研究这些类似点，对进一步了解革新词乃至传统词的特点，很有意义。

秦观的离别词，大都写男女恋情，很少发生在男性朋友之间。在会稽与程公辟离别，写诗不写词，词则写与其歌妓分手，即是一例③。苏轼却不然。送陈襄(述古)、杨绘(元素)、别苏坚(伯固)、徐大受(君猷)等，官场赠别，亲友分袂，开始大量地入词。我国诗歌本来具有很广泛的应用价值，赋诗送别已成惯例。但苏轼在词的创作初期，即通判杭州时，偏偏填了七首词送别当时的知州陈襄，即《虞美人·有美堂赠述古》、《诉衷情·送述古迓元素》、《菩萨蛮·西湖席上代诸妓送陈述古》、《江城子·孤山竹阁送述古》、《菩萨蛮·西湖送述古》、《清平乐·送述古赴南都》、《南乡子·送述古》，却无一首诗送他。这标志着苏轼对词的写作意识的新变化：词可以替代诗的实用功能。此后，苏轼赴密州别杨绘，亦作词六首，即《泛金船·流杯亭和杨元素》、《南乡子·和杨元素时移守密州》三首、《浣溪沙·自杭移密守，席上别杨元素，时重阳前一日》二首；当时又作送杨绘还朝词三首，即《南乡子·沈强辅雯上出文犀丽玉作胡琴送元素还朝，同子野各赋一首》、《南乡子》(旌旆满江湖)、《定风波·送元素》。在密州时期，诗集

---

① 见《秦张两先生诗馀合璧》，《四库全书存目丛书》本，第1198册，第262页。
② 见夏敬观《映庵词评·补遗》，《词话丛编补编》，第3469页。
③ 只有《江城子》"南来飞燕北归鸿"、"重见两衰翁"是罕见的例外。

中除《和子由四首》外（亦非离别题材），再无其他送弟之作，而词中则有《水调歌头》（明月几时有）、《画堂春·寄子由》等抒写离情之作。其时有《立春日，病中邀安国……》诗，而当文安国离密州时，却不作诗而作词赠别，即《满江红·正月十三日，雪中送文安国还朝》，等等。他的《蝶恋花》（帘外东风交雨霰）题序云："微雪，客有善吹笛击鼓者，方醉中，有人送苦寒诗求和，遂以此答之"，有人求和者为《苦寒诗》，苏轼却用词酬答。正如他当时所说，"诗词如醇酒，盎然熏四支"（《答李邦直》），在他的写作意识中，诗词并无二致。

不仅如此，在他送别词的内容和风格上，也明显地与传统送别词异趣，而与其诗却有相近的地方。大凡传统送别词，抒情纤细，风格柔婉，而苏轼同类词，语言明净，意境高远，且多政治、社会和人生的内容。例如：

《浣溪沙·彭门送梁左藏》

怪见眉间一点黄，诏书催发羽书忙。从教娇泪洗红妆。　　上殿云霄生羽翼，论兵齿颊带风霜，归来衫袖有天香。①

《和子由送将官梁左藏仲通》

……伏波论兵初矍铄，中散谈仙更清远。②

《送将官梁左藏赴莫州》

……岂如千骑平时来，笑谈謦欬生风雷。葛巾羽扇红尘静，投壶雅歌清燕开。东方健儿虓虎样，泣涕怀思廉耻将。彭城老

---

① （宋）苏轼著，（清）朱孝臧编年，龙榆生校笺，朱怀春标点：《东坡乐府笺》，上海古籍出版社2018年第2版，卷三，第375—376页。
② 《苏轼诗集合注》卷一六，第803页。

守亦凄然,不见君家雪儿唱。①

一词两诗,都赞美梁交富有军事韬略,议论犀利深刻,有关词句都相类②。杜甫《奉和贾至舍人早朝大明宫》:"朝罢香烟携满袖。"亦为"归来"句所本,表现出词诗内容和风格上的接近。词中又写到离宴歌女垂泪,自是传统词的痕迹,但诗中亦有"不见君家雪儿唱"句,却用李密歌姬雪儿之典,两者在技巧上仍微有不同。其他的同题送别词诗,如《江城子》(前瞻马耳九仙山)与《留别释迦院牡丹呈赵倅》诗,《临江仙·送李公恕》与《送李公恕赴阙》诗,别徐州作《江城子·别徐州》《减字木兰花·彭门留别》二词与《留别叔通、元弼、坦夫》、《罢徐州往南京马上走笔寄子由五首》二题,《虞美人·送马中玉》与《次前韵答马中玉》诗,《西江月·杭州交代林子中席上作》与《和林子中待制》、《次韵答黄安中兼简林子中》二诗等,或字句相同,或意境相类,应是"以诗为词"的产物。

有时苏轼的同题诗词,各从不同的侧面开掘同一主题,更似有机整体。例如他赴密州途中赠海州知州陈某的诗词,可以看作姐妹篇。《浣溪沙·赠陈海州,陈尝为眉令,有声》词中说:"升沉闲事莫思量,仲卿终不忘桐乡。"③《次韵陈海州书怀》诗中说:"雅志未成空自叹,故人相对若为颜。酒醒却忆儿童事,长恨双凫去莫攀。"④词用汉代循吏朱邑之典,从陈海州怀念眉山百姓的角度落笔,诗却用"双凫"之典(东汉时叶县令王乔尝化双鞋为双凫,后借为地方官的故实),从眉山百姓追怀陈海州的方面着眼,互相补充,相得益彰,在题材内容上苏轼确实视诗词一体化了。

---

① 《苏轼诗集合注》卷一六,第 827 页。
② 苏轼后来所作《寄高令》亦有"诗成锦绣开胸臆,论极冰霜绕齿牙"句。
③ 《东坡乐府笺》卷一,第 63 页。
④ 《苏轼诗集合注》卷一二,第 569 页。

我们发现在苏轼的离别词中,越来越加重政治的内容甚至说理的成分,这在秦观等人的传统词中是极少见的。如《西江月·送钱待制穆父》与《送钱穆父出守越州绝句二首》①,都以酒作为构思的契机。词云:"深杯百罚休辞,拍浮何用酒为池,我已为君德醉。"诗云:"樽酒今应一笑开","劝君莫棹酒船回"。不仅字面相类,而且借以抒发的"须信人生如寄"的思想也是一致的。当钱勰(穆父)罢越州守时,苏轼又作《临江仙·送钱穆父》,咏叹"人生如逆旅,我亦是行人"②。这与同时所作《闻钱道士与越守穆父饮酒,送二壶》"金丹自足留衰鬓,苦泪何须点别肠"③同一旷达自遣的情怀。在苏诗中,"吾生如寄耳"的句子多达九处,是他人生思想的重要支柱,而在词中也反复吟唱。其他如《浣溪沙·送梅庭老赴上党学官》、《八声甘州·寄参寥子》、《归朝欢·和苏坚伯固》等,都写得感慨深沉,境界旷远,完全不是传统离别词所能范围的。苏轼在词中找到了自己。

在描写自然风光的作品中,也有类似的情况。如观潮,苏轼有《南歌子·八月十八日观潮》、《瑞鹧鸪·观潮》④词,前者写潮声,"坐中安得弄琴牙,写取馀声,归向水仙夸",后者写弄潮儿在"碧山影里小红旗"的背景里,"拍手"歌唱的场面;而诗中《八月十五日看潮五绝》⑤则写潮势掀天揭地,并抒写"造物亦知人易老,故教江水向西流"的人生感慨和"东海若知明主意,应教斥卤变桑田"的善良愿望。临安有一名胜"风水洞",苏轼《临江仙》词以"四大从来都遍满,此间风水何疑"发端,然后紧扣"风""水"题意,"借与玉川生两腋"写风,

---

① 分见《东坡乐府笺》卷二,第 250 页;《苏轼诗集合注》卷三〇,第 1501—1502 页。
② 《东坡乐府笺》卷二,第 279 页。
③ 《苏轼诗集合注》卷三三,第 1656 页。
④ 分见《东坡乐府笺》卷一,第 2,7 页。
⑤ 《苏轼诗集合注》卷一〇,第 455—457 页。

"还凭流水送人归"写水①;而同时所作《往富阳新城,李节推先行三日,留风水洞见待》《风水洞二首和李节推》诗②,也围绕"风""水"生发,有"风岩水穴旧闻名"等句,但如"冯夷窟宅非梁栋,御寇车舆谢辔衔。世事渐艰吾欲去,永随二子脱讥谗",则用冯夷水居、列御寇驭风之典,意谓追随此二人而去,以脱谤毁。这些诗词内容,互有偏重,诗中更多社会、现实感慨,但仍可清晰地体会到两者的相通和一致。

咏物词也不例外。如《减字木兰花》(银筝旋品)和《润州甘露寺弹筝》诗。词云:"风里银山,摆撼鱼龙我自闲。"③诗云:"江妃出听雾雨愁,白浪翻空动浮玉。"④写乐舞之妙竟感动自然之山、风和水族之江妃,其夸张手法如出一辙。其他如《雨中花慢》(今岁花时深院)和《惜花》诗、《西江月》(怪此花枝怨泣)和《次韵曹子方龙山真觉院瑞香花》诗、《浣溪沙·咏橘》和《食甘》诗,也是如此。

苏轼词中也有艳情之作。如前所述,秦观词是"将身世之感打并入艳情",而苏轼的一部分艳情词却打并入"身世之感"。如《减字木兰花》(江南游女):"江亭夜语,喜见京华新样舞。莲步轻飞,迁客今朝始是归。"《浣溪沙》(一梦江湖费五年):"迁客不应常眊瞵,使君为出小婵娟,翠鬟聊著小诗缠。"⑤这里的舞女和歌女是词中常见的两类女性形象,苏词虽有形体姿容的艳笔,但又融入"迁客"之愁,创造出所谓"歌舞助凄凉"(《浣溪沙》"珠桧丝杉冷欲霜"词句)的意境,这是对传统艳词的改造和提高。而秦观词则相反。如前所述,秦观的这类词原本按题材应是集中抒写贬谪之悲的,这对传统词的狭窄内容是个突破,却又不离艳情艳笔,说明他不能完全摆脱"艳科"的

---

① 《东坡乐府笺》卷一,第8页。
② 分见《苏轼诗集合注》卷九,第404—406、406—407页。
③ 《东坡乐府笺》卷三,第421页。
④ 《苏轼诗集合注》卷一二,第565页。
⑤ 《东坡乐府笺》卷二,第219页。

羁绊。

我们再以《殢人娇·赠朝云》和《朝云诗》①来比较。诗词都用维摩诘和天女的佛典来比喻自己和朝云的志趣投合、相知甚深。诗云："天女维摩总解禅。"词云："白发苍颜，正是维摩境界。"《苕溪渔隐丛话·后集》卷二九评《朝云诗》云："略去洞房之气味，翻为道人之家风，非若乐天所云'樱桃樊素口，杨柳小蛮腰'，但自咤其佳丽，尘俗哉！"②用以评《殢人娇》词，也大致适合。当然，词中又不免有"朱唇箸点"、"敛云凝黛"等"佳丽"词藻，但结尾又云："待学纫兰为佩，寻一首好诗，要书裙带。"这首词的格调，在传统艳词中是罕有其匹的。

从上论述可知，苏轼词与诗的距离较小，也就意味着与秦观词在内的传统婉约词的距离较大。能够直接证明这点的还有苏轼"次韵少游"的《千秋岁》：

> 岛边天外，未老身先退。珠泪溅，丹衷碎。声摇苍玉佩，色重黄金带。一万里，斜阳正与长安对。　　道远谁云会，罪大天能盖。君命重，臣节在。新恩犹可觊，旧学终难改。吾已矣，乘桴且恁浮于海。

这首词见于《能改斋漫录》卷一七"秦少游唱和千秋岁词"条③。从"新恩"句看，当是晚年在海南岛遇赦将返中原时所作。按照古人诗词唱和的惯例，和作应模拟原唱的风格，苏轼性喜逞才，尤擅此道。如《石鼓歌》学韩愈，《水龙吟·咏杨花》亦与章质夫原词风格近似。但这首《千秋岁》却是发人深省的例外。虽然同处贬谪之境，但苏词

---

① 分见《东坡乐府笺》卷二，第 312 页；《苏轼诗集合注》卷三八，第 1972—1973 页。
② 《苕溪渔隐丛话·后集》卷二九，第 214 页。
③ 《能改斋漫录》卷一七，第 487—488 页。

"超然自得,不改其度"①,而秦词陷入愁情深渊难以自拔,两词立意是不同的。秦词又采用传统词的情景交融手法,"花影乱,莺声碎","飞红万点愁如海",都是典型的词中名句,兴而兼比,意味深永;而苏词不假借外景,直抒胸臆,一气呵成,尤其是下片结尾处,决然绝然,掷地作金石声,是苏轼晚年政治态度的明确自白。在苏轼以前的传统婉约词中,如此直露地表达了主体意识、出处哲学的作品,几乎还举不出第二首,确是苏轼革新词的新境界。

还有两类情况可以进一步证明苏词的诗化倾向。一是所谓"櫽括"。他把张志和的《渔父》改成《浣溪沙》(西塞山边白鹭飞),韩愈的《听颖师弹琴》改成《水调歌头》(昵昵儿女语),杜牧的《九日齐山登高》改成《定风波》(与客携壶上翠微)等。他的《定风波》(雨洗娟娟嫩叶光),乃是"集古句作墨竹词",采用了杜甫、白居易等的诗句,《木兰花令》(乌啼鹊噪昏乔木),是"略改乐天寒食诗歌之"②。他还"櫽括"自己的诗入词,如《定风波》(好睡慵开莫厌迟)即是他的《红梅三首》之一。这些诗词之间一般仅改动或增添数字,其内容意境完全相同。二是集子中诗词相混,不少词见于诗集。如《阳关曲》"答李公择"、"中秋作"、"赠张继愿"三首,诗集并见;《瑞鹧鸪》(城头月落尚啼乌),见于诗集,题作《寒食未明至湖上,太守未来,两县令先在》;《生查子·送苏伯固》,见于诗集,题作《古别离送苏伯固》;《木兰花令·四时词》四首,以《四时词》为题,误入诗集。这些作品属诗抑或属词,疑异难明,历有争论,正可作为苏轼诗词风格相近的旁证。

三

传统婉约词在长期的历史发展过程中,已经形成区别于其他文

---

① 苏轼自语,见《能改斋漫录》卷一七,第 487 页。
② 此词《诗人玉屑》卷一六引《王直方诗话》作郭生诗,但据《东坡志林》应为苏词。

学样式的独特的艺术系统,这是具有巨大艺术稳固性和传承性的传统。苏轼用"以诗为词"的手段革新词风,固然给词坛带来崭新的面貌,所谓"指出向上一路,新天下耳目,弄笔者始知自振"①,所谓"一洗绮罗香泽之态,摆脱绸缪宛转之度"②。但是,历史不能割断,传统词作为一种艺术系统仍然深深地影响着苏轼。这不仅表现在苏词中还有为数不少的婉约词(包括典型的艳词),"绮罗香泽之态"、"绸缪宛转之度"并非完全洗净和摆脱;更为深刻的是,他的革新,只是努力使词诗化,但没有使词与诗同化,即取消词固有的重情尚婉的特点而导致诗词界限的完全泯灭,取消词的本身。也就是说,他的"以诗为词"仍然十分尊重词之所以为词的个性特征,这样,又使他的词与同题之诗呈现出互有区别的面貌。

密州时期是苏轼豪放词风的正式形成时期,代表作品是《江城子·密州出猎》和《水调歌头》(明月几时有)。试以此两词与同题之诗对读:

《江城子·密州出猎》

老夫聊发少年狂,左牵黄,右擎苍。锦帽貂裘,千骑卷平冈。为报倾城随太守,亲射虎,看孙郎。　　酒酣胸胆尚开张,鬓微霜,又何妨! 持节云中,何日遣冯唐? 会挽雕弓如满月,西北望,射天狼。③

《祭常山回小猎》

青盖前头点皂旗,黄茅冈下出长围。弄风骄马跑空立,趁兔苍鹰掠地飞。回望白云生翠巘,归来红叶满征衣。圣明若用西

---

① 《碧鸡漫志》卷二,第62页。
② 胡寅《向芗林酒边集后序》,《斐然集》卷一九,第403页。
③ 《东坡乐府笺》卷一,第75页。

凉簿,白羽犹能效一挥。①

诗词为同一围猎事件而作。不仅字句相类,如"千骑卷平冈"就是"黄茅冈下出长围","右擎苍"就是"趁兔苍鹰掠地飞",而且主题相同,一以魏尚(一说冯唐)自比,一以谢艾自喻,表达慷慨报国的志愿。但是,相比之下,诗重于叙事性,前六句写出围猎的全过程,词则着力于内心郁结的倾泻。开头"老夫聊发少年狂"一句,提示了全词的结构脉络,提出了"老夫"和"少年狂"的矛盾。"老夫"实际上并不老,时苏轼年仅四十;"少年狂"也并非真狂,而是借围猎抒写报国豪情。上片写围猎盛况是为了突出下片"老夫"感慨。这首词虽然像诗一样,用了许多典故(孙权、冯唐、魏尚为明典,牵黄擎苍、倾城随太守为暗典),也有一些围猎的具体描写,但就抒情性来说,词比诗更充沛、更生动,表达他当时的心情更为淋漓尽致。苏轼的这首"自是一家"的豪放词,正是由于仍然遵循传统词的艺术规律,才使它的整个艺术水平,超过了同题的诗。

《水调歌头》(明月几时有)一词②,上片写对月饮酒,下片写对月怀弟。上片问天,下片问月,也不重叙事,而在抒情。上片突出入世和出世的矛盾,下片意在揭示情和理的矛盾,怀念弟弟的手足之情和人生哲理之间的矛盾。苏轼两年后中秋日又作《中秋月三首》③,诗词相较,用语也有相类之处:诗的"徘徊巧相觅,窈窕穿房栊",就是词的"转朱阁,低绮户,照无眠";诗的"悠哉四子心,共此千里明",就是词的"但愿人长久,千里共婵娟"。有的构思表面上相反,实际上同出一源。如词中写"我欲乘风归去,惟恐琼楼玉宇,高处不胜寒",谓

---

① 《苏轼诗集合注》卷一三,第620—621页。
② 《东坡乐府笺》卷一,第90页。
③ 《苏轼诗集合注》卷一七,第830—832页。

欲乘风去月宫,立足点在地上,诗中却写"天风不相哀,吹我落琼宫",谓被风从月宫吹落,立足点在天上;但天上人间之不能兼美则是一致的。从全首来看,诗叙事较实,感情趋于平和,词则在一种隽永理趣的观照下,苏轼内心的激浪怒涛俱收眼底,空灵迷惘却令人低徊不尽,具有动人的艺术力量。

抒情是词的天职。词是人的感情的最为称心如意的载体。《河满子·湖州寄南守冯当世》[1]写熙宁七年(1074)"西山八国初平"的洮、岷之捷,与诗集中的《闻捷》、《闻洮西捷报》两篇内容相近。但诗严正雄俊,出语庄重,词则风流蕴藉,除了"旋闻江汉澄清"、"西南自有长城"的祝颂之词外,下片宕开一笔:"莫负花溪纵赏,何妨药市微行,试问当垆人在否,空教是处闻名。唱着子渊新曲,应须分外含情。"纯借益州"本地风光",花溪,药市,卓文君当垆,王褒(子渊)替益州刺史作《中和乐职宣布诗》等,字里行间,才跳动着胜利喜悦之情。其他如《临江仙·送王箴》与《仲天贶、王元直自眉山来,见余钱塘,留半岁,既行,作绝句五首送之》诗,《渔家傲·送吉守江郎中》与《送江公著知吉州》诗等,诗都有较多的叙事成分,词则紧紧抓住重情这个词的特质,主题相同而仍具两副面目。

传统词"要眇婉曲"的特点,也同样影响着苏词。如前所述,词的长短句形式,比之五七言古近体诗,应是一种解放;其语言成分也更丰富多样(更多的虚词、俚语入词);音律节奏也比诗灵活多变,各个词牌可以随意选择,这都为抒情的婉曲提供内在条件。清查礼《铜鼓书堂词话》云:"情有文不能达、诗不能道者,而独于长短句中可以委宛形容之。"[2]原因即此。

苏轼因亲戚柳瑾赴舒州灵仙观,作一诗一词相送。诗云:"世事

---

[1] 《东坡乐府笺》卷一,第 47—48 页。
[2] 《词话丛编》,第 1481 页。

方艰便猛回,此心未老已先灰。何时梦入真君殿,也学传呼观主来。"①(《送柳子玉赴灵仙》)仅就提举道观题意发挥,写得比较平板;词却不然:

《昭君怨·金山送柳子玉》

谁作桓伊三弄,惊破绿窗幽梦。新月与愁烟,满江天。　　人欲去还不去,明日落花飞絮。飞絮送行舟,水东流。②

开端用渔笛发端,绿窗人被笛声惊醒,一折。推窗所见,新月烟雾,江天迷濛一片。两句颇类孟浩然《宿建德江》"移舟泊烟渚,日暮客愁新。野旷天低树,江清月近人"的意境,二折。换头"人欲"句,倒剔出本来今日当行,却依恋未去,三折。"明日"以下三句皆为设想之辞,而"飞絮"随风送舟西去(舒州在今安徽潜山,金山之西),江水偏偏东流而返,又一对比转折。这首词在一气流转、舒卷自如之中却曲折善变,传达出心情的凄楚和情谊的深厚。另一组送别李公择的诗词也是如此。《送李公择》诗③,直抒"欲别不忍言,惨惨集百忧","他年林下见,倾盖如白头",语直而情厚;而《蝶恋花·暮春别李公择》词④,上片纯写暮春景色,似无一语关涉离情,但物物皆献愁供恨,下片云:"路尽河回人转柁,系缆渔村,月暗孤灯火。凭仗飞魂招楚些,我思君处君思我。"回肠荡气,更显诚挚。诗贵含蓄,但词更长于包蕴绵密,玩味不尽。如《送刘寺丞赴馀姚》诗⑤,为指明其所赴目的地,径直以"馀姚古县亦何有"喝起,下以该地产茶可供品茗为答,用笔直截明

---

① 《苏轼诗集合注》卷一一,第 522 页。
② 《东坡乐府笺》卷一,第 12 页。
③ 《苏轼诗集合注》卷一六,第 488 页。
④ 《东坡乐府笺》卷一,第 98 页。
⑤ 《苏轼诗集合注》卷一八,第 921—924 页。

白;而同时所作《南歌子》(山雨萧萧过)①,上片写景,以"门外月华如水,彩舟横"暗点离舟;下片云:"苕岸霜花尽,江湖雪阵平。两山遥指海门青。回首水云何处,觅孤城。"钱塘江海门,有两山对峙,用以暗示刘挚的去处。诗词对读,都显示出一直露一隐蓄的不同风貌。

在这个问题上,清末词学家郑文焯对苏词的评析也很有启发。与以前推重苏词者不同,他处处从词的"本色"的角度来赞赏苏词。他认为辛弃疾词不如苏词,其《手批东坡乐府》评《水调歌头》(落日绣帘卷)时说:"此等句法,使作者稍稍矜才使气,便入粗豪一派;妙能写景中人,用(因)生出无限情思。"评《满庭芳》(三十三年)时更明确地说:"健句入词,更奇峰郁起,此境匪稼轩所能梦到。"②苏词比之传统词,固然明快疏放,但如果"稍稍矜才使气",便会流入辛派末流词人的"粗豪"之失;"粗豪"的根本艺术缺点在于词境直寻,而无一笔多意、"奇峰郁起"、"无限情思"之妙。正如他在评夏敬观《竹马子》词时说:"盖学之者(指学习'疏放'一路写法者)写景易惊露,切情难深折,稍一纵便放笔为直干,恐失词之本色尔。"也就是说,词的特质要求写景不要太露,抒情不要太直,而应"委曲形容","出之幽窈咏叹之情"③。在有些对苏词的批语中,他还就此作过细致的阐发。如评《永遇乐》(明月如霜)时说:"公(苏轼)以'燕子楼空'三句语秦淮海,殆以示咏古之超宕,贵神情不贵迹象也。余尝深味是言,若发奥悟。昨赋'吴小城观梅'《水龙吟》有句云:'对此茫茫,何曾西子,能倾一顾。又水漂花出,无人见也,回阑绕,空怀古。'自信得清空之致,即从此词悟得法门。以视旧吴小城词,竟有仙凡之判。"④他从苏词"悟得"咏事咏物的"法门",即是不可正面说有,而要反面说无,就得"清

---

① 《东坡乐府笺》卷一,第 125 页。
② 见龙榆生辑《大鹤山人词话》,《词话丛编》,第 4325 页。
③ 见龙榆生辑《大鹤山人论词遗札·与夏映庵书》,《词话丛编》,第 4342 页。
④ 见龙榆生辑《大鹤山人词话》,《词话丛编》,第 4323 页。

空之致",符合词的"本色"。同理,他在评《鹧鸪天》(林断山明竹隐墙)时,认为其中的"殷勤昨夜三更雨,又得浮生一日凉"句,比之唐李涉的"因过竹院逢僧话,又得浮生半日闲"(《题鹤林寺僧舍》),"自是诗词异调,论者每谓坡公以诗笔入词,岂审音知言者?"①他否认苏轼"以诗笔入词",未必妥当;但他以敏锐的艺术感受,看出李诗苏词的区别,可谓慧眼独具。据我的体会,李诗毕竟直露,径自道出获致"半日闲趣";苏词仅说得到"一日清凉",实际上"清凉"中仍蕴含闲逸之趣,比李诗表达上转深一层。故郑文焯在这段批语之前又说:"渊明诗:'啸傲东轩下,聊复得此生'。此词从陶诗中得来,逾觉清异。"②说明他评赏苏词"殷勤"两句的着眼点,是在雨景之外的人生感悟和情趣。杨万里只是说苏词之于李诗,乃"以故为新,夺胎换骨"③,似尚属皮相之见。因此,郑氏总是反复强调苏词的"本色",其评《定风波》(莫听穿林打叶声)为"以曲笔直写胸臆,倚声能事尽之矣"。评《江城子》(梦中了了醉中醒):"读东坡先生词,于气韵、格律,并有悟到,空灵妙境,匪可以词家目之,亦不得不目为词家。世每谓其以诗入词,岂知言哉?"④这些评语,虽然主要体现他论词以"体尚清空,语必妥溜"、"高健在骨,空灵在神"等为标准,但确也说明苏词仍然保持和发挥婉曲多折的词的特性。

　　传统婉约词在长远历史发展中所造就的艺术成熟和完美,产生了巨大的稳定性,成为它继续发展的因袭重负。但是,对传统词的革新的确存在一个限度,这个"限度"就是词作为词的质的规定性。无视词的特性必然导致革新的失足乃至失败。深入研究文学史上传统和革新之间相互矛盾又相互依存的关系,对于今天的文艺改革和创

---

① 见龙榆生辑《大鹤山人词话》,《词话丛编》,第4325页。
② 见龙榆生辑《大鹤山人词话》,《词话丛编》,第4325页。
③ 《诗人玉屑》卷八引《庚溪诗话》"诚斋论夺胎换骨"条,第266页。
④ 见龙榆生辑《大鹤山人词话》,《词话丛编》,第4323页。

新也是有借鉴意义的。

第五节　元祐党人贬谪心态的缩影
——论秦观《千秋岁》及苏轼等苏门成员的和韵词

秦观《千秋岁》(水边沙外)词,以"花影乱,莺声碎","飞红万点愁如海"等名句脍炙人口,又是其词风从前期凄婉转为后期凄厉的代表作之一。这首词在当时就先后得到孔平仲、苏轼、黄庭坚、李之仪、惠洪等五人的唱和,在南宋又有王之道、丘崈的四首和词。在宋代词人中,一首词能获得两宋七位词人九首作品的唱和,应是一种极为罕见的殊荣。这一特殊文学现象,不仅反映了和韵之风从诗坛到词坛的展延,并影响到词的内容和艺术的变化,而且具体地表现出所谓"元祐党人"横遭贬谪后彼此心灵的交融和撞击,他们共同的和不同的心理反应。本节即拟对此作些探索。

一

《千秋岁》写作的时间、地点和作意,历来众说纷纭,这是首先应予研究的问题。从文献资料到今人研究,大致有三说。

一说作于绍圣二年(1095),时秦观监处州茶盐酒税,为其游园怀旧之作。范成大《次韵徐子礼提举莺花亭诗》序云:"秦少游'水边沙外'之词,盖在括苍(处州一名括州,以地近括苍山故)监征时所作。"[①]此说宋黄昇《唐宋诸贤绝妙词选》卷四、明杨慎《词品》卷三等从之。清秦瀛《重编淮海先生年谱节要》更明确地在绍圣二年条记云:"四十七岁,先生(秦观)在处州。……又尝游府治南园,作《千秋岁》词……后范成大来为处州,绝爱其'花影莺声'之句,即其

---

① 范成大《次韵徐子礼提举莺花亭》,富寿荪校点:《范石湖集》,上海古籍出版社1981年版,卷一〇,第132页。

地建莺花亭。"①由此遂成为一般通行的看法。

二说在衡阳赠孔平仲之作。宋吴曾《能改斋漫录》卷一七"秦少游唱和《千秋岁》词"条云："秦少游所作《千秋岁》词，予尝见诸公唱和亲笔，乃知在衡阳时作也。少游云：'至衡阳，呈孔毅甫使君。'其词云云，今更不载。毅甫本云：'次韵少游见赠'。"②曾敏行《独醒杂志》卷五云："秦少游谪古藤，意忽忽不乐。过衡阳，孔毅甫为守，与之厚，延留待遇有加。一日，饮于郡斋，少游作《千秋岁》词。"③

三说先作于处州，绍圣三年至衡阳时又写赠孔平仲。此说实调和以上两说。因"处州说"系通行看法，固宜尊重；"衡州说"被认为与时令不合④。故兼顾而言之。见徐培均先生《淮海居士长短句》校注本⑤。

我认为一说证据稍弱，二说最堪重视，三说颇有启发，但后两说似均需加以补充、修正。

处州说为通行看法，从者虽众，但细审材料，尚缺乏足够的说服力。范成大并没有说明他的根据，只因提举徐子礼巡视过处州，"劝予（按，范成大时知处州）作小亭记少游旧事，又取词中语名之曰'莺花'"⑥，不免有好事附庸之嫌。刘克庄《后村诗话·续集》卷一云："秦少游尝谪处州，后人摘'柳边沙外'词中语为'莺花亭'，题咏甚多。"⑦他对此词是否作于处州，似乎已持审慎的态度。在文献不足

---

① 秦瀛重编：《淮海先生年谱》，《北京图书馆藏珍本年谱丛刊》本，第 20 册，第 596—597 页。
② 《能改斋漫录》卷一七，第 487 页。
③ 《独醒杂志》卷五，知不足斋丛书本，第 3a 页。
④ 秦观于绍圣三年由处州贬赴郴州，岁暮抵达，其经过衡州，至少在秋天，与词中所写春景不符。
⑤ 徐培均校注《淮海居士长短句》，第 64 页。
⑥ 《次韵徐子礼提举莺花亭·序》，《范石湖集》卷一〇，第 132 页。
⑦ 《后村诗话·续集》卷一，第 83 页。

的情况下,这是可取的。至于秦瀛"游府治南园"而作此词的说法,不过是以后世莺花亭亭址在城南附会而成①。而且词的主旨是怀人思远,亦非单纯记游写景之作。

衡阳说的两条材料,却具体翔实。吴曾生当南、北宋之交,又以博洽多闻著称,其《能改斋漫录》成书于绍兴二十四至二十七年(1154—1157)间,离秦观之死不过五十多年,而范成大乾道三年(1167)始知处州,所以,吴曾此书所述,应是有关《千秋岁》本事的最早记载。他亲见"诸公唱和亲笔",并详细记述了孔平仲、苏轼、黄庭坚三首次韵词的内容和写作背景,自当可信。他记黄庭坚于崇宁三年(1104)贬往宜州,"道过衡阳,览其遗墨"而作和词;王之道的和词,有"银钩虽可漫,琬琰终难改。愁浩荡,临风令我思淮海"之句,也以目睹秦观此词墨迹成为他写作和词的契机,他又曾任湖南转运判官等职,证明当时确有秦少游此词手迹在衡阳传存。《独醒杂志》的作者曾敏行是胡铨、杨万里的朋友,《四库全书总目》说他因病不能仕进,"遂专意学问,积所闻见成此书"②,书由其子编成,时在淳熙十三年(1186)。书中记载苏轼及其交游事迹尤多,对这方面情况知之甚稔。但曾氏所记,与吴曾有两点不同:

一、他认为其时秦观是在"谪古藤"途中而道过衡阳的,这显系错误。秦观是在元符三年(1100)自雷州遇赦内迁北还,八月至藤州而卒。这里的"古藤"当是"横州"之误(说详下)。

二、说此词是秦观受孔平仲款待,"饮于郡斋",为酬谢主人而作,宾主同座,则又与此词怀人思远的内容相忤;《能改斋漫录》却记秦观自云:"至衡阳,呈孔毅甫使君。"③则意味着此词业已先作,到了衡阳才写赠给孔平仲的。也就是说,此词怀人思远的内容,原先并不

---

① 清光绪间《处州府志》卷九"古迹":"莺花亭,在南园,郡守范成大建。"
② 《独醒杂志提要》,《四库全书总目》卷一四一,第 1200 页。
③ 《能改斋漫录》卷一七,第 487 页。

是针对孔平仲而发的。

那么,秦观《千秋岁》词所怀之人为谁呢?南宋曾季狸《艇斋诗话》云:"少游'水边沙外,城郭春寒退'词,为张芸叟作。有简与芸叟云:'古者以代劳歌,此真所谓劳歌。'"①曾季狸曾师事韩驹、吕本中,与朱熹、陆游均有交往,《艇斋诗话》成书在隆兴、乾道之间(1163—1173),稍迟于《能改斋漫录》而早于《独醒杂志》。但这条材料却罕为历来研究秦观此词者所引述,实际上却是不应忽视的重要线索。

一、它明确说明此词是寄赠给张舜民的"代劳歌"。"劳歌",意即送别慰劳之歌。骆宾王《送吴七游蜀》"劳歌徒欲奏,赠别竟无言"即是。"代劳歌"也是当时一般用语。黄庭坚《书赠王长源诗后》:"……辄以旧诗十许为赠,长源若行,登山临水,亦可以代劳歌耳。"②秦观《与张芸叟简》今未见,揣摩所引两句,似谓此词可代劳歌,以慰道路之苦;但此词内容正是惜别,本是劳歌,与如黄庭坚以"旧诗"充代者不同。这与秦词内容是吻合的。

二、秦词中的"忆昔西池会"一句,指的是元祐七年(1092)三月金明池的一次盛会,秦词对象必亦参与。据秦观《西城宴集》诗序:"元祐七年三月上巳日,诏赐馆阁官花酒,以中浣日游金明池、琼林苑,又会于国夫人园,会者二十有六人。"秦观这两首诗,一云"次王敏中少监韵",王敏中,应作王敏仲,即王古,时任太府少卿(一说太常少卿);一云"次王仲至侍郎韵",王仲至即王钦臣,时任工部侍郎。张耒有《次韵王敏仲至西池会饮》、《次韵王敏仲池上》两诗,与秦诗用韵全同,但他似乎未参加集会。(有《休日不出,闻西池游人之盛》诗)其他诸人已不可详考。但这次以馆阁诸臣为主的盛会,张舜民是极有可能参加的。他和秦观、王古、王钦臣、张耒以及孔平仲、苏轼、黄庭坚、

---

① 见《历代诗话续编》,第 309 页。
② 《黄庭坚全集辑校编年》,第 1584 页。

第三章 苏(轼)门"学士"集团

李之仪等和词作者,都是名列《元祐党籍碑》的。元祐元年,苏轼以翰林学士知制诰召试学士院,选拔毕仲游、黄庭坚、张耒、晁补之等九人擢任馆职,张舜民即其一,任秘阁校理,直至元符二年正月才罢①。元祐二年,他以承议郎秘阁校理通判虢州,苏轼有《次韵张舜民自御史出倅虢州留别》诗送行。元祐五年还朝,直至元祐末,仍以秘阁校理任殿中侍御史、左司员外郎等职。他虽被视为刘挚为首的"朔党",但与苏轼等人关系甚密。他的《祭子由门下文》②记叙了他与苏轼兄弟早自熙宁元年起的交游过程。今《画墁集》中也有《再过黄州苏子瞻东坡雪堂,因书即事题于武昌王叟斋扉》、《苏子瞻哀辞》等文字。他的《郴行录》在记途经潭州时,特笔点明:"秦少游死藤州,其子护丧,槁殡潭州。黄鲁直有诗云:'长眠橘洲风雨寒'。"③《郴行录》作于元丰时,此段文字当是后来的补笔。苏轼僚属赵令畤在《侯鲭录》卷二中说:"浮休居士张舜民芸叟,忠义人也。"④可以代表苏门中人对他的评价。特别是秦观在京时曾和他唱酬往返,有其《次韵传道自适兼呈都司芸叟学士》为证(都司,张时任左司员外郎)。因此,曾季狸的记载虽属单文孤证,目前还不能确证,但也不能遽然否定。明乎此,秦词本事上的难点(孔平仲不是直接寄赠对象,季节矛盾实无关宏旨)才能涣然冰释。

现再论秦、孔衡阳之会的时间。据《宋史纪事本末》卷四六《绍述》载,绍圣四年(1097)二月癸未(二十八日),"流吕大防、刘挚、苏辙、梁焘、范纯仁于岭南,贬韩维等三十人官",其中就有秦观从郴州编管横州居住,"孔平仲落职知衡州"⑤。从郴州至横州,当时必须先

---

① 见《续资治通鉴长编》卷三九三、五〇五,第 9552、12045 页。
② 此文《画墁集》失收,见栾贵明辑《四库辑本别集拾遗》。
③ (宋)张舜民撰:《画墁集》,文渊阁《四库全书》本,第 1117 册,卷八,第 52 页。
④ 《侯鲭录》卷二,第 65 页。
⑤ 《宋史纪事本末》卷四六,第 454 页。

北上至衡州，然后南循湘水，入广西境，至桂州兴安，由灵渠顺漓水下梧州，复由浔江、郁水西至横州。估计秦、孔在衡阳会合当在绍圣四年。秦瀛重编《淮海先生年谱》说秦观此年仍在郴州，至次年（元符元年）才离郴州赴横①，不知何据。在当时大清洗的高压气候下，恐不能如此从容。《续资治通鉴长编拾补》卷一四记绍圣四年二月，秦观移横诏令时，特注明"所在州郡差得力州职员押伴前去，经过州军交割，仍仰所差人常切照管，不得别致疏虞"②。依此情势，秦、孔衡阳之会很可能赶在此年春天以前（是年有闰二月），则与孔平仲和词亦写春景吻合。这样，上述第三说把两人会面定在绍圣三年秦观由处州赴郴州途中，似不确当，因其时孔平仲尚未贬知衡州。

总之，秦观《千秋岁》词原系别有所赠（张舜民是极有可能的人选），至绍圣四年他赴横州途经衡阳时重又写赠给孔平仲。由于词的特定内容，在政治大清洗的背景下，这首词超越了规定接受对象的局限，从个别到一般，赋予了更广泛的意义和作用。它作为某类贬谪心态的艺术载体，拨动了当时被贬元祐党人的心弦，演成了词坛上此呼彼应、相互唱和的动人景象。

二

秦观《千秋岁》中抚今追昔的感情导向是引起元祐党人特别是苏门中人心理共鸣的基础。"忆昔西池会，鹓鹭同飞盖"两句尤其是牵动和词作者心灵的触媒剂。"苏门"正式形成于元祐时代。元祐元年，苏轼（中书舍人、翰林学士知制诰）、苏辙（右司谏、中书舍人）、黄庭坚（集贤校理）、晁补之（太学正）、张耒（太学录）、陈师道等皆在开封，仅秦观外任蔡州教授。二年，秦观也被召入京，三年起任宣教郎、

---

① 秦瀛重编《淮海先生年谱》，《北京图书馆藏珍本年谱丛刊》本，第 20 册，第 605 页。
② （清）黄以周等辑注，顾吉辰点校：《续资治通鉴长编拾补》，中华书局 2004 年版，卷一四，第 554 页。

太学博士、校正秘书省书籍等职。一时文人会萃,为史羡称。惠洪《石门文字禅》卷二七《跋三学士帖》云:"秦少游、张文潜、晁无咎,元祐间俱在馆中,与黄鲁直居四学士,而东坡方为翰林。一时文物之盛,自汉唐已来未有也。"①元祐七年的金明池盛会正是这种文化环境的一个缩影。在孔平仲、苏轼、黄庭坚、李之仪这四位和词作者中,孔平仲时任集贤校理,他的《孔氏谈苑》卷四"西池唱和诗"条即是关于此次集会的记录②,或许得自亲见。苏、黄、李是否与会,于史无考,但都有相关的记载。黄庭坚有《次韵宋楙宗三月十四日到西池,都人盛观翰林公出邀》诗,极赞苏轼"出邀"风仪,"人间化鹤三千岁,海上看羊十九年。还作邀头惊俗眼,风流文物属苏仙"③。苏轼有《和宋肇游西池次韵》诗云:"故山西望三千里,往事回思二十年。自笑区区足官府,不如公子散神仙。"④虽自笑贪禄忘归,实颇踌躇满志。李之仪在《祭秦少游文》中也念念不忘两人"并辔阙廷之下,与委蛇班列之中,或相与追随樽俎之地"的"昔游"生涯⑤。而他们写作和词时,都已遭到政敌接二连三的残酷打击和疯狂迫害,苏、黄两人且已贬至"茅菅茂盛,蓄藏瘴毒"的岭南"远恶军州"(孔平仲、秦观后亦贬至岭南)。面对境遇的强烈反差,秦词中关于元祐盛游生活的追忆,不能不在他们心中激起巨大的波澜,作出合乎情理的反响。

然而,对待相似的厄运和苦难,每个人的心理反应并不全同。同时代人已注意及此。惠洪《冷斋夜话》卷三"少游鲁直被谪作诗"条云:"少游谪雷,凄怆有诗曰:'南土四时都热,愁人日夜俱长。安得此

---

① (宋)惠洪撰:《石门文字禅》,《四部丛刊初编》本,卷二七,第45页。
② (宋)孔平仲撰,杨倩描、徐立群点校:《孔氏谈苑》,中华书局2012年版,第264页。
③ 《山谷诗集注》卷九,第228页。
④ 《苏轼诗集合注》卷三〇,第1484页。
⑤ (宋)李之仪撰:《姑溪居士文集》,《宋集珍本丛刊》影印清初抄本,第27册,卷四三,第100页。

身如石,一时忘了家乡。'鲁直谪宜,殊坦夷,作诗云:'老色日上面,欢情日去心。今既不如昔,后当不如今。轻纱一幅巾,短簟六尺床。无客白日静,有风终夕凉。'少游钟情,故其诗酸楚;鲁直学道休歇,故其诗闲暇。至于东坡南中诗曰:'平生万事足,所欠唯一死。'则英特迈往之气,不受梦幻折困,可畏而仰哉!"①此条亦见北宋末的《古今诗话》"苏黄秦南土诗"条。南宋刘克庄《后村诗话》后集卷一,也记黄庭坚贬宜州,"其《别元明》犹云:'术者谓吾兄弟俱寿八十。'谷亦不自料大期止此(按,黄六十一岁亡)。少游在藤州自作挽歌之属,比谷尤悲哀。惟坡公海外笔力,益老健宏放,无忧患迁谪之态。黄、秦皆不能及。"②其意与惠洪相类。他们对贬谪心态和态度的三种类型的概括,是有识见的,为贬谪文学提供某种研究视角,在《千秋岁》及其次韵词中也得到反映。

秦观《千秋岁》词以哀怨愁苦无以自解为基调。他抚今追昔的感情导向,紧紧地通过春景的今昔对比加以强烈的表现。开头写即目所见的"花影乱,莺声碎"的暮春景色,以烘托"飘零"、"离别"的哀感,是明写;过片写"忆昔西池会",逗引起对昔日京城春游的追忆,是暗写,以盛衬衰,直逼"日边清梦断,镜里朱颜改"的绝望呼喊;最后"春去也,飞红万点愁如海"一句,既进一层申写眼前春景,又把哀情导向极致:理想的仕途,青春的生命,都随春天一去不可复返。秦观虽说"尝学至言妙道",但他本质上却是一位纯情者。他一生仕途坎坷,元祐京城时期,尽管物质生活清苦,"日典春衣"、"家贫食粥",但一个小小的校正秘书省书籍之职,似乎在他面前展现了诱人的政治前景。与苏门甚熟的王直方,在《王直方诗话》中用"秦少游炫耀"为题,记他当时晚出左掖门,有"出门尘涨如黄雾,始觉身从天上归"之句,"识者

---

① 《冷斋夜话》卷三,第 30 页。
② 《后村诗话・后集》卷一,第 45 页。

以为少游作一黄本校勘,而炫耀如此,必不远到"①。顺境的情绪升温越快,逆境的降温亦速。王直方还举出他作蔡州教授时,以为"朝夕便当入馆",欣然命笔:"更无舟楫碍,从此百川通。"以为平步青云,唾手可得;但"久不召用",立刻发出"鬓毛今白纷"的哀叹②。所以,这位纯情者的学养、素质,使他对境遇的顺逆升黜缺乏必要的心理承受能力。南迁遭斥的打击,自非"久不召用"可比,更何况他在嗣后的《元祐党籍碑》的"馀官"一类中,竟作为首恶名列第一(苏轼在侍郎以上一类中居首),可以推知他所受政治压力之大,他的哀感自然一发而不可收拾了。孔平仲对《千秋岁》有"少游盛年,何为言语悲怆如此!""秦少游气貌,大不类平时,殆不久于世矣"之感叹③,曾布有"秦七必不久于世,岂有'愁如海'而可存乎"之评说④,惠洪也有"想见其神清在绛阙、道山之间"之预测⑤,都说明秦观沉浸于"凄怆"、"酸楚"、"悲怆"之中无以自拔的贬谪心态。

孔平仲与苏门交往亦甚密。他的《千秋岁》和词是因秦词原唱过于"悲怆","遂赓其韵以解之"的⑥。词以"春风湖外,红杏花初退"发端,也用暮春开笔,但却采用以男女离情寄托政治感慨的手法:"泪馀痕在枕,别久香销带","锦书消息断,玉漏花阴改"。宋黄公度《菩萨蛮》(高楼目断南来翼)词题下注云:"有怀汪彦章而作。以当路多忌,故托玉人以见意。"⑦孔词也可作如是观,反映了他对政治迫害的警觉和馀悸。其词也承秦词"人不见,碧云暮合空相对"的怀人主旨(用

---

① 《王直方诗话》,《宋诗话辑佚》,第36页。
② 《王直方诗话》"少游诗意气之盛衰"条,《宋诗话辑佚》,第28页。
③ 《独醒杂志》卷五,知不足斋丛书本,第3a页。
④ 《艇斋诗话》,《历代诗话续编》,第302页。
⑤ 《苕溪渔隐丛话·前集》卷五〇引《冷斋夜话》(第342页),今本无。
⑥ 《独醒杂志》卷五,知不足斋丛书本,第3a页。
⑦ (宋)黄公度撰:《知稼翁词》,(明)毛晋辑刻:《宋六十名家词》,上海古籍出版社1989年版,第578页。

江淹《休上人怨别》诗"日暮碧云合,佳人殊未来"意),以"迟日暮,仙山杳杳空云海"作结,迷茫惆怅,但也曲含排解超脱之意。

这种对贬谪苦难的超越意识,在黄庭坚贬谪时期的诗词中就表现得比孔词更为成熟了。他从三十六岁自号山谷道人开始,日益服膺禅宗。惠洪在《山谷老人赞》中,称他"情如维摩诘,而欠散花之天女;心如赤头璨,而著折角之幅巾"①,俨然佛门居士!但他这首作于贬宜途中、秦观死后四年的和词,却主要抒发悼念之情。黄庭坚和秦观同于元祐时在馆阁修《神宗实录》,又以"窜易增减,诬毁先烈"的同一罪名外贬②。两人交谊甚笃,黄有"国士无双秦少游"的赞语③,对秦观之死他自然物丧其类,不免动容。在作此和词以前不久,他曾在长沙遇秦观子秦湛、婿范温扶柩北归,赠诗馈银,使人有"前辈于死生交友之义如此"的评语④,同时也蕴积了对亡友的哀感。由于题旨的限制,黄庭坚的和词没有更多地发挥禅宗超越苦难的思想,而把笔墨集中在对往昔的追忆之中:"记得同朝退。飞骑轧,鸣珂碎","杯盘狼藉犹相对"。词中虽然有对"人已去,词空在"的"感慨",对"波涛万顷珠沉海"人才凋落的惋惜,但通观全篇,比之原唱的"飞红万点愁如海"来,毕竟显得沉稳豁达得多,并没有失去心理的平衡。能够助证这点的是,他当时在衡阳花光寺还看到另一秦、苏诗卷,又写了一首悼念诗:《花光仲仁出秦苏诗卷,思两国士不可复见,开卷绝叹,因花光为我作梅数枝及画烟外远山,追少游韵,记卷末》⑤。这首和诗就显出他随缘任运、超绝尘寰的思想性格了。他称秦观为"梦蝶真人貌黄槁,篱落逢花须醉倒",实以自己"扶持爱梅说道理,自许牛头参已

---

① 《石门文字禅》卷一九,《四部丛刊初编》本,第 40 页。
② 见《宋史》卷三五六《刘拯传》,第 11199 页。
③ 《山谷诗集注》卷一一,第 275 页。
④ 《独醒杂志》卷三,知不足斋丛书本,第 2a—2b 页。
⑤ 《山谷诗集注》卷一九,第 471—472 页。

早"的游戏人生、参悟物理的个性来改铸秦观的形象。

苏轼的和词作于贬居海南岛时期。从词中"新恩犹可觊"句来看,当作于遇赦北还前夕(约元符二年,公元 1099 年),时秦观尚在世。他因侄孙苏元老寄他秦、孔两词,读而有感而作。他自称此词主旨是"超然自得、不改其度"①。这首和词是苏轼对秦、孔贬谪态度的一种反响、异议和诲导,也是他晚年历经磨难的政治自白,更是他一生人生思考的最后结晶。词云:

> 岛边天外,未老身先退。珠泪溅,丹衷碎。声摇苍玉佩,色重黄金带。一万里,斜阳正与长安对。　　道远谁云会?罪大天能盖。君命重,臣节在。新恩犹可觊,旧学终难改。吾已矣,乘桴且恁浮于海。②

苏轼在黄州、惠州、儋州的长期贬谪生活中,咀嚼尽孤独、窘困、凄苦等种种况味,并从佛老哲学中寻求过摆脱、超越悲哀的思想武器,以保持对生活、对美好事物的信心和追求,坚持对自我价值的肯定。就其成熟和典型而言,代表了封建文人士大夫人生思考的最高境界。但是,他植根于传统儒学的社会责任感、使命感并未完全泯灭,而是作了深层的思索。这首和词中依然有对京城的眷恋,对"君命"、"臣节"神圣性的崇奉,但其重点已落在"旧学终难改",为坚持自己初衷甚至不惜浮海远去,超越政治。这就既不同于把自身完全依附于"君主"的儒家愚忠,也不同于遗世独立、绝意功名,仿佛置身于杳杳仙山的出世思想,而是在直面严酷现实中,肯定独立人格,顽强地追求自我价值的实现。他在黄州时曾说过:"长恨此身非我有,何

---

① 《能改斋漫录》卷一七,第 487 页。
② 见《能改斋漫录》卷一七,第 487—488 页。

时忘却营营!""小舟从此逝,江海寄馀生。"①把对个人价值的损害仅仅归结为奔名逐利,不惜优游江海以避"营营"。而这首晚年的和词中,却对整个社会和政治,交织着抗争和超越,是他经历早年的积极入世、中年的一度消极出世后的思想升华,标志着贬谪心态的最高层次。

李之仪和惠洪跟苏门也有交往。苏轼知定州时,李之仪被辟为掌机宜文字。秦观的《李端叔见寄次韵》说起元祐时两人在京城的景况:"伊我篮舆抵京县,溽暑黄埃负初愿。君家只在御城东,弥月不能三两见。"②在《秋夜病起怀端叔作诗寄之》中,说李"与时真楚越,于我实伯仲",彼此情投意合;"阴持含沙毒,影射期必中"③,互相同遭诬陷。李之仪也有《采桑子·席上送少游之金陵》、《朝中措·望新开湖有怀少游用樊良道中韵》等词赠他,写得情真意切,颇足动人。但他这首和词,却完全沿袭孔平仲和词,只不过把孔词的春景改成秋景而已。李词中还有五首《千秋岁》词,也是和人韵的。这首大概是秋天读孔词时即兴率意之作,所以没有表露他个人对秦观的真切情意,平庸不足道了。惠洪与苏、黄为方外交,他的这首和词是受兄之命、题崔徽写真所作。词写唐代名妓崔徽和裴敬中的爱情故事,其中云:"十分春易尽,一点情难改。多少事,却随恨远连云海。"④有否言外之意,已难确考,但其情调却与秦观原唱相似,表现了这位"不守面壁宗风"的"浪子和尚"的本来面目。

三

诗人唱和,古已有之。但原先仅答来意,不必拘其体制,也不袭原韵,更不必用其原韵原字、连先后次序都须相同(次韵)。唐代李端和卢纶始有次韵诗,元稹和白居易、皮日休和陆龟蒙更推波助澜。在

---

① 《临江仙·夜归临皋》,《东坡乐府笺》卷二,第179页。
② 《淮海集笺注·后集》卷二,第1385页。
③ 《淮海集笺注·后集》卷二,第1368页。
④ 惠洪《千秋岁·半身屏外》,见《全宋词》,第712页。

宋代诗人中,此风更烈,蔚为大国,成为突出现象。苏轼即是代表。据统计,苏轼从元祐元年直至临终,共作诗995篇,次韵诗456篇,包括"和陶诗",占45.8%[①]。这一现象说明了诗歌日益参与文人社交生活,扩大和提高了诗歌的社会应用价值,从而使诗歌内容更趋日常生活化,加重了议论和思辨成分;在艺术上也有切磋诗艺、因难见巧、争奇斗妙的作用。但又不免作茧自缚,引起人们对诗人浪费才华的惋惜。如金王若虚《滹南诗话》说,苏轼诗集中"次韵者几三之一,虽穷极技巧,倾动一时,而害于天全多矣。使苏公而无此,其去古人何远哉!"[②]

和韵之风延及词坛,似在北宋中叶"词"作为文学样式的观念确立之时。"六客词"即是一例。这是词打破"诗庄词媚"的界限,脱离从属于音乐的附庸地位,日益诗歌化的一个标志,也是词人们创作观念变化的结果。词原先作为供歌妓演唱以娱宾遣兴的歌词,造成了狭深的内容特点和柔婉的艺术风格。和韵之风却使词具有和诗一样的文人社交功能,把娱宾助欢导向个人抒情,加强了词的个性化,促成了词体的新变。

文人们互相直接唱酬的次韵诗词,一般应具备两个条件:形式上,依次用其原韵原字;内容上,与原唱意义衔接(或对话,或引申,或转语)。此外,在风格上也应力求与原唱保持一致。这样,次韵作品之间,既是同向的交流、融合,又暗含着异向的撞击、竞争,在一定条件下,起了推动艺术发展的作用。苏轼《水龙吟·次韵章质夫杨花词》、辛弃疾《水调歌头·舟次扬州和杨济翁、周显先韵》都是成功的和词。

在围绕秦观《千秋岁》纷起和韵的同时,又有李之仪、黄庭坚、黄大临、惠洪等人所作的四首贺铸《青玉案》的和词,后三首又都是围绕

---

① 见内山精也《苏轼次韵诗考》,载日本《中国诗文论丛》第七集。
② 见《历代诗话续编》,第515页。

黄庭坚贬往宜州事件而发的。贺铸名作《青玉案》约作于元符末;崇宁元年(1102),李之仪首起唱和,作《青玉案·用贺方回韵,有所祷而作》;崇宁二年,黄庭坚谪宜州,其兄黄大临作《青玉案·和贺方回韵,送山谷弟贬宜州》;三年,黄庭坚抵宜,又作《青玉案·至宜州次韵上酬七兄》答之;同时惠洪也有《青玉案》(绿槐烟柳长亭路)送黄庭坚。(以上均据黄、贺有关年谱。)后三首和词,都从传统词写腻了的恋情向亲情、友情开掘。黄大临的"弟兄华发,远山修水,异日同归处"[1],表达了深沉的手足情谊(他另一首《青玉案》和词写自己离萍乡令时的悲苦心情)。黄庭坚答词云:"忧能损性休朝暮,忆我当年醉时句。(原注:"旧诗云:我自只如常日醉,满川风月替人愁。")"[2]则表现他豁达飘逸、置贬谪于度外的超旷情怀,是他贬谪时期的主导心态。两词用语或清疏或放旷,对传统婉约词秾丽柔婉的语言风格有所改革。惠洪赠词云:"解鞍旅舍天将暮。暗忆叮咛千万句,一寸柔肠情几许。"[3]则仍保持他哀艳婉曲的本色。

围绕秦观《千秋岁》的九首宋人和词,也同样表现出不同于传统婉约词的一些新因素。这九首词可分为两组。一组是孔平仲、苏轼、黄庭坚、李之仪等秦观师友的和词(惠洪也可属此)。他们用不同的手法(或直抒其志、或比兴寄托),从不同的角度(或慰解、或诲导、或悼念),表现出同遭贬谪的不同心态,扩展了词的题材内容的疆域,甚至为研究元祐党人提供了形象具体的史料[4]。特别是苏轼和词,一反模拟原唱风格的常规,不假外景,直抒胸臆,大气贯注,应是他最后一首豪放词名作。在他以前的传统词中,如此鲜明而又深刻地表达

---

[1] 见《能改斋漫录》卷一六,第470页。
[2] (宋)黄庭坚著,马兴荣、祝振玉校注:《山谷词》,上海古籍出版社2001年版,第76页。
[3] 见《能改斋漫录》卷一六,第471页。
[4] 据统计,《元祐党籍碑》共309人,流放岭南者32人,苏、秦、黄、孔皆在内。

了主体意识、人生思考的作品,几乎还举不出第二首,这与"次韵"所引进的交融、撞击、竞争的机制是有一定关系的。

另一组是南宋的王之道和丘崈。王之道(1093—1169)是位抗金词人。他的《相山居士词》中和词特多,和苏轼词者就有十五首。他的这首《千秋岁·追和秦少游》似是观摩秦词手迹后抒发悼念之情的作品,与黄庭坚相同。其用语颇多承袭前作,如"山前湖外"之于孔词的"春风湖外","忆昔东门会"之于秦词的"忆昔西池会","人已远,歌如在"之于黄词的"人已去,词空在"。但他改春景为夏景,可能是他写作时的实景。从"黄鹂求友新成对"句看,含有尚友古人之意。结尾"愁浩荡,临风令我思淮海",情意绵邈,但毕竟由于岁月推移,时代久远,情绪已趋平静。丘崈(1135—1209)的《千秋岁·用秦少游韵》三首,实是三首梅词,除形式上次韵外,其内容和风格都与秦词原唱无关,但这现象说明了原唱所受到的推崇,反映了它的深远影响,对研究和评价原唱也是有意义的。

附录:

《千秋岁》　　　　　秦　观

水边沙外,城郭春寒退。花影乱,莺声碎。飘零疏酒盏,离别宽衣带。人不见,碧云暮合空相对。　　忆昔西池会,鹓鹭同飞盖。携手处,今谁在?日边清梦断,镜里朱颜改。春去也,飞红万点愁如海。

《千秋岁》　　　　　孔平仲

春风湖外,红杏花初退。孤馆静,愁肠碎。泪馀痕在枕,别久香销带。新睡起,小园戏蝶飞成对。　　惆怅人谁会?随处聊倾盖。情暂遣,心何在。锦书消息断,玉漏花阴改。迟日暮,仙山杳杳空云海。

《千秋岁·次韵少游》　　　　苏　轼

岛边天外,未老身先退。珠泪溅,丹衷碎。声摇苍玉佩,色重黄金带。一万里,斜阳正与长安对。　　道远谁云会?罪大天能盖。君命重,臣节在。新恩犹可觊,旧学终难改。吾已矣,乘桴且恁浮于海。

《千秋岁》　　　　黄庭坚

少游得谪,尝梦中作词云:"醉卧古藤阴下,了不知南北。"竟以元符庚辰,死于藤州光华亭上。崇宁甲申,庭坚窜宜州,道过衡阳。览其遗墨,始追和其《千秋岁》词。

苑边花外,记得同朝退。飞骑轧,鸣珂碎。齐歌云绕扇,赵舞风回带。严鼓断,杯盘狼藉犹相对。　　洒泪谁能会?醉卧藤阴盖。人已去,词空在。兔园高宴悄,虎观英游改。重感慨,波涛万顷珠沉海。

(按:此词又见晁补之《琴趣外篇》卷二。《能改斋漫录》卷一七云:"晁无咎集中尝载此词,而非是也。"可从。)

《千秋岁·用秦少游韵》　　　　李之仪

深秋庭院,残暑全消退。天幕迥,云容碎。地偏人罕到,风惨寒微带。初睡起,翩翩戏蝶飞成对。　　叹息谁能会?犹记逢倾盖。情暂遣,心常在。沉沉音信断,冉冉光阴改。红日晚,仙山路隔空云海。

《千秋岁》　　　　惠　洪

半身屏外,睡觉唇红退。春思乱,芳心碎。空馀簪髻玉,不见流苏带。试与问,今人秀整谁宜对? 湘浦曾同会。手搴轻罗盖。疑是梦,今犹在。十分春易尽,一点情难改。多少事,却随恨远连云海。

《千秋岁·追和秦少游》　　　王之道

山前湖外,初日浮云退。荷气馥,槐阴碎。葵花红障锦,萱草青垂带。谁得似,黄鹂求友新成对。　　忆昔东门会。千古同倾盖。人已远,歌如在。银钩虽可漫,琬琰终难改。愁浩荡,临风令我思淮海。

《千秋岁·用秦少游韵》　　　丘崇

梅妆竹外,未洗唇红退。酥脸腻,檀心碎。临溪闲自照,爱雪春犹带。沙路晓,亭亭浅立人无对。　　似恨谁能会?迟见江头盖。和鼎事,终应在。落残知未免,韵胜何曾改。牵醉梦,随香欲渡三山海。

又

征鸿天外,风急惊飞退。云彩重,窗声碎。初凝铺径絮,渐卷随车带。凝望处,巫山秀耸寒相对。　　高卧传都会。茅屋倾冠盖。空往事,今谁在?梅梢春意动,泽国年华改。楼上好,与君浩荡浮银海。

又

窥檐窗外,酒力冲寒退。风絮乱,琼瑶碎。凌波争缭绕,点舞相萦带。应惬当,凝香燕寝佳人对。　　恰与花时会。小阻寻芳盖。犹自得,春多在。日烘梅柳竞,翠入山林改。但只恐,别离恨远如云海。

结束语：后苏东坡时代

宋徽宗建中靖国元年(1101)七月，苏轼病逝于常州，对他的政治历程而言，未始不是幸事。此年十一月，徽宗即诏改明年年号为崇宁元年，标志着重新推行熙宁之政，打击包括苏轼在内的元祐党人，政局又将丕变。果然，次年五月，苏轼还未安葬，即被贬为崇信军节度行军司马，但这第四次贬官已是他身后之事了。苏轼的早一年去世，使他免去了又一次贬逐之哀与流离之苦，岂非幸事？然而，对于北宋文坛和苏氏家族而言，却确实进入一个艰难的"后苏东坡时代"。文坛失去盟主，家族失去灵魂，士人们普遍从失落而焦虑而困惑，力求有所振兴；族人们多方努力，谋求延续苏氏文脉，以维护苏学于不坠，于是演绎出种种炫人眼目、耐人深思的历史故事和文学故事。

苏轼的去世并不意味着"苏门"文学活动的遽然消失，例证之一就是"和陶诗"的写作从坡翁生前一直延续到身后，成为"苏门"一大盛事。

苏轼的"和陶诗"是中国文学史上的一个特殊现象。诗人之间互相唱和原是中国文人日常的交游活动，但是，要把前辈作者的全部诗歌尽和殆遍，在苏轼之前是绝无仅有的。如果仅仅着眼于诗歌艺术而言，唱和诗必然面对两个难题：一是和作应与原唱保持思想内容上的应对衔接、交流碰撞，以及诗风上的风味相类。然而，和作之于原唱，学不像固然不能称好，学得可以乱真也未必好，实处于创作前提上的两难选择；二是韵律的拘限，如是"步韵"、"次韵"更有严格的押韵要求,真是"戴着镣铐跳舞"了。深知诗歌真谛的苏轼自然懂得此理,却自觉选择对陶诗"要当尽和其诗乃已耳"。他说过:"古之诗人,有拟古之作矣,未有追和古人者也。追和古人,则始于东坡。"其创作冲动来自"吾于渊明,岂独好其诗哉?如其为人,实有感焉",他自觉地要以陶为师:"欲以晚节师范其万一也。"[1]这说明他和陶渊明之间存在着深刻的精神认同和相似的审美趣尚,即自然任真的理想人格和人生智慧层面的深度对话,和他晚年对平淡诗风的倾心追求。这是我们对苏轼和陶诗意义的一般认识。

然而,在"后苏东坡时代","党禁"大清洗的背景下,"苏门"的和陶诗活动,其意义不限于此。日本原田爱君《苏轼文学的继承与苏轼一族》(日本福冈中国书店出版,2015年)一书就密切结合北宋文坛和苏氏家族的遭际,进行了别具识见的阐释。作者以苏轼生前、死后为界,细致地勾画出苏轼生前如何用心良苦地把自己的和陶诗分送给他的门人、亲族、友朋,这样的和陶诗达到九十九首(总数为一百二十四首),仅苏辙一人就收到乃兄六十五首。苏轼自觉地扩大他的和陶诗的影响,渴望引起亲友们的反馈,也果然形成了众声继和的热潮。苏轼还具体要求苏辙把他的和陶诗编纂成集,"以遗后之君子"[2],视作要传诸后世的名山事业,显然也不仅仅把它看成一次单纯的文学活动。

我们检验和陶诗的内容,一般均是他当时贬谪中的日常情事,看似平淡无奇,不兴波澜,而其内蕴则涉两类主题:一是仕隐或曰出处,一是生死或曰对生命的终极关怀。苏轼和陶诗是从元祐七年(1092)扬州时开始的,虽已关乎仕隐问题,但未形成专门性的创作主题;至绍圣元年(1094)贬至惠州,他才决心"要当尽和其诗乃已

---

[1] 苏辙《子瞻和陶渊明诗集引》,《栾城集·后集》卷二一,第1402页。
[2] 苏辙《子瞻和陶渊明诗集引》,《栾城集·后集》卷二一,第1402页。

耳"①，并普遍寄赠，"约诸君同赋"②，造成舆论热点。这一系列活动表明：他的和陶诗写作，已从个人一己的抒发扩展到尽可能广泛的群体，体现了他作为文坛盟主的作派和影响力；也说明此非一般性的诗歌唱和，而是元祐党人在横遭折磨打击的困难时期借以相互慰藉和心灵交流，发抒这一特定政治群体在"大清洗"中的心声的重要方式，应看作"苏门"一次特殊的文学活动，而苏轼不论在世或已离世，都发挥着引领和核心的作用。自然，"苏门"对此事的反应并非铁板一块，黄庭坚就是"苏门四学士"中唯一不写和陶诗的人。虽然他曾高度评价苏轼之作，"饱吃惠州饭，细和渊明诗。彭泽千载人，东坡百世士。出处虽不同，风味乃相似"③，但当苏辙致函亲邀他参与唱和时，他却未应命。内中情由，颇堪玩索。

苏轼死后，文坛的领袖人物一时发生中断，其实有一位现成的人选，那就是苏辙。苏过《叔父生日四首》其一云："斯文有盟主，坐制狂澜漂"，"手持文章柄，烂若北斗标"，"造物真有意，俾公以后凋"④。就是这种愿望的表达。苏辙时居颍昌，处于政治的低谷期，但他仍在推动"许党"新生门人继写和陶诗活动中作了巨大努力。但他毕竟与乃兄年岁相间的密度太小，还不足以形成代代相沿的序列，加之处于政治上的低谷期，其个人的文学成就、人际关系的亲和度，尚不足与苏轼匹配，因而北宋文坛盟主只能历史地终结于东坡。

另一位呼声颇高的盟主候选人物就是"苏门四学士"之一的张耒。《宋史》张耒本传云："时二苏及黄庭坚、晁补之辈相继没，耒独

---

① 苏轼《和陶归园田居六首·序》，《苏轼诗集合注》卷三九，第 2005 页。
② 见李之仪《跋东坡诸公追和渊明归去来引后》，《姑溪居士文集·后集》卷一五，《宋集珍本丛刊》本，第 27 册，第 185 页。
③ 《跋子瞻和陶诗》，《山谷诗集注》卷一七，第 416 页。
④ （宋）苏迈著，舒大刚、蒋宗许等校注：《斜川集校注》，巴蜀书社 1996 年版，卷三，第 209—210 页。

存,士人就学者众,分日载酒肴饮食之。"①这里关涉构成文人集团的两个基本结构条件:一是盟主的地位、声望、才具、胸襟、气度及其亲和力和号召力;二是成员的人数、素质和交流、创作能力。张耒死于政和四年(1114),年61岁,时二苏和"四学士"中其他三位等均已辞世:秦观(1100)、苏轼(1101)、陈师道(1101)、黄庭坚(1105)、晁补之(1110)、苏辙(1112)几乎在十年之间凋谢殆尽,张耒是"岿然独存"者,成为传承"苏门"的唯一可能人选。

苏轼对文坛盟主代代相传、后继有人始终念兹在兹。他对包括张耒在内的苏门中人说:"方今太平之盛,文士辈出,要使一时之文有所宗主。昔欧阳文忠常以是任付与某,故不敢不勉;异时文章盟主,责在诸君,亦如文忠之付授也。"②而苏轼对张耒特别器重,常常把他与秦观相提并论。在《太息一章送秦少章秀才》中,他说:"张文潜、秦少游此两人者,士之超逸绝尘者也。非独吾云耳,二三子亦自以为莫及也。士骇于所未闻,不能无异同,故纷纷之言,常及吾与二子,吾策之审矣。士如良金美玉,市有定价,岂可以爱憎口舌贵贱之欤?"③把张、秦赞为"超逸绝尘"之人,且门下诸子均以为"莫及"也。在与他儿子苏过的一次面谈中,更直截了当地赞许二人为"当世第一":"东坡尝语子过曰:'秦少游、张文潜才识学问,为当世第一,无能优劣二人者。少游下笔精悍,心所默识而口不能传者,能以笔传之。然而气韵雄拔、疏通秀朗,当推文潜。二人皆辱与余游,同升而并黜。……汝可记之,勿忘吾言。'"④这番给苏过的私下嘱托,透露出苏轼"付托斯文"的内心意愿。苏轼与黄庭坚处于亦师亦友之间,他似不宜作继承人想。明乎此,才能理解当秦观噩耗传来,苏轼会哀呼:"哀哉!痛

---

① 《宋史》卷四四四《张耒传》,中华书局1985年版,第13114页。
② 李廌《师友谈记》"东坡以异时文章盟主勉门下诸君"条,第44页。
③ 《苏轼文集》卷六四,第1979—1980页。
④ 朱弁《曲洧旧闻》卷五,第155页。

哉！世岂复有斯人乎？"①又自书秦词于扇面："少游已矣，虽万人何赎！"②明乎此，也才能理解当苏轼谢世时，张耒会"出己俸饭僧，缟素而哭"，被弹劾为非"师弟子之服"："若苏轼、张耒者，适然相投，遂为门下死党。"③张被贬黄州，其贬居黄州五年是苏轼四年黄州生活的历史重演，更加深了两人之间的精神传承和文学沟通。黄庭坚其时所作《次韵文潜立春日三绝句》云："谁怜旧日青钱选，不立春风玉笋班。传得黄州新句法，老夫端欲把降幡。"④"青钱选"或"青钱万选"，典出《新唐书》卷一八一《张荐传》，比喻才华出众，言张荐之祖张鷟文辞犹青铜钱，屡试屡中，万选万中；"黄州新句法"殆指苏轼。此诗前两句谓张耒文才出众，如今却未能列入朝班；后两句谓今日传得东坡文学真谛，令黄庭坚拜服。此语出诸"苏门"第一人之口，且在东坡已谢世数年之后，意味深长，似亦有厚望于张耒焉。对无人主盟的局面，士人们普遍感到焦虑和不安。晁说之就说："但欠主盟人，汲古自清唱。"⑤"恨当今文章无盟主，莫有为之龙门者。"⑥呼唤着盟主的出现。

然而，张耒虽已具备作为苏门继任盟主的必要条件，但从综合评估而言，他还算不得中国文化史、文学史上的一位大家，其社会声望、才具胸襟、人格魅力尚未能满足作为新一代盟主的充分条件，不能够发挥领袖群彦、开创文坛新风气、导引文学发展方向的作用。他的诗

---

① 苏轼《答李端叔十首》之三，《苏轼文集》卷五二，第1540页。
② 《苕溪渔隐丛话·前集》卷五〇引《冷斋夜话》，第339页。
③ （宋）陈均编，许沛藻、金圆等点校：《皇朝编年纲目备要》，中华书局2006年，卷二六崇宁元年七月"窜张耒"条，第664页。
④ 《山谷诗集注》卷一七，第427页。
⑤ 晁说之《还琦公诗卷》，《景迂生集》卷四，摛藻堂《四库全书荟要》本，第387册，第84页。
⑥ 晁说之《答李大同先辈书》，《景迂生集》卷一五，摛藻堂《四库全书荟要》本，第387册，第300页。

友吕本中虽标举出"文潜体"的概念,但响应者寥寥,似仅方回等少数人提及,影响不大。张耒与欧、苏等先辈实不能并肩而论。

至于张耒门下,"士人就学者众"①,确也可以列出颇长的名单。主要集中在他贬居黄州和晚年定居陈州两个时期②。张耒在黄州,他与潘大临、潘大观、何颉等往来唱酬颇为密切,此三人在当地均有诗名。吴怡、杜崿等亦从游而更师事之。如杜崿"苦心学问,师事张耒于黄州,以诗文见称,州里知名士欣然慕与之交。其为举子,江淮间声誉籍籍。年三十六,中政和五年进士乙科"③,即是一例。由此看来,张耒在黄州时期似已形成一个颇具影响力的文学圈。张耒离开黄州乃至晚年定居陈州,仍延续其文学交游活动。在赴陈州途中,在泗州盱眙,即与张大亨、杜舆、宋景瞻等诗文酬答。张大亨(嘉父)、杜舆(子师)且有与苏轼亲身直接交往经历,苏轼有《送张嘉父长官》、《与张嘉父七首》④,并为杜舆作《名字说》⑤,张耒亲见苏轼手迹而"相与太息,出涕而读之"⑥。及至陈州定居,更与常安民、赵令畤、许大方、孙觌、黄仲达、黄仲闵等多人诗文交往颇密。

综上所述,可见张耒周围确已出现一个"士人就学者众"的文学圈,具有一定的规模。但是,这个文学群体与钱幕(钱惟演幕府集团)、欧门(欧阳修举子集团)、苏门(苏轼"学士"集团)相较,尚处于较低层级上,不能并论而称为"张门"。理由有四:

第一,它仅仅是地方性的文学群体,影响面有限;而上述三大文

---

① 《宋史》卷四四四《张耒传》,第 13114 页。
② 参见崔铭《张耒年谱及作品编年》,同济大学出版社,2019 年版。
③ (宋)黄次山《杜崿赞》,《三馀集》卷四,《宋集珍本丛刊》本,第 39 册,第 473 页。
④ 分见《苏轼诗集》卷三五,第 1771 页;《苏轼文集》卷五三,第 1562—1564 页。
⑤ 见晁补之《杜舆子师名字序》,《鸡肋集》卷三五,摛藻堂《四库全书荟要》本,第 386 册,第 239—240 页。
⑥ 张耒《跋杜子师字说》,《张耒集》卷五三,第 809 页。

人集团却活动于国家首善地区汴京和洛阳,从而具有辐射整个文坛的、导引文学走向的影响力。

第二,它仅仅是个体间的单线唱和,而非有一定主题的群体性酬答。像"钱幕"时嵩山集体出游的文学活动,《临圉驿记》的"作文竞赛";《明妃曲》和作众多,为嘉祐时诗坛一时之盛,欧门中欧阳修、梅尧臣、曾巩等亦纷纷步武;苏门关于"和陶诗"的有组织的酬唱以及秦观《千秋岁》词在苏门中的热烈回应等,都借助群体唱和的力量,提升了主题的思想深度,扩大了文坛影响。

第三,它在群体成员内部缺乏纵横交错的交流关系,未能激发创作活力,充分发挥"竞技"作用。在文学批评上也缺乏像"苏门"那样的自由驳难,未能碰撞出诸多思想艺术的火花。

第四,它尚未形成梯队式的人才结构网络,尤缺少足以名家的骨干成员,如"钱幕"之梅尧臣、尹洙、欧阳修,"欧门"之苏轼、苏辙、曾巩,"苏门"之"四学士""六君子",因此也就未能充分发挥文学群体内部的互动作用。

除了上述盟主和群体成员两个结构性基本条件外,其时特殊的政治环境也不允许结社等文学活动的孕育成长。崇宁元年(1102)立元祐党人碑,足见党禁之烈,元祐党人被残酷打压,苏轼等人的著作被大肆禁毁,苏辙诗中"杜门不出"的词语一再出现,对元祐党人如此不利的政治高压下,"张门"的正式建立自然无从谈起。苏轼早就指出,文坛要"有所宗主","太平之盛"才是它得以形成的条件,也是政治宽容时代的需要。本来,某个文坛的形成和盟主的出现,是多种社会政治条件和盟主个人综合素质交互作用的结果,而不是人为刻意制造的。

最后表达一点本书写作的感想:

文学群体是作家个人和社会(包括文学社会即文坛)联系的中介。文学作品在通常情况下乃是作家个人的精神劳动的产物,但他又不可能在完全封闭自足的心理结构中从事文学创作，必然受到社会环境、时代思潮、文坛风气等的深刻影响。作家个体自发的社会化要求，呼唤着文学群体的孕育诞生，而文学群体又促成个体的社会化得到发展和实现。个体从群体中获得大量的社会信息，感受到文学风会，培育和陶铸成自主独特的文学个性；群体则又以各个成员的代表者的资格，把群体的文学思想、观念、情趣、好尚、风格，影响于整个文坛和社会。群体在内部发挥着交融、竞争等多种机制，与外部又产生了各种纵贯、横摄的关联，由此构成一幅多方位、多层次的错综互动的文学图景。从文学群体入手来观察一个时期的文学现象，不失为一条有效路径。

钱幕、欧门、苏门是发展成熟的文人集团，它的系列性、文学性、自觉性相结合的特点，把一般的文学群体的特性与优长发挥到极致，它几乎囊括了北宋全部的文学大家和名家，覆盖着整个文坛。尤其是从欧门到苏门，标志着嘉祐、元祐时期两个文学高潮的到来。这一中国文学史中独一无二的罕见个案，实在是有意义、有前景的学术课题。这是本书写作的初衷，也是一种期待。

引 用 书 目

（宋）苏轼撰：《东坡易传》（摘藻堂《四库全书荟要》本，第3册，台北：世界书局，1990年版）

（清）孙星衍撰，陈抗、盛冬铃点校：《尚书今古文注疏》（北京：中华书局，2004年第2版）

（清）王先谦撰，何晋点校：《尚书孔传参正》（北京：中华书局，2011年版）

（清）孙希旦撰，沈啸寰、王星贤点校：《礼记集解》（北京：中华书局，1989年版）

（清）刘宝楠撰，高流水点校：《论语正义》（北京：中华书局，1990年版）

（清）焦循撰，沈文倬点校：《孟子正义》（北京：中华书局，1987年版）

（清）王先谦撰，沈啸寰点校：《庄子集解》（北京：中华书局，1987年版）

（汉）王充著，黄晖撰：《论衡校释》（北京：中华书局，1990年版）

（汉）扬雄著，汪荣宝义疏，陈仲夫点校：《法言义疏》（北京：中华书局，1987年版）

（隋）王通撰，（宋）阮逸注：《中说校注》（北京：中华书局，2013年版）

（宋）黎靖德编，王星贤点校：《朱子语类》（北京：中华书局，1986年版）

（清）黄宗羲原著，（清）全祖望补修，陈金生、梁运华点校：《宋元学案》（北京：中华书局，1986年版）

（汉）司马迁撰，（南朝宋）裴骃集解，（唐）司马贞索隐，（唐）张守节正义：《史记》（北京：中华书局，1982年版）

（汉）班固撰，（唐）颜师古注：《汉书》（北京：中华书局，1962年版）

（梁）沈约撰：《宋书》（北京：中华书局，1974年版）

（梁）萧子显撰：《南齐书》（北京：中华书局，1972年版）

（唐）姚思廉撰：《梁书》（北京：中华书局，1973年版）

（唐）房玄龄等撰：《晋书》（北京：中华书局，1974年版）

（后晋）刘昫等撰：《旧唐书》（北京：中华书局，1975年版）

（宋）欧阳修撰：《新五代史》（北京：中华书局，1974年版）

（宋）欧阳修、宋祁撰：《新唐书》（北京：中华书局，1975年版）

（元）脱脱等撰：《宋史》（北京：中华书局1985年新1版）

（宋）司马光编著，（宋）胡三省音注，"标点资治通鉴小组"校点：《资治通鉴》（北京：中华书局，1956年版）

（宋）朱熹撰：《五朝名臣言行录》（《四部丛刊初编》本）

（宋）赵汝愚编，北京大学中国中古史研究中心校点整理：《宋朝诸臣奏议》（上海：上海古籍出版社，1999年版）

（宋）李焘撰，上海师范大学古籍整理研究所、华东师范大学古籍整理研究所点校：《续资治通鉴长编》（北京：中华书局，2004年第2版）

（宋）陈均编，许沛藻、金圆等点校：《皇朝编年纲目备要》（北京：中华书局，2006年版）

（明）陈邦瞻撰：《宋史纪事本末》（北京：中华书局，2015年版）

（清）徐松辑，刘琳等校点：《宋会要辑稿》（上海：上海古籍出版社，2014年版）

（清）黄以周等辑注，顾吉辰点校：《续资治通鉴长编拾补》（北京：中华书局，2004年版）

（清）毕沅编著：《续资治通鉴》，（北京：中华书局，1957年版）

司义祖整理：《宋大诏令集》（北京：中华书局，1962年版）

（清）王夫之撰，舒士彦点校：《宋论》（北京：中华书局，1964年版）

（宋）李格非撰：《洛阳名园记》（《丛书集成初编》本）

（清）周城撰：《宋东京考》（《续修四库全书》本，第734册）

（清）杨铁傭撰：《曾文定公年谱》（《北京图书馆藏珍本年谱丛刊》本，第14册，北京：北京图书馆出版，1999年版）

（宋）黄䇭撰：《山谷先生年谱》（《北京图书馆藏珍本年谱丛刊》本，第20册）

（清）秦瀛重编：《淮海先生年谱》（《北京图书馆藏珍本年谱丛刊》本，第20册）

丁传靖辑：《宋人轶事汇编》（北京：中华书局，1981年版）

邓广铭、郦家驹等编：《宋史研究论文集》（郑州：河南人民出版社，1984年版）

（南朝宋）刘义庆撰，徐震堮校笺：《世说新语校笺》（北京：中华书局，1998年版）

（五代）王定保撰：《唐摭言》（《丛书集成初编》本）

（唐）徐坚等著：《初学记》（北京：中华书局，2004年第2版）

（宋）王钦若等编：《册府元龟》（北京：中华书局，1960年影印本）

（宋）宋祁著：《宋景文公笔记》（《丛书集成初编》本）

（宋）欧阳修撰，李伟国点校：《归田录》（北京：中华书局，1981年版）

（宋）宋敏求撰，诚刚点校：《春明退朝录》（北京：中华书局，1980年版）

（宋）吴曾撰：《能改斋漫录》（上海：上海古籍出版社，1979年新1版）

（宋）王辟之撰，吕友仁点校：《渑水燕谈录》（北京：中华书局，1997年版）

（宋）程大昌撰，黄永年点校：《雍录》（北京：中华书局，2002年版）

（宋）叶梦得撰，宇文绍奕考异、侯忠义点校：《石林燕语》（北京：中华书局，1984年版）

（宋）邵伯温撰，李剑雄、刘德权点校：《邵氏闻见录》（北京：中华书局，1983年版）

（宋）邵博撰，刘德权、李剑雄点校：《邵氏闻见后录》（北京：中华书局，1983年版）

（宋）王应麟撰：《小学绀珠》（《津逮秘书》本）

（宋）苏辙撰，俞宗宪点校：《龙川别志》（北京：中华书局，1982年版）

（宋）李廌、朱弁、陈鹄撰，孔凡礼点校：《师友谈记·曲洧旧闻·西塘集耆旧续闻》（北京：中华书局，2002年版）

（宋）袁文撰，李伟国点校：《瓮牖闲评》（北京：中华书局，2007年版）

（宋）曾敏行撰：《独醒杂志》（知不足斋丛书本）

（宋）钱愐、钱世昭撰：《钱氏私志》（文渊阁《四库全书》本，第1036册，台北：商务印书馆，1986年版）

（宋）孔平仲撰，杨倩描、徐立群点校：《孔氏谈苑》（北京：中华书局，2012年版）

（宋）周煇撰，刘永翔校注：《清波杂志校注》（上海：上海古籍出版社，1979年版）

（宋）沈括著，胡道静校证：《梦溪笔谈校证》（上海：上海古籍出版社，1987年版）

（宋）文莹撰，郑世刚、杨立扬点校：《湘山野录》（北京：中华书局，1984年版）

（宋）周密撰，孔凡礼点校：《浩然斋雅谈》（北京：中华书局，2010年版）

（宋）魏泰撰，李裕民点校：《东轩笔录》（北京：中华书局，1983年版）

（宋）胡仔纂集，廖德明校点：《苕溪渔隐丛话》（北京：人民文学出版社，1962年版）

（宋）叶梦得撰：《避暑录话》（《丛书集成初编》本）

（宋）陈长方撰：《步里客谈》（文渊阁《四库全书》本，第1039册）

（宋）洪迈撰，孔凡礼点校：《容斋随笔》（北京：中华书局，2005年版）

（元）刘壎撰：《隐居通议》（文渊阁《四库全书》本，第866册）

（明）杨慎撰，王大淳笺证：《丹铅总录笺证》（杭州：浙江古籍出版社，2013年版）

（宋）高文虎撰：《蓼花州闲录》（《丛书集成初编》本）

（宋）袁褧：《枫窗小牍》（《宋元笔记小说大观》本，第5册，上海：上海古籍出版社，2001年版）

（宋）张邦基撰，孔凡礼点校：《墨庄漫录》（北京：中华书局，2004年版）

（宋）沈作喆撰：《寓简》（文渊阁《四库全书》本，第864册）

（宋）张世南撰，崔文印点校：《游宦纪闻》（北京：中华书局，1997年版）

（宋）史绳祖撰：《学斋佔毕》（文渊阁《四库全书》本，第854册）

（宋）张端义撰，徐沛藻、刘宇整理：《贵耳集》（《全宋笔记》，第六编第10册，郑州：大象出版社，2013年版）

（宋）王称撰，孙言诚、崔国光点校：《东都事略》（《二十五别史》本，济南：齐鲁书社，2000年版）

（宋）陈师道撰，李伟国点校：《后山谈丛》（北京：中华书局，2007年版）

（宋）蔡絛撰，冯惠民、沈锡麟点校：《铁围山丛谈》（北京：中华书局，1997年版）

（宋）马永卿辑，（明）王崇庆解：《元城语录解》（《丛书集成初编》本）

（宋）俞文豹撰，张宗祥校订：《吹剑录全编》（上海：古典文学出版社，1958年版）

（宋）徐度撰：《却扫编》（文渊阁《四库全书》本，第863册）

（宋）赵令畤撰，孔凡礼点校：《侯鲭录》（北京：中华书局，2002年版）

佚名撰，赵维国整理：《道山清话》（《全宋笔记》，第二编第1册，郑州：大象出版社，2006年版）

（明）陶宗仪等编：《说郛》（《说郛三种》本，上海：上海古籍出版社，1988年版）

（清）王士禛撰，张世林点校：《分甘馀话》（北京：中华书局，1989年版）

（清）光聪谐撰：《有不为斋随笔》（清光绪十四年刻本）

（清）顾炎武著，（清）黄汝成集释：《日知录集释（外七种）》（上海：上海古籍出版社，1985年影印本）

（清）钱大昕撰：《十驾斋养新录》（上海：上海书店出版社，1983年版）

（宋）释智圆著：《闲居编》（《卍续藏经》本，第101册，台北：新文丰出版社，1993年版）

（宋）普济著，苏渊雷点校：《五灯会元》（北京：中华书局，1984年版）

（宋）释契嵩编修：《传法正宗记》（《大正新修大藏经》本，第51册）

（元）释念常集：《佛祖历代通载》（《大正新修大藏经》本，第49册）

（宋）晁公武撰，孙猛校证：《郡斋读书志校证》（上海：上海古籍出版社，1990年版）

（宋）陈振孙撰，徐小蛮、顾美华点校：《直斋书录解题》（上海：上海古籍出版社，1987年版）

（宋）叶适著：《习学记言序目》（北京：中华书局，2009年版）

（元）马端临撰,上海师范大学古籍研究所、华东师范大学古籍研究所点校:《文献通考》(北京:中华书局,2011年版)

（清）永瑢等撰:《四库全书总目》(北京:中华书局,1965年版)

（清）蒋湘南撰:《七经楼文抄》(《续修四库全书》影印清同治八年刻本,第1541册)

（清）何焯著,崔高维点校:《义门读书记》(北京:中华书局,1987年版)

吴曾祺著:《涵芬楼文谈》(上海:商务印书馆,1931年版)

（汉）扬雄著,张震泽校注:《扬雄集校注》(上海:上海古籍出版社,1993年版)

（三国魏）曹植撰:《曹子建集》(《四部丛刊》初编本)

（南朝梁）何逊著,李伯齐校注:《何逊集校注》(北京:中华书局,2010年版)

（南朝梁）萧统编,（唐）李善注:《文选》(上海:上海古籍出版社,1986年版)

（唐）高适著,孙钦善校注:《高适集校注》(上海:上海古籍出版社,1984年版)

（唐）杜甫著,（清）仇兆鳌注:《杜诗详注》(北京:中华书局,2004年版)

（唐）白居易著,朱金城笺校:《白居易集笺校》(上海:上海古籍出版社,1988年版)

（唐）韩愈著,马其昶校注,马茂元整理:《韩昌黎文集校注》(上海:上海古籍出版社,1986年版)

（唐）柳宗元著:《柳河东集》(上海:上海人民出版社,1974年版)

（唐）李商隐著,（清）冯浩笺注:《玉溪生诗集笺注》(上海:上海古籍出版社,1979年版)

（唐）孙樵撰：《孙可之集》（文渊阁《四库全书》本，第1083册）

（五代）韦庄著，聂安福笺注：《韦庄集笺注》（上海：上海古籍出版社，2002年版）

（宋）石介著，陈植锷点校：《徂徕石先生文集》（北京：中华书局，1984年版）

（宋）柳开撰：《河东柳仲途先生文集》（《宋集珍本丛刊》影印清曙戒轩抄本，第1册，北京：线装书局，2004年版）

（宋）孙复撰：《孙明复小集》（《宋集珍本丛刊》影印清抄徐坊校跋本，第3册）

（宋）梅尧臣著，朱东润编年校注：《梅尧臣集编年校注》（上海：上海古籍出版社，1980年版）

（宋）邵雍著，郭彧整理：《邵雍集》（北京：中华书局，2010年版）

（宋）苏舜钦撰，沈文倬校点：《苏舜钦集》（上海：上海古籍出版社，1981年版）

（宋）宋庠撰：《元宪集》（文渊阁《四库全书》本，第1087册）

（宋）尹洙撰：《河南先生文集》（《宋集珍本丛刊》影印宋刻本，第3册）

（宋）王禹偁撰：《小畜集》（《四部丛刊》本）

（宋）范仲淹撰：《范文正公集》（《续修四库全书》据《古逸丛书三编》影印北宋刻本，第1313册）

（宋）穆修撰：《穆参军集》（文渊阁《四库全书》本，第1087册）

（宋）韩琦撰：《安阳集》（《宋集珍本丛刊》影印明刻安氏校正本，第6册）

（宋）范仲淹撰：《范文正公尺牍》（《四库全书存目丛书》本，集部第10册，济南：齐鲁书社，1997年版）

（宋）欧阳修著，李逸安点校：《欧阳修全集》（北京：中华书局，2001年版）

（宋）欧阳修著,洪本健校笺：《欧阳修诗文集校笺》(上海：上海古籍出版社,2009年版)

（宋）欧阳修著,胡可先、徐迈校注：《欧阳修词校注》(上海：上海古籍出版社,2015年版)

（宋）曾巩著,陈杏珍、晁继周点校：《曾巩集》(北京：中华书局,1984年版)

（宋）释契嵩撰：《镡津文集》(文渊阁《四库全书》本,第1091册)

（宋）王珪撰：《华阳集》(文渊阁《四库全书》本,第1093册)

（宋）司马光撰：《传家集》(文渊阁《四库全书》本,第1094册)

（宋）张方平撰：《乐全先生文集》(《宋集珍本丛刊》影印宋刻本,第5册)

（宋）陈舜俞撰：《都官集》(文渊阁《四库全书》本,第1096册)

（宋）祖无择撰：《龙学文集》(文渊阁《四库全书》本,第1098册)

（宋）梅尧臣撰：《宛陵集》(文渊阁《四库全书》本,第1099册)

（宋）程颢、程颐著,王孝鱼点校：《二程集》(北京：中华书局,1981年版)

（宋）王安石著,（宋）李壁笺注,高克勤点校：《王荆文公诗笺注》(上海：上海古籍出版社,2010年版)

（宋）王安石撰：《王安石全集》(上海：复旦大学出版社,2016年版)

（宋）苏洵撰,曾枣庄、金成礼笺注：《嘉祐集笺注》(上海：上海古籍出版社,1993年版)

（宋）苏轼撰,（清）王文诰辑注,孔凡礼点校：《苏轼诗集》(北京：中华书局,1982年版)

（宋）苏轼著,孔凡礼点校：《苏轼文集》(北京：中华书局,1986年版)

（宋）苏轼著,（清）冯应榴辑注,黄任轲、朱怀春校点：《苏轼诗集合注》(上海：上海古籍出版社,2001年版)

引用书目

（清）王文诰撰：《苏文忠公诗编注集成总案》（成都：巴蜀书社，1985年版）

（宋）苏辙撰，曾枣庄、马德富校点：《栾城集》（上海：上海古籍出版社，1987年版）

（宋）米芾撰：《宝晋英光集》（《丛书集成初编》本）

（宋）李廌：《济南集》（文渊阁《四库全书》本，第1115册）

（宋）晁补之撰：《鸡肋集》（摘藻堂《四库全书荟要》本，第386册）

（宋）晁补之、晁冲之撰，刘乃昌、杨庆存校注：《晁氏琴趣外编·晁叔用词》（上海：上海古籍出版社，1981年版）

（宋）晁说之撰：《景迂生集》（摘藻堂《四库全书荟要》本，第387册）

（宋）黄庭坚著，（宋）任渊、史容、史季温注，黄宝华点校：《山谷诗集注》（上海：上海古籍出版社，2003年版）

（宋）黄庭坚著，郑永晓整理：《黄庭坚全集辑校编年》（南昌：江西人民出版社，2011年版）

（宋）陈师道撰，冒广生补笺、冒怀辛整理：《后山诗注补笺》（北京：中华书局，1995年版）

（宋）秦观撰，徐培均笺注：《淮海集笺注》（上海：上海古籍出版社，1994年版）

（宋）秦观撰，徐培均校注：《淮海居士长短句》（上海：上海古籍出版社，1985年版）

（宋）苏迈著，舒大刚、蒋宗许等校注：《斜川集校注》（成都：巴蜀书社，1996年版）

（宋）惠洪撰：《石门文字禅》（《四部丛刊初编》本）

（宋）张舜民撰：《画墁集》（文渊阁《四库全书》本，第1117册）

（宋）陈师道撰：《后山居士文集》（上海：上海古籍出版社，1984年影印北京图书馆藏宋刻本）

（宋）张耒著，李逸安、孙通海、傅信点校：《张耒集》（北京：中华书

局,1990年版)

(宋)李之仪撰:《姑溪居士文集》(《宋集珍本丛刊》影印清初抄本,第27册)

(宋)陆佃撰:《陶山集》(文渊阁《四库全书》本,第1117册)

(宋)毕仲游:《西台集》(文渊阁《四库全书》本,第1122册)

(宋)毛滂撰:《东堂集》(文渊阁《四库全书》本,第1123册)

(宋)黄公度撰:《知稼翁词》(毛晋辑刻《宋六十名家词》本,上海:上海古籍出版社,1989年版)

(宋)苏籀撰:《双溪集》(文渊阁《四库全书》本,第1136册)

(宋)胡寅撰,容肇祖点校:《斐然集》(北京:中华书局,1993年版)

(宋)张孝祥撰:《于湖词》(《宋六十名家词》本,上海:上海古籍出版社,1989年版)

(宋)陈与义著,吴书荫、金德厚点校:《陈与义集》(北京:中华书局,2007年第2版)

(宋)黄次山撰:《三馀集》(《宋集珍本丛刊》本)

(宋)范成大撰,富寿荪校点:《范石湖集》(上海:上海古籍出版社,1981年版)

(宋)汪应辰撰:《汪文定公集》(《宋集珍本丛刊》影印清初抄本,第46册)

(宋)袁桷撰:《清容居士集》(文渊阁《四库全书》本,第1203册)

(宋)陆游撰:《渭南文集》(《四部丛刊初编》本)

(宋)朱熹撰,刘永翔、朱幼文校点:《晦庵先生朱文公文集》(《朱子全书》本,上海:上海古籍出版社、合肥:安徽教育出版社,2002年版)

(宋)杨亿编,王仲荦注:《西昆酬唱集注》(北京:中华书局,1980年版)

(宋)姚铉编:《唐文粹》(文渊阁《四库全书》本,第1344册)

（宋）吕祖谦编，齐治平点校：《宋文鉴》（北京：中华书局，1992年版）

（宋）吕祖谦编：《古文关键》（清同治退补斋刻《金华丛书》本）

（元）方回选评，李庆甲集评校点：《瀛奎律髓汇评》（上海：上海古籍出版社，1986年版）

（元）元好问撰：《遗山集》（文渊阁《四库全书》本，第1191册）

（元）元好问著，狄宝心校注：《元好问诗编年校注》（北京：中华书局，2011年版）

（清）陈确撰：《乾初先生遗集》（《续修四库全书》本，第1095册）

（清）徐乾学撰：《憺园文集》（《续修四库全书》本，第1412册）

（清）姚鼐著，刘季高标校：《惜抱轩诗文集》（上海：上海古籍出版社，1992年版）

（清）陈维崧撰：《迦陵词全集》（《续修四库全书》本，第1724册）

（金）元好问编，萧和陶点校：《中州集》（北京：中华书局，2014年版）

（明）胡震亨撰：《唐音癸签》（上海：上海古籍出版社，1981年版）

（清）彭定求等编：《全唐诗》（北京：中华书局，1960年版）

（清）厉鹗辑撰：《宋诗纪事》（上海：上海古籍出版社，1983年版）

陈衍评点，曹中孚校注：《宋诗精华录》（成都：巴蜀书社1992年版）

（明）王象晋编：《秦张两先生诗馀合璧》（《四库全书存目丛书》本，第425册）

唐圭璋编：《全宋词》（北京：中华书局，1999年版）

（清）沈德潜撰、（日）赖山阳增评：《增评唐宋八家文读本》（日本玉严堂安政二年刻本）

（清）姚鼐选纂，宋晶如、章荣注释：《广注古文辞类纂》（上海：世界书局，1935年版）

高步瀛选注：《唐宋文举要》（上海：上海古籍出版社，1982年版）

林纾选评：《元丰类稿选本》（上海：商务印书馆，1924年版）

慕容真点校：《林纾评选古文辞类纂》（杭州：浙江古籍出版社，1986

年版)

曾枣庄、刘琳主编:《全宋文》(上海:上海辞书出版社、合肥:安徽教育出版社,2006年版)

章炳麟著:《章太炎全集》(上海:上海人民出版社,1982年版)
鲁迅著:《鲁迅全集》(北京:人民文学出版社,2005年版)
胡适著:《胡适文集》(北京:北京大学出版社,1998年版)
龙榆生著:《龙榆生全集》(上海:上海古籍出版社,2015年版)

(南朝)刘勰著,范文澜注:《文心雕龙注》(北京:人民文学出版社,1962年版)

(宋)欧阳修著,郑文校点:《六一诗话》(北京:人民文学出版社,1962年版)

(宋)惠洪、朱弁、吴沆撰,陈新点校:《冷斋夜话·风月堂诗话·环溪诗话》(北京:中华书局,1988年版)

(宋)蔡絛著:《西清诗话》(《宋诗话全编》本,第3册,南京:江苏古籍出版社1998年版)

(宋)朱弁撰:《风月堂诗话》(北京:中华书局,1988年版)

(宋)曾季狸撰:《艇斋诗话》(《历代诗话续编》本,北京:中华书局,2004年版)

(宋)王灼撰:《碧鸡漫志》(上海:古典文学出版社,1957年版)

(宋)葛立方著:《韵语阳秋》(《丛书集成初编》本)

(宋)叶梦得著:《石林诗话》(《历代诗话》本)

(宋)魏庆之著,王仲闻校点:《诗人玉屑》(北京:中华书局,2007年版)

(宋)刘克庄撰,王秀梅点校:《后村诗话》(北京:中华书局,1983年版)

(明)胡应麟著:《诗薮》(上海:上海古籍出版社,1979年版)

(清)叶燮著,霍松林校注:《原诗》(北京:人民文学出版社,1979

年版）

（清）刘熙载撰，徐中玉、萧华荣校点：《刘熙载论艺六种》（成都：巴蜀书社，1990年版）

（明）张綖撰：《诗馀图谱》（《续修四库全书》本，第1735册）

（清）王士禛著：《花草蒙拾》（袁世硕主编《王士禛全集》本，济南：齐鲁书社，2007年版）

（清）徐釚撰，唐圭璋校注：《词苑丛谈》（北京：中华书局，2008年版）

（清）张惠言撰：《蕙风词话》（《词话丛编》本）

（清）冯煦撰：《蒿庵论词》（《词话丛编》本）

郑文焯撰，龙沐勋辑：《大鹤山人词话》（《词话丛编》本）

夏敬观：《映庵词评》（《历代词话续编》本，北京：中华书局，2005年版）

（清）何文焕辑：《历代诗话》（北京：中华书局，2004年第2版）

丁福保辑：《历代诗话续编》（北京：中华书局，2006年第2版）

唐圭璋编：《词话丛编》（北京：中华书局，2005年第2版）

郭绍虞辑：《宋诗话辑佚》（北京：中华书局，1980年版）

王水照编：《历代文话》（上海：复旦大学出版社，2007年版）

吴梅著：《词学通论》（广州：国立第一中山大学出版社，1927年版）

朱自清著：《经典常谈》（上海：上海古籍出版社，1999年版）

林纾著，范先渊校点：《春觉斋论文》（北京：人民文学出版社，1959年版）

郭绍虞著：《宋诗话考》（北京：中华书局，1979年版）

钱锺书著：《管锥编》（北京：中华书局，1979年版）

钱锺书著：《谈艺录》（北京：中华书局，1983年版）

缪钺著：《诗词散论》（上海：上海古籍出版社，1982年版）

各章节首发一览表

本书章节	首发标题	首发出处、时间	备注
序论	北宋的文学结盟与尚"统"的社会思潮	《国际宋代文化研讨会论文集》,四川大学出版社1991年10月	
第一章第一节	北宋洛阳文人集团的构成	《王水照自选集》,上海教育出版社2000年5月	
第一章第二节	北宋洛阳文人集团与地域环境的关系	《文学遗产》1994年第3期	
第一章第三节	欧阳修学古文于尹洙辨	南京大学中文系编《文学研究》,第1辑,1992年5月	截取《欧阳修学古文于尹洙辨》前半部分,并增写部分内容
第一章第四节	北宋洛阳文人集团与宋诗新貌的孕育	《中华文史论丛》,第48辑,1991年12月	
第一章第五节			本书首次刊发
第二章第一节	嘉祐二年贡举事件的文学史意义	香港浸会大学《人文中国学报》,第2期,1996年	

续 表

本书章节	首发标题	首发出处、时间	备 注
第二章第二节	欧阳修学古文于尹洙辨	南京大学中文系编《文学研究》,第1辑,1992年5月	截取《欧阳修学古文于尹洙辨》后半部分,并增写部分内容
第二章第三节	曾巩及其散文的评价问题	《复旦学报(社会科学版)》,1984年第4期	
第二章第四节	欧阳修所作范《碑》尹《志》被拒之因发覆	《江西社会科学》,2007年第9期	
第二章第五节	从《先君墓表》到《泷冈阡表》——欧阳修改文章一例	《文史知识》,1981年第2期	
第三章第一节	"苏门"的形成与人才网络的特点	《王水照自选集》,上海教育出版社2000年5月	
第三章第二节	"苏门"的性质和特征	《苏轼论稿》,台湾万卷楼图书公司1994年	撰成于1992年5月
第三章第三节	论"苏门"的词评和词作	台湾中国文哲研究所编《第一届词学研讨会论文集》,1994年11月	
第三章第四节	从苏轼、秦观词看词与诗的分合趋向——兼论苏词革新和传统的关系	《复旦学报(社会科学版)》,1988年第1期	

续 表

本书章节	首发标题	首发出处、时间	备 注
第三章第五节	元祐党人贬谪心态的缩影——论秦观《千秋岁》及苏轼等和韵词	香港《中华国学》创刊号,1989年6月	
结束语:后苏东坡时代			本书首次刊发

后　　记

　　本书是由我授课讲稿整理而成的。1987年我在复旦大学为助教进修班开设"北宋三大文人集团"课程,在当时的"教学大纲"上,我写道:

　　　　北宋的文人集团甚多,其中以天圣时钱惟演的洛阳幕府文人集团、嘉祐时欧阳修的汴京礼部进士集团、元祐时苏轼的汴京馆阁"学士"集团的发展层次最高,具有某种文学社团的性质;而且代代相沿,形成系列(后一集团领袖为前一集团的核心成员);三大集团的核心成员均为北宋文学最主要的代表作家,标志着文学的最高成就,这对了解整个宋代文学具有重要意义。

　　　　本课程力图在详细描述北宋三大文人集团的师承、交游、创作等情况的基础上,着重阐明文学主盟思潮的成熟及其文化背景,三大文人集团的成因、属性和特点,它们与北宋文学思潮、文学运动、诗词文创作发展的关系,群体又对各自成员的心态和创作所产生的交融、竞争等多种机制,从而揭示出北宋文学的真实可感的历史内涵,从文学群体的特定视角对北宋文学中的一些重大问题作出阐述和回答,探讨某些文学规律、经验和教训。

　　三十三年后重看这段信心满满的文字,真感到汗颜;但也感佩自己当年的勃勃雄心,确实也努力按照自定的目标践行。我习惯于边研究、边授课、边写稿的工作方式,通过讲授似乎对厘清思路、疏通文气带来莫大的好处,也加快了写稿的速度。《教学大纲》还预设过全书的章节目录,《序论》和"钱幕"均按原计划进行,尚觉逻辑严整,理路流畅,颇具学术专著的气象。"钱幕"进入文学史视野,并加以系统、全面介绍,本书可能是第一次。"欧门"写好其"构成基础"的嘉祐贡举事件以后,就发现原来的"大纲"很难实行了。我有个初步看法,认为从嘉祐到元祐,即从"欧门"到"苏门",代表了北宋文学的两次高潮,"大纲"即以描述和论释两次"高潮"而设置章节。但是,第一,"欧门"的文学并不是当时宋代文学的全部,两者的内涵有广狭之别;第二,"欧门"之盟主和核心成员之间,集团个体之间,真正的文学交集的材料相对较少,正如苏轼所说:"醉翁门下士,杂遝难为贤。"(《送曾子固倅越得燕字》)其核心成员中,苏轼早负盛名,从学者甚众,已逐渐独立门户,形成"苏门";王安石之"王门",其形成实早于"苏门",它与"欧门"处于若即若离之态。只有"欧曾"并称,曾巩是传承"六一风神"的第一人,交游材料亦丰,故单列一节论述之。鉴于欧阳修在文坛最主要的贡献是领导古文运动,我遂改以此作为设置章节的聚焦点,就先叙述超越尹洙之"简而有法"而自创文风,"独步当世";又阐述散文的写作原则与态度诸问题,示范学林,导引散文发展方向。这也是"欧门"最突出的文学功绩。至于诗歌、词方面就从略了。"苏门"部分,大致按原来设想写作,但偏重于词这一文学样式的描述与论释,着眼于"苏门"内部对词作词论的交集和互动。原计划还拟作《"苏黄"争名与"宋调"的二重奏》,后未完成,留下本书一大缺憾。

  本书各章节文字曾以单篇论文形式在《文学遗产》、《中华文史论丛》、《复旦学报》等刊物发表,也多次在学术讨论会上宣读,以求得教言与订正。如第二章第一节《嘉祐二年贡举事件的文学史意义》一文,在1994年香港浸会大学举办的"国际宋代文学研讨会"上发表,

后 记

点评此文的一位前辈学者多予奖饰,只有一条意见:我原题作"文学意义",他认为用"文学史意义"更确切。一字之加,涵义不同。此词当时颇显创辟,对我而言尚首次听闻,现在已是用得很普泛的热词了。当即接受,堪称"一字师"。此文后附有"嘉祐二年进士名单"表格。此年共录取进士388名,我寻检群籍,仅得204名。2009年傅璇琮、龚延明先生的《宋代登科记考》出版,皇皇两巨册,而早在2000年,我新创《新宋学》杂志,即邀请傅、龚二先生撰稿,他们应约寄来《〈宋登科记考〉札记》一文,其中将嘉祐二年进士名单补充至262名,并作了地域分布的进一步分析,具现当年真诚相商、言无拘束的景象,我在感激之馀,又多一份崇敬。此文现收入本书时,仍未作订正。数十年前的旧稿,自然存在不少缺漏和错误,此次编辑成书一般不改,保存历史原貌或许具有另一种信息与意义,我就不用"年老体衰"之类的方便借口,来求得读者的谅解了。

2020年5月